# DIREITO E INFRAESTRUTURA

## RODOVIAS E FERROVIAS – 20 ANOS DA LEI Nº 10.233/2001

V. 2.

SEBASTIÃO BOTTO DE BARROS TOJAL
JORGE HENRIQUE DE OLIVEIRA SOUZA
*Coordenadores*

Armando Castelar Pinheiro
*Prefácio*

# DIREITO E INFRAESTRUTURA

## RODOVIAS E FERROVIAS – 20 ANOS DA LEI Nº 10.233/2001

2

Belo Horizonte
**FÓRUM**
CONHECIMENTO JURÍDICO
2021

© 2021 Editora Fórum Ltda.

É proibida a reprodução total ou parcial desta obra, por qualquer meio eletrônico, inclusive por processos xerográficos, sem autorização expressa do Editor.

## Conselho Editorial

Adilson Abreu Dallari
Alécia Paolucci Nogueira Bicalho
Alexandre Coutinho Pagliarini
André Ramos Tavares
Carlos Ayres Britto
Carlos Mário da Silva Velloso
Cármen Lúcia Antunes Rocha
Cesar Augusto Guimarães Pereira
Clovis Beznos
Cristiana Fortini
Dinorá Adelaide Musetti Grotti
Diogo de Figueiredo Moreira Neto (*in memoriam*)
Egon Bockmann Moreira
Emerson Gabardo
Fabrício Motta
Fernando Rossi
Flávio Henrique Unes Pereira

Floriano de Azevedo Marques Neto
Gustavo Justino de Oliveira
Inês Virgínia Prado Soares
Jorge Ulisses Jacoby Fernandes
Juarez Freitas
Luciano Ferraz
Lúcio Delfino
Marcia Carla Pereira Ribeiro
Márcio Cammarosano
Marcos Ehrhardt Jr.
Maria Sylvia Zanella Di Pietro
Ney José de Freitas
Oswaldo Othon de Pontes Saraiva Filho
Paulo Modesto
Romeu Felipe Bacellar Filho
Sérgio Guerra
Walber de Moura Agra

# FÓRUM
CONHECIMENTO JURÍDICO

Luís Cláudio Rodrigues Ferreira
Presidente e Editor

Coordenação editorial: Leonardo Eustáquio Siqueira Araújo
Aline Sobreira de Oliveira

Imagem de capa: www.freepik.com

Av. Afonso Pena, 2770 – 15º andar – Savassi – CEP 30130-012
Belo Horizonte – Minas Gerais – Tel.: (31) 2121.4900 / 2121.4949
www.editoraforum.com.br – editoraforum@editoraforum.com.br

Técnica. Empenho. Zelo. Esses foram alguns dos cuidados aplicados na edição desta obra. No entanto, podem ocorrer erros de impressão, digitação ou mesmo restar alguma dúvida conceitual. Caso se constate algo assim, solicitamos a gentileza de nos comunicar através do *e-mail* editorial@editoraforum.com.br para que possamos esclarecer, no que couber. A sua contribuição é muito importante para mantermos a excelência editorial. A Editora Fórum agradece a sua contribuição.

Dados Internacionais de Catalogação na Publicação (CIP) de acordo com a AACR2

| | |
|---|---|
| D598 | Direito e infraestrutura: rodovias e ferrovias – 20 anos da Lei nº 10.233/2001/ Sebastião Botto de Barros Tojal, Jorge Henrique de Oliveira Souza (Coord.).– Belo Horizonte : Fórum, 2021. |
| | 434p; 17x24cm |
| | v. 2. Obra em dois volumes. ISBN: 978-65-5518-209-5 |
| | 1. Direito Público. 2. Direito Regulatório. 3. Contratos Administrativos. I. Tojal, Sebastião Botto de Barros. II. Souza, Jorge Henrique de Oliveira. III. Título. |
| | CDD 341.3 CDU 342.9 |

Elaborado por Daniela Lopes Duarte - CRB-6/3500

Informação bibliográfica deste livro, conforme a NBR 6023:2018 da Associação Brasileira de Normas Técnicas (ABNT):

TOJAL, Sebastião Botto de Barros; SOUZA, Jorge Henrique de Oliveira (Coord.). *Direito e infraestrutura*: rodovias e ferrovias – 20 anos da Lei nº 10.233/2001. Belo Horizonte: Fórum, 2021. v. 2, 434p. ISBN 978-65-5518-209-5.

# SUMÁRIO

PREFÁCIO
**Armando Castelar Pinheiro**..................................................................13

Concessões ferroviárias e *jus variandi* das concessionárias
**Carlos Ari Sundfeld**..............................................................................25
    Introdução.......................................................................................25
1    O objeto nas concessões ..............................................................26
2    Concessões pela zona e o setor ferroviário ...............................30
3    O *jus variandi* das concessionárias e seu reflexo na equação econômico-financeira.....................................................................35
    Referências......................................................................................41

A prorrogação antecipada dos contratos de concessão de ferrovia: análise do julgamento do STF na ADI n° 5.991
**Egon Bockmann Moreira, Heloisa Conrado Caggiano**...................45
    Introdução.......................................................................................45
1    Os fundamentos da ação direta de inconstitucionalidade ........47
2    O conteúdo do art. 37, *caput* e inc. XXI, e art. 175, parágrafo único, inc. IV da Constituição.....................................49
3    Incompletude e mutabilidade dos contratos de concessão .....52
4    A conatural prorrogação dos contratos de concessão ..............56
5    Aspectos legais questionados para a prorrogação antecipada de concessões ferroviárias: a decisão do STF ...........................59
5.1    Primeiro aspecto: o critério para se aferir a prestação adequada do serviço..........................................................................................59
5.2    Segundo aspecto: a extinção dos contratos de arrendamento e o regime de bens ........................................................................62
5.3    Terceiro aspecto: previsão de investimentos em malha não concedida ...............................................................................65
    Considerações finais.....................................................................67

Por que uma agência reguladora de transportes?
**Fernando S. Marcato, Gabriel Ribeiro Fajardo** ............................................... 69

    Introdução ............................................................................................... 69
1    A evolução regulatória no Brasil ....................................................... 71
2    A importância da regulação para o Estado e para os parceiros privados ................................................................................................... 74
3    Por que uma agência reguladora de transportes e como estruturá-la? ............................................................................................ 78
    Conclusão ................................................................................................ 81
    Referências .............................................................................................. 81

Transferência da titularidade da concessão na Lei nº 10.233/01, à luz do regime geral das concessões
**Fernando Menezes de Almeida** ................................................................ 83
1    Apresentação .......................................................................................... 83
2    Regras gerais sobre a cessão contratual .......................................... 84
3    Transferência da concessão e transferência do controle societário da concessionária ............................................................... 86
4    As exigências legais para a transferência ....................................... 89
5    Desnecessidade de licitação para a transferência ......................... 92
    Referências ............................................................................................ 100

Dilemas regulatórios na prestação do serviço de transporte coletivo rodoviário interestadual e internacional de passageiros: a autorização de serviço público na Lei nº 10.233/01 ante as inovações tecnológicas que impactam o setor de transportes
**Gustavo Justino de Oliveira, Pedro da Cunha Ferraz** ...................... 103
1    Introdução ............................................................................................ 103
2    O sistema de delegação do serviço público de transporte rodoviário coletivo de passageiros na Lei nº 10.233/2001 ............... 105
3    A autorização como instrumento de delegação de serviço público: visões doutrinárias e jurisprudenciais .............................. 107
3.1    A doutrina ............................................................................................ 107
3.2    A jurisprudência .................................................................................. 111
4    A discussão na ADI nº 5.549/DF e na ADI nº 6.270/DF .................. 114
5    Novos modelos de prestação do serviço de transporte coletivo rodoviário e a autorização de serviço público ................................ 116
6    Conclusão ............................................................................................. 119
    Referências ........................................................................................... 120

Arbitragem nas concessões de transporte envolvendo a ANTT: uma análise comparativa da Resolução nº 5.485/2019 e do Decreto nº 10.025/2019
**Gustavo Justino de Oliveira, Felipe Razzini** ...................................................123
1     O incremento do uso da arbitragem pela ANTT ...............................123
2     Análise comparativa da Resolução ANTT nº 5.845/2019 com o Decreto Federal nº 10.025/2019 ................................................126
2.1    As convergências normativas ................................................................126
2.2    As divergências normativas ...................................................................130
3     Novos desdobramentos do cenário normativo e negocial favorável à arbitragem no âmbito da ANTT ......................................131
4     Sinalizações finais ...................................................................................133
     Referências ...............................................................................................134

Direito administrativo sancionador regulatório da ANTT. Desafios no aperfeiçoamento da regulação
**José Roberto Pimenta Oliveira, Dinorá Adelaide Musetti Grotti** ..............135
1     Introdução ................................................................................................135
2     Regulação e direito administrativo sancionador ...............................137
3     Direito administrativo sancionador regulatório da ANTT ..............148
4     Principais desafios do DAS da ANTT na regulação de rodovias concedidas ................................................................................................151
5     Conclusões ...............................................................................................160
     Referências ...............................................................................................162

Qualidade e governança regulatória: uma análise da qualidade da regulação da ANTT e da Antaq
**José Vicente Santos de Mendonça, Michelle Moretzsohn Holperin** .........167
1     Introdução ................................................................................................167
2     Qualidade ou governança regulatória? ...............................................168
3     Qualidade regulatória: como ANTT e Antaq comparam-se às demais agências federais? ......................................................................169
3.1    Autonomia: o corpo de dirigentes e o contingenciamento de recursos .............................................................................................170
3.2    Participação social: uso de consultas e audiências públicas ..........171
3.3    Tomada de decisão: uso da análise de impacto regulatório ............174
4     Observações finais ..................................................................................177
     Referências ...............................................................................................177

A experiência dos termos de ajuste de conduta na Agência Nacional de Transportes Terrestres: em busca da consensualidade efetiva
**Juliana Bonacorsi de Palma** ...................................................................181

1    A consensualidade na regulação de transportes terrestres: importância de seu estudo para o desenvolvimento dos acordos administrativos no Brasil ..................................................................181

2    Construção da consensualidade no âmbito da ANTT: do pragmatismo à segurança jurídica .................................................183

2.1    Estágio inicial: Resolução nº 152/2003 ..............................................183

2.2    Ampliação, desenvolvimento incremental do TAC no âmbito da ANTT: o surgimento pragmático do TAC Plano de Ação e do TAC Multas ..........................................................................................185

2.3    O modelo de consensualidade na ANTT desafiado .......................187

2.4    Nova disciplina do TAC no âmbito da ANTT: Resolução nº 5.823/2018 e Portaria ANTT nº 24/2021 ...................................193

3    A experiência da consensualidade no âmbito da ANTT: uma abordagem a partir do setor rodoviário ........................................195

3.1    Experiência do TAC Plano de Ação ...................................................195

3.2    Experiência do TAC Multas .................................................................199

4    Considerações finais. Desafio da ANTT para os próximos 20 anos da Lei nº 10.223/2001: a introdução da consensualidade efetiva ......................................................................................................205

Referências ...............................................................................................208

Análise do desenvolvimento de modelagens contratuais no Programa de Concessões de Rodovias Federais
**Laís Ribeiro de Senna** ............................................................................211

1    Introdução ................................................................................................211
2    Contratos de concessão ........................................................................212
3    Análise do Procrofe ...............................................................................215
3.1    Primeira etapa ........................................................................................215
3.1.1    Licitação ...............................................................................................216
3.1.2    Modelagem contratual ......................................................................218
3.1.3    Execução ..............................................................................................219
3.2    Segunda etapa .......................................................................................224
3.2.1    Licitação ...............................................................................................225
3.2.2    Modelagem contratual ......................................................................225
3.2.3    Execução ..............................................................................................226
3.3    Terceira etapa ........................................................................................229

| | | |
|---|---|---|
| 3.3.1 | Licitação | 230 |
| 3.3.2 | Modelagem contratual | 231 |
| 3.3.3 | Execução | 232 |
| 3.4 | Quarta etapa | 234 |
| 3.4.1 | Licitação | 235 |
| 3.4.2 | Modelagem contratual | 236 |
| 3.4.3 | Execução | 238 |
| 4 | Análise das alterações de modelagem contratual no desenvolvimento do Procrofe | 239 |
| 5 | Conclusão | 243 |
| | Referências | 244 |
| | Anexo | 249 |

## Da judicialização, via ação civil pública, de demandas com o objeto de coibir a reiterada prática de tráfego com excesso de peso nas rodovias federais brasileiras *versus* a atuação da ANTT: um estudo empírico dos fatos

**Mauro Luiz Campbell Marques** ............ 251

| | | |
|---|---|---|
| 1 | Introdução | 251 |
| 2 | Brevíssimas notas quanto ao poder normativo/extroverso das agências reguladoras no Brasil | 252 |
| 3 | Da Agência Nacional de Transporte Terrestre | 256 |
| 3.1 | Da polícia administrativa a cargo da ANTT | 258 |
| 4 | Da ação civil pública proposta pelo Ministério Público Federal em desfavor de empresa de transporte que trafega com excesso de peso em rodovias federais | 260 |
| 5 | Conclusão | 264 |
| | Referências | 265 |

## ANTT e qualidade regulatória: o caminho se faz ao caminhar

**Patricia Pessoa Valente** ............ 267

| | | |
|---|---|---|
| 1 | Introdução | 267 |
| 2 | A revisão da literatura em pesquisa empírica sobre a performance regulatória da ANTT | 269 |
| 3 | A qualidade regulatória na agenda da ANTT | 273 |
| 4 | O caso do operador ferroviário independente – OFI | 278 |
| 5 | Conclusão | 282 |
| | Referências | 283 |

**A arbitragem nos setores de infraestrutura**
**Rafael Valim, Walfrido Warde** ..................................................................287
1   A arbitragem no direito público: para além dos maniqueísmos ....287
2   A arbitragem no direito administrativo brasileiro..........................288
3   Aspectos relevantes do Decreto Federal n° 10.025/2019 ................289
4   A eficácia da sentença arbitral perante os tribunais de contas .......291
5   Conclusão ........................................................................................292
    Referências ......................................................................................293

**Evolução dos mecanismos não sancionatórios de incentivo ao cumprimento de obrigações pelas concessionárias de rodovias federais**
**André Isper Rodrigues Barnabé, Rodrigo Pinto de Campos, Renata Perez Dantas** ..................................................................295
1   Introdução .......................................................................................295
2   Primeira etapa: sem desconto tarifário............................................297
3   Segunda etapa: mudanças no paradigma regulatório e
    introdução do desconto de reequilíbrio ..........................................299
4   Terceira etapa: introdução do fator D..............................................301
5   Quarta etapa: divisão entre fator D, fator A e fator E......................305
6   Quinta etapa: novos mecanismos de incentivo à performance
    contratual ........................................................................................307
7   Conclusão ........................................................................................311
    Referências ......................................................................................312

**A Súmula n° 7/2020 da ANTT e a importância da promoção da cultura de respeito aos precedentes na Administração Pública**
**Renata Rocha Villela** ..................................................................313
1   Introdução .......................................................................................313
2   Antecedentes à edição da Sumula n° 7/2020 ...................................314
3   A edição de súmulas por agências reguladoras: normas e
    procedimentos .................................................................................319
4   O respeito aos precedentes por órgãos e entidades da
    Administração Pública: previsão legal, importância
    e incentivos ......................................................................................327
5   Conclusões ......................................................................................335
    Referências ......................................................................................336

## O avanço regulatório no setor rodoviário e o risco de demanda
**Rodrigo Barata** .................................................................................................339
1 Introdução ................................................................................................339
2 A concessão e o risco ..............................................................................344
3 A evolução regulatória nas concessões rodoviárias ...........................346
4 A discussão do risco de demanda fica cada vez mais inadiável ....348
5 A demanda incerta e o mecanismo de compartilhamento do risco ......................................................................................................355
6 Regiões urbanas e a solução operacional ............................................357
7 Conclusão ..................................................................................................359
 Referências ................................................................................................360

## Aspectos regulatórios e concorrenciais do operador ferroviário independente: análise da Resolução nº 5.920/2020 – ANTT
**Sebastião Botto de Barros Tojal, Bruna Souza da Rocha** ....................363
1 Introdução ................................................................................................363
2 Modelo *open access* e surgimento do OFI ...........................................365
3 Aspectos regulatórios e concorrenciais da Resolução nº 5.920/2020 – ANTT ...........................................................................370
3.1 Saída da Valec da relação concessionária – OFI ...............................370
3.2 Prazo indeterminado da outorga, possibilidade de investimentos e risco regulatório ........................................................373
3.3 Ausência de mecanismos que evitem discriminação e abuso de poder pelas concessionárias ..............................................................376
3.3.1 Amplitude do acesso ..............................................................................376
3.3.2 Preço do acesso .......................................................................................379
3.3.3 Qualidade do acesso ..............................................................................382
4 Inadequação da via eleita para a regulamentação do OFI: necessidade de uma política pública de Estado para o setor ferroviário .......................................................................................383
5 Conclusão ..................................................................................................385
 Referências ................................................................................................387

## Os princípios jurídicos da Lei nº 10.233/2001
**Sergio Ferraz** ..............................................................................................389
1 Princípios jurídicos; um acerto semântico .........................................389
2 Os princípios do art. 11 da Lei nº 10.233; incs. I, II, V e XI ............392
3 Os incs. III, IV, VI, X e XII ....................................................................394

| | | |
|---|---|---|
| 4 | Os incs. VII, VIII e IX | 395 |
| 5 | Conclusões | 397 |

## Concessão de rodovia: análise crítica da prática contratual brasileira
**Gustavo Gil Gasiola, Thiago Marrara** ............................................................ 399

| | | |
|---|---|---|
| 1 | Introdução | 399 |
| 2 | Mecanismos jurídicos de delegação de rodovias no Brasil | 401 |
| 3 | Problemática das concessões de rodovias | 404 |
| 4 | Análise de editais e minutas: delimitação e método | 409 |
| 5 | Pontos de convergência na modelagem concessória | 412 |
| 5.1 | Prorrogação contratual | 412 |
| 5.2 | Modelo de tarifação | 413 |
| 5.3 | Receitas alternativas | 414 |
| 5.4 | Reequilíbrio econômico-financeiro | 415 |
| 5.5 | Meios alternativos de solução de conflitos | 416 |
| 6 | Pontos de divergência na modelagem concessória | 417 |
| 6.1 | Pontos de evolução | 417 |
| 6.1.1 | Prazo contratual | 417 |
| 6.1.2 | Riscos do concessionário | 417 |
| 6.1.3 | Riscos do poder concedente | 419 |
| 6.1.4 | Habilitação | 421 |
| 6.1.5 | Garantias | 422 |
| 6.1.6 | Mudanças pontuais | 422 |
| 7 | Política regulatória da ANTT após a 3ª Etapa de Concessões das Rodovias Federais | 423 |
| 8 | Conclusões da comparação empreendida | 424 |
| | Referências | 428 |

SOBRE OS AUTORES ............................................................................................. 431

# PREFÁCIO

Enquanto os artigos do primeiro volume desta obra focaram no setor aquaviário, em especial na regulação dos portos, este segundo volume examina a experiência regulatória dos setores rodoviário e ferroviário desde a aprovação da Lei n° 10.233/2001. Além da mudança de foco setorial, ver-se-á que a atenção dos autores também esteve menos voltada para as mudanças na legislação e mais para a atuação em si da ANTT. Há bastante interesse, por exemplo, nas normativas e práticas estabelecidas pela própria ANTT, como o uso de termos de ajuste de conduta e o recurso à arbitragem. No todo, a ANTT é vista se saindo melhor nestes últimos 20 anos do que a Antaq, ainda que seja mais mal avaliada que a média das demais agências.

Porém, como se verá na síntese dos capítulos feita a seguir, alguns dos temas tratados no volume anterior retornam nos trabalhos aqui apresentados. É o caso, por exemplo, do grau de discricionariedade de que devem gozar as agências reguladoras, visto como essencial para a qualidade da regulação, mas ao mesmo tempo alvo de críticas em situações específicas. Também presentes estão a dificuldade de conciliar uma regulação mais leve com a promoção da concorrência em atividades verticalmente integradas e o desafio da multimodalidade.

Carlos Ari Sundfeld abre o segundo volume com artigo sobre o tema do *jus variandi* das concessionárias ferroviárias. O autor compara dois regimes jurídicos de concessão de serviço público: o delimitado por instalações específicas, que tem "*objeto rígido* quanto à *natureza* do serviço e também quanto à *extensão* da infraestrutura associada"; e o delimitado pela zona, que tem "*objeto relativamente elástico* quanto a características, extensão, localização, cronograma e obrigatoriedade da infraestrutura, embora seu objeto seja bem determinado quanto à natureza do serviço".

As concessões ferroviárias se enquadram no segundo regime, com seu objeto dimensionado "com ampla abertura para a concepção e construção posterior de infraestruturas ferroviárias pelas concessionárias (*jus variandi*) [...], segundo as variáveis *necessidades* ou *possibilidades* do serviço, a serem identificadas no curso da execução contratual". Assim, conclui Sundfeld, nesse regime "o *jus variandi* para a concessionária ampliar o serviço e a infraestrutura é variável essencial da equação". É uma flexibilidade que tem "valor econômico e compõe a equação econômico-financeira inicial dos contratos" e o poder público não pode, "por simples ato de vontade, obstar seu exercício", sob risco de violar o equilíbrio do contrato.

O segundo capítulo, de autoria de Egon Bockmann Moreira e Heloisa Conrado Caggiano, analisa o julgamento do STF sobre a ADI nº 5.991, que a Procuradoria-Geral da República impetrou, questionando a constitucionalidade de certas regras fixadas na Lei nº 13.448/2017 para a prorrogação antecipada das concessões ferroviárias. Três temas foram levantados pela PGR e são discutidos no artigo: (i) o critério para se aferir a adequação do serviço prestado, (ii) a extinção dos contratos de arrendamento e as alterações no regime de bens vinculados dos contratos de concessão, e (iii) a previsão de investimentos em outras malhas ferroviárias que não a objeto de contrato.

Os autores analisam a aplicação dos preceitos constitucionais levantados pela ADI, primeiro em sentido mais conceitual, depois na forma como foram interpretados pelos ministros do STF no caso concreto. Fica da análise a lição de que os preceitos constitucionais trabalhados só vão servir de "medida concreta de atuação eficiente da Administração Pública, atendendo ao seu fim republicano, se levarem em conta a complexidade da contratação administrativa vigente".

Fernando S. Marcato e Gabriel Ribeiro Fajardo tratam no terceiro capítulo das razões para haver uma agência reguladora de transportes em nível estadual, como caminho para se superar o que veem como "uma relação contraprodutiva" hoje existente: "enquanto há excesso de demanda por serviços (se analisada a necessidade do país em infraestrutura), há subinvestimento nesta área". O artigo parte da ideia de que o fundamento jurídico da regulação estatal é "a satisfação do interesse público", aí incluídos itens como a "redução de desigualdades", e de que as mudanças desencadeadas pelas reformas dos anos 1990, realçando o papel das agências reguladoras, permitiram que "a atuação regulatória pelo Estado, já existente", fosse reforçada e "legitimada pelas perspectivas de confiabilidade nas qualidades de expertise, conformidade da atuação com padrões técnicos, na discricionariedade e independência decisória".

A proposição dos autores é, então, que essa mesma lógica se aplica à criação de agências reguladoras estaduais, argumento exemplificado com o caso de Minas Gerais. Isso traria benefícios resultantes da descentralização, de se considerarem "especificidades socioeconômicas e regionais", e a "absorção de demandas específicas ao território".

No quarto capítulo, Fernando Menezes de Almeida analisa o tema da transferência da titularidade da concessão, pela transferência da outorga ou do controle acionário da concessionária, como previsto nas leis n° 8.987/1995 e n° 10.233/2001. O argumento central do artigo é que essa transferência pode se dar por meios "puramente contratuais, ou seja, pela negociação havida entre as partes (poder concedente, concessionária-cedente e concessionária-cessionária), sem a necessidade" de nova licitação.

Isso pois ambas as leis exigem a anuência do Poder Concedente para que a transferência se realize, e essa subentende que o pretendente atenda a exigências iguais às postas quando do "processo de licitação que levou à escolha da atual concessionaria" e que todas as cláusulas do contrato em vigor sejam mantidas. Assim, argumenta Almeida, não há alteração no contrato de concessão, que continua sendo aquele resultante do processo original de licitação que lhe deu origem: "trata-se da manutenção do mesmo contrato de concessão, com o mesmo objeto e com as mesmas regras".

Gustavo Justino Oliveira e Pedro da Cunha Ferraz examinam, no quinto capítulo, o tema da delegação de serviço público por autorização no caso dos "serviços de transporte coletivo rodoviário interestadual e internacional de passageiros (art. 21, XII, "e", da Constituição Federal)", concluindo ser impossível sujeitá-los "ao mesmo regime jurídico que tradicionalmente se atribui aos serviços públicos que constituem monopólio natural". Um argumento que, pontualmente, os autores estendem a outros serviços, observando, em especial, que "a delegação não viola o dever de licitação se não houver competição pelas delegações", como corre quando "todos aqueles que cumprem o requisito são autorizados a prestar o serviço público".

Na análise do tema, Oliveira e Ferraz descrevem as quatro "vertentes doutrinárias mais relevantes" sobre o tema, reveem a até aqui escassa jurisprudência a esse respeito, salientando não haver *"leading cases* contundentes", resumem os argumentos contidos em duas ADI sob análise do STF a esse respeito e desenvolvem sua visão do que esperam seja a solução a ser dada pela Suprema Corte nesses casos. Ao fim, inserem a discussão sobre como essa temática se relaciona ao caso do Buser, o "Uber de ônibus".

O sexto capítulo, escrito em coautoria por Gustavo Justino Oliveira e Felipe Razzini, trata do tema do recurso à arbitragem em casos envolvendo a ANTT, que os autores identificam ser "a entidade pública que mais participa de arbitragem no Brasil", fato que os autores atribuem aos erros cometidos nos processos licitatórios "da 3ª etapa de concessões das rodovias federais iniciada em 2013".

O artigo identifica convergências e divergências entre a Resolução ANTT nº 5.845/2019, que regula a participação da agência nesse tipo de procedimento, e o subsequente Decreto nº 10.205/2019, em que o Governo federal fixou "diretrizes nacionais 'sobre a arbitragem para dirimir litígios que envolvam a administração pública federal nos setores portuário e de transporte rodoviário, ferroviário, aquaviário e aeroportuário'". Oliveira e Razzini fazem uma avaliação positiva dos dois instrumentos, avaliando que o recurso à arbitragem permite que "eventuais desentendimentos entre o poder concedente e a concessionária" sejam resolvidos "da maneira mais rápida e eficaz disponível".

No sétimo capítulo, José Roberto Pimenta Oliveira e Dinorá Adelaide Musetti Grotti discorrem sobre como a "agencificação", o "surgimento e expansão da técnica de regulação independente", alterou o direito administrativo brasileiro, impactando o direito administrativo sancionador (DAS). Este entendido como "o conjunto complexo de normas jurídicas que congrega determinada política pública de conformidade de determinado regime jurídico-administrativo, no bojo da qual haverá medidas de diversas índoles [...], ocupando a tipologia das sanções o elenco das providências mais interventivas ou drásticas".

Surge daí o DAS regulatório, que é examinado no caso da ANTT. Entre as "várias questões e desafios" com os quais esse se depara, realço "o tratamento da discricionariedade administrativa na modelagem e implementação das normas sancionadoras, com o revigoramento do debate sobre a discricionariedade técnica". Assim, Oliveira e Grotti apontam que o "DAS regulatório necessita de modelos sancionadores flexíveis (logo, alimentados pela discricionariedade)". Eles avaliam positivamente a experiência da ANTT nesse sentido, mas ao mesmo tempo apontam "o imperativo de maior uniformidade, previsibilidade, proporcionalidade, transparência, participação social, comunicação e diálogo, na concepção e implementação dos modelos sancionadores utilizados pela agência". E lamentam o que consideram uma oportunidade perdida de se "avançar na disciplina legal, geral e sistemática, da matéria sancionatória", quando da aprovação da Lei Federal das Agências Reguladoras (Lei nº 13.848/2019).

No oitavo capítulo, José Vicente Santos Mendonça e Michelle Moretzsohn Holperin recorrem a diferentes pesquisas empíricas para avaliar como a ANTT e a Antaq se comparam às demais agências reguladoras federais quanto à qualidade da governança regulatória. São consideradas três dimensões dessa governança: autonomia, nas vertentes decisória e financeira; participação social, como refletida no uso de consultas e audiências públicas; e tomada de decisão, no que tange ao uso de análise de impacto regulatório.

De forma geral, o resultado é desfavorável às duas agências, exceto em termos de autonomia financeira, como refletido na ausência de qualquer contingenciamento no caso da ANTT e apenas em pequeno grau no da Antaq. Nos demais indicadores utilizados, o desempenho das duas está entre os piores. Os autores concluem, porém, com algum otimismo, na expetativa de que a governança das agências melhore conforme se coloque em prática as determinações da Lei n° 13.848/2019 (Lei Geral das Agências Reguladoras Federais).

Juliana Bonacorsi de Palma examina, no nono capítulo, a experiência da ANTT com os termos de ajuste de conduta (TAC) como instrumentos de solução consensual de conflitos entre regulador e regulado. O artigo descreve o histórico de normativas da agência nesse tema, começando com a Resolução ANTT n° 152/2003, que colocou a agência entre as primeiras a "desenvolver o seu programa de consensualidade". Além disso, analisa o Acórdão n° 2.533/2017 do TCU, que exerceu grande influência sobre como o assunto é atualmente normatizado na ANTT.

A autora analisa dois casos de aplicação de TAC pela ANTT: o TAC Plano de Ação, que buscou lidar com o "quadro de sistemática inexecução das obrigações de investimentos pelas concessionárias da 2ª etapa de concessões de rodovias federais", e o TAC Multas, "voltado à substituição dos processos sancionadores da agência por investimentos". No todo, a avaliação é que essas experiências foram positivas e que o uso de TAC deveria ser ampliado. A autora conclui, porém, que a "consensualidade efetiva na agência ainda é um processo em construção" e que seu principal desafio é consolidar "uma atuação administrativa pautada em autêntica negociação" e "voltada à resolução do problema concreto", o que "pressupõe assumir a discricionariedade na eleição dos métodos de exercício de competência e no desenho de acordos".

O décimo capítulo, de autoria de Laís Ribeiro de Senna, analisa como evoluiu o Programa de Concessões de Rodovias Federais (Procrofe) ao longo de suas, até aqui, quatro etapas. Para cada etapa o artigo examina "as condições do edital para submissão e julgamento de propostas", "a modelagem contratual propriamente dita" e, por fim, "a execução dos contratos referentes à respectiva etapa". Já no começo a autora observa que os contratos de cada etapa têm grandes semelhanças entre si: "ou seja, a modelagem é extremamente parecida".

Dois fatos principais destacam-se nessa análise. Primeiro, o esforço de aperfeiçoamento: esse aparece, por exemplo, na tentativa de calibrar as taxas de retorno das concessões, na abertura à participação de empresas estrangeiras, na inversão de fases e na adoção de instrumentos como o fator de desconto e o fluxo de caixa marginal. Segundo, nem sempre o esforço de aperfeiçoar a modelagem leva a uma melhor execução, em parte devido à interveniência de outros fatores, como quedas pronunciadas do PIB. No todo, Senna conclui que o programa "é, sim, um *case* de sucesso".

No décimo primeiro capítulo, o Ministro Mauro Luiz Campbell Marques analisa o porquê da judicialização de infrações relativas ao excesso de peso no transporte de carga em rodovias federais, infração que "deveria ser resolvida nas instâncias administrativas". Em especial, o autor coloca a seguinte questão: "a falha do Estado administrador está no exercício de quais de seus poderes: no de política ou no regulamentar?".

A construção da resposta começa por caracterizar a jurisprudência do Superior Tribunal de Justiça no sentido de que "respeitados os limites da legislação que lhes deu origem, é ampla" a competência das agências reguladoras de exercer o "poder de política com viés sancionatório". Esse é o caso da ANTT, que é, portanto, "dotada do poder de polícia setorial, com atribuições, por exemplo, para autuar e aplicar as penalidades administrativas cabíveis *relativas a infrações por excesso de peso*" (grifos no original). O artigo conclui, assim, que "a maior falha setorial, que deu ensejo à intensa onda de judicialização da questão, está no exercício do poder de polícia, ou seja, na fiscalização dos infratores que transportam em excesso de carga".

O décimo segundo capítulo, de autoria de Patricia Pessoa Valente, versa sobre o esforço da ANTT em aprimorar a qualidade de sua produção regulatória ao longo de seus primeiros 20 anos de existência. O artigo abre recorrendo a pesquisas empíricas diversas para comparar a agência a seus pares em termos de seu desempenho regulatório, concluindo que essa não se sai bem, a não ser na métrica de ter a menor proporção de decisões não confirmadas pelo Judiciário.

Na análise mais específica sobre como a agência tem buscado aprimorar seus procedimentos, o resultado mostra sucessos e falhas. De um lado, o texto mostra que a ANTT buscou "garantir nos seus processos decisórios maior transparência e mecanismos de controle social", além de implementar "ferramentas de qualidade regulatória, entre as quais, planejamento estratégico, agenda regulatória e AIR, e, mais importante, de capacitação da área técnica para a adoção dessas ferramentas". De outro, porém, ao analisar o caso específico do Regulamento do Operador Ferroviário Independente, a autora apresenta uma série de "pontos que apresentam falhas", concluindo que, em que pesem os avanços, "ainda há um longo caminho a ser percorrido".

Rafael Valim e Walfrido Warde analisam, no décimo terceiro capítulo, o que diz a legislação sobre "a possibilidade de a Administração Pública direta e indireta utilizar-se da arbitragem para dirimir conflitos relativos a *direitos patrimoniais disponíveis*". Os autores se aprofundam, em especial, sobre o Decreto Federal nº 10.025/2019, que, entre outros, "consolidou boas práticas nas arbitragens desenvolvidas no âmbito do setor portuário e de transportes rodoviário, aquaviário e aeroportuário", dessa forma "uniformizando em termos procedimentais a arbitragem" nesses setores.

Após analisar as oportunidades e limites trazidos pelo recurso à arbitragem em casos envolvendo a Administração Pública, os autores revelam-se preocupados com a visão expressa pelo TCU no Acórdão nº 3.160/2020, de que caberia à Corte de Contas "examinar o mérito das sentenças arbitrais" em que a Administração seja parte, o que os autores concluem que "[n]ão é papel do Tribunal de Contas".

No décimo quarto capítulo, Renata Perez Dantas, André Isper Rodrigues Barnabé e Rodrigo Pinto de Campos examinam o uso pela ANTT de "mecanismos não sancionatórios de incentivo ao cumprimento de obrigações pelas concessionárias", comparando sua utilização nos modelos de concessão de cada fase do Procrofe. Os autores avaliam positivamente esse processo, notando que a construção desse arcabouço se deu "por meio do experimentalismo que passaria a marcar as transições de fases contratuais no setor".

O artigo enfatiza, em especial, a introdução do desconto de reequilíbrio, depois aperfeiçoado no Fator D e em outros fatores integrados nos contratos: "por intermédio dele, a ANTT passou a exigir de uma concessionária o atingimento constante de uma série de parâmetros de desempenho como condição necessária para a chancela do reajuste tarifário anual tal qual previsto na licitação". Os autores observam ainda, com certa preocupação, que, apesar de apoiar o uso desses instrumentos, a área técnica do TCU se inclina ao seu uso, não como instrumento endógeno de "incentivo ao cumprimento de obrigações" contratuais, mas como mecanismo para uma "regulação por custo do serviço", o que, na avaliação dos autores, "não parece ser a melhor vereda".

Renata Rocha Villela discute, no décimo quinto capítulo, o uso de súmulas editadas pelas agências reguladoras como meio de se promover a segurança jurídica nas decisões da Administração Pública. A autora aponta que estas podem ajudar a criar uma cultura de respeito aos precedentes, ausente dos "órgãos públicos em geral com competências decisórias – como órgãos de controle, agências reguladoras, corregedorias, entre outros", evitando dessa forma "conferir tratamento desigual a casos semelhantes".

O artigo analisa, em especial, o caso da Súmula nº 7/2020, editada pela ANTT, que busca "uniformizar o entendimento de que a inadimplência das concessionárias prestadoras de serviço público de transporte ferroviário no cumprimento das obrigações contratuais não impede a análise de seus pleitos pelo regulador". A autora examina, ao todo, 11 agências e conclui que, ainda que nove delas "admitam a edição de súmulas, o total de atos dessa natureza" é relativamente pequeno. Além disso, aponta que a falta de procedimentos mais claros para a criação dessas súmulas reduz sua aplicação. Ao fim, conclui que o "escasso uso das súmulas" se deve mais "à falta de hábito das autoridades com poder decisório em fixar os precedentes e observá-los em casos futuros semelhantes" do que "à dificuldade de sua edição". Uma constatação que, o artigo de certa forma sugere, se estende à falta de segurança jurídica na Administração Pública em geral.

No décimo sexto capítulo, Rodrigo Sarmento Barata discute a alocação do risco de demanda em contratos de concessão rodoviária. O autor argumenta que, apesar de não haver sob a ótica jurídica "qualquer restrição à assunção pelo Estado ou compartilhamento do risco de tráfego com a concessionária", esse risco tem sido quase automaticamente alocado à concessionária, sem se buscar equilibrar custos e benefícios disso em cada caso individual. Barata atribui esse padrão a como se desenrolou o processo de concessões rodoviárias, começando com a "seleção dos melhores ativos", "com histórico conhecido de tráfego", em época que se previa "crescimento do fluxo de passageiros" e os riscos mais valorizados eram de natureza macroeconômica e política.

Barata propõe, assim, que essa prática seja mudada e que o risco de tráfego passe a ser tratado como os demais, com avaliação em cada projeto e alocação a quem estiver mais bem equipado para lidar com ele. Enfatiza, em especial, que essa alocação precisa considerar a atratividade geral da concessão. E apresenta e compara seis diferentes mecanismos que podem ser utilizados para compartilhar o risco de demanda entre concessionária e Poder Concedente.

No décimo sétimo capítulo, Sebastião Botto de Barros Tojal e Bruna Souza da Rocha examinam a regulação relativa ao Operador Ferroviário Independente (OFI), no que respeita à sua capacidade de atrair investimentos e promover a concorrência intramodal. O relato se inicia com a Lei nº 12.743/2012 inserindo "na Lei nº 10.233/2001 a possibilidade de outorga de autorização ao OFI na prestação do serviço de transporte ferroviário de cargas", a qual seria depois regulamentada pela Resolução ANTT nº 4.348/2014. Esta regulamentação perderia efetividade com a extinção do Decreto nº 8.129/2013 e, só em 2020, por meio da Resolução nº 5.920, a ANTT estipulou "novas regras para a exploração do serviço de transporte ferroviário pelos OFI".

Tojal e Rocha apontam ser a edição dessa resolução um movimento positivo, mas apontam, por outro lado, vários problemas, que tenderão a afetar a capacidade de essa resolução atrair investimentos e criar um ambiente competitivo neutro entre os OFI e as incumbentes verticalizadas, detentoras da infraestrutura. Ao final, apontam "a necessidade de se criar uma efetiva *política pública de Estado para o setor ferroviário*, o que parece estar sendo" feito por meio do Projeto de Lei nº 261/2018 (grifos no original).

Sergio Ferraz examina no décimo oitavo capítulo os princípios jurídicos da Lei nº 10.233/2001, em especial no seu art. 11. Após introduzir o tema, notando que princípios jurídicos, "quando integram positivamente (implícita ou explicitamente) o sistema jurídico, [...] são regras", o autor examina os quatro princípios jurídicos presentes no art. 11 da Lei nº 10.233. Primeiro, o do interesse público, "que é o interesse comum da coletividade". Segundo, o da eficiência, pelo qual, "quando mera formalidade burocrática for um empecilho à realização do interesse público, o formalismo deve ceder diante da eficiência".

Terceiro, o da razoabilidade, cuja "ideia corresponde ao sentido usual desse vocábulo" e que é mais facilmente aplicável "no tocante à qualificação negativa, ou seja, no tocante à identificação de condutas não razoáveis". Quarto, o princípio da proporcionalidade, cujo "objetivo é proibir excessos desarrazoados". Por fim, Ferraz conclui que as diretrizes listadas no art. 12 da Lei nº 10.233 devem "ser entendidas como as 'instruções de agir', como o 'manual do usuário', imposto à Administração e aos agentes, sobre como empiricamente atuarem, *com obrigatória observância e manejo do artigo precedente*" (grifos no original).

No último capítulo deste volume, Thiago Marrara e Gustavo Gil Gasiola apresentam uma avaliação comparativa de 11 editais e minutas de contrato relativos à 3ª Etapa do Programa de Concessões Rodoviárias

Federais. Com isso buscam avaliar em que grau eles mostram uma evolução na atuação da ANTT. Os autores identificam alguns pontos de evolução, que "expressam tentativas de aprimoramento da modelagem concessória em matéria rodoviária". Destaca-se, nesse caso, o esforço de "combater a vagueza das cláusulas" e "diminuir a incompletude do contrato".

Por outro lado, eles constatam haver "grande semelhança dos diferentes documentos, sendo o maior desafio da comparação desvendar o que haveria de diferença entre eles" e que "não se identificou nenhuma alteração que contemplasse algum aspecto peculiar da infraestrutura rodoviária objeto da licitação". E concluem se perguntando se, "consideradas as variações do objeto, é realmente adequado utilizar a mesma minuta-padrão no tocante às obrigações derivadas da concessão e, basicamente, estruturas semelhantes de divisão de riscos".

Evolução e aprendizado. Mais do que quaisquer outras, essas me parecem as palavras que melhor sintetizam o que mostram os artigos desta obra. Uma evolução das agências, da legislação, dos órgãos de controle, sempre no sentido de buscar criar um ambiente regulatório mais propício ao investimento privado e à busca da eficiência. Não foi uma evolução sem tropeços ou escorregões, mas chama a atenção como se foi capaz de aprender e avançar.

Assim, parece-me correto dizer que a maioria dos autores neste segundo volume enxerga um progresso relevante na regulação dos setores rodoviário e ferroviário, ainda que possa ter havido retrocessos pontuais. Esse progresso está presente nas leis aprovadas nestes últimos 20 anos, nas normas editada pelo Executivo e pela ANTT, no relacionamento entre a agência e o TCU e, não menos importante, na capacitação e nos recursos da ANTT. Os avanços descritos nas várias fases do Programa de Concessões Rodoviárias Federais são um exemplo desse progresso.

Também há, por outro lado, críticas e, principalmente, uma demanda por mais avanços, que são analisados e detalhados nos trabalhos aqui apresentados. Há demanda por contratos de concessão mais ajustados a cada projeto, por regras e práticas que deem mais segurança jurídica aos investidores, por caminhos mais viáveis de promoção da concorrência e por uma melhoria da governança regulatória, aí incluída maior independência dos ministérios.

No todo, portanto, uma notável coletânea de trabalhos, que se destacam pela excelência das análises realizadas, mas também pela diversidade de temas cobertos. É, sem dúvida, uma obra de referência, que nos será útil, de variadas formas, por muito tempo.

27 de abril de 2021.

**Armando Castelar Pinheiro**
Doutor em Economia pela University of California (1989). Mestre em Administração pela Universidade Federal do Rio de Janeiro (1983), e em Matemática pela Associação Instituto Nacional de Matemática Pura e Aplicada (1981). Graduado em Engenharia Eletrônica pelo Instituto Tecnológico de Aeronáutica (1977). Coordenador de Economia Aplicada do Ibre/FGV e professor adjunto da Universidade Federal do Rio de Janeiro.

# CONCESSÕES FERROVIÁRIAS E *JUS VARIANDI* DAS CONCESSIONÁRIAS

CARLOS ARI SUNDFELD

## Introdução

O objetivo do presente estudo é, por um lado, contribuir na identificação dos modos e casos em que as concessões ferroviárias conferem um *jus variandi* às concessionárias quanto à dimensão das instalações e dos serviços, e, por outro lado, entender sua relevância na equação econômico-financeira das concessões.[1]

O estudo se divide em 3 itens, a seguir. O primeiro distingue as fórmulas admitidas em abstrato por nosso direito administrativo para a delimitação do objeto das concessões, uma das quais gera o citado *jus variandi*. O segundo item, específico sobre o objeto das concessões ferroviárias, analisa a experiência geral do setor e sua disciplina legal, focando-se nas concessões que têm seu objeto delimitado por critério territorial (pela zona), total ou parcialmente. O terceiro item trata do reflexo, na equação econômico-financeira, do reconhecimento do *jus variandi* para a concessionária.

---

[1] Na pesquisa e concepção deste estudo, colaboraram o Prof. Jacintho Arruda Câmara, da PUC-SP, e os pesquisadores Yasser Gabriel e João Domingos Liandro, do Grupo Público da FGV Direito SP, a quem agradeço.

## 1 O objeto nas concessões

Para a compreensão dos diferentes regimes jurídicos das concessões, um esforço prévio é o de identificar as técnicas jurídicas que podem ser adotadas pelos contratos para a definição de seu objeto ou escopo.

Quanto a isso, há distintas soluções usadas, de forma separada ou conjugada, nas outorgas setoriais, entre as quais a *concessão de serviço público delimitada por instalações específicas* e a *concessão de serviço público delimitada pela zona*.

Na prática, as concessões por instalações específicas tendem a ser usadas quando, à época da contratação, a demanda dos serviços está razoavelmente bem definida, viabilizando o prévio desenho, quando da licitação, da dimensão da infraestrutura capaz de atendê-la durante toda a vigência da outorga. São contratos que geram *concessões com objeto rígido* quanto à *natureza* do serviço e também quanto à *extensão* da infraestrutura associada. Um exemplo é a concessão, feita em 2013 pelo Governo do Estado de São Paulo, da Linha 6 do metrô da capital.

Já as concessões pela zona tendem a ser usadas em casos de incerteza elevada quanto aos prazos e volumes em que a demanda se desenvolverá, o que impede que o concedente projete de modo prévio a dimensão da infraestrutura para atendê-la ao longo do prazo da concessão. Tais contratos geram *concessões com objeto relativamente elástico* quanto a características, extensão, localização, cronograma e obrigatoriedade da infraestrutura, embora seu objeto seja bem determinado quanto à natureza do serviço. Exemplos históricos conhecidos são os das concessões de bondes, gás, telefones e luz e força reunidas pela Rio Light a partir do início do século XX, que permitiram a paulatina expansão desses serviços no Rio de Janeiro durante toda a primeira metade do século.[2] Exemplo atual são as concessões municipais de mobiliário urbano, cuja infraestrutura (relógios de rua ou abrigos de passageiros) pode ser expandida pelas concessionárias ao longo do prazo contratual, segundo suas perspectivas de crescimento da exploração de publicidade.

Na concessão por instalações específicas, a rigidez elevada quanto à dimensão do objeto funciona para a concessionária, ao mesmo

---

[2] WEID, Elisabeth Von der. A expansão da Rio de Janeiro Tramway Light and Power ou as origens do 'Polvo Canadense'. *Fundação Casa de Rui Barbosa*, Rio de Janeiro, 1989. Disponível em: http://www.casaruibarbosa.gov.br/dados/DOC/artigos/o-z/FCRB_Elisabeth vonderWeid_Expansao_RiodeJaneiro_TramwayLightandPower.pdf. Acesso em: 11 nov. 2020.

tempo, como *proteção*, pois circunscreve os riscos, e como *restrição*, já que limita a possível ampliação dos negócios. Diferentemente, na concessão delimitada pela zona há muita incerteza quanto à demanda e a concessionária assume riscos bem maiores, mas em contrapartida encontra estímulos na abertura para sucessivas expansões nos negócios no curso do prazo contratual, com novos investimentos, oportunidades e potenciais receitas.

A *concessão de serviço público delimitada por instalações específicas* (que a legislação denominou de concessão de serviço público precedida da execução de obra pública) confere à concessionária o dever ou direito de prestar serviços apenas por meio de instalações cuja descrição, quantificação, localização e implantação são predeterminadas segundo critérios fixos do contrato. O elemento juridicamente importante é que, nessa *concessão*, a dimensão do direito, do dever ou do privilégio de prestar o serviço não é calibrada por uma zona territorial, mas pela especificação contratual prévia de certas obras e equipamentos, as quais a concessionária deve ou pode construir, manter e explorar (ex.: uma estação rodoviária).

Um setor em que, desde 2009, esse é o único modelo admitido é o de transporte de gás natural. Segundo a lei setorial, "as concessões de transporte de gás natural contratadas a partir desta lei deverão identificar os bens e instalações a serem considerados vinculados à sua exploração e terão prazo de duração de 30 (trinta) anos", devendo ser precedidas de licitação cujo edital deverá "indicar, obrigatoriamente: o percurso do gasoduto de transporte objeto da concessão, os pontos de entrega e de recepção, bem como a capacidade de transporte projetada e os critérios utilizados para seu dimensionamento" (Lei nº 11.909, de 2009, arts. 10, *caput*, e 17, *caput* e inc. I). Assim, no transporte de gás não há espaço para concessões com objeto de dimensão elástica.

Na experiência brasileira mais recente, também têm seguido esse modelo rígido as concessões de transmissão de energia, de aeroporto e de rodovia, embora não exista para tais setores imposição legal com rigidez equivalente à do setor de transporte de gás. É por decisão política e técnica que as concessões de transmissão de energia, de aeroporto e de rodovia vêm sendo estruturadas como "concessões de serviços públicos precedidas da execução de obra pública" (ainda que esta expressão nem sempre apareça nos editais e minutas de contrato). Segundo a Lei de Concessão, outorgas desse tipo jurídico são licitadas já com a definição, pelo concedente, dos "dados relativos à obra, dentre os quais os elementos do projeto básico que permitam sua plena caracterização", bem como do "valor da obra", e mesmo de seu cronograma, os quais constarão do edital (Lei n° 8.987, de 1995, art. 18, XV).

É interessante que a Lei de Concessão distinguiu essa "concessão de serviço público precedida da execução de obra pública" (art. 1°, III), mais rígida quanto à dimensão dos serviços, da simples "concessão de serviço público" (art. 1°, II), potencialmente mais elástica quanto a isso.

A razão não é que na "concessão de serviço público" a concessionária não tenha de fazer instalações ou "obras" (conceito que, no direito administrativo brasileiro, é bastante amplo, segundo a Lei n° 8.666, de 1993, art. 6°, I, pois "obras" abrangem a fabricação e instalação de máquinas e equipamentos).

A explicação é outra. Na "concessão de serviço público", mais elástica, mesmo frequentemente cabendo à concessionária a obtenção, implantação ou manutenção das instalações e das obras que se justificarem para o oferecimento do serviço em cada época, o fato é que sua prévia e completa caracterização, dimensionamento e planejamento temporal *não são utilizados pelo contrato para a quantificação do objeto da concessão*; esta é feita por meio de outras técnicas, igualmente admitidas pelo direito administrativo. Em contraposição, como visto, na "concessão de serviço público precedida da execução de obra pública", mais rígida, o empreendimento já vem quantificado pelo concedente em grau alto de detalhamento, com especificação prévia e completa das características básicas, da extensão, da localização e do cronograma de implantação de todas as instalações; por isso que, por razões lógicas, nessa espécie de concessão o projeto básico é requisito do edital de licitação.

A Lei de Concessão reconheceu e legitimou o modelo mais elástico, presente na experiência histórica, também ao dispor que o edital preverá "os direitos e obrigações do poder concedente e da concessionária em relação a alterações e *expansões a serem realizadas no futuro*, para garantir a continuidade da prestação do serviço" (art. 18, VII), bem como que o instrumento contratual disporá sobre os "direitos, garantias e obrigações do poder concedente e da concessionária, inclusive os relacionados às previsíveis necessidades de *futura* alteração e *expansão do serviço* e consequente modernização, aperfeiçoamento *e ampliação dos equipamentos e das instalações*" (art. 23, V).

A rigidez da concessão por instalações específicas não tem como consequência a vedação total a que novas instalações sejam posteriormente incluídas. A literatura e a prática administrativa e jurisprudencial vêm admitindo ampliações contratuais posteriores (para, por exemplo, incluir novos trechos de rodovias).³ Mas, pelo ângulo jurídico, inequivocamente o caso será de *ampliação do objeto contratual*, o que suporá a celebração de *aditivos contratuais* e a observância de *limites e condições extracontratuais*, impostos como consequência do dever constitucional de licitar.⁴ Não existe, portanto, um *jus variandi* para as próprias concessionárias.

De outro lado, no caso das concessões em que o objeto estiver definido com elasticidade, deixando espaço para expansões paulatinas e facultativas do serviço, estas serão feitas por *simples providências de execução contratual*. Assim, evidentemente as expansões do serviço, que decorrem do *jus variandi* contratualmente reconhecido às concessionárias, *não terão a natureza de ampliações contratuais, não envolvendo a formalização de aditivos*. Tais expansões, tendo sido expressamente facultadas desde o início pelo edital de licitação e pelo contrato, não estarão vedadas ou limitadas externamente pelo dever constitucional de licitar, pois este já terá sido observado para a constituição da relação mais aberta. *Seus limites serão apenas os decorrentes da própria fórmula que o contrato tiver empregado para definir a dimensão do objeto da concessão licitada.* E, se o contrato ou a regulação o exigir, poderão ser eventualmente necessários simples atos administrativos de autorização ou aprovação prévia – a que as concessionárias terão direito, se demonstrarem a adequação técnica de seu projeto de expansão.

Na experiência real dos grandes serviços públicos de rede, as definições quanto à dimensão do objeto das concessões costumam combinar *critérios rígidos* com *critérios elásticos*. Um exemplo é o das concessões federais de STFC local, celebradas em 1998. Embora os contratos tenham se abstido totalmente de fazer exigências quanto à infraestrutura (isto é, quanto ao desenho, características, extensão, valor e mesmo propriedade das redes fixas de telefonia), impuseram o atendimento obrigatório, pelas concessionárias, em certo prazo máximo, da totalidade das demandas de acessos individuais em certas localidades

---

[3] E isso mesmo a Lei de Concessão não as prevendo expressamente, ao contrário da Lei nº 8.666, de 1993, que, para contratos administrativos ordinários, admitiu acréscimos de até 25% do valor inicial do contrato e, em alguns casos, de 50% (art. 65, §1º).

[4] Tenho tratado do tema em trabalhos acadêmicos e pareceres, de que é exemplo *Condições jurídicas para a ampliação do contrato de concessão rodoviária* (In: SUNDFELD, Carlos Ari. *Direito administrativo contratual*. São Paulo: Revista dos Tribunais, 2013. v. II. Coleção Pareceres. p. 129-143), com a seguinte ementa: "É lícita a ampliação de concessão rodoviária, com a inclusão de novo trecho ligado ao já concedido, desde que inviável sua exploração econômica, em condições adequadas de interesse público. [...]".

da região concedida.⁵ Quanto a isso (as obrigações de atendimento mínimo), havia rigidez na dimensão do objeto das concessões de STFC local. Por outro lado, as mesmas concessionárias eram livres para, no decorrer do prazo contratual, ir estendendo suas redes e serviços para as demais localidades da região concedida (localidades de atendimento facultativo), o que as concessionárias fizeram ou não, segundo suas próprias avaliações de potencial econômico. A paulatina expansão das redes, investimentos, serviços e receitas das concessionárias de STFC local dentro das regiões concedidas, em decorrência do exercício da faculdade conferida pelos contratos, o *jus variandi*, não teve a natureza jurídica de ampliação do objeto das concessões, tampouco envolveu a celebração de aditivos. Tratou-se de simples execução do contrato original, cujo objeto elástico comportava essa possível expansão.

Nas concessões de outros serviços de rede essas expansões podem gerar reflexos na tarifa, quando da revisão ordinária dos contratos. Um exemplo é o da concessão estadual de distribuição de gás canalizado, feita para região delimitada do território do estado, com certas metas iniciais de atendimento, as quais podem ser ampliadas posteriormente no curso da execução contratual, se o interesse pelo serviço o justificar e se os novos investimentos parecerem economicamente viáveis.⁶

## 2 Concessões pela zona e o setor ferroviário

A Lei Federal nº 10.233, de 2001, que cuida da estruturação dos transportes ferroviário, rodoviário e aquaviário, é exemplo de normativo

---

⁵ Sobre o ponto, v. Decreto Federal nº 2.592, de 1998, art. 4º.

⁶ No estado de São Paulo, o Contrato nº CSPE/01/99 outorgou concessão, pelo prazo de 30 anos (cláusula 5ª), dos serviços de distribuição de gás canalizado nos territórios dos municípios relacionados em seu Anexo I, prevendo metas mínimas obrigatórias de cobertura e expansão (cláusula 6ª – ex.: acréscimo de 200 mil usuários nos 10 anos iniciais da concessão e acréscimo de 44 km de rede nos 5 anos iniciais). Esses foram os *elementos rígidos no dimensionamento do objeto da concessão*. Mas o contrato incluiu também *elementos de elasticidade quanto à dimensão do objeto*, pois previu a ampliação das instalações para atendimento da "futura demanda" (cláusula 6ª, caput), quando "economicamente viável" (cláusula 6ª, 1ª subcláusula). Essas ampliações não dependem de aditivos contratuais, pois já estavam previstas, por essa fórmula aberta, no objeto inicial. Para tais extensões, basta a previsão nos planos de cumprimento de metas apresentados pela concessionária e aprovados pela agência reguladora (cláusula 7ª, subcláusulas 6ª, 7ª e 8ª). Os planos de investimentos físico-financeiros de cada ciclo, incluindo investimentos em "novas instalações", serão considerados nas revisões tarifárias ordinárias (cláusula 13ª, 6ª subcláusula, item 2) (SÃO PAULO (Estado). Agência Reguladora de Saneamento e Energia do Estado de São Paulo – ARSESP. *Contrato nº CSPE/01/99*. São Paulo, 1999. Disponível em: http://www.arsesp.sp.gov.br/ConcessionariaContratos/contrato_comgas.pdf. Acesso em: 11 nov. 2020).

expresso ao autorizar que a modelagem das concessões setoriais opte ou pela "concessão de serviço público precedida de obra pública", mais rígida quanto à dimensão do objeto, ou pela "concessão de serviço público", mais elástica.[7]

A rígida concessão de serviço público precedida de obra pública não é obrigatória para as ferrovias federais, podendo ou não ser adotada nas outorgas. Nesse setor, ainda hoje é legítimo que as concessões autorizem a construção e exploração posterior de infraestruturas ferroviárias sem que as características, o porte e o traçado de cada uma delas precise estar previamente definido na licitação e no instrumento contratual. Embora o inc. I do §2º do art. 34-A da lei setorial (nº 10.233, de 2001) exija para todas as concessões ferroviárias a previsão dos "programas de trabalho" e dos "investimentos mínimos", não fez exigências rígidas que equivalham às do setor de transporte de gás, cuja lei impôs a indicação obrigatória do "percurso", da "capacidade de transporte projetada" e dos "critérios utilizados para seu dimensionamento" (Lei nº 11.909, de 2009, arts. 10, *caput*, e 17, *caput* e inc. I).

Assim, as concessões ferroviárias podem ter seu objeto dimensionado de modo mais elástico, com ampla abertura para a concepção e construção posterior de infraestruturas ferroviárias pelas concessionárias (*jus variandi*), não sendo obrigatório o total enquadramento no modelo rígido das "concessões de serviço público precedidas de obras públicas". O contrato pode admitir a expansão por meio de infraestruturas ferroviárias cujo projeto básico não precisa estar incluído desde o início no edital de licitação e no contrato. Quanto ao ponto, a lei setorial claramente atentou para a experiência histórica acumulada a partir da metade do século XIX, em que o crescimento paulatino da

---

[7] "Art. 13. Ressalvado o disposto em legislação específica, as outorgas a que se refere o inciso I do *caput* do art. 12 serão realizadas sob a forma de: I- concessão, quando se tratar de exploração de infra-estrutura de transporte público, *precedida ou não de obra pública* [...]. Art. 34-A. As concessões e as suas prorrogações, a serem outorgadas pela ANTT e pela Antaq para a exploração de infraestrutura, *precedidas ou não de obra pública*, ou para prestação de serviços de transporte ferroviário associado à exploração de infraestrutura, poderão ter caráter de exclusividade quanto a seu objeto, nos termos do edital e do contrato, devendo as novas concessões serem precedidas de licitação disciplinada em regulamento próprio, aprovado pela Diretoria da Agência. [...] §2º O edital de licitação indicará obrigatoriamente, ressalvado o disposto em legislação específica: I - o objeto da concessão, o prazo estimado para sua vigência, as condições para sua prorrogação, os programas de trabalho, os investimentos mínimos e as condições relativas à reversibilidade dos bens e às responsabilidades pelos ônus das desapropriações; [...]".

infraestrutura das várias concessionárias foi propiciado pela elasticidade dos instrumentos contratuais.[8]

Como visto, a diferença juridicamente relevante entre as distintas fórmulas é que, nas concessões por instalações específicas (de obras), o contrato é rígido quanto à extensão do objeto, enquanto nas demais a extensão é definida com mais elasticidade. A lei de regência das concessões ferroviárias federais também reconheceu o modelo elástico ao tratar da competência para autorizar os investimentos que, comportados pela plasticidade do objeto, não tenham sido quantificados e impostos pelo próprio instrumento contratual. Esses investimentos, inseridos "no âmbito das outorgas estabelecidas", serão simplesmente *autorizados* por atos administrativos da ANTT – Agência Nacional de Transportes Terrestres, não envolvendo aditivos aos contratos (art. 24, IX).

Uma das técnicas utilizadas para a quantificação mais elástica do objeto das "concessões de serviço público" é a demarcação de um território a ser explorado pela concessionária, dando origem ao que se pode denominar, adaptando uma expressão tradicional, de *concessão de serviço público delimitada pela zona*.[9]

A concessão de serviço público delimitada pela zona confere à concessionária o direito, o dever ou a exclusividade de prestação dos serviços concedidos *em todo um espaço geográfico*, desenhado segundo os critérios do contrato, no qual ela pode ou deve construir, manter e explorar instalações segundo as variáveis *necessidades* ou *possibilidades* do serviço, a serem identificadas no curso da execução contratual. O espaço geográfico que define a dimensão do objeto da concessão pode ser o território de um município (ex.: concessão municipal de coleta de esgotos), porção fixa do território de um estado (ex.: concessão

---

[8] Inicialmente, as concessões ferroviárias brasileiras, em muitos aspectos, adotaram modelo de "regulação por contrato" (PINHEIRO, Armando Castelar; RIBEIRO, Leonardo Coelho. *Regulação das ferrovias*. Rio de Janeiro: Editora FGV, 2017. p. 62). Essa experiência e seus resultados econômicos foram avaliados em SUMMERHILL, William R. *Trilhos do desenvolvimento* – As ferrovias no crescimento da economia brasileira 1854 – 1913. São Paulo: Alfaiatar, 2018.

[9] A expressão faz uma derivação, para outros efeitos, da ideia de "privilégio de zona" que, na experiência jurídica histórica, foi prevista em concessões de ferrovia, de portos, de matadouros etc. A respeito, v. MARTINS, Pedro Batista. Concessão ou privilégio de zona – Desanexação de território. Parecer. *Revista de Direito Administrativo*, Rio de Janeiro, v. 9, 1947 (serviço público de matadouro); DIAS, José Aguiar. Concessão de serviço público – Privilégio de zona – Proteção possessória. *Revista de Direito Administrativo*, Rio de Janeiro, v. 43, 1956; OLIVEIRA, A. Gonçalves de. Concessão – Privilégio de zona – Taxas portuárias – Terminais. *Revista de Direito Administrativo*, Rio de Janeiro, v. 58, 1959 (serviço portuário); e LOBO, Cândido. Estrada de ferro – Privilégio de zona – Proteção possessória. *Revista de Direito Administrativo*, Rio de Janeiro, v. 61, 1960 (serviço ferroviário).

estadual de distribuição local de gás canalizado), o território do país (ex.: concessão de serviço telefônico fixo comutado, STFC, de longa distância nacional), a área de influência de uma via etc.

O elemento juridicamente importante é que, nessas concessões de serviço público delimitadas pela zona, a possível dimensão do direito, do dever ou do privilégio de prestar o serviço vem, total ou parcialmente, demarcada por critério territorial.[10] Não é a presença física direta do serviço em todo o território que define a natureza da outorga como de concessão de serviço público delimitada pela zona. Em algumas delas, a concessionária dispõe de infraestrutura limitada, em pontos específicos do território, e mesmo assim tem seus deveres, direitos ou privilégios *vinculados a certa porção territorial*, no interior da qual pode expandir o serviço paulatinamente.[11]

O que caracteriza uma outorga como concessão total ou parcialmente delimitada pela zona é a opção contratual de usar um critério territorial para definir a dimensão da situação jurídica da concessionária – isto é, a extensão de seus direitos ou deveres de explorar serviços.

Nas concessões ferroviárias, também é possível mesclar elementos de rigidez e de elasticidade no dimensionamento do objeto. Haverá rigidez se tiver sido imposta a obrigação de, em certo prazo, a concessionária construir ferrovia determinada, com extensão, traçado e características predefinidas no contrato. Mas, ao mesmo tempo, haverá elasticidade se, a par disso, o contrato, sem impor sua obrigatoriedade, garantir à concessionária o direito subjetivo de implantar e explorar infraestruturas ferroviárias em certa zona territorial, sem especificação ou limitação quanto à sua extensão e traçado, tampouco quanto ao porte dos investimentos envolvidos (*jus variandi*).[12]

---

[10] A utilidade do conceito jurídico de concessão delimitada pela zona não é propriamente a de descrever a presença física uniforme do serviço em toda a zona, para viabilizar seu uso imediato pelos usuários. Essa presença de fato pode existir em algumas dessas concessões, quando sua infraestrutura envolver redes capilarizadas já universalizadas (ex.: coleta de esgoto e distribuição elétrica) ou aparelhos de transmissão capazes de alcançar toda a zona (ex.: radiodifusão de sons e imagens). Mas não é obrigatória.

[11] Caso da concessão de serviço funerário à qual se tenha conferido exclusividade no atendimento de todos os óbitos ocorridos no território do município ou da concessão de cemitério com exclusividade para sepultamentos no território do município. Em ambos a concessão abrange toda a zona, mas os estabelecimentos onde são prestados os serviços são localizados em pontos específicos, podendo ou não se expandir segundo as necessidades da concessionária.

[12] Exemplo posterior à Constituição de 1988 é a concessão da Malha Norte, de 1989, da Ferronorte S.A., por 90 anos, um projeto *greenfield*, cujo contrato previu inicialmente a construção de quatro ferrovias, ligando localidades nele especificadas; na fase de execução seriam apresentados projetos básicos para aprovação do concedente. Autorizou-se ainda

No setor ferroviário tem sido historicamente importante a abertura de espaço de *liberdade empresarial* na concepção e expansão da infraestrutura e dos serviços, e isso mesmo no regime de concessão e mesmo no âmbito de concessões já existentes. Trata-se de característica setorial, que tem razões econômicas e práticas notórias.

Por isso mesmo está em estudo no Brasil a adoção da *autorização de serviços* como instrumento de acesso dos privados ao mercado ferroviário, o que viria a reformar essa característica do setor. O objetivo é dar mais segurança jurídica aos investidores, por meio do tratamento das ferrovias como atividade econômica, não mais como serviço público, obstando com clareza a aplicação, às outorgas setoriais com objeto elástico, de restrições que são específicas das mais rígidas. A iniciativa se inspira no sistema *Staggers Rail Act*, de 1980, que modernizou o setor ferroviário dos Estados Unidos da América, por meio da autorregulação – as próprias empresas determinam seus preços e taxas – e do regime jurídico da autorização.[13] O projeto brasileiro também prevê o regime da autorização, em que as novas linhas seriam construídas por conta e risco do privado,

---

a concessionária a construir e operar, na "área de influência" dessas ferrovias, ramais públicos necessários ao pleno atendimento das demandas (cláusula 1ª, §3º) e previu-se que a concessionária será indenizada se o concedente descumprir o ajustado (cl. 2ª, XII). A extensão e traçado não estão limitados pelo contrato, mas é preciso que os ramais: a) se situem na área de influência das ferrovias; b) se façam necessários ao pleno atendimento das demandas previstas para elas; c) tenham sua viabilidade econômica e técnica demonstrada por projeto básico específico e aprovação pela autoridade (BRASIL. Agência Nacional de Transportes Terrestres – ANTT. *Contrato de concessão da Malha Norte*. Ferronorte S/A, Brasília, 1989. Disponível em: https://portal.antt.gov.br/rumo-malha-norte-sa. Acesso em: 11 nov. 2020). A questão dos ramais foi tratada de outro modo em concessões posteriores, de desestatização da década de 1990: Ferrovia Novoeste S.A., concessão da Malha Oeste, de 1996; Ferrovia Centro-Atlântica S.A., concessão da Malha Centro-Leste, de 1996; MRS Logística S.A., concessão da Malha Sudeste, de 1996; Ferrovia Tereza Cristina, concessão da Malha Tereza Cristina, de 1997; Ferroban – Ferrovias Bandeirantes S.A., concessão da Malha Paulista, de 1998; Ferrovia Sul-Atlântico S.A., concessão da Malha Sul, de 1997; e Companhia Ferroviária do Nordeste, concessão da Malha Nordeste, de 1997 (a respeito, PRATES, Haroldo Fialho; SOUSA, Raimunda Alves de. O processo de desestatização da RFFSA: principais aspectos e resultados. *Revista do BNDES*, Brasília, v. 4, n. 8, dez. 1997. p. 122). Na cl. 10ª desses contratos, cujo prazo era de 30 anos, aludiu-se à possibilidade de a concessionária *"construir ramais*, variantes, pátios, estações, oficinas e demais instalações", mas a previsão não parece ter a mesma abrangência e significado daquela do contrato da Malha Norte. Em relação a um desses contratos, da "Nova Transnordestina", discute-se a validade de reformatação que dividiu o objeto original em Malha I (antiga Malha Nordeste, com vigência mantida até 2027) e Malha II (com trajeto diferente, mais abrangente, e vigência diversa, até 2057). O TCU entendeu que teria havido nova concessão sem licitação, por incompatibilidade e desnaturação radical do contratado em 1997 (acórdãos nºs 67/2017, 2.532/2017 e 1.408/2017 – Plenário).

[13] WINSTON, Clifford. The Success of the Staggers Rail Act of 1980. *Joint Center*, 2005. Disponível em: https://www.brookings.edu/research/the-success-of-the-staggers-rail-act-of-1980/. Acesso em: 11 nov. 2020.

com traçado e projeto próprios, sem recursos públicos, e direito de exploração de 25 a 99 anos (conforme proposto pelo requerente), na mesma lógica dos terminais de uso privado – TUP do setor portuário.[14]

## 3 O *jus variandi* das concessionárias e seu reflexo na equação econômico-financeira

Nas concessões com objeto total ou parcialmente elástico quanto à sua dimensão, as concessionárias têm o *jus variandi* para a expansão dos serviços e da infraestrutura, no interior das zonas previstas nos contratos.

Esse direito subjetivo tem valor econômico e compõe a equação econômico-financeira inicial dos contratos, sendo relevante para seu equilíbrio. Assim, o poder público não possui a faculdade discricionária de, por simples ato de vontade, obstar seu exercício. Se o fizer, estará descumprindo, alterando e desequilibrando os contratos – e será por isso responsabilizado. A eventual impossibilidade de exercer esse direito em virtude de óbice imposto por simples ato de vontade do Poder Público não se inclui entre os riscos assumidos pelas concessionárias.

Não há discricionariedade para o Poder Público avaliar se cumpre ou não o contrato de concessão. Sua obrigação, que decorre da Constituição, das leis e do contrato, é cumprir o ajuste e manter seu equilíbrio. Modificações contratuais e medidas administrativas que inviabilizem o exercício dos direitos da concessionária são causas que demandam o reequilíbrio da concessão. Perdas não assumidas no contrato como risco da concessionária devem ser evitadas ou plenamente compensadas, *in natura*, por mecanismos internos à concessão. De outro modo, não estariam respeitadas as condições originais do contrato, concebido para gerar receitas e despesas em ambiente razoável de normalidade.[15] O equilíbrio integral é imposição do contrato e da lei, em observância à Constituição (arts. 37, XXI e 175, parágrafo único).

A equação – isto é, a relação entre os elementos do equilíbrio econômico-financeiro – é, segundo as opções concretas de cada concessão, um "sistema de vasos comunicantes, ou uma relação necessária de causalidade", cujas variáveis têm de ser consideradas segundo suas

---

[14] Projeto de Lei do Senado n° 261, de 2018, do Senador José Serra, intitulado Marco Legal das Ferrovias, sob relatoria de Jean-Paul Prates.

[15] MAROLLA, Eugênia Cleto. *Concessões de Serviço Público* – A equação econômico-financeira dos contratos. São Paulo: Verbatin, 2011. p. 95-96.

peculiaridades, estabelecidas em cada relação.[16] Nas concessões com objeto de dimensão elástica, o *jus variandi* para a concessionária ampliar o serviço e a infraestrutura é variável essencial da equação.

A preservação do equilíbrio se dá em função de relação jurídica especificamente pactuada e leva em conta o balanço entre obrigações, direitos, oportunidades e riscos, o qual precisa ser sempre garantido. Assim, o equilíbrio estará rompido se o Poder Público obstar o exercício do direito subjetivo, que tenha sido previsto no contrato, de a concessionária ampliar o serviço e a infraestrutura. Na síntese de Caio Tácito, escorada na jurisprudência do Conselho de Estado francês, a "regra da equivalência honesta de deveres e direitos do concessionário", base da garantia de equilíbrio econômico-financeiro em favor dos contratados privados, é o necessário "complemento da continuidade do serviço".[17]

As concessões surgiram na realidade jurídica como atos do Estado que conferiam certos "privilégios" a empresários ou a empresas. Eram outorgadas por decretos, que pouco ou nada detalhavam as obrigações de investimento e demais condições de exploração dos serviços. O detalhamento formal do regime em si de exploração, quando havia, era feito por outros atos do Poder Público, posteriores à outorga. Àquela época, não se celebravam contratos de concessão com o formato hoje exigido pela legislação.

Muito incompletas, as concessões não nasciam com a exata e clara determinação das espécies, características e valores das prestações e contraprestações dos envolvidos; havia, portanto, grau relevante de incerteza jurídica quanto a elas, de modo que a segurança econômica da concessionária não estava exatamente na possibilidade de demonstração de que, para cada uma delas, se havia pactuado tais ou quais custos ou valores.[18]

---

[16] TÁCITO, Caio. O equilíbrio econômico financeiro na concessão de serviço público. *Revista de Direito Administrativo*, Rio de Janeiro, v. 63, 1961. Disponível em: http://bibliotecadigital.fgv.br/ojs/index.php/rda/article/view/21455. Acesso em: 26 set. 2020.

[17] TÁCITO, Caio. O equilíbrio econômico financeiro na concessão de serviço público. *Revista de Direito Administrativo*, Rio de Janeiro, v. 63, 1961. Disponível em: http://bibliotecadigital.fgv.br/ojs/index.php/rda/article/view/21455. Acesso em: 26 set. 2020.

[18] Para um exemplo do nível de vagueza das regras de uma concessão no período de sua origem no direito brasileiro, v. Decreto Imperial nº 9.986, de 18.7.1888, que concedeu um prolongamento à concessão para construção de estrada de ferro à Companhia Rio de Janeiro and Northern Railway. Continha apenas 4 cláusulas, uma delas para excluir a garantia de juros que havia sido dada ao empreendimento principal (BRASIL. *Decreto nº 9.986, de 18 de julho de 1888*. Disponível em: http://www.planalto.gov.br/ccivil_03/decreto/historicos/dim/DIM9986impressao.htm. Acesso em: 25 set. 2020).

As concessionárias investiam em bens e obras – que, ao final do tempo de outorga, reverteriam ao Poder Público – embora não estivessem fixadas total, prévia e claramente, todas as condições de exploração dos serviços. Havia, nesse contexto, necessidade de conferir por outro modo a segurança jurídica indispensável ao investimento privado em infraestrutura.

Houve décadas de polêmica jurídica, e não só no Brasil, sobre a existência e extensão da proteção jurídica dos investimentos das concessionárias, cuja rentabilidade, na prática, acabava afetada por atos ou descumprimentos estatais, e outras circunstâncias variadas. Aos poucos – no direito francês, por exemplo, conforme o relato de Caio Tácito – assentou-se a ideia de que, *mesmo sem texto expresso em lei ou outro instrumento*, o equilíbrio econômico seria um "direito fundamental de quantos pactuam com o estado".[19]

No Brasil, o desenvolvimento natural do uso do instituto levou a que, com o tempo, se conferisse constitucionalmente às concessionárias – mesmo com vínculos de concessão nascidos por atos públicos unilaterais (leis ou decretos) ou por instrumentos bilaterais muito incompletos – a proteção que já era típica de regimes contratuais maduros. Foi assim que surgiram na Constituição as regras assegurando às concessionárias a *justa retribuição*[20] a seus investimentos ou, mais recentemente, o *equilíbrio econômico-financeiro* da relação.[21]

O equilíbrio e a justa remuneração – que, em outras situações, são definidos e assegurados por cláusulas expressas e detalhadas de instrumentos contratuais – passaram, por força da Constituição, a se aplicar como uma âncora de segurança a todos que assumissem serviços

---

[19] TÁCITO, Caio. O equilíbrio econômico financeiro na concessão de serviço público. *Revista de Direito Administrativo*, Rio de Janeiro, v. 63, 1961. p. 2. Disponível em: http://bibliotecadigital.fgv.br/ojs/index.php/rda/article/view/21455. Acesso em: 26 set. 2020.

[20] Era o que dispunha a Constituição de 1934: "Art. 137. A lei federal regulará a fiscalização e a revisão das tarifas dos serviços explorados por concessão, ou delegação, para que, no interesse coletivo, os lucros dos concessionários, ou delegados, não excedam a justa retribuição do capital, que lhes permita atender normalmente às necessidades públicas de expansão e melhoramento desses serviços". Nesse regime constitucional, buscava-se o equilíbrio entre a garantia de justa retribuição ao capital e a vedação de modelo tarifário que proporcionassem rentabilidade excessiva.

[21] Exemplos são as Constituições de 1967 e 1969. "Art. 167. A lei disporá sobre o regime das empresas concessionárias de serviços públicos federais, estaduais e municipais, estabelecendo: I - obrigação de manter serviço adequado; II - tarifas que permitam a justa remuneração do capital, o melhoramento e a expansão dos serviços e assegurem o equilíbrio econômico e financeiro do contrato; e III - fiscalização permanente e revisão periódica das tarifas, ainda que estipuladas em contrato anterior".

públicos em regime de concessão, ainda que em seu favor não houvesse instrumento contratual algum, ou os instrumentos fossem incompletos.

Mesmo que, na origem, o caráter contratual de certo vínculo de concessão não existisse, fosse duvidoso ou fosse questionado, de qualquer modo o direito positivo passou a prover a segurança necessária ao investimento privado nos serviços públicos.

É preciso lembrar que foi forte entre publicistas, no passado, o debate sobre a viabilidade jurídica ou não de o Estado se obrigar contratualmente com particulares – o que, a alguns, parecia como contraditório com a condição majestática de "poder público", poder que não envolveria direitos disponíveis para serem negociados e transacionados. Para essa visão mais radical, as relações entre Estado e particulares seriam sempre estatutárias, mesmo nas concessões, razão pela qual estes últimos não teriam exatamente o direito ao regime legal de proteção dos contratos – nem, portanto, o direito de exigir do estado o cumprimento das cláusulas do contrato.

Com o tempo, esse radicalismo foi perdendo força e, embora certos juristas ainda persistissem mitigando a possibilidade de verdadeira contratação quanto a todos os aspectos da relação (negando caráter contratual, por exemplo, às cláusulas de serviço), acabaram por aceitar que, nas concessões, a equação econômica (isto é, a relação entre direitos e encargos, com suas receitas, despesas, oportunidades e riscos) poderia ser contratualizada, sendo assim estabilizada e protegida juridicamente.

As constituições anteriores a 1988 tratavam das concessões de serviço assinalando de algum modo a necessidade de assegurar a adequada remuneração das concessionárias. A atual Constituição também fixa balizas sobre o regime das concessões de serviços públicos: não há referência textual ao equilíbrio econômico-financeiro das concessões, mas está prevista a necessidade de lei disciplinar o regime tarifário e, em aspecto decisivo, a *natureza desse vínculo* foi constitucionalmente definida como *contratual*.[22]

A consequência jurídica dessa definição, no que aqui importa, é que, na concessão, os direitos subjetivos da concessionária (inclusive o *jus variandi*, objeto do presente estudo) têm natureza contratual – e são

---

[22] "Art. 175. Incumbe ao Poder Público, na forma da lei, diretamente ou sob regime de concessão ou permissão, sempre através de licitação, a prestação de serviços públicos. Parágrafo único. A lei disporá sobre: I - o regime das empresas concessionárias e permissionárias de serviços públicos, o caráter especial de seu contrato e de sua prorrogação, bem como as condições de caducidade, fiscalização e rescisão da concessão ou permissão; II - os direitos dos usuários; III - política tarifária; IV - a obrigação de manter serviço adequado".

protegidos como tal. O Estado não pode sabotar, direta ou indiretamente, o exercício desses direitos.

Algumas leituras supervalorizaram a alteração textual havida na Constituição. Considerando que a garantia ao equilíbrio econômico-financeiro das concessões era prevista expressamente em constituições anteriores, e que o dispositivo não foi repetido da mesma forma pela Constituição atual, alguns interpretaram negativamente essa falta de menção, como se ela tivesse significado a automática supressão da garantia. Outro argumento se escorou na diferença textual, contida na própria Constituição de 1988, entre o dispositivo relativo às *contratações ordinárias* da administração (obras, serviços, compras e alienações), o art. 37, XXI, e o das *concessões de serviço público*, o art. 175. O argumento foi que a preservação das condições da proposta do particular só beneficiaria as *contratações ordinárias*, mas não se aplicaria às concessões.[23] Mas não era convincente a tese que vislumbrou como excluída da Constituição a garantia do equilíbrio econômico-financeiro para os serviços públicos concedidos – por isso essa tese foi majoritariamente rejeitada.[24]

Se a concessão tem caráter contratual, como diz o art. 175, as condições efetivas da proposta (que foi vencedora da licitação e deu base à concessão) estão sim estabilizadas e preservadas durante toda a relação contratual, como ocorre com outros contratos públicos, nomeados no art. 37, XXI. Aliás, não é para outro fim que se contrata: o objetivo é sempre estabilizar a relação de equilíbrio econômico-financeiro que tiver sido definida inicialmente pelas partes. Logo, é um contrassenso lógico-jurídico imaginar um contrato – ainda mais o de concessão, com seus investimentos de porte, seus riscos e oportunidades de negócios – em que tal estabilização não ocorresse. O concedente está plenamente obrigado a respeitar, de boa-fé e de modo fiel, *todos* os direitos subjetivos conferidos pelo contrato à concessionária, inclusive o *jus variandi* quanto à dimensão das instalações e serviços.

É importante lembrar porque a previsão de equilíbrio econômico-financeiro não foi repetida *formalmente* no atual texto constitucional.

---

[23] LOUREIRO, Gustavo Kaercher. *Estudos sobre o regime econômico-financeiro de contratos de concessão*. 1. ed. Londres: Laccademia Publishing, 2020. Esse posicionamento, frise-se, é reconhecidamente minoritário na doutrina brasileira (v. LOUREIRO, Gustavo Kaercher. *Estudos sobre o regime econômico-financeiro de contratos de concessão*. 1. ed. Londres: Laccademia Publishing, 2020. p. 61-64).

[24] BARROSO, Luís Roberto. Alteração dos contratos de concessão rodoviária. *Revista de Direito Público da Economia – RDPE*, Belo Horizonte, ano 4, n. 15, p. 99129, jul./set. 2006. SUNDFELD, Carlos Ari; CÂMARA, Jacintho Arruda. Atualidade do serviço público concedido e reequilíbrio da concessão. *Revista de Direito Público da Economia – RDPE*, Belo Horizonte, ano 16, n. 61, jan./mar. 2018. p. 47.

Ele empregou outra forma jurídica para assegurá-lo: o reconhecimento, no art. 175, de que *concessões de serviço público têm caráter contratual* (não, portanto, caráter estatutário, de ato complexo, semicontratual ou semirregulamentar, como defendiam alguns doutrinadores). Com isso, imprimiu desde sua gênese a segurança e a estabilidade que os investimentos privados nos serviços públicos exigem. Não houve de fato qualquer descontinuidade no tratamento constitucional do tema.[25] Mudou-se apenas a forma de assegurar na Constituição os requisitos mínimos de viabilização das concessões de serviço público.

Outra contraposição falsa é entre o tratamento da Lei n° 8.666, de 1993 (a Lei Geral de Licitações e Contratos da Administração), e o da Lei n° 8.987, de 1995 (a Lei de Concessão). De acordo com uma narrativa equivocada, a Lei n° 8.666, de 1993, teria já feito, para todos os contratos ordinários, uma divisão absoluta e imutável de riscos entre contratante (Poder Público) e contratada (particular) ao definir como causas de reequilíbrio o fato do príncipe, a alteração unilateral do contrato, o caso fortuito e a força maior (art. 65, II, "d").[26] Já a Lei de Concessão teria transferido quase integralmente os riscos dos empreendimentos às concessionárias, em virtude da definição de que os serviços concedidos são explorados por "conta e risco" delas.[27] Disso decorreria uma espécie de presunção de princípio de que seriam das concessionárias os riscos não atribuídos expressamente ao concedente.

As duas interpretações desprezam o papel relevante que, em um caso e em outro, têm os próprios contratos – e isso segundo normas expressas de ambas as leis. A Lei n° 8.666, de 1993, no art. 65, II, "d", condiciona o reequilíbrio do contrato ao enquadramento das hipóteses nele indicadas como *álea extracontratual;* ou seja, ela própria diz que é o contrato que define se certo risco (álea) foi assumido pela contratada

---

[25] TÁCITO, Caio. Concessão de energia elétrica – Tarifas – Equilíbrio financeiro. *Revista de Direito Administrativo*, Rio de Janeiro, v. 203, p. 406-413, jan. 1996. Disponível em: http:// bibliotecadigital.fgv.br/ojs/index.php/rda/article/view/46737. Acesso em: 26 set. 2020.

[26] "Art. 65. Os contratos regidos por esta Lei poderão ser alterados, com as devidas justificativas, nos seguintes casos: [...] II - por acordo das partes: [...] d) para restabelecer a relação que as partes pactuaram inicialmente entre os encargos do contratado e a retribuição da administração para a justa remuneração da obra, serviço ou fornecimento, objetivando a manutenção do equilíbrio econômico-financeiro inicial do contrato, na hipótese de sobrevirem fatos imprevisíveis, ou previsíveis porém de consequências incalculáveis, retardadores ou impeditivos da execução do ajustado, ou, ainda, em caso de força maior, caso fortuito ou fato do príncipe, configurando álea econômica extraordinária e extracontratual".

[27] "Art. 2° Para os fins do disposto nesta Lei, considera-se: [...] II - concessão de serviço público: a delegação de sua prestação, feita pelo poder concedente, mediante licitação, na modalidade de concorrência, à pessoa jurídica ou consórcio de empresas que demonstre capacidade para seu desempenho, *por sua conta e risco* e por prazo determinado".

ou ficou com a administração contratante.[28] A Lei de Concessão, por sua vez, deixa claro que o equilíbrio econômico-financeiro está atrelado à observância das *condições do contrato* (art. 10),[29] ao qual cabe definir o "modo, forma e condições da prestação do serviço" (art. 23, II), remetendo também ao regime do contrato a atribuição dos direitos e riscos e, assim, a definição do que será ou não admitido como causa de reequilíbrio. Por isso mesmo, o art. 9°, §4° da Lei de Concessão estabelece que, "em havendo alteração unilateral do contrato que afete o seu inicial equilíbrio econômico-financeiro, o poder concedente deverá restabelecê-lo, concomitantemente à alteração".

A conclusão de todo esse regime jurídico, relativamente às concessões cujo objeto inclua o reconhecimento, à concessionária, de um amplo direito à extensão dos serviços e da infraestrutura (*jus variandi*), com a consequente ampliação do negócio e das receitas, é que o Poder Público não tem a possibilidade de obstar o seu exercício por simples atos de vontade, sob pena de violar e desequilibrar a equação econômico-financeira do contrato. Viola o direito subjetivo da concessionária a recusa, pelo Poder Público, de requerimento para a expansão dos serviços da infraestrutura, sempre que ele tenha sido apresentado com todos os elementos necessários à demonstração de sua viabilidade técnica.

## Referências

BARROSO, Luís Roberto. Alteração dos contratos de concessão rodoviária. *Revista de Direito Público da Economia – RDPE*, Belo Horizonte, ano 4, n. 15, p. 99-129, jul./set. 2006.

BRASIL. Agência Nacional de Transportes Terrestres – ANTT. *Contrato de concessão da Malha Norte*. Ferronorte S/A, Brasília, 1989. Disponível em: https://portal.antt.gov.br/rumo-malha-norte-sa. Acesso em: 11 nov. 2020.

---

[28] Nessa linha é a correta observação de Maurício Portugal Ribeiro e Lucas Navarro: "A partir da leitura do art. 65, II, 'd', da Lei 8.666/1993, pretende-se atribuir à Administração Pública os riscos de força maior, caso fortuito, fato do príncipe etc. nos contratos de obras e de prestação de serviços, como se o contrato não pudesse dispor de forma diferente. Todavia, essa interpretação passa ao largo do fato de que o dispositivo menciona tratar-se de evento extracontratual. Ora, se o contrato dispuser de forma distinta, portanto, deverá prevalecer. Pensamos que não há – seja na Lei 8.666/1993 ou em qualquer outro diploma legal – um sistema de distribuição de riscos obrigatório. Aliás, assim que deve ser, pois a distribuição de riscos é uma questão de eficiência econômica e não de valor" (RIBEIRO, Maurício Portugal; NAVARRO, Lucas. *Comentários à Lei de PPP* – Parceria público-privada: fundamentos econômico-jurídicos. São Paulo: Malheiros, 2007. p. 120).

[29] "Art. 10. Sempre que forem atendidas as condições do contrato, considera-se mantido seu equilíbrio econômico-financeiro".

BRASIL. Tribunal de Contas da União – TCU. Acórdão n° 1.408/2017 – Plenário. Processo n° TC 021.573/2016-6. Rel. Min. Walton Alencar Rodrigues, j. 5.7.2017.

BRASIL. Tribunal de Contas da União – TCU. Acórdão n° 2.532/2017 – Plenário. Processo n° 012.179/2016-7. Rel. Min. Walton Alencar Rodrigues, j. 14.11.2017.

BRASIL. Tribunal de Contas da União – TCU. Acórdão n° 67/2017 – Plenário. Processo n° 012.179/2016-7. Rel. Min. Walton Alencar Rodrigues, j. 25.1.2017.

DIAS, José Aguiar. Concessão de serviço público – Privilégio de zona – Proteção possessória. *Revista de Direito Administrativo*, Rio de Janeiro, v. 43, 1956.

LOBO, Cândido. Estrada de ferro – Privilégio de zona – Proteção possessória. *Revista de Direito Administrativo*, Rio de Janeiro, v. 61, 1960.

LOUREIRO, Gustavo Kaercher. *Estudos sobre o regime econômico-financeiro de contratos de concessão*. 1. ed. Londres: Laccademia Publishing, 2020.

MAROLLA, Eugênia Cleto. *Concessões de Serviço Público* – A equação econômico-financeira dos contratos. São Paulo: Verbatin, 2011.

MARTINS, Pedro Batista. Concessão ou privilégio de zona – Desanexação de território. Parecer. *Revista de Direito Administrativo*, Rio de Janeiro, v. 9, 1947.

OLIVEIRA, A. Gonçalves de. Concessão – Privilégio de zona – Taxas portuárias – Terminais. *Revista de Direito Administrativo*, Rio de Janeiro, v. 58, 1959.

PINHEIRO, Armando Castelar; RIBEIRO, Leonardo Coelho. *Regulação das ferrovias*. Rio de Janeiro: Editora FGV, 2017.

PRATES, Haroldo Fialho; SOUSA, Raimunda Alves de. O processo de desestatização da RFFSA: principais aspectos e resultados. *Revista do BNDES*, Brasília, v. 4, n. 8, dez. 1997.

RIBEIRO, Maurício Portugal; NAVARRO, Lucas. *Comentários à Lei de PPP* – Parceria público-privada: fundamentos econômico-jurídicos. São Paulo: Malheiros, 2007.

SÃO PAULO (Estado). Agência Reguladora de Saneamento e Energia do Estado de São Paulo – ARSESP. Contrato n° CSPE/01/99. São Paulo, 1999. Disponível em: http://www.arsesp.sp.gov.br/ConcessionariaContratos/contrato_comgas.pdf. Acesso em: 11 nov. 2020.

SUMMERHILL, William R. *Trilhos do desenvolvimento* – As ferrovias no crescimento da economia brasileira 1854 – 1913. São Paulo: Alfaiatar, 2018.

SUNDFELD, Carlos Ari. Condições jurídicas para a ampliação do contrato de concessão rodoviária. *In*: SUNDFELD, Carlos Ari. *Direito administrativo contratual*. São Paulo: Revista dos Tribunais, 2013. v. II. Coleção Pareceres.

SUNDFELD, Carlos Ari; CÂMARA, Jacintho Arruda. Atualidade do serviço público concedido e reequilíbrio da concessão. *Revista de Direito Público da Economia – RDPE*, Belo Horizonte, ano 16, n. 61, jan./mar. 2018.

TÁCITO, Caio. Concessão de energia elétrica – Tarifas – Equilíbrio financeiro. *Revista de Direito Administrativo*, Rio de Janeiro, v. 203, p. 406-413, jan. 1996. Disponível em: http://bibliotecadigital.fgv.br/ojs/index.php/rda/article/view/46737. Acesso em: 26 set. 2020.

TÁCITO, Caio. O equilíbrio econômico financeiro na concessão de serviço público. *Revista de Direito Administrativo*, Rio de Janeiro, v. 63, 1961. Disponível em: http://bibliotecadigital.fgv.br/ojs/index.php/rda/article/view/21455. Acesso em: 26 set. 2020.

WEID, Elisabeth Von der. A expansão da Rio de Janeiro Tramway Light and Power ou as origens do 'Polvo Canadense'. *Fundação Casa de Rui Barbosa*, Rio de Janeiro, 1989. Disponível em: http://www.casaruibarbosa.gov.br/dados/DOC/artigos/o-z/FCRB_Elisabeth vonderWeid_Expansao_RiodeJaneiro_TramwayLightandPower.pdf. Acesso em: 11 nov. 2020.

WINSTON, Clifford. The Success of the Staggers Rail Act of 1980. *Joint Center*, 2005. Disponível em: https://www.brookings.edu/research/the-success-of-the-staggers-rail-act-of-1980/. Acesso em: 11 nov. 2020.

---

Informação bibliográfica deste texto, conforme a NBR 6023:2018 da Associação Brasileira de Normas Técnicas (ABNT):

SUNDFELD, Carlos Ari. Concessões ferroviárias e jus variandi das concessionárias. *In*: TOJAL, Sebastião Botto de Barros; SOUZA, Jorge Henrique de Oliveira (Coord.). *Direito e infraestrutura*: rodovias e ferrovias – 20 anos da Lei n° 10.233/2001. Belo Horizonte: Fórum, 2021. v. 2, p. 25-43. ISBN 978-65-5518-209-5.

# A PRORROGAÇÃO ANTECIPADA DOS CONTRATOS DE CONCESSÃO DE FERROVIA: ANÁLISE DO JULGAMENTO DO STF NA ADI Nº 5.991

EGON BOCKMANN MOREIRA

HELOISA CONRADO CAGGIANO

## Introdução

Alavancar investimentos em infraestrutura segue sendo um dos grandes desafios para retomada do crescimento econômico no Brasil. Dada a escassez de recursos públicos, a atração de investimentos privados para financiar estes bens e serviços é medida fundamental. Daí a relevância crescente dos contratos de concessão na área de infraestrutura.

Para atrair capital, porém, é preciso mais do que boas intenções. Contratos complexos, dinâmicos e de longo prazo como as concessões demandam segurança jurídica, definição de matriz de risco adequada às especificidades do serviço, atenção a modelos e experiências pretéritas, e mecanismos de revisão contratual que permitam a adaptação eficiente da concessão no tempo. Em síntese, constante aprendizado, a resultar no aprimoramento da regulação dos serviços e suas formas de contratação.

Com este objetivo, em 2016, foi editada a Medida Provisória nº 752 (convertida na Lei nº 13.448/2017, de 6.6.2017), que, entre outros, previu a prorrogação antecipada de contratos de parceria na

Administração Pública federal nos setores aeroportuário, rodoviário e ferroviário. Muito embora esse tema pudesse ser implementado com lastro na legislação anterior, o Poder Executivo atuou com cautela e editou legislação especial.

O escopo da medida é o de viabilizar investimentos nestes setores, não previstos nos contratos em andamento, antes mesmo do término da sua vigência (é dizer, em momento anterior àquele definido em contrato para a tomada de decisão sobre sua prorrogação).

Em quase três anos de vigência da lei, seus efeitos vêm sendo noticiados no setor ferroviário: no ano de 2020, três concessões foram prorrogadas de forma antecipada – Malha Paulista, Estrada de Ferro Vitória a Minas e Estrada de Ferro Carajás,[1] dando início imediato à realização de investimentos da ordem de bilhões de reais.

Nada obstante estabelecer critérios técnicos e requisitos objetivos para a prorrogação antecipada, e ter como finalidade a realização imediata de investimentos necessários, dispositivos da Lei n° 13.448/2017, que estabelecem as condições para o setor ferroviário, foram objeto de ação direta de inconstitucionalidade no Supremo Tribunal Federal.

A ADI n° 5.991, de relatoria da Ministra Cármen Lúcia, foi proposta pela Procuradoria-Geral da República em agosto de 2018, questionando os seguintes dispositivos: art. 6°, §2°, inc. II; art. 25, §§1°, 3°, 4° e 5°; e art. 30, §2°. Houve pedido de concessão de cautelar para suspensão imediata das normas. Em fevereiro de 2020, a cautelar foi indeferida pela relatora e, em dezembro de 2020, por maioria, tal decisão foi mantida pelo Plenário do STF.

Esse estudo dedica-se a analisar os principais aspectos do acórdão do STF que, ainda em cognição sumária, analisou as inconstitucionalidades suscitadas na ADI em relação às condições para prorrogação antecipada de contratos de concessão de ferrovia. O que será feito à luz das bases teóricas da hipótese de prorrogação antecipada prevista na lei, bem como do regime jurídico dos contratos de concessão.

---

[1] Os termos aditivos e respectivos anexos que formalizaram as prorrogações antecipadas podem ser acessados no sítio oficial da Agência Nacional de Transportes Terrestres (ANTT), e estão respectivamente disponíveis em: https://portal.antt.gov.br/rumo-malha-paulista-sa e https://portal.antt.gov.br/vale-estrada-de-ferro-carajas.

## 1 Os fundamentos da ação direta de inconstitucionalidade

As normas impugnadas na ADI n° 5.991 preveem requisitos e critérios para prorrogação antecipada de contratos de concessão de ferrovia. Como bem ressaltado no voto da Ministra Cármen Lúcia, a ação não questiona a hipótese de prorrogação, "mas as condições para que ela se dê validamente nos termos propostos pela Lei 13.448/2017".[2] Examinemos cada um desses pressupostos de prorrogação antecipada.

O art. 6, §2°, VI da lei estabelece que o contratado tenha prestado *serviço adequado* nos cinco anos que antecederam a data do protocolo da sua proposta de prorrogação antecipada. A adequação foi associada ao cumprimento, por três anos, das metas de produção e de segurança definidas contratualmente; ou o cumprimento das metas de segurança por quatro anos.

O objetivo é assegurar que a prorrogação antecipada não venha a premiar maus prestadores de serviço, estabelecendo-se critério objetivo para tal avaliação, a partir de dois aspectos reputados essenciais para o setor: metas de produção e de segurança.

Por sua vez, o art. 25 da lei define o alcance das alterações contratuais possíveis por ocasião da prorrogação antecipada, visando a solucionar questões operacionais ou logísticas. Podem ser divididas em duas ordens de temas: a) medidas diferenciadas para contratos ou trechos, visando a reconfigurar malhas (como possibilidade de previsão de investimentos em malhas não próprias), e b) regime dos bens vinculados à concessão.

O §1° do mesmo art. 25, bem como o §2° do art. 30, estabelecem que alterações na alocação de investimentos podem ser previstas, por contrato ou por trecho ferroviário, visando à reconfiguração das malhas. E permitem que, ao se prever novos investimentos em termos aditivos de prorrogação antecipada, estes podem se destinar à malha própria do contratado ou à malha de interesse da Administração Pública (de comum acordo entre as partes).

---

[2] ADI n° 5.991/MC, voto da Min. Relatora Cármen Lúcia (p. 1). Nada obstante os limites estabelecidos pela petição inicial da ADI, análise sobre a constitucionalidade da hipótese de prorrogação antecipada das concessões de serviço público é feita no voto do Min. Gilmar Mendes, que definiu as seguintes condições: a) o contrato de concessão estar vigente e ter sido previamente licitado; b) edital e contrato original terem previsto a hipótese; c) haver decisão discricionária, devidamente motivada, do poder concedente, e d) utilização de mecanismos como a análise de impacto regulatório, que demonstrem a vantajosidade da prorrogação (voto, p. 6-10).

Por fim, os §§3º a 6º, do mesmo art. 25, tratam do regime de vinculação de bens da concessão – historicamente objeto de contratos de arrendamento entre Poder Público e concessionárias. O §3º prevê que, em prazos definidos pelo Poder Executivo, sejam extintos os contratos de arrendamento de bens vinculados, preservando-se obrigações financeiras pagas e a pagar (art. 25, §3º). Os bens relacionados a tais contratos seriam transferidos de forma gratuita, integrando a concessão – como de usual ocorrem nos contratos de concessão. Exceção foi feita a bens imóveis, que devem ser objeto de cessão de uso (§4º).

Em relação aos bens móveis transferidos ou que venham a integrar a concessão, operacionais ou não, segundo o §5º do art. 25, caberá ao contratado geri-los, inclusive para deles se desfazer, considerando a capacidade de transporte e qualidade dos serviços contratados. Ao fim da vigência do contrato, todos os bens vinculados à concessão e à disponibilização de capacidade (volume e condições pactuadas), deverão ser revertidos à União – respeitado o equilíbrio econômico-financeiro e o direito à indenização do particular em relação a bens cujo investimento não tenha sido amortizado (§6º).

A alteração aumenta a capacidade de gestão das concessionárias sobre os bens móveis. Mantém-se a sua responsabilidade sobre o uso dos bens, mas se prioriza o resultado da prestação do serviço a partir da sua operação, em detrimento da forma.

Segundo a PGR, todos estes dispositivos contrariariam o *caput* e inc. XXI do art. 37 da Constituição, que preveem os princípios da Administração Pública e a regra de licitação para contratações públicas (muitas vezes considerado o fundamento constitucional do princípio do equilíbrio econômico-financeiro dos contratos administrativos).[3] Contrariariam, ainda, art. 175, parágrafo único, inc. IV, da Constituição, que estabelece o dever de prestação adequada dos serviços públicos delegados, definido em lei (conforme art. 6º da Lei nº 8.987/1995).

A compreensão adequada das alterações implementadas pela lei demanda, quando menos, duas ordens de pesquisa: a) o limite e alcance das normas constitucionais citadas na ADI para os contratos de concessão; e b) a natureza dos contratos de concessão – sobretudo sua incompletude e a certeza da sua mutabilidade.

---

[3] Em sentido contrário à constitucionalização do equilíbrio econômico-financeiro como um princípio constitucional, v. LOUREIRO, Gustavo Kaercher. *Estudos sobre o regime equilíbrio-financeiro de contratos de concessão*. São Paulo: Quartier Latin, 2020.

## 2 O conteúdo do art. 37, *caput* e inc. XXI, e art. 175, parágrafo único, inc. IV da Constituição

A interpretação de dispositivos constitucionais construída ao longo da sua vigência, somada à sua interpretação histórica, permite apreender determinado conteúdo dos conceitos lá utilizados. Ainda assim, fato é que esses estão sujeitos a uma necessária adaptação ao contexto socioeconômico – que permite à Constituição a perenidade que dela se espera, sem perder de vista o seu caráter fundamental e sua aplicabilidade. Eis a finalidade da chamada mutação constitucional, da técnica da interpretação conforme, entre outras da hermenêutica constitucional.[4]

Seguindo esta mesma lógica, são relevantes para a interpretação da Constituição parâmetros de conduta já previstos em lei, e submetidos ao exame de constitucionalidade, que tenham densificado o seu conteúdo ao longo do tempo. Sem afastar a hierarquia atribuída às normas constitucionais, essa interpretação sistemática é técnica relevante para a compreensão adequada das normas constitucionais na dinâmica socioeconômica. Neste sentido, por exemplo, pense-se no alcance dos princípios da moralidade e impessoalidade em vista de práticas recentes de corrupção, que foram tipificadas pela Lei nº 12.846/2013 (Lei Anticorrupção); ou das condutas reprováveis previstas na Lei de Improbidade Administrativa (nº 8.429/1992) associadas ao enriquecimento ilícito de agentes públicos.

Esta lógica se aplica igualmente à interpretação dos demais dispositivos constitucionais. Diante do questionamento da constitucionalidade de novos diplomas normativos, a análise do conteúdo que já lhe foi atribuído ao longo do tempo, bem como a existência de outros diplomas legislativos vigentes e já submetidos a juízo de constitucionalidade que a ele estejam associados, deve ser considerada. Tanto é assim que a jurisprudência do Supremo Tribunal Federal é consolidada no sentido de que não há ofensa direta a dispositivo constitucional que contém conceitos abertos (como coisa julgada, devido processo legal, entre outros) quando tal demandar análise de legislação infraconstitucional que já tenha densificado seu sentido e alcance:

---

[4] Cf. MOREIRA, Egon Bockmann; CAGGIANO, Heloisa Conrado. O poder normativo das agências reguladoras na jurisprudência do STF: mutação constitucional do princípio da legalidade? *Revista de Direito Público da Economia – RDPE*, Belo Horizonte, ano 11, n. 43, p. 35-57, jul./set. 2013.

A afronta ao princípio da legalidade, se dependente de reexame de normas infraconstitucionais, configura apenas ofensa indireta ou reflexa à Constituição da República, cujo exame é inviável no recurso extraordinário. Incidência da Súmula n° 636/STF. 2. Agravo regimental não provido. (STF, 1ª Turma. AI n° 837.328 AgR. Rel. Min. Dias Toffoli. *DJe*, 2 maio 2013)

Seguindo esta mesma lógica, e ainda sobre o princípio da legalidade, a Súmula n° 636 do Supremo Tribunal Federal estabelece que "Não cabe recurso extraordinário por contrariedade ao princípio constitucional da legalidade, quando a sua verificação pressuponha rever a interpretação dada a normas infraconstitucionais pela decisão recorrida".

Fixadas estas brevíssimas premissas da hermenêutica constitucional, cumpre analisar os dispositivos utilizados na ADI em questão como parâmetro para inconstitucionalidade de dispositivos da Lei n° 13.448/2017.

Em termos literais, o que o art. 37, *caput*, da Constituição federal estabelece são princípios aplicáveis à Administração Pública, consubstanciados em conceitos abertos: legalidade, impessoalidade, moralidade, publicidade e eficiência.

Já o inc. XXI do mesmo artigo estabelece a regra de licitar para contratação de obras, serviços, compras e alienações na esfera da Administração Pública. Ressalvando casos específicos previstos em lei, o dispositivo estabelece os elementos gerais da regra de licitar: *i)* isonomia aos concorrentes; *ii)* cláusulas estabelecendo obrigações de pagamento; *iii)* respeito às condições efetivas das propostas dos licitantes – nos termos da lei; e *iv)* exigência de qualificação técnica e econômica se indispensável ao cumprimento daquele objeto a ser contratado. Porém, e aqui existe uma dúvida relevante, tudo indica que o mencionado inc. XXI não se refere a licitações e/ou contratos vinculados a concessões e permissões de serviço público, mas apenas àqueles especificados em sua redação ("obras, serviços, compras e alienações").

Por fim, o art. 175, parágrafo único, inc. IV, tratando especificamente da prestação de serviços públicos via contratos de concessão ou permissão devidamente licitados, previu a obrigação do particular de *manter serviço adequado* – remetendo expressamente a especificação do conceito à previsão legal posterior.

Daí que, tal qual posto nos referidos dispositivos, os conceitos de moralidade, impessoalidade, eficiência, regra de licitar e serviço adequado, são abstratos. Exceção feita a alguma especificação contida no art. 37, XXI, da regra de licitar, demanda – expressa ou implicitamente – a análise de disposições legais sobre o tema, mais facilmente adaptável à dinâmica socioeconômica em que incide. Sua interpretação como parâmetro de constitucionalidade não pode, portanto, ignorar tais referências legislativas.

No caso do conceito de serviço adequado, que teria sido inobservado pelo art. 6º, §2º, II, da Lei nº 13.448 no caso de prorrogação antecipada de concessões ferroviárias, serve de referência o art. 6º da Lei nº 8.987/1995, a chamada Lei Geral de Concessões. E a denominação "geral" aqui não se dá por acaso. Com vistas a prever critérios aplicáveis de forma horizontal a contratos de concessão e permissão de serviços públicos, com os mais variados objetos e em diversos setores, estabeleceu-se como condição para se aferir a *adequação* do serviço à regularidade, continuidade, eficiência, segurança, atualidade, generalidade, cortesia na prestação e modicidade das tarifas.[5] Note-se que não houve verticalização conforme o objeto ou setor a que se refere o serviço ou obra; não se pretendeu atentar aos diferentes graus com que determinada condição possa ou deva ser verificada – a depender das peculiaridades e possibilidades do serviço prestado.

Esta perspectiva é relevante, porque impacta em como – em que medida – cada condição é necessária para atender à demanda, ao nível de serviço, ao escopo esperado em cada setor, em cada objeto contratado. Daí serem fundamentais as normas regulatórias (e o poder normativo das agências reguladoras) que, com tecnicidade, dinamicidade e verticalizadas a setores altamente complexos, permitem seu constante aperfeiçoamento. Situação que, conforme voto da Ministra Rosa Weber na ADI nº 5.991/MC, estabelece baliza de máxima discrição à interferência do Judiciário sobre as normas regulatórias.[6]

Eis a premissa com que a previsão constitucional (mais genérica) e mesmo legal (mais específica) de serviço adequado deve ser compreendida. Não apenas em termos teóricos e abstratos, mas pragmáticos e atentando-se às especificidades do serviço em questão.

A mesma racionalidade, de atenção à aplicação concreta da norma e à complexidade de seu objeto, deve-se adotar na interpretação do art. 37, *caput* e inc. XXI, da Constituição, enquanto parâmetros de constitucionalidade de leis. Sobre os princípios da Administração Pública aplicados aos contratos de concessão, por exemplo, o da eficiência não

---

[5] Cf. MOREIRA, Egon Bockmann. *Direito das concessões de serviço público*. São Paulo: Malheiros, 2010. p. 51-54 (normas gerais); e 239-274 (serviço adequado).
[6] ADI nº 5.991/MC, voto da Min. Rosa Weber (p. 17).

pode ser aferido senão em correlata atenção às vicissitudes do serviço prestado.

E especificamente sobre o inc. XXI do art. 37, tanto a regra de licitar como a extensão de seus efeitos para todo e qualquer contrato administrativo só serão medida concreta de atuação eficiente da Administração Pública, atendendo ao seu fim republicano, se levarem em conta a complexidade da contratação administrativa vigente (que não pode ser reduzida à lógica então vigente quando da promulgação da Constituição). Maiores as mudanças socioeconômicas, tecnológicas, culturais e científicas, maiores os desafios de se acomodar, no processo interpretativo, o caráter estruturante e fundamental da Constituição à realidade dos fatos. Do contrário, ou ela se torna letra morta que nada controla, ou impede o desenvolvimento econômico-político cuja juridicidade se destina a assegurar.

## 3 Incompletude e mutabilidade dos contratos de concessão

Os contratos de concessão são negócios jurídico-administrativos que apresentam algumas peculiaridades. Abrangem as concessões comuns, as parcerias e outros pactos que envolvam a delegação de bens e serviços de titularidade pública a pessoas privadas. Cada uma dessas subespécies contratuais tem suas marcas distintivas, sujeitando-se a normas jurídicas gerais e, também, próprias.

Especificamente, as concessões comuns são regidas, sobretudo, pela Lei nº 8.987/1995 (a Lei Geral de Concessões – LGC). Da análise do seu regime jurídico, ao menos sete peculiaridades se destacam, diferenciando-as dos demais negócios jurídico-administrativos. São elas: a) tipicidade; b) estrutura de relação jurídica bilateral com efeitos multilaterais; c) ausência de natureza *intuitu personae*; d) necessidade de alocação de riscos; e) natural incompletude e necessidade de mutações; f) necessidade de métodos de solução adequada de seus conflitos; e g) sua extinção e natural prorrogação.

A compreensão geral dos contratos de concessão comum demanda, portanto, e quando menos, a análise de cada uma destas peculiaridades. Todavia, considerando o escopo deste estudo, serão objeto de atenção especificamente a incompletude e a necessidade de mutações dos contratos; e sua natural prorrogação (a serem tratadas, respectivamente, neste e no próximo tópico).

Os contratos de concessão comum são *naturalmente incompletos*. Daí porque sua *segurança jurídica* advém da respectiva *capacidade de aprendizagem* e da *certeza* de que, quando necessário, ele será objeto de *mutação*, preferencialmente *consensual*. Estabilidade é equilíbrio (*balance*), que sempre depende do caminhar: em determinadas circunstâncias, só a mutação do contrato pode assegurar a continuidade do projeto concessionário.

Quando se fala de segurança contratual em matéria de concessão comum, pois, fala-se da garantia de mutabilidade do negócio jurídico firmado, quando necessário. Como já escrito há alguns anos:

> nada mais adequado que falar em *segurança advinda da certeza da mudança*. Pois este aparente contrassenso é o que se passa nas concessões contemporâneas: a flexibilidade dos contratos é um dos itens que reforça a segurança jurídica na prestação adequada do serviço. Ou, melhor: *a segurança contratual presta-se a garantir a mutabilidade do negócio jurídico firmado*.[7]

A incompletude decorre diretamente de duas características dos contratos de concessão: sua *complexidade* (inúmeras relações de interdependência e variáveis futuras desconhecidas) e seu *longo prazo* (que impede o controle e a certeza das vicissitudes do serviço prestado, das partes, do projeto). São, sobretudo, estas características que impedem, pois, a predefinição absoluta das condições de execução do contrato – sua incompletude.

Daí que a Administração Pública e os parceiros privados devem estar conscientes de que haverá desafios ao longo da execução do contrato que exigirão conduta colaborativa para preservação do projeto de interesse público, isto é, da incompletude e da mutabilidade do contrato.

Esta racionalidade própria do contrato de concessão comum não se presta apenas a delimitar sua natureza e escopo, orientando as partes quando da elaboração e execução do contrato. Ela deve ser considerada e enfatizada, em especial, quando da sua interpretação, afastando-se equiparações simplistas com o regime jurídico de outras espécies de negócios jurídico-administrativos que delas não compartilham (como os contratos de empreitada).

Isso porque estes contratos administrativos de desembolso são naturalmente simples e de curto prazo: tendem a ser completos (as partes

---

[7] MOREIRA, Egon Bockmann. *Direito das concessões de serviço público*. São Paulo: Malheiros, 2010. p. 37.

possuem todas as informações necessárias para a solução de eventuais controvérsias) e, dificilmente, experimentarão incertezas no curto prazo. Já os contratos de concessão são operações econômico-financeiras de longo prazo, que devem compatibilizar e estabilizar as expectativas das partes. Afinal, relações de longo prazo possuem unicamente uma certeza presente: a sua incerteza futura. As metas são estimadas e predefinidas no edital, mas se submetem invariavelmente ao teste da realidade ao longo de toda a execução contratual.

Esta teorização acerca da incompletude dos contratos tem como expoente Oliver Hart (Nobel de Economia/2016). Partindo dos estudos de Ronald Coase, para quem a negociação contratual envolve custos de transação (coleta de informação, negociações, elaboração de contrato etc.), Hart detectou que, em certos casos, é economicamente mais vantajoso haver incompletudes contratuais. Caso contrário, a desproporcionalidade dos custos de transação inviabilizará o contrato:

> Como consequência da presença de tais custos, as partes em uma relação negocial não irão redigir um contrato que antecipe todos os eventos que possam ocorrer, e as várias ações apropriadas para tais eventos. Irão preferir escrever um contrato que é incompleto, no sentido de que contém lacunas ou que lhe faltam provisões.[8]

Especificamente nos contratos de concessão comum, isso significa dizer que o custo (inclusive temporal) de se pretender a contratação mais completa possível é ineficiente, considerando-se a remota hipótese de o cenário previsto se verificar integralmente no longo prazo. Afinal, é factualmente impossível e economicamente inviável fazer projeções precisas de todos os eventos futuros que possam (ou não) impactar no contrato de concessão. Daí a incompletude natural destes contratos.

Na medida em que o seu período de duração é amplo, menos viável se torna a cristalização das obrigações originária das partes, sob pena de comprometer a finalidade do contrato, a adequada execução do serviço. É impossível prever, à exaustão, todos os eventos, inclusive os ordinários, que incidirão em negócio jurídico de 10, 20 ou 30 anos.

---

[8] HART, Oliver. Incomplete contracts and the theory of the firm. *Journal of Law, Economics, & Organization*, v. 4, n. 1, p. 124, 1988. Disponível em: https://edisciplinas.usp.br/pluginfile. php/4064332/mod_resource/content/1/Incomplete%20Contracts%20Hart.pdf. Acesso em: 31 mar. 2020. Tradução livre. Em específico quanto aos contratos de concessão, v. MOREIRA, Egon Bockmann. O contrato administrativo como instrumento de governo. *In*: GONÇALVES, Pedro Costa (Org.). *Estudos de contratação pública*. Coimbra: Coimbra Ed., 2013. v. IV. p. 5-18.

Daí a necessidade de se construir soluções apropriadas a essa ordem de desafios, como a chamada *capacidade de aprendizagem* dos contratos de concessão. Para se manter equilibrado e permitir a execução do projeto concessionário, o contrato há de ser contextualizado historicamente e aprender com a experiência; para manter-se firme deve ser aberto ao novo e à flexibilização das premissas induzidas no passado. Mas não basta detectar tais peculiaridades (para o que é indispensável a transparência); é necessário geri-las de forma eficiente.

Porque incompletos, os contratos de concessão precisam ser compreendidos como *contratos abertos*, pois convivem e se nutrem da grande quantidade de informação diariamente recebida. Os deveres, as obrigações e os direitos não são estáticos, fechados e exaustivos (limites que certamente implicarão a sua ruptura com o passar do tempo), mas evolutivos. Merecem ser aplicados na condição de realidade sociocultural apta a conviver com o novo e a aprimorar-se por meio de soluções legítimas (assim reconhecidas pelo direito). Daí também a necessidade da previsão de termos aditivos, reajustes, revisões periódicas, *dispute boards*, negociações, mediações, compromissos arbitrais e outras medidas que atenuem os custos oriundos de eventos que possam agredir a estrutura do contrato.

Tais previsões, formalizadas no contrato, destinam-se a possibilitar a detecção de falhas e a elaboração de soluções consensuais, as quais gerem o menor desgaste possível para as partes envolvidas. Afinal, se algo é certo no longo prazo, é a efetiva existência de alterações contratuais (unilaterais e/ou circunstanciais) e potenciais conflitos.

Neste ponto, como alerta Fernando Araújo, a preocupação maior não deve estar no grau de *acabamento* do contrato, mas sim no grau ótimo de *formalização* e *explicitação*:

> O seu desenho como veículo de aprendizagem entre as partes – tanto a aprendizagem mútua como a aprendizagem que se reporta aos termos acordados e respectivas consequências jurídicas, aumentando a competência das partes [...] gerando uma margem de auto-disciplina e abrindo caminho às soluções 'relacionais' sem perda da juridicidade dos vínculos.[9]

---

[9] ARAÚJO, Fernando. *Teoria económica do contrato*. Coimbra: Almedina, 2007. p. 187. A temática envolve as chamadas cláusulas de *hardship*, como esclarece António Menezes Cordeiro: "Ninguém duvida de que qualquer alteração nas circunstâncias pode, a ser prevista, encontrar solução cómoda e válida no articulado contratual. A tal propósito fala-se nas cláusulas de *hardship*: cláusulas pelas quais as partes estabelecem um dever de renegociar o contrato, caso opere uma alteração das circunstâncias. As cláusulas de *hardship* são especialmente

Por óbvio, esta capacidade de aprendizagem deve se refletir nos procedimentos de revisão periódica do contrato e nas recomposições oriundas de alterações (unilaterais e circunstanciais). Pretende-se a constante troca de informações e aperfeiçoamento da prestação do serviço, assegurando benefícios a todos os envolvidos e a terceiros.

Em decorrência, autoriza também a sua prorrogação antecipada, eis que permite às partes contratantes constatarem a necessidade de investimentos imediatos, a serem realizados de forma muito mais eficiente pelas mãos do atual concessionário.

Ao se falar em capacidade de aprendizagem dos contratos – e da própria relação jurídico-concessionária – cogita-se também da sistematização do conhecimento que aperfeiçoe a eficiência de determinados contratos públicos.

A execução dos contratos é significativa fonte de informações e respectiva percepção intelectual, o que faz surgir a constatação de novas vantagens por parte de concedente e concessionário – bem como a sua instalação e partilha com usuários (e terceiros). A memória da experiência no desenvolvimento da atividade concessionária permitirá desvendar os desafios dos contratos (presentes e futuros). Estes dados precisam ser administrados de forma eficiente, resultando em benefícios – diminuição dos custos e incremento da qualidade – para o conjunto de envolvidos no projeto (usuários, concedente, concessionário e terceiros). Afinal, prioritário no projeto é a melhoria na prestação do serviço.

## 4 A conatural prorrogação dos contratos de concessão

Para além da incompletude e mutabilidade inerentes ao pacto concessionário, o tema da prorrogação antecipada prevista na Lei nº 13.448/2017 está diretamente relacionado a outra peculiaridade sua: a conatural prorrogação. Em termos jurídicos, essa é uma das exigências constitucionais advindas do art. 175, parágrafo único, inc. I, a preceituar que a lei defina "o caráter especial de seu contrato e sua prorrogação".

Desde logo é importante formar a premissa de que, ao qualificar de "especiais" os contratos de concessão e permissão, a Constituição os distingue, material e funcionalmente, de todos os demais firmados

---

importantes em contratos internacionais e em contratos de longa duração. Elas podem ser mais ou menos explícitas. Todavia, quando as partes não se entendam, haverá que regressar ao Direito e às Leis" (CORDEIRO, António Menezes. Contratos públicos: subsídios para a dogmática administrativa, com exemplo no princípio do equilíbrio econômico-financeiro. *Cadernos O Direito*, Coimbra, v. 2, p. 65-66, 2007).

pelo Poder Público.[10] São negócios jurídico-administrativos que dizem respeito a uma só ordem de contratações, exclusivos para determinado grupo. Constituem regime especial em relação, por exemplo, aos de compra e venda e empreitada de obras e/ou serviços. Quem define essa especialidade é a Lei n° 8.987/1995 (em termos gerais) e cada uma das leis setoriais (em termos duplamente especiais). Aliás, não foi devido a um acaso que a Lei Geral de Concessões (n° 8.987/1995) reporta-se de modo pequeno, acidental e subsidiário, à Lei Geral de Licitações (n° 8.666/1993). A previsão é extraordinária (e deve ser interpretada restritivamente).

Ora, uma das hipóteses de extinção do contrato de concessão, prevista no art. 35, I, da Lei n° 8.987/1995, consiste no advento do termo contratual. Neste caso, colocam-se diante do poder concedente três opções básicas previstas em lei: a) retomar os bens e serviços, assumindo sua prestação; b) realizar nova licitação e assinar novos contratos; ou c) prorrogar ordinariamente o contrato original.

A retomada dos bens e serviços exige, em síntese, dinheiro em caixa e capacidade de gerenciar os bens e serviços. Uma nova licitação demanda planejamento e recursos disponíveis para tempestiva realização de estudos e projetos altamente complexos, que atraia muitos interessados em concorrer – para que se alcance a vantajosidade esperada do certame e do contrato que dele resultar. Já a prorrogação ordinária pressupõe ampla revisão do contrato em vigor e o estabelecimento de novos deveres, direitos e obrigações que justifiquem a prorrogação (desde que mantido o objeto original do contrato, a mesma ordem de prestações).

Nenhuma das opções do poder concedente quando do advento do termo contratual é, pois, gratuita. Todas implicam alocação de verbas públicas e despesas privadas, e estão diretamente relacionadas às circunstâncias do serviço prestado e ao contexto das partes envolvidas por ocasião do fim da vigência do contrato.

Daí porque se trata de decisão discricionária e privativa da Administração Pública, que não está obrigada a assumir os bens e serviços, nem a fazer novas licitações ou a prorrogar os contratos. Ela deve examinar e comparar as três possibilidades – e adotar a decisão mais eficiente, em vista do que o cenário econômico lhe autorizar. Isso sempre atenta ao dever de prestigiar a segurança jurídica do contrato.

---

[10] Cf. MOREIRA, Egon Bockmann. Os serviços públicos brasileiros e sua lógica jurídico-econômica: reflexões a partir do artigo 175 da Constituição. *Revista de Direito Público da Economia – RDPE*, Belo Horizonte, ano 17, n. 68, p. 9-43, out./dez. 2019.

Além de ser pública e fundamentada, a decisão deve levar em conta o futuro daquele setor, a real capacidade de o Estado assumir os encargos ou ser eficiente na angariação de investidores.

De todo modo, e mesmo diante de todas as dificuldades que podem ser encontradas, o pior cenário é aquele em que o poder concedente não toma qualquer decisão por ocasião do termo contratual – instalando dúvidas e incertezas quanto à segurança do empreendimento e à continuidade do projeto.

É neste contexto de advento do termo contratual que a opção legal pela prorrogação ordinária do contrato foi prestigiada originalmente pelo ordenamento jurídico, desde a Constituição – cujo art. 175, parágrafo único, inc. I, prevê que a lei deverá dispor sobre "o regime das empresas concessionárias e permissionárias de serviços públicos, o caráter especial de seu contrato e de sua prorrogação, bem como as condições de caducidade, fiscalização e rescisão da concessão ou permissão". Foi o que fez a Lei Geral de Concessões – a nº 8.987/1999 –, ao prescrever que, entre as "cláusulas essenciais do contrato de concessão", há de estar a que verse sobre as "condições para a prorrogação do contrato" (art. 23, inc. XII).

Ora, quando a Constituição e a lei dizem que algo é "essencial" ao contrato, estão a preceituar que se trata de fundamental, básico, imprescindível. Daí se interpretar a prorrogação como algo juridicamente conatural aos contratos de concessão, tanto quanto as cláusulas relativas ao seu objeto e prazo (Lei nº 8.987/1995, art. 23, inc. I); tarifas (inc. IV); direitos e deveres do concessionário, poder concedente e do usuário (inc. V e VI), entre outras. Ao estabelecer que a prorrogação é cláusula essencial, a lei obriga o aplicador a tomá-la como fato primordial à interpretação dos contratos de concessão.

Nada obstante a Lei nº 8.987/1995 remeter às condições previstas no contrato para sua prorrogação, alguns elementos decorrem diretamente do regime de contratação pública.

A uma, a prorrogação necessita demonstrar sua vantagem ao interesse público em questão. Deve resultar de estudos consistentes, que considerem o aperfeiçoamento do modelo. Demanda análise de custo-benefício das opções, demonstrando-se comprovadamente porque é melhor prorrogar o contrato. Tanto a decisão como os fatos que lhe servem de fundamento – estudo, projetos, minutas de contratos – devem ser públicos e técnicos, preservando a autonomia do gestor público.

Neste sentido, o que a hipótese de prorrogação antecipada estabelece, partindo da legalidade da regra geral de prorrogação, e da mutabilidade dos contratos de concessão, é um conjunto de regras específicas que permitem a alteração do contrato com vistas a atender a reais demandas do serviço prestado – sobretudo quando a necessidade de investimentos atuais ultrapassa em muito os investimentos previstos originariamente no contrato.

Isso não sem observar pressupostos específicos da prorrogação contratual: o adequado cumprimento do contrato pela concessionária (avaliado de forma objetiva) e a comprovação técnica – clara, detalhada e específica – das justificativas que demandem tal ordem de alteração contratual.

A legalidade desta hipótese será analisada no tópico seguinte, em conjunto com os fundamentos do acórdão do STF que prestigiou a legalidade da hipótese, seus requisitos e alcance, para os contratos de concessão ferroviária.

## 5 Aspectos legais questionados para a prorrogação antecipada de concessões ferroviárias: a decisão do STF

### 5.1 Primeiro aspecto: o critério para se aferir a prestação adequada do serviço

Na ação proposta, a PGR reconhece a existência de fundamento constitucional para a hipótese de prorrogação ordinária de contratos de concessão (art. 175, parágrafo único, I). Porém, pretende que o critério estabelecido no art. 6º, §2º, II, da Lei nº 13.448/2017 não respeitaria os princípios da Administração Pública previstos no art. 37, *caput*, da Constituição, em especial a razoabilidade, eficiência, moralidade, impessoalidade e a regra da licitação. Para fins de aferição da prestação adequada dos serviços pela concessionária, que permita a prorrogação do contrato de serviços ferroviários, o artigo teria reduzido os requisitos legais que compõem o conceito de prestação adequada (art. 6º da Lei nº 8.987/1995) a apenas dois: atendimento a metas de segurança em quatro dos últimos cinco anos de vigência do contrato; ou o atendimento de metas de segurança e de produção em pelo menos três anos dos últimos cinco de vigência.

Para além da delimitação conceitual, a temporal – aferição do regular cumprimento do contrato apenas durante os últimos cinco anos que antecederam o pedido de prorrogação antecipada – igualmente não permitiria concluir pelo regular cumprimento do contrato, que deveria ser aferido ao longo de toda a sua vigência.

Nestes termos, a medida geraria dano irreparável ou de difícil reparação aos cofres públicos, por permitir prorrogação de contratos ineficientes por longo prazo, autorizando-se a concessão da cautelar.

Como posto na petição inicial da ADI, a ineficiência da execução do contrato que se pretende prorrogar é posta sem se indicar em que medida ela seria atendida considerando o propósito e a forma de prestação dos serviços ferroviários. Ao que tudo indica, qualquer critério objetivo que fugisse das expressões abstratas contidas no art. 6º, §1º, da Lei Geral de Concessões seria, pois, inconstitucional.

É neste sentido que o voto da Ministra Cármen Lúcia na ADI nº 5.991/MC afasta a alegada inconstitucionalidade do art. 6º, §2º, inc. II da Lei nº 13.448/2017, ao considerar que serviço adequado, para além de atentar ao objeto contratado, deve atender a "índices de cumprimento dos princípios legais considerando-se o serviço prestado e a sua adequação aos critérios estabelecidos concretamente, conforme as circunstâncias de cada caso". O serviço só pode ser considerado adequado quando analisado à luz de parâmetros, afinal, a adequação não é um dado em si mesmo, mas relativo a algo.[11] Não se trata, portanto, de conceito absoluto nem teórico, mas pertinente ao contrato, às prestações atribuídas ao concessionário e sua execução.

É a existência destes parâmetros que devem ser considerados na análise da constitucionalidade da hipótese de prorrogação antecipada de concessões ferroviárias. E não de forma isolada, mas considerando a integralidade das previsões legais que eventualmente estabeleçam requisitos e condições para sua aplicação. Conforme voto do Min. Alexandre de Moraes, "O que a Lei 13.448/17 estabeleceu foram diretrizes gerais para prorrogação [...]. A partir disso, existe a previsão legal, há disciplina legal, o comando constitucional foi colmatado pela disciplina legal" (e segue citando a Lei nº 8.666/1993, Lei nº 8.987/1995, Lei nº 9.074/1995 e Lei nº 12.815/2013).

Daí que, considerando a natureza discricionária das prorrogações, e os requisitos contidos no art. 8º da Lei nº 13.448/2017, a Ministra Cármen Lúcia afasta o argumento de que as condições previstas no seu art. 6º, §2º, II para a prorrogação antecipada dos contratos de concessão ferroviária seriam contrárias ao princípio da eficiência e da

---

[11] Especificamente sobre a relevância das metas de segurança e produção no setor de ferrovias, a justificar o critério objetivo indicado na lei, *vide* PINHEIRO, Armando Castelar; COELHO, Leonardo Ribeiro. *Regulação das ferrovias*. Rio de Janeiro: Editora FGV; FGV; Ibre, 2017. p. 151-152. Sobre a confusão principiológica que habita o conceito de serviço adequado (inclusive com a interpretação equivocada das denominadas Leis de Rolland), v. MOREIRA, Egon Bockmann. *Direito das concessões de serviço público*. São Paulo: Malheiros, 2010. p. 239-274.

licitação. Os arts. 7º, 8º, 10 e 11, por exemplo, daquela lei – que não são referidos na inicial da ADI, estabelecem uma série de exigências que, cumulativamente aos requisitos mencionados para se aferir à adequação do serviço, devem ser atendidas no caso concreto de forma a viabilizar a prorrogação antecipada sem que haja licitação.

Como consta do voto da Ministra Cármen Lúcia:

> Cabe, portanto, ao órgão ou à entidade competente realizar estudo técnico prévio para fundamentar, objetiva e expressamente, a vantagem de prorrogação do contrato de parceria e acolher, no caso, a possibilidade do elastecimento do prazo contratual sem a necessidade de realização de licitação.

Além disso, a decisão de prorrogar o contrato antecipadamente também deve ser submetida à consulta pública, e, posteriormente, encaminhada ao Tribunal de Contas da União, com toda a documentação e estudos prévios que lhe fundamentam, para fins de controle de legitimidade e economicidade (inclusive no que respeita à adequação do serviço) – art. 11 da Lei nº 13.448/2017.

Especificamente sobre a *adequação* do serviço prestado, o art. 8º, §2º, da Lei nº 13.448/2017 prevê avaliação prévia e favorável dos seus requisitos pelo órgão competente. O art. 9º, §2º, dispõe que as prorrogações serão orientadas "pelos parâmetros de qualidade dos serviços". E o §1º do seu art. 6º condiciona a conveniência e oportunidade da prorrogação antecipada à "elevação dos níveis de eficiência na prestação do serviço", aqui associada à inclusão de novos investimentos.

De modo prospectivo, o art. 7º da lei buscou assegurar o escopo de incremento da eficiência do serviço e o adimplemento dos termos da prorrogação a partir de duas previsões: cronograma de investimentos obrigatórios e mecanismos de desestímulo a inexecuções ou atrasos. Não se concederá, portanto, direito à exploração do serviço por maior prazo sem a assunção de obrigações pelo concessionário, e sem que sejam feitos estudos que atestem sua capacidade para tanto.

Daí a conclusão da Min. Cármen Lúcia:

> A condicionante legal prevista na norma impugnada [art. 6º, §2º, II] não é fator isolado para o deferimento da prorrogação antecipada da concessão. Não há impedimento legal que [sic] o concessionário seja atestado positivamente quanto aos critérios do serviço adequado e não o seja quanto aos demais. O parâmetro temporal estabelecido na lei para o cumprimento do serviço adequada é objetivo. O exame da constitucionalidade dessa exigência demanda estudo de caso concreto, exorbitando

os limites do controle abstrato de constitucionalidade das normas. [...] Nesse juízo cautelar, o parâmetro temporal e material estabelecido pela norma impugnada não tem comprovação de comprometimento do serviço adequado para fins de prorrogação antecipada.

No mesmo sentido, o Min. Alexandre de Moraes conclui em seu voto que, ao que tudo indica, ao alegar a inconstitucionalidade do dispositivo da Lei nº 13.448/2017, a petição inicial da ADI teria deixado de proceder à necessária leitura adequada de toda a lei. Afinal:

> Obviamente com uma leitura isolada do art. 6º impugnado, se somente analisarmos esse dispositivo legal, podemos chegar à conclusão de que houve um esvaziamento no próprio sentido do conceito de serviço adequado. Mas ele não é único; é um dos vários preceitos legais que estabelece, no conjunto, esse conceito de serviço adequado.

Seja porque a Lei nº 13.448/2017 não limita as condições para prorrogação antecipada aos critérios do seu art. 6º, §2º, II, seja porque ainda traz parâmetros objetivos que reduzem a discricionariedade decorrente dos conceitos abertos do art. 6º, §1º da Lei nº 8.987/1885 (nesse sentido, o voto do Min. Roberto Barroso), não há se falar em inconstitucionalidade da hipótese legal.

## 5.2 Segundo aspecto: a extinção dos contratos de arrendamento e o regime de bens

Sobre as alterações no regime de bens vinculados dos contratos de concessão ferroviários sujeitos à prorrogação antecipada (art. 25, §§3º, 4º e 5º), segundo posto na ADI, permitiriam o incremento do patrimônio privado através da livre disposição de bens públicos – sem qualquer ônus e dispensando-se inventário. Configuraria doação de bem público sem condicionante e sem fiscalização, contrariando os princípios da Administração Pública.

A hipótese, segundo a petição inicial, permitiria dilapidação – irreparável – do patrimônio público.

Retoma-se aqui o já exposto acerca da relevância de se avaliar a juridicidade da lei não apenas a partir da literalidade das disposições constitucionais, mas do seu escopo, da experiência constitucional, dos elementos históricos que orientaram sua previsão, devidamente associados (e adequados) às circunstâncias atuais e concretas do objeto da lei. Essa perspectiva deve ser levada em conta ao avaliar a juridicidade da alteração do regime de bens nos contratos de concessão ferroviária – inclusive a extinção dos contratos de arrendamento, por meio dos quais historicamente foi atribuído justo título às concessionárias para deles dispor.[12]

Neste sentido, o voto da Ministra Cármen Lúcia na ADI nº 5.991 inicia-se com breve retrospecto histórico acerca dos contratos de arrendamento celebrados com a extinta Rede Ferroviária Federal S.A., criada pela Lei nº 3.115/1957 e objeto de desestatização a partir de 1992. E indica os fundamentos que justificaram a adoção deste regime até então, em vista do contexto da prestação de serviços ferroviários à época. Por exemplo, a necessidade de unificação de ferrovias federais em uma empresa estatal; a redução de custos operacionais; criação de ganhos de escala para recuperação do setor, entre outros.

E o voto avança fazendo análise detalhada de todos os dispositivos da norma que tratam da alteração do regime de bens da concessão. Neste sentido, a transferência de bens à concessionária não se dá sem justo título, mas nos termos do aditivo a ser firmado, que constituirá o novo instrumento jurídico em substituição ao contrato de arrendamento, com condições e cláusulas que considerarão o equilíbrio econômico-financeiro da concessão. Ao considerar este equilíbrio, nele incluídas as obrigações financeiras pagas e a pagar dos contratos de arrendamento, visa-se justamente a impedir ganhos extraordinários e indevidos à concessionária.

Diferentemente do alegado na ADI, portanto, não se trata de livre disposição de patrimônio público sem qualquer formalidade e fiscalização, mas de alteração do instrumento jurídico para uso de bem público, com consequente adaptação da extensão de sua fiscalização (que não é dispensada). Só a partir da análise das cláusulas e condições previstas no termo aditivo de prorrogação é que se poderá aferir a juridicidade desta transferência de bens. Mais uma vez, o parâmetro de análise da hipótese legal será concreto, e não abstrato, como no controle realizado via ADI. As cláusulas e condições dos termos aditivos, portanto, deverão se ajustar aos requisitos da legislação já vigente para transferência de uso de bens públicos em geral – que não é derrogado pela Lei nº 13.448/2017. Daí a relevância da interpretação sistemática

---

[12] Sobre a implantação e evolução das ferrovias no Brasil, incluindo a criação da RFFSA e o regime de bens vinculados, *vide* PINHEIRO, Armando Castelar; COELHO, Leonardo Ribeiro. *Regulação das ferrovias*. Rio de Janeiro: Editora FGV; FGV; Ibre, 2017. p. 1-43.

para avaliação da juridicidade da lei – que não se limita nem seria eficiente se assim o fizesse, ao controle abstrato de constitucionalidade.[13] Aliás, como bem ressalta o Min. Gilmar Mendes em seu voto:

[...] a despeito da relevância do controle de constitucionalidade das leis de serviço público, o dinamismo dos setores regulados torna extremamente difícil que respostas definitivas sejam dadas pelo Legislador ou mesmo pelo Judiciário em um plano jurídico abstrato.

No mesmo sentido deve ser considerada a manutenção da regra de reversão dos bens vinculados, operacionais ou não operacionais, móveis e imóveis, à União ao final dos contratos de concessão (não há, nem poderia haver,[14] transferência de titularidade – preserva-se o domínio público). Reversão essa prevista expressamente na lei.

Deve-se considerar, também, que os termos aditivos de prorrogação antecipada, ao operarem tal transferência, não poderão dispensar inventário prévio, cuja exigência decorre antes de formalidades já previstas no ordenamento jurídico para hipótese de cessão de uso de bem público do que de norma constitucional diretamente.[15] E isso tanto não se passa no caso concreto que, nos já submetidos a controle do TCU, a realização de inventário foi prevista, tendo-se discutido, inclusive, o momento oportuno para tanto (antes ou depois da celebração do aditivo) à luz das dificuldades e possibilidade concretas das partes (nos moldes do que dispõe o art. 22 da LINDB).

Por fim, na análise da lei impugnada pela ADI, deve-se considerar que a previsão de *gerir, substituir, dispor ou desfazer-se* de bens móveis operacionais e não operacionais não se dá sem considerar os requisitos que decorrem do regime de bens vinculantes, afetados à atividade da concessionária – regime que antecede a Lei nº 13.448/2017. O fato de a nova hipótese legal não reiterar o que já consta da Lei Geral de Concessões acerca da forma de gerir tais bens não afasta, portanto, o

---

[13] Neste sentido, ressalta o voto da Min. Rosa Weber que "por tratar-se de tema permeado por complexos aspectos econômico-financeiros, específicos de atividade com contornos e características diferenciados dos demais setores concedidos, leva à conclusão de tratar-se dos meandros da regulação, voltada aos finos ajustes no campo denominado 'marco regulatório' do setor".

[14] Como consta do voto da Min. Cármen Lúcia: "A doação de bem público, embora não seja vedada pela Constituição da República, é excepcional e deve ser direcionada ao atendimento de interesse público comprovado, o que não ocorre na espécie".

[15] Neste sentido, bem posto no voto da Min. Rosa Weber que "[...] a mera omissão da norma quanto a isso não pode levar à conclusão de que outras providências (dentre elas o próprio inventário de bens), possam ser tomadas quando houver disposição de bens".

dever de gestão "da forma que melhor atender ao interesse público e à prestação adequada do serviço concedido", como consta do voto da Min. Cármen Lúcia.

Daí a conclusão de que não se verifica qualquer inconstitucionalidade do art. 25, §§3º, 4º, 5º e 6º da Lei nº 13.448/2017.

### 5.3 Terceiro aspecto: previsão de investimentos em malha não concedida

Tanto o art. 25, §1º, como o art. 30, §2º, da Lei nº 13.448/2017 autorizam a previsão de investimentos em malhas não concedidas quando da prorrogação antecipada, desde que tais malhas sejam de interesse da Administração Pública. Isso se aplica tanto à hipótese de investimentos a partir de novos aportes a serem feitos pela concessionária (art. 25, §1º), como advindos da compensação de haveres não tributários das concessionárias com a Administração Pública federal, incluindo multas (art. 30, §2º).

Dois aspectos da norma são questionados na ADI: a previsão de *investimento cruzado*, que transforma obrigação de pagar da concessionária em obrigação de fazer; e a suposta ampliação do objeto da concessão, ao se permitir a realização de investimentos para malhas não concedidas inicialmente. Segundo a petição inicial, a hipótese contrariaria a regra de licitação (art. 37, XXI, da Constituição) e, sob o pretexto de assegurar o equilíbrio econômico-financeiro do contrato, alteraria seu objeto.

Daí, nos termos da petição inicial, o risco de dano em decorrência da perda dos benefícios que a regra da licitação poderia conferir ao desenvolvimento do setor.

Sobre o primeiro aspecto (*investimentos cruzados*), é precisa a advertência no voto da Min. Cármen Lúcia, no sentido de que investimentos decorrentes de haveres não tributários das concessionárias não alteram a origem e a destinação dos valores envolvidos. Seja mantendo a obrigação de pagar, seja a convertendo em obrigação de investir na malha ferroviária, os investimentos

> serão realizadas pelo particular com recursos privados. Ao poder concedente compete avaliar, autorizar e aprovar a realização desses novos investimentos restritos à infraestrutura ferroviária brasileira, para que estejam em conformidade com o interesse público, destinatário final e essencial da prestação do serviço público.

Excetuando-se, devidamente, haveres de natureza tributária, a regra transita, portanto, na "autonomia política do ente federado, a quem compete avaliar a vantagem ou não da substituição da outorga pelo pagamento em dinheiro sobre novos investimentos na infraestrutura".

Assim, coadunando-se com as regras que estabelecem o sentido e alcance de tal autonomia política, não há se cogitar de inconstitucionalidade abstrata com base nos princípios abertos do art. 37, *caput*, e inc. XXI, da Constituição. O fator relevante da juridicidade da lei advém, antes, de elementos concretos sujeitos à discricionariedade da Administração Pública. E, neste sentido, a hipótese do investimento cruzado foi defendida pelas informações prestadas pela Presidência da República na ADI, na medida em que "constituirá mera contrapartida da concessionária (obrigação de fazer), que substituirá a outorga (obrigação de pagar), a qual seria recolhida aos Cofres Públicos".

Sobre o segundo aspecto, acerca da regra da licitação, é correta a premissa da ADI de que a não prorrogação contratual pode implicar alteração do objeto da concessão. Contudo, a hipótese prevista pela Lei nº 13.448/2017 não implica alteração de objeto contratual. Conforme bem posto no voto da Min. Cármen Lúcia:

> A imutabilidade do objeto da concessão não impede a alteração no contrato para adequar-se às necessidades econômicas e sociais decorrentes da dinâmica do serviço público concedido e do longo prazo contratual estabelecido, observados o equilíbrio econômico-financeiro do contrato e os princípios constitucionais pertinentes.

Quando se contrata a execução de um serviço público (precedido ou não de obra), o objeto é exatamente o desempenho da atividade; a conduta comissiva predeterminada no edital, à qual o contratado se obriga positivamente. Como sintetiza Paulo Lôbo, obrigação é "a relação jurídica entre duas (ou mais) pessoas, em que uma delas (o credor) pode exigir da outra (o devedor) uma prestação".[16] Os contratos positivam obrigações cujo *objeto* é *a prestação* atribuída a esta ou àquela parte: a entrega da coisa (*dare*); a execução e gestão da obra (*facere*) ou

---

[16] LÔBO, Paulo. *Direito civil*: obrigações. 6. ed. São Paulo: Saraiva, 2020. v. 2. p. 20. Por exemplo, veja-se o conceito do contrato de compra e venda: "A compra e venda é contrato bilateral, oneroso e consensual mediante o qual o vendedor assume a obrigação de transferir bem ou coisa alienável e de valor econômico ao comprador, que por sua vez assume a obrigação de pagar o preço determinado ou determinável em dinheiro" (LÔBO, Paulo. *Direito civil*: contratos. 6. ed. São Paulo: Saraiva, 2020. v. 3. p. 220). O objeto é a *obrigação (prestação) de transferir* (vendedor) e a *obrigação (prestação) de pagar* (comprador); não a coisa a ser vendida nem o dinheiro a ser entregue.

a execução de específicas atividades (*prestare*). Logo, deve-se afastar peremptoriamente a confusão entre o objeto do contrato – a prestação atribuída ao devedor – e a coisa sobre a qual tal obrigação é cumprida.

Seguindo na linha do exposto anteriormente, a análise da constitucionalidade da lei deve considerar as peculiaridades, a natureza do seu objeto – no caso, dos contratos de concessão. E a compreensão adequada da *incompletude* e *mutabilidade* que lhes são inerentes, já referidas neste estudo, são elemento fundamental para tanto.

Deve considerar também que não se está a tratar de todo e qualquer contrato de concessão, mas dos contratos relativos ao setor de ferrovias. Verticalizando a análise, portanto, às peculiaridades do setor, a forma de prestação do serviço, seu escopo, gargalos e tipo de demanda não podem ser ignorados ao se avaliar a juridicidade do aprimoramento legislativo. E, neste sentido, o voto da Min. Cármen Lúcia bem considera o posicionamento de Marçal Justen Filho, que ressalta "a configuração da malha ferroviária como uma indústria de rede, [em que há] potencial inter-relação entre as diversas concessões, na medida em que o serviço é prestado de modo contínuo em infraestruturas objeto de concessões diversas". E destes aspectos decorre "uma pluralidade de soluções gerenciais e jurídicas que não encontram paralelo em outras espécies de concessão". Ainda, o voto da Min. Rosa Weber ao destacar "o enorme custo da implantação do modal ferroviário de transporte a exigir, por parte dos operadores, investimentos bilionários e de muito longo prazo para seu saudável funcionamento".

À luz destas premissas, e bem vistas as coisas, a hipótese de *investimento cruzado* contida nos arts. 25, §1º, e 30, §2º, da Lei nº 13.448/2017 não implica alteração do objeto contratual, mas alteração *do contrato*, atenta à mutabilidade do interesse público quando associado à prestação de serviço complexo e dinâmico. No caso, a necessidade de integração da rede ferroviária deficitária (para além de cada concessão individualmente considerada) e do incremento de investimentos de forma ágil. E mais, como bem posto no voto do Min. Alexandre de Moraes, a realização dos investimentos não implica o direito imediato à concessão para que se possa utilizar a referida malha.

## Considerações finais

O julgamento, pelo Plenário do STF, desta ADI nº 5.991, reforça a segurança jurídica dos contratos de concessão de serviço público. Comprova que a Constituição trata de forma diferenciada os contratos de desembolso (aqueles do art. 37, inc. XXI) dos de concessão (os do art. 175). Logo, situou os negócios jurídicos concessionários e permissionários no ambiente que lhes é constitucionalmente próprio, integrado na ordem econômica constitucional (e mesmo afastado de interpretações ultrapassadas do direito administrativo).

Em suma, pode-se dar um passo avante e constatar que o art. 175 positivou perspectivas hermenêuticas que ampliam os horizontes de tais negócios jurídico-administrativos. Afinal, supõe-se que não há palavras supérfluas na Constituição.

---

Informação bibliográfica deste texto, conforme a NBR 6023:2018 da Associação Brasileira de Normas Técnicas (ABNT):

MOREIRA, Egon Bockmann; CAGGIANO, Heloisa Conrado. A prorrogação antecipada dos contratos de concessão de ferrovia: análise do julgamento do STF na ADI nº 5.991. In: TOJAL, Sebastião Botto de Barros; SOUZA, Jorge Henrique de Oliveira (Coord.). Direito e infraestrutura: rodovias e ferrovias – 20 anos da Lei nº 10.233/2001. Belo Horizonte: Fórum, 2021. v. 2, p. 45-68. ISBN 978-65-5518-209-5.

# POR QUE UMA AGÊNCIA REGULADORA DE TRANSPORTES?

### FERNANDO S. MARCATO
### GABRIEL RIBEIRO FAJARDO

## Introdução

A agenda brasileira do século XXI reclama a necessidade de se investir em infraestrutura, em um cenário no qual a iniciativa privada desponta como uma das principais figuras capazes de garantir o desenvolvimento da área. A formatação do Estado brasileiro, a evolução normativa, bem como as constatações das necessidades diagnosticadas em determinado cenário histórico influenciam, sobremaneira, a participação dos particulares na infraestrutura, e, principalmente, a sua disposição de investir neste setor.

A constatação possível de ser realizada hoje no país é a existência de uma relação contraprodutiva: enquanto há excesso de demanda por serviços (se analisada a necessidade do país em infraestrutura), há subinvestimento nesta área, tanto pelo setor privado quanto pelo setor público.

Fato é, contudo, que a evolução da configuração do Estado e sua formatação ao atendimento das necessidades sociais balizaram a maior ou menor disposição pública à realização de parcerias com o setor privado, a fim de garantir as prioridades que eram elencadas como o foco da atuação estatal em cada recorte contextual.

Sem dúvidas, o início do século XIX, com a formação do Estado liberal, limitou a realização, pelo Poder Público, de parcerias com o fito de assegurar a garantia de direitos aos cidadãos, já que, àquela época, a vinculação do Estado ao direito era encarada sob o aspecto abstencionista: dever-se-iam tão somente assegurar a liberdade e a propriedade, imiscuindo-se de intervir no domínio econômico e nas liberdades individuais.[1]

A reconfiguração do Estado no século XX, em especial após a crise econômica de 1929 e as duas grandes guerras mundiais, encorpou ao Poder Público a necessidade de assunção de um papel prestacional, renunciando à mera inação diante dos direitos dos cidadãos como forma de garanti-los.

Era necessário, em um contexto de rupturas e caos, assegurar novos direitos, que foram sendo valorados ao longo das crises causadas também pelo acanhado papel do Estado durante o período liberal.

A Constituição de 1988 reclama a presença do Estado, ampliando, contudo, sua possibilidade de atuação. É neste contexto que o regime de concessões, por meio do qual o Estado delega à atividade privada a prestação de serviços públicos, foi recentralizado a partir do inaugurar da Constituição e da última década do século XX. E com ela, o movimento de transformação do papel do Estado, que assume novos contornos a partir de uma função reguladora, própria a coordenar as prestações privadas em tutela do interesse coletivo.

Vale lembrar que o art. 174 do texto constitucional é expresso ao conferir ao Estado o papel de agente normativo e regulador da ordem econômica. Lado a lado, o art. 173 reforça o protagonismo da iniciativa privada no exercício das atividades econômicas, reservando ao Estado o papel subsidiário de prestação direta.[2] São estes os contornos que

---

[1] Sobre as características do Estado liberal, Odete Medauar prefere nomeá-lo como "Estado do Século XIX". A autora, descrevendo as características gerais deste Estado, indica suas particularidades em relação à "autonomia da atividade econômica em relação à ingerência do Estado", pontuando ainda que "Consagra-se a 'absolutização do princípio da livre iniciativa', segundo Giannini, que tinha valor positivo, como liberdade de empreender, e valor negativo, como remoção de obstáculos ao exercício da liberdade de iniciativa econômica, e, portanto, como 'abstenção', dos poderes públicos, no tocante a intervenções limitativas" (MEDAUAR, Odete. *O direito administrativo em evolução*. 3. ed. Brasília: Gazeta Jurídica, 2017. p. 142).

[2] O novo papel do Estado conclama o princípio da subsidiariedade, segundo o qual "o Estado deve abster-se de exercer atividades que o particular tem condições de exercer por sua própria iniciativa e com seus próprios recursos; [...]. De outro lado, o Estado deve

conformam a nova atuação administrativa, especialmente pautada pelo exercício da função regulatória.

## 1 A evolução regulatória no Brasil

Concomitantemente ao processo de descentralização da Administração Pública brasileira, com o protagonismo das concessões como instrumento para prestação dos serviços públicos titularizados pelo Estado, houve a importação do modelo norte-americano de agências reguladoras para o Brasil.[3]

A ideia central estava em criar uma figura à parte, tecnicamente qualificada e independente, não contaminada pelas vicissitudes políticas próprias do Poder Concedente. A relação público-privada seria, portanto, pautada apenas pelas decisões sustentáveis tecnicamente. A partir dos contratos celebrados entre a Administração Pública e os concessionários, delegatários dos serviços públicos, a regulação via agência passou a assumir uma função integrativa, analisando os contratos à luz das circunstâncias que norteavam a adoção das medidas de um e de outro lado.[4]

Com a característica de maior substrato técnico em seu funcionamento, as agências reguladoras têm ainda como predicado a independência em relação ao poder público, sobretudo de ações de controle do Poder Executivo nas gestões e normatização das áreas reguladas. A maior autodeterminação das agências reguladoras, porém, não desassocia sua atuação da função executiva, tampouco a desvincula dos controles de seus atos.

---

fomentar, coordenar, fiscalizar a iniciativa privada, de tal modo a permitir aos particulares, sempre que possível, o sucesso na condução de seus empreendimentos" (DI PIETRO, Maria Sylvia Zanella; MOTTA, Fabrício. *O direito administrativo nos 30 anos da Constituição*. Belo Horizonte: Fórum, 2018. p. 25).

[3] A inspiração para o modelo de agências reguladoras, no Brasil, foram as *independent regulatory agencies* ou *independent regulatory comissions* norte-americanas. Conforme Odete Medauar nos relembra: "Nos Estados Unidos, desde 1887, com a criação da *Interstate Commerce Comission*, vêm sendo instituídas agências reguladoras, com funções de fixar preceitos normativos sobre o setor atinente, fiscalizar seu cumprimento, dirimir conflitos" (MEDAUAR, Odete. *O direito administrativo em evolução*. 3. ed. Brasília: Gazeta Jurídica, 2017. p. 338).

[4] É neste sentido a doutrina de Flávio Amaral Garcia, para quem "A regulação por agência assume, diante da incompletude contratual, uma função integrativa relevante na composição dos interesses juridicamente protegidos dos contratantes bem como na releitura do contrato à luz das circunstâncias econômicas, financeiras, tecnológicas e sociais que poderão sobrevir durante a execução do contrato" (GARCIA, Flávio Amaral. *Concessões, parcerias e regulação*. São Paulo: Malheiros, 2018. p. 135).

Na doutrina de Carlos Ari Sundfeld:

[...] garantir a independência é fazer uma afirmação retórica com o objetivo de acentuar o desejo de que a agência seja ente autônimo em relação ao Poder Executivo, que atue de maneira imparcial e não flutue sua orientação de acordo com as oscilações que, por força até do sistema democrático, são próprias desse Poder.[5]

A prerrogativa de maior autonomia em relação ao controle das demais funções do Estado preserva o ambiente de legítima discricionariedade das agências, desde que observada toda parametrização técnica, além de resguardar a atividade regulatória de determinações externas, as quais não se compatibilizam com a atribuição das agências. Assim defende o Ministro Luís Roberto Barroso:

A fim de garantir o efetivo desempenho de suas atribuições e a realizar o ambicioso e esperado projeto nacional de melhoria da qualidade dos serviços públicos, as agências reguladoras precisam ser preservadas de ingerências externas inadequadas, inclusive por parte do Poder Público. Nesse sentido, a lei ordinária traçou um regime especial para as agências reguladoras, cuja principal característica está na existência de mecanismos que lhes conferem autonomia político-administrativa e econômico-financeira, em relação aos particulares e aos demais órgãos do Poder Público.[6]

É justamente por isso que são estabelecidos marcos normativos como formas de proteção da atividade regulatória, e de interferências de cunho político e econômico, com proposições além da vinculação técnica, e exemplo da forma de nomeação dos dirigentes das agências; a estabilidade desses gestores, e a assincronia dos seus mandatos com a totalidade do período de governo do chefe do Executivo. Foi esta, por exemplo, a intenção da Lei nº 13.848/19, a qual veio a instituir o marco regulatório das agências reguladoras e consagrar importantes mecanismos para proteção da independência e autonomia destas instituições.[7]

---

[5] SUNDFELD, Carlos Ari. Introdução às agências reguladoras. In: SUNDFELD, Carlos Ari (Coord.). *Direito administrativo econômico*. São Paulo: Malheiros, 2000. p. 23-24.

[6] BARROSO, Luís Roberto. Apontamentos sobre agências reguladoras. In: MORAIS, Alexandre (Org.). *Agências reguladoras*. São Paulo: Atlas, 2002. p. 131.

[7] Nos termos do art. 3º do diploma, por exemplo, prevê-se que as agências reguladoras terão "ausência de tutela ou de subordinação hierárquica, pela autonomia funcional, decisória,

Superada a concepção do Estado enquanto protagonista na execução de serviços, são consolidadas as funções de regulamentação e fiscalização pelas agências reguladoras, revigorando essas incumbências estatais e delineado traços mais evidentes na diferenciação da atuação pública e das ações privadas. Dessa forma, a atuação regulatória pelo Estado, já existente, ganha reforço e é legitimada pelas perspectivas de confiabilidade nas qualidades de expertise, conformidade da atuação com padrões técnicos, discricionariedade e independência decisória.

A despeito da maior margem de autonomia das agências, essas não atuam de forma desemparada de limites normativos, vez que sua atuação se submete aos princípios e finalidades gerais fixados em lei, com racionalidade e coerência de adaptação à realidade socioeconômica.

A atuação regulatória, mesmo quando voltada para aspectos predominantemente técnicos e externos à atuação jurídica, subordina-se aos padrões de legalidade estabelecidos, não podendo, em nome de pressupostos de eficiência, suprimir as formas de prestações de serviços públicos, e os preceitos a que são submetidos.

Certo é que a atividade normatizante oriunda das agências reguladoras, com todo o regime a que é submetida, teve como ideal determinante a busca de maior eficiência estatal, com a introdução do conceito da administração pública gerencial, e com aprimoramento de critérios de gestão. Essas atividades, contudo, na continuidade histórica da atividade regulatória, não se exaurem em termos gerenciais de atividade econômica, e se expandem, numa perspectiva coletiva, tornando-se instrumento de coordenação socioeconômica.

No decorrer da evolução da atividade regulatória, foram sendo criados instrumentos de aperfeiçoamento regulatório, seja de controle interno, com maior ligação a fundamentos técnicos, sejam mecanismos de proteção da atividade normativa,[8] com a preservação de desgastes com agentes políticos, chegando ao direto contato e colaboração com os entes regulados, em atuação conjunta (processo esse que dá suporte a mudanças normativas e reconhece a cooperação regulador-regulado como forma efetiva de regulação).

---

administrativa e financeira e pela investidura a termo de seus dirigentes e estabilidade durante os mandatos".

[8] Exemplo disso é a elaboração de análises de impacto regulatório, exercício de consequencialismo para a decisão das agências reguladoras.

É o que a doutrina aponta para a legitimidade democrática da atividade regulatória:

> Em segundo lugar, como legitimação do processo decisório, devem ser adotadas medidas capazes de suprir o déficit de democraticidade da regulação administrativa criando um "espaço público de discussão", mediante, por exemplo, a participação publica na edição dos atos normativos e a obrigação da Administração, ao expedir o regulamento, motivar as recusas às sugestões e críticas da coletividade. Este imperativo, já especificamente contemplado em diversas leis, decorre diretamente de uma série de direitos, garantias e princípios constitucionais (direito de petição, o consequente direito a resposta, princípio do pluralismo, princípio da motivação dos atos administrativos, etc.).[9]

Estes movimentos indicam que a atividade regulatória, por meio das agências reguladoras, vem sendo aprimorada de forma a delimitar, cada vez mais, um papel decisório e técnico que não se confunda com os interesses públicos e privados enredados na execução dos serviços públicos.

Mas mais do que um exercício tecnocrata, as agências reguladoras vêm buscando, cada vez mais, exercitar uma função importante na integração das normas contratuais – sempre insuficientes pois incompletas –, de modo a suprir lacunas importantes em prol da satisfação dos interesses dos usuários e da segurança do investimento privado.

## 2 A importância da regulação para o Estado e para os parceiros privados

Somando-se os aspectos anteriormente evidenciados, a função de regulação estatal tem como fundamento jurídico a satisfação do interesse público. Na amplitude do termo, que pode levar a discordâncias quanto à sua finalidade, cabe pontuar que na atividade regulatória deve ser pretendida a melhor atividade econômica, com a devida cautela face a possíveis provações dos demais interesses constitucionais, e menor dispêndio de recursos públicos.

Diante do entendimento da função regulatória, cabe assinalar que a abstenção estatal em relação às atividades econômicas e às necessidades concretas dos cidadãos não mais se compatibiliza com os

---

[9] ARAGÃO, Alexandre. *Agências reguladoras e a evolução do direito administrativo econômico*. 3. ed. rev. e atual. Rio de Janeiro: Forense, 2013. p. 105.

pressupostos legais que orientam a atuação pública, nem se concilia com as necessidades de equilíbrio do sistema econômico, o que faz sobressair a função reguladora estatal e reforçar sua importância.

Nesse entendimento de proteção de direitos e necessidade de manutenção de condições econômicas adequadas, as especificidades técnicas, característica relevante da atividade regulatória, têm sua finalidade ressaltada, já que as particularidades de cada área, e seu adequado tratamento, dão suporte a todo o conjunto regulatório, sobretudo no que sobressai a disciplina jurídica.

Além disso, e por fim, como quarto fator, é relevante destacar que questões técnicas e científicas surgem a cada dia, em vista da alta complexidade que permeia as relações do século XXI. Por conta disso, não são "descobertas" a tempo e contento pelo legislador primário, ainda que de forma aberta, com conceitos indeterminados, para preenchimento por meio da escolha da autoridade administrativa no caso concreto. É preciso, portanto, buscar-se a compatibilização entre estes e outros fatores com a realidade, de modo a que o país tenha instrumentos jurídicos legítimos de conformação dos interesses daqueles que exploram atividades econômicas de infraestrutura com as necessidades da sociedade.[10]

A partir da necessidade de coordenação, que é dada pelo Estado, e das balizas técnicas estabelecidas como fundamento para as agências, há a necessidade de decidir, de acordo com os parâmetros gerais estabelecidos pela legislação, quais alternativas serão adotadas na área disciplinada.

Essas escolhas, que dão a gradação da extensão e qualidade do ambiente regulatório, decorrem, sobretudo, da impossibilidade de o legislador abarcar no texto legal os detalhes de um subsistema econômico, com extensa variação técnica e alta complexidade de funcionamento. Assim, fica a cargo da função executiva, diante da maior facilidade de mutação normativa, própria desse poder, a determinação do detalhamento normativo para as medidas de execução legais.

Ante a incumbência outorgada às agências reguladoras, suas funções passam a ser vislumbradas, em um plano coletivo, de estruturação econômica, e nas relações individualizadas, as quais se aplicam

---

[10] GUERRA, Sérgio. Tecnicidade e regulação estatal no setor de infraestrutura. *In*: RIBEIRO, Leonardo Coelho; FEIGELSON, Bruno; FREITAS, Rafael Véras de (Coord.). *A nova regulação da infraestrutura e da mineração*: portos: aeroportos: ferrovias: rodovias. Belo Horizonte: Fórum, 2015. p. 33.

o produto regulatório, ou que, de alguma forma, têm impactos que delas decorrem.

A função regulatória decorre do fenômeno de mutação constitucional, desencadeado pelas alterações estruturais por que passou a sociedade e que teve como consequência, no plano das instituições políticas, o surgimento do imperativo de mudança nas formas de exercício das funções estatais clássicas. O fenômeno da regulação, tal como concebido nos dias atuais, nada mais representa do que uma espécie de corretivo indispensável a dois processos que se entrelaçam. De um lado, trata-se de um corretivo às mazelas e às deformações do regime capitalista e, de outro, um corretivo ao modo de funcionamento do aparelho do Estado engendrado por esse mesmo capitalismo.[11]

A importância da regulação no âmbito social, de forma expansiva, não se limita à correção de falhas de mercado, mas tem função dirigente, tendo amplo alcance, sendo, portanto, dirigente no âmbito social e na determinação do papel do Estado na economia. Dessa forma, as políticas promovidas pelas agências reguladoras brasileiras não se desobrigam da observância de redução de desigualdades e das demais diretrizes instituídas constitucionalmente:

> Entretanto, é discutível se essa perspectiva regulatória limitada à correção de falhas de mercado mostra-se suficiente e adequada à realidade jurídico-econômica brasileira. Na verdade, parece haver dificuldades em trasladar-se acriticamente para o cenário brasileiro teorias regulatórias concebidas para países desenvolvidos, onde os problemas econômicos são substancialmente de natureza alocativa, enquanto que, no Brasil, importam tanto ou mais as questões de ordem redistributiva para a determinação do papel do Estado na economia.[12]

Traçar raciocínio de difusão da importância da regulação para o Estado impende, em análise continuada, entrever a sua verificação capilar nas das relações além do Estado, seja nos vínculos público-público, com a concorrência regulatória entre os entes federados, privado-privado,

---

[11] GUERRA, Sérgio. Tecnicidade e regulação estatal no setor de infraestrutura. *In*: RIBEIRO, Leonardo Coelho; FEIGELSON, Bruno; FREITAS, Rafael Véras de (Coord.). *A nova regulação da infraestrutura e da mineração*: portos: aeroportos: ferrovias: rodovias. Belo Horizonte: Fórum, 2015. p. 34.

[12] BAPTISTA, Patrícia. A evolução do Estado regulador no Brasil: desenvolvimento, globalização, paternalismo e judicialização. *In*: FREITAS, Daniela Bandeira de; VALLE, Vanice Regina Lírio do (Coord.). *Direito administrativo e democracia econômica*. Belo Horizonte: Fórum, 2012. p. 67.

com as correspondências das empresas que competem em determinada área regulada, e, por fim, público-privado, com os impactos da regulação na atividade empresarial, decorrente de legislações específicas em cada setor normatizado.

As agências reguladoras, quando existentes, propiciam melhor normatização do setor, superando a ótica de limitações que por vezes recai sobre o administrador, que por vezes não possui competência e aparato técnico para melhor avaliação do sistema normativo. Com a melhor integração com os fatores técnicos da área regulada, há a melhor correspondência e parametrização, com consequente resultado técnico geral do produto das regras regulatórias:

> Além dessas considerações, há inúmeros termos técnicos empregados nas normas de cunho econômico, muitos deles com grande indeterminação, e que, por isso, necessitam de certa margem de apreciação diante do caso concreto. Não obstante essa concretização da norma aberta ser de competência do Administrador Público, a integração dos termos fluidos não deve ser fundamentada sob a ótica desse servidor, sob uma pretensa oportunidade e conveniência, mas ponderando-se motivadamente à luz dos princípios e valores constitucionais, proporcionalmente aos impactos prospectivos da função reguladora.[13]

A especificidade dessas regras, bem como sua manutenção, promove melhor ambiente de segurança jurídica a estabilidade de contratos de longo prazo. Com o equilíbrio do sistema regulado, parceiros privados são mais resguardados em suas decisões, tendo em vista o conjunto estável que as sustenta.

A boa regulação é benquista pelos parceiros públicos e também pelos parceiros privados. É ela que garante que as regras estabelecidas serão cumpridas e que eventuais desequilíbrios, por exemplo, serão analisados à luz da distribuição de riscos e de métodos técnicos.

Fato é que contratos de concessão não serão sempre suficientes para parametrizar toda a relação público-privada, e relegar à decisão do gestor público a decisão casuística do preenchimento das lacunas é sujeitar o investimento as vicissitudes desta ou daquela gestão.

Mas também as agências protegem o interesse público: atentas às configurações do agora, permitem que a prestação do serviço seja sempre

---

[13] GUERRA, Sérgio. Tecnicidade e regulação estatal no setor de infraestrutura. *In*: RIBEIRO, Leonardo Coelho; FEIGELSON, Bruno; FREITAS, Rafael Véras de (Coord.). *A nova regulação da infraestrutura e da mineração*: portos: aeroportos: ferrovias: rodovias. Belo Horizonte: Fórum, 2015. p. 39.

guiada pela necessidade das satisfações reais dos usuários, impedindo condutas oportunistas que prejudiquem os predicados da ação estatal:

Apenas as missões já citadas seriam mais que suficientes para fazer das agências reguladoras entidades de grande significado: devem monitorar setores fundamentais da economia, garantindo seu funcionamento orgânico; impedir a degradação dos serviços e aumentar a sua qualidade; lutar pela sua universalização, em benefício da justiça social; proteger o consumidor; atuar contra abusos do poder econômico.[14]

O prestígio da regulação independente, técnica, que acautele decisões desmedidas e que proteja o investimento privado, mas que também se atente aos direitos dos usuários, parece ser um caminho incontornável, necessário à institucionalização de políticas públicas seguras e democráticas.

## 3 Por que uma agência reguladora de transportes e como estruturá-la?

Dada a importância da regulação, e a superação de seu entendimento único e exclusivo de controle empresarial, levando em conta, sobretudo, a sua função socioeconômica, é vislumbrada, em cada setor regulado, a extensão das normas na medida em que tem impacto direto na atividade desenvolvida e, sobretudo, no usuário do serviço, de tal forma como ocorre no setor de transportes.

No âmbito da Agência Nacional de Transportes Terrestres, a Lei n° 10.233/01 centralizou na autarquia a regulação dos serviços de transporte ferroviário de passageiros e cargas; a exploração da infraestrutura ferroviária e o arrendamento dos ativos operacionais correspondentes; o transporte rodoviário interestadual e internacional de passageiros; o transporte rodoviário de cargas e exploração da infraestrutura rodoviária federal; o transporte multimodal e o transporte de cargas especiais e perigosas em rodovias e ferrovias.

A regulação da infraestrutura caminha junto de seu desenvolvimento, especialmente no âmbito dos transportes, e está diretamente relacionada ao desenvolvimento socioeconômico de determinadas regiões. Esse avanço ocorre desde o início da normatização, que prescinde ou é contemporânea à instalação de novos instrumentos de

---

[14] SUNDFELD, Carlos Ari. Introdução às agências reguladoras. In: SUNDFELD, Carlos Ari (Coord.). *Direito administrativo econômico*. São Paulo: Malheiros, 2000. p. 35.

infraestrutura, sendo também posterior, aproveitando-se dos alicerces basilares já estabelecidos.

Com efeito, o país necessita dar prioridade à infraestrutura para a sustentação de um novo ciclo de desenvolvimento, notadamente com vistas a fomentar o potencial de crescimento da atividade econômica, evitar gargalos em logística, impedir estrangulamentos, reduzir a probabilidade e os impactos de eventuais choques de oferta, e viabilizar um crescimento harmônico de vários setores concomitantemente, tudo, inclusive, visando proteger e privilegiar o direito dos cidadãos.[15]

Face a existência de Agência de Transportes Nacional e da presença de peculiaridades regionais, que refletem nas normas a serem aplicadas nos serviços regulados, a descentralização traz ganhos regulatórios, que irradiam diretamente na prestação:

> No Brasil há possibilidades de descentralização da regulação, quais sejam: a) criação de agência reguladora estadual, por lei estadual, ou municipal, por lei municipal, para exercer a regulação de forma multissetorial ou setorial, com observância do princípio da subsidiariedade, portanto, desde que não conflite com as competências das agências reguladoras federais e estaduais; b) descentralização das atividades das agências reguladoras federais para as agências estaduais ou municipais, multissetoriais ou setoriais, feita por convênios de cooperação técnica e administrativa.[16]

Com agências reguladoras de transportes regionais e consequente absorção de demandas específicas ao território, é possibilitada a melhoria do ambiente institucional que, ante a captura das especificidades, se torna mais seguro para investidores e propicia maiores especificações da modicidade tarifária e consequentes repercussões na qualidade e na continuidade dos serviços prestados.

No caso do estado de Minas Gerais, por exemplo, há peculiaridades próprias que incentivam a regulação da prestação de serviços públicos via agências reguladoras. O primeiro motivo é a multiplicidades

---

[15] GUERRA, Sérgio. Tecnicidade e regulação estatal no setor de infraestrutura. *In*: RIBEIRO, Leonardo Coelho; FEIGELSON, Bruno; FREITAS, Rafael Véras (Coord.). *A nova regulação da infraestrutura e da mineração*: portos: aeroportos: ferrovias: rodovias. Belo Horizonte: Fórum, 2015. p. 32.

[16] CASTRO JUNIOR, Osvaldo Agripino de. A importância da regulação setorial independente para a logística e o transporte. *In*: CASTRO JUNIOR, Osvaldo Agripino de (Coord.). *Direito, regulação e logística*. Belo Horizonte: Fórum, 2013. p. 78.

de objetos, no âmbito dos transportes, que requerem conhecimento específico para a regulação setorial (em prestígio à tecnicidade própria desta forma de regulação): no Estado mineiro, são mais de setecentos e cinquenta contratos de transporte coletivo de passageiros intermunicipal e metropolitano, com prazo de duração de mais de vinte e cinco anos. Além disso, há duas rodovias já concedidas (BR-135 e MG-050), em modelos de concessão distintos (concessão comum e parceria público-privada, respectivamente). Há também aeroporto delegado (Aeroporto Regional da Zona da Mata) e balsas.

Mas o mais relevante, neste momento, é o programa mineiro de novas concessões: são quase 3.000 (três mil) quilômetros de rodovias a serem delegadas por todo o Estado, além de projetos estruturantes como o novo Rodoanel (iniciativa *greenfield*) e a concessão do Aeroporto da Pampulha.

Assim, a atividade regulatória apresenta destacados desafios, como a multiplicidade de temáticas, o volume de contratos a serem regulados e geridos, e a necessidade de se institucionalizar uma política regulatória estável e juridicamente segura. Mas como estruturar uma agência reguladora sem que se tenham grandes rupturas que provoquem instabilidades indesejadas?

Um dos primeiros passos é garantir, no âmbito do próprio Poder Concedente, a adoção de medidas que prestigiem a previsibilidade e a fundamentação técnica. Normativos claros, bem estruturados e concatenados em uma agenda regulatória institucionalizada são fundamentais para a importante sinalização do compromisso do Poder Público em exercer a boa regulação.

Em um segundo momento, é essencial que se construa um polo central, no âmbito do próprio Poder Concedente, que já estruture o núcleo duro da futura agência reguladora, de forma a envolver os agentes responsáveis tecnicamente pela regulação dos serviços públicos concedidos.

Tal movimento pode ser realizado por meio da institucionalização de uma comissão de regulação, por exemplo, a partir de um marco normativo que já preveja suas funções, as regras para seu funcionamento e as balizas para sua atuação. Deve-se, ao máximo, prever instrumentos que protejam as decisões desta comissão dos agentes públicos hierarquicamente superiores, os quais deverão se filiar aos entendimentos técnicos e bem embasados destes gestores destacados.

O movimento, embora ainda no cerne da estrutura do próprio Poder Concedente, já sinaliza um movimento inicial de compromisso com a boa regulação e com as matrizes de criação das agências reguladoras;

isto é, a independência técnica, a análise consequencialista e o exercício contínuo de aprimoramento regulatório.

Fomentada, então, a cultura de uma agência reguladora, o passo seguinte – sua constituição, estruturação e divisões funcionais – beneficiar-se-á de um ambiente regulatório mais maturado. Vale lembrar, afinal, que muitas das atividades já exercidas no âmbito do poder concedente são próprias da atividade reguladora, e apenas seriam favorecidas pela estrutura própria.

## Conclusão

Na histórica transição do Estado para o modelo de descentralização administrativa, com o papel que passa a ser desempenhado em sua destacada função regulatória, despontam as políticas normativas elaboradas pelas agências reguladoras.

Os atributos de especialidade técnica, maior autonomia em relação ao Poder Executivo, forma específica de nomeação e estabilidade de gestores reforçam as bases de funcionamento dessas autarquias, que trazem, como reflexos das políticas regulatórias, impactos positivos nas atividades reguladas. Dessa forma, as agências reguladoras, sobretudo no âmbito dos transportes, sustentam a nova configuração de ação estatal, e a necessidade de normatização peculiar a cada serviço regulado, com a tomada das especificidades socioeconômicas e regionais.

## Referências

ARAGÃO, Alexandre. *Agências reguladoras e a evolução do direito administrativo econômico.* 3. ed. rev. e atual. Rio de Janeiro: Forense, 2013.

BAPTISTA, Patrícia. A evolução do Estado regulador no Brasil: desenvolvimento, globalização, paternalismo e judicialização. *In*: FREITAS, Daniela Bandeira de; VALLE, Vanice Regina Lírio do (Coord.). *Direito administrativo e democracia econômica.* Belo Horizonte: Fórum, 2012.

BARROSO, Luís Roberto. Apontamentos sobre agências reguladoras. *In*: MORAIS, Alexandre (Org.). *Agências reguladoras.* São Paulo: Atlas, 2002.

CASTRO JUNIOR, Osvaldo Agripino de. A importância da regulação setorial independente para a logística e o transporte. *In*: CASTRO JUNIOR, Osvaldo Agripino de (Coord.). *Direito, regulação e logística.* Belo Horizonte: Fórum, 2013.

DI PIETRO, Maria Sylvia Zanella; MOTTA, Fabrício. *O direito administrativo nos 30 anos da Constituição.* Belo Horizonte: Fórum, 2018.

GARCIA, Flávio Amaral. *Concessões, parcerias e regulação.* São Paulo: Malheiros, 2018.

GUERRA, Sérgio. Tecnicidade e regulação estatal no setor de infraestrutura. *In*: RIBEIRO, Leonardo Coelho; FEIGELSON, Bruno; FREITAS, Rafael Véras de (Coord.). *A nova regulação da infraestrutura e da mineração*: portos: aeroportos: ferrovias: rodovias. Belo Horizonte: Fórum, 2015.

MEDAUAR, Odete. *O direito administrativo em evolução*. 3. ed. Brasília: Gazeta Jurídica, 2017.

SUNDFELD, Carlos Ari. Introdução às agências reguladoras. *In*: SUNDFELD, Carlos Ari (Coord.). *Direito administrativo econômico*. São Paulo: Malheiros, 2000.

---

Informação bibliográfica deste texto, conforme a NBR 6023:2018 da Associação Brasileira de Normas Técnicas (ABNT):

MARCATO, Fernando S.; FAJARDO, Gabriel Ribeiro. Por que uma agência reguladora de transportes?. *In*: TOJAL, Sebastião Botto de Barros; SOUZA, Jorge Henrique de Oliveira (Coord.). *Direito e infraestrutura*: rodovias e ferrovias – 20 anos da Lei n° 10.233/2001. Belo Horizonte: Fórum, 2021. v. 2, p. 69-82. ISBN 978-65-5518-209-5.

# TRANSFERÊNCIA DA TITULARIDADE DA CONCESSÃO NA LEI N° 10.233/01, À LUZ DO REGIME GERAL DAS CONCESSÕES

FERNANDO MENEZES DE ALMEIDA

## 1 Apresentação

A Lei n° 10.233/01, ao tratar do tema das concessões e permissões[1] de exploração de infraestruturas ou de prestação de serviços relacionados a transportes terrestres e aquaviários de competência da União Federal, cria regras específicas em relação à lei geral federal de concessões e permissões, a Lei n° 8.987/95.

Neste breve estudo, serão apresentadas algumas questões, em uma análise comparativa das duas leis, sobre o regime estabelecido para a transferência da titularidade da concessão e da permissão.[2]

---

[1] E ainda das autorizações, as quais não estão aqui mencionadas por não seguirem uma lógica contratual de transferência de bem ou atividade de titularidade estatal para a exploração privada, senão uma lógica de ato unilateral da Administração no tocante a atividades *a priori* livres à iniciativa privada. Sobre isso, *vide* arts. 43 e seguintes da lei, em especial as afirmações (do art. 43) sobre as principais características da autorização: "I - independe de licitação; II - é exercida em liberdade de preços dos serviços, tarifas e fretes, e em ambiente de livre e aberta competição; III - não prevê prazo de vigência ou termo final, extinguindo-se pela sua plena eficácia, por renúncia, anulação ou cassação".

[2] Para simplificar o texto, considerando-se que a Lei n° 10.233/01 dá tratamento muito similar, do ponto de vista contratual, à permissão e à concessão, será feita referência apenas à concessão. Aliás, a própria lei geral (Lei n° 8.987/95), ao cuidar da permissão como

tema:

Eis aqui os principais dispositivos da Lei n° 10.233/01 sobre o

> Art. 29. Somente poderão obter autorização, concessão ou permissão para prestação de serviços e para exploração das infra-estruturas de transporte doméstico pelos meios aquaviário e terrestre as empresas ou entidades constituídas sob as leis brasileiras, com sede e administração no País, e que atendam aos requisitos técnicos, econômicos e jurídicos estabelecidos pela respectiva Agência.
>
> Art. 30. É permitida a transferência da titularidade das outorgas de concessão ou permissão, preservando-se seu objeto e as condições contratuais, desde que o novo titular atenda aos requisitos a que se refere o art. 29.
>
> §1° A transferência da titularidade da outorga só poderá ocorrer mediante prévia e expressa autorização da respectiva Agência de Regulação, observado o disposto na alínea b do inciso II do art. 20.[3]
>
> §2° Para o cumprimento do disposto no *caput* e no §1°, serão também consideradas como transferência de titularidade as transformações societárias decorrentes de cisão, fusão, incorporação e formação de consórcio de empresas concessionárias ou permissionárias.

## 2 Regras gerais sobre a cessão contratual

A figura da cessão contratual, própria das relações contratuais em geral, tem previsão na Lei n° 8.987/95, ao referir-se à "transferência da concessão ou do controle societário da concessionária":

> Art. 27. A transferência de concessão ou do controle societário da concessionária sem prévia anuência do poder concedente implicará a caducidade da concessão.

---

contrato, dando-lhe supostas notas distintivas da concessão (art. 40), mas remetendo a ela todo o regime das concessões, tornou praticamente irrelevante essa distinção. Como tive a oportunidade de afirmar em outro trabalho, "são diferenças que podem ser consideradas acidentais, decorrendo mais da praxe da Administração. Com efeito, na prática tem-se empregado a permissão em situações nas quais a ideia da *precariedade* ganha contornos de *provisoriedade*, em que pese não sejam sinônimos. Assim, por exemplo, a Lei n° 9.472/97, art. 118, em matéria de telecomunicações" (ALMEIDA, Fernando Menezes de. *Contrato administrativo*. São Paulo: Quartier Latin, 2012. p. 266).

3 "Art. 20. São objetivos das Agências Nacionais de Regulação dos Transportes Terrestre e Aquaviário: [...] II - regular ou supervisionar, em suas respectivas esferas e atribuições, as atividades de prestação de serviços e de exploração da infra-estrutura de transportes, exercidos por terceiros, com vistas a: [...] b) harmonizar, preservado o interesse público, os objetivos dos usuários, das empresas concessionárias, permissionárias, autorizadas e arrendatárias, e de entidades delegadas, arbitrando conflitos de interesses e impedindo situações que configurem competição imperfeita ou infração da ordem econômica".

§1° Para fins de obtenção da anuência de que trata o caput deste artigo, o pretendente deverá:

I - atender às exigências de capacidade técnica, idoneidade financeira e regularidade jurídica e fiscal necessárias à assunção do serviço; e

II - comprometer-se a cumprir todas as cláusulas do contrato em vigor.

A principal questão jurídica que pode decorrer da aplicação dessa norma, justificando debates acadêmicos, diz respeito à possibilidade de que a cessão contratual ocorra por meios também puramente contratuais, ou seja, pela negociação havida entre as partes (poder concedente, concessionária-cedente e concessionária-cessionária), sem a necessidade da utilização de meios impositivos de uma solução compulsória para a administração, consistente em nova licitação segundo a modalidade legalmente prevista para os novos contratos de concessão.

Não é objeto de dúvida, mas afirme-se como premissa de raciocínio para o desenvolvimento a seguir, que, por força da repartição de competências estabelecida pela Constituição Federal, cabe à União estabelecer normas gerais em matéria de contratações públicas. Trata-se do art. 22, XXVII.[4]

Com fundamento nesse artigo da Constituição, conjugado, no caso das concessões de serviços públicos, com o art. 175 – que se refere à lei própria em matéria do contrato de concessão – a União editou a Lei n° 8.987/95, a qual ao mesmo tempo é uma "lei geral" e uma "lei de normas gerais": "lei geral" no sentido de reger os casos de que trata expressamente e ainda se aplicar subsidiariamente a casos disciplinados por leis especiais; "lei de normas gerais" no sentido de atender à sistemática constitucional que estabelece a competência da União para editar normas gerais de validade nacional, restando aos demais entes da Federação competência para editar normas específicas de validade no âmbito de seus respectivos ordenamentos jurídicos.

Desse modo, a Lei n° 8.987/95 aplica-se, em termos de normas gerais, às concessões de serviços públicos celebradas pelos demais entes da Federação. E já restou decidido pelo Supremo Tribunal Federal, ao apreciar questão análoga, quanto aos contratos administrativos regidos pela Lei n° 8.666/93, na Medida Cautelar em Ação Direta de

---

[4] "Art. 22. Compete privativamente à União legislar sobre: [...] XXVII - normas gerais de licitação e contratação, em todas as modalidades, para as administrações públicas diretas, autárquicas e fundacionais da União, Estados, Distrito Federal e Municípios, obedecido o disposto no art. 37, XXI, e para as empresas públicas e sociedades de economia mista, nos termos do art. 173, §1°, III".

Inconstitucionalidade nº 927,[5] que toda a matéria de execução contratual está abrangida pela ideia de normas gerais aplicáveis a estados e municípios.

Por sua vez, a Lei nº 10.233/01 – que, como dito de início, veio disciplinar as concessões aplicadas à exploração de bens ("infraestruturas") ou de prestação de serviços relacionados a transportes terrestres e aquaviários de competência da União Federal –, sendo lei especial em relação à Lei nº 8.987/95, tem o seu regime complementado, subsidiariamente, pelas normas desta última; contudo, dada a mesma competência legislativa da União, pode ela criar normas específicas para os contratos em questão (sobre bens e serviços federais), até mesmo contrariando e afastando regras daquela lei.

## 3 Transferência da concessão e transferência do controle societário da concessionária

O art. 27 da Lei nº 8.987/95, acima transcrito, cuida de duas hipóteses semelhantes quanto à finalidade, porém estruturalmente distintas: de um lado, a transferência da concessão; de outro, a transferência do controle societário da concessionária.

Já o art. 30, §2º, da Lei nº 10.233/01 vai além: reconhece as duas hipóteses, mas as assimila para fins de aplicação do regime legal: "Para o cumprimento do disposto no *caput* e no §1º, serão também consideradas como transferência de titularidade as transformações societárias decorrentes de cisão, fusão, incorporação e formação de consórcio de empresas concessionárias ou permissionárias". De rigor, esta lei desdobra o sentido de "controle societário", mencionando todas essas possibilidades de transformação da estrutura societária.

De todo modo, essa opção pragmática da Lei nº 10.233/01 não altera a distinção conceitual entre a situação de transferência da relação contratual de concessão e a transferência do controle da empresa concessionária.

A primeira situação envolve a substituição de uma das partes no contrato de concessão, no caso, a concessionária. Já a segunda importa

---

[5]  ADI nº 927-MC. Rel. Min. Carlos Velloso, Tribunal Pleno, j. 3.11.93. É certo que, nesse julgado, não há uma afirmação expressa sobre quais os critérios para se distinguirem normas gerais e normas específicas. No entanto, ao manter a quase integralidade da Lei nº 8.666/93 como aplicável a estados e municípios, o STF implicitamente aceitou seu caráter de normas gerais, aí incluídas as regras sobre execução contratual.

a substituição de partes no contrato societário que dá origem à pessoa jurídica da concessionária.

O resultado finalístico de ambas é similar: novos sujeitos (empresas e seus controladores) passarão a exercer os direitos e obrigações decorrentes da posição de concessionária. Todavia, trilhando meios estruturalmente diversos, uma e outra hipóteses levam a distintas consequências jurídicas.

O ponto central da distinção situa-se na utilidade tradicional do recurso à criação de uma pessoa jurídica, como instrumento de separação patrimonial e obrigacional entre indivíduos e a nova pessoa por eles criada.

Essa ideia, aliás, recentemente ganhou reforço no direito brasileiro, mediante a explicitação trazida ao Código Civil pela Lei n° 13.974/19 (Lei da Liberdade Econômica):

> Art. 49-A. A pessoa jurídica não se confunde com os seus sócios, associados, instituidores ou administradores.
> Parágrafo único. A autonomia patrimonial das pessoas jurídicas é um instrumento lícito de alocação e segregação de riscos, estabelecido pela lei com a finalidade de estimular empreendimentos, para a geração de empregos, tributo, renda e inovação em benefício de todos.

A Lei n° 8.987/95, e mesmo a Lei n° 11.079/04 – que trata das concessões caracterizadas pelo regime especial das parcerias público-privadas –, acolhem perfeitamente essa ideia e até mesmo exigem que a empresa ou conjunto de empresas que haja ganhado a licitação, para a celebração de contrato de concessão, constitua outra pessoa jurídica, com propósito específico (SPE) consistente na exploração da concessão, justamente com o objetivo de afastar o risco de que outras relações jurídicas passadas ou futuras da licitante acabem por prejudicar o sucesso da concessão.

Desta última consideração, podem-se extrair ao menos duas consequências. Uma é que existe uma relativização legal da ideia de que a pessoa jurídica que vence a licitação seja a mesma a executar o contrato – por certo a SPE será constituída pela empresa vencedora da licitação, mas não será ela mesma. Outra, é que é desejável, do ponto de vista do interesse público consagrado na lei, que a execução do serviço público concedido corra, o menos possível, riscos derivados das obrigações associadas à vida empresarial e à estruturação societária da pessoa jurídica concessionária.

Daí porque a lei trabalha com duas possibilidades: a transferência do contrato de concessão e a transferência do controle societário da SPE (isto é, do controle societário da concessionária).

A transferência do contrato de concessão traz para a nova concessionária apenas as relações jurídicas inerentes ao contrato mantido com o poder concedente, sem envolvê-la (a nova concessionária) com obrigações e responsabilidades próprias da antiga concessionária e alheias à relação contratual da concessão – esta última situação ocorrendo no caso da transferência do controle societário da concessionária.

A transferência do contrato de concessão leva, pois, à necessidade de criação de uma nova pessoa jurídica com propósito específico para atuar como concessionária, que não se confunde com a pessoa jurídica da concessionária anterior, a qual continuará existindo, com seus direitos e obrigações perante terceiros, mesmo que deixe a relação jurídica da concessão.

Já a opção pela transferência do controle acionário da concessionária atual implicaria a continuidade da existência da mesma pessoa jurídica, com todo o seu acervo atual de direitos e obrigações.

A via da cessão do contrato para nova SPE, portanto, é uma legítima opção dada pela lei, em benefício tanto do interesse público como do interesse privado das partes em questão.

Eventuais direitos de terceiros perante a antiga concessionária seguirão intactos. Porém, nada há no ordenamento jurídico que obrigue uma outra empresa, que nenhuma relação tem com a origem de tais diretos, a assumir quanto a eles posição passiva.[6]

Por outro lado, eventuais passivos recíprocos entre a concessionária original e o poder concedente, na prática, podem ser resolvidos contratualmente em negócio tripartite, incluindo a nova concessionária.

Enfim, a possibilidade de que novos sujeitos de direito ingressem na relação contratual de concessão de serviço público,[7] com a eventual saída dos anteriores, por qualquer dos meios de transferência acima descritos, é algo normal e potencialmente desejável para se assegurar o efetivo cumprimento do objeto contratual, notadamente em se

---

[6] Note-se que, sendo o objeto da relação contratual em questão o serviço público, não se aplica ao caso a previsão do Código Civil quanto à sucessão de empresas ante a aquisição de "estabelecimento" (CC, art. 1.146).

[7] As leis nºs 8.987/95 e 11.079/04 também trabalham com a hipótese de assunção de posição contratual por financiadores ou garantidores do concessionário (ver arts. 27-A e 5º, §2º, I, respectivamente).

considerando tratar-se de contratos de longuíssima duração, envolvendo altos volumes de investimentos.

## 4 As exigências legais para a transferência

O citado art. 27 da Lei n° 8.987/95 exige, para que se realize a transferência da concessão ou do controle acionário da concessionária, como premissa, que haja anuência do poder concedente. A seu turno, a Lei n° 10.233/01 segue no mesmo sentido, porém com previsão mais específica quanto à competência do sujeito da administração envolvido: "a transferência da titularidade da outorga só poderá ocorrer mediante prévia e expressa autorização da respectiva Agência de Regulação" (art. 30, §1°).

Estabelece a Lei n° 8.987/95 que a transferência sem essa prévia anuência caracteriza grave descumprimento contratual, a ensejar a caducidade da concessão – regra que se pode considerar aplicável aos contratos regidos pela Lei n° 10.233/01.

Desse modo, tem-se que o procedimento da transferência da concessão é essencialmente contratual. O próprio legislador considera que, para essa providência, a técnica jurídica mais apropriada é a técnica contratual (negociada pelas partes), e não a técnica da imposição unilateral a partir de algum procedimento que aponte uma solução externa sobre a vontade das partes (como seria a hipótese da licitação, que será discutida a seguir).

Cabem aqui exatamente as ponderações que faz Hans Kelsen, do ponto de vista da teoria geral do direito, ao estudar distintos modos de criação normativa, contrastando o princípio da heteronomia (tipicamente presente em previsões de leis, cujo mandamento se impõe aos destinatários independentemente de sua vontade) e o princípio da autonomia (em que o próprio direito, por meio das leis, deixa o campo de produção normativa aberto para que os sujeitos de direito, públicos ou privados, criem as normas aplicáveis às situações concretas em que se encontrem):

[Ao escolher a via contratual] o legislador quer deixar aos sujeitos de direito o cuidado de regrar eles mesmos seus interesses econômicos e outros, e ele estima que uma regulamentação independente e autônoma desses interesses é a solução mais bem indicada e mais justa.[8]

Ainda assim, no caso sob análise, a Lei nº 8.987/95 impõe ao poder concedente que, antes de exercer sua apreciação sobre a transferência da concessão, verifique que o pretendente a tomar a posição de concessionária atenda às exigências de capacidade técnica, idoneidade financeira e regularidade jurídica e fiscal necessárias à assunção do serviço. Regra similar está no art. 30, combinado com o art. 29, da Lei nº 10.233/01.

Sobre esses aspectos, o poder concedente não está autorizado a transigir. Por outras palavras, sua decisão, enquanto parte do contrato, em aceitar a substituição da outra parte, não pode prescindir da comprovação desses requisitos.

E, ainda que não esteja escrito expressamente nas leis, compreende-se, de sua leitura sistemática[9] e da aplicação do princípio constitucional da isonomia, que essas exigências terão que ser as mesmas postas pelo poder concedente no processo de licitação que levou à escolha da atual concessionária (ora pretendendo transferir sua posição contratual), não podendo criar exigências suplementares para a nova concessionária.

Por outro lado, da mesma leitura sistemática, há que se entender não deverem ser exigíveis requisitos que originalmente se justificassem em face de fase já superada da execução contratual.[10]

De todo modo, mesmo que eventual interessado preencha tais requisitos, tratando-se de ato negocial, não está o poder concedente obrigado automaticamente a aceitá-lo, ainda que, via de regra, seja a aceitação decorrência normal do preenchimento dos requisitos legais. Todavia, a eventual negativa há de ser objetivamente fundamentada em aspectos legais (cogitando-se aqui de eventuais outros impedimentos legais aplicáveis ao sujeito interessado, no caso concreto) ou na situação fática (a justificar outra solução para eventual impasse no tocante à execução contratual), sob pena de caracterização de arbitrariedade.[11]

---

[8] KELSEN, Hans. La Théorie Juridique de la Convention. *Archives de Philosophie du Droit et de Sociologie Juridique*, Paris, n. 1-4, 10e année, 1940. p. 48.
[9] Lei nº 8.987/95, art. 18, V; Lei nº 10.233/01, art. 34-A, §2º, II.
[10] Nesse sentido, JUSTEN FILHO, Marçal. *Teoria geral das concessões de serviço público*. São Paulo: Dialética, 2003. p. 536; e SCHIRATO, Vitor Rhein. Aspectos jurídicos da transferência de concessão de serviços públicos. *Revista de Direito Público da Economia – RDPE*, Belo Horizonte, ano 3, n. 12, out./dez. 2005. p. 208.
[11] Essa posição harmoniza-se com o sustentado por Marçal Justen Filho (*Teoria geral das concessões de serviço público*. São Paulo: Dialética, 2003. p. 544). Sobre esse ponto, entretanto, há entendimentos doutrinários que vão além da posição aqui exposta, sustentando ser

É, portanto, da análise do caso concreto[12] que se evidencia ter havido ou não arbitrariedade na eventual (e excepcional) recusa, tal como ilustra este exemplo:[13]

> ADMINISTRATIVO. APELAÇÃO. AGRAVO RETIDO. PREJUDICADO. CONTRATO DE CONCESSÃO. RODOVIA FEDERAL. LEGITIMIDADE PASSIVA DA UNIÃO E DO DNIT. TRANSFERÊNCIA ACIONÁRIA. NEGATIVA DE ANUÊNCIA PELO PODER PÚBLICO CONCEDENTE. PREENCHIMENTO DOS REQUISITOS. ABUSO E DESVIO DE FINALIDADE. HONORÁRIOS ADVOCATÍCIOS. 1. Se a matéria impugnada através de agravo retido foi reapreciada na sentença (sendo objeto, inclusive, da apelação interposta), resta prejudicado o recurso interposto contra a decisão interlocutória. 2. A presente demanda versa sobre concessão de rodovia federal delegada, através de convênio, ao Estado do Paraná. Assim, a União, na condição de proprietária das estradas federais, e o extinto DNER (cujas atividades foram atribuídas em parte ao DNIT e em parte à ANTT) participaram do contrato de concessão (direta ou indiretamente), apresentando interesse no deslinde da controvérsia (controvérsia que, em última análise, pode - ou poderia - redundar na revogação da delegação e na retomada da fiscalização da rodovia pelas entidades federais, que passariam a manter vínculo direto com as autoras). 3. A decisão administrativa que "indeferiu" o pedido de anuência com a transferência do controle acionário da concessionária reveste-se de manifesta abusividade/ilegalidade, porquanto os próprios órgãos administrativos da Administração estadual reconheceram, em pareceres técnicos específicos, a regularidade da alteração do controle acionário, em plena sintonia com o disposto no artigo 27 da Lei n°° 8.987/95. 4. As requerentes adotaram todas as cautelas para não prejudicar o contrato de concessão firmado, tudo em prol da continuidade do serviço público, mostrando-se desarrazoado o ato administrativo impugnado - bem por isso ilegal (considerando o conceito moderno de legalidade, abrangente da legalidade estrita, da legitimidade e da

---

"ato vinculado" do concedente ou "direito subjetivo" da concessionária a aceitação da cessão contratual, ou da alteração societária da concessionária, uma vez preenchidos os requisitos legais; *vide* TÁCITO, Caio. *Temas de direito público* (estudos e pareceres). Rio de Janeiro: Renovar, 2001. v. 3. p. 306 e FREITAS, Rafael Véras de. O regime jurídico do ato de transferência das concessões: um encontro entre a regulação contratual e a extracontratual. *Revista de Direito Público da Economia – RDPE*, Belo Horizonte, ano 13, n. 50, p. 167-196, abr./jun. 2015. p. 179.

[12] Para uma precisa síntese dos interesses envolvidos em uma concessão, cuja compreensão é fundamental para uma avaliação do atendimento ao interesse público no caso concreto, ver MARQUES NETO, Floriano de Azevedo. *Concessões*. Belo Horizonte: Fórum, 2015. p. 199-202.

[13] Por cuja indicação registro agradecimentos a Guilherme F. Dias Reisdorfer, agradecendo a ele ainda pela interlocução sobre diversos pontos aqui debatidos.

juridicidade), sendo desnecessário qualquer ingresso na discussão relativa à discricionariedade ou vinculação do ato. 5. A verba honorária, in casu, foi razoavelmente arbitrada no valor fixo de R$ 10.000,00 (dez mil reais), atendendo ao disposto no artigo 20, §4º, do CPC. 6. Agravo retido prejudicado. Apelações e remessa oficial improvidas. (TRF4, Terceira Turma. ApelReex nº 2007.70.00.033762-3. Rel. Fernando Quadros da Silva, publ. 9.11.2011)

Além disso, evidentemente, por se tratar de ato negocial, há que existir igualmente a concordância da atual concessionária. A transferência da concessão é tratada nos citados artigos das leis como possibilidade ao alcance da concessionária e não como sanção a ela.[14]

Por fim, mais uma exigência legal para a transferência da concessão, também constante dos arts. 27 da Lei nº 8.987/95 e 30 da Lei nº 10.233/01, é a nova concessionária comprometer-se a cumprir todas as cláusulas do contrato em vigor – "preservando-se seu objeto e as condições contratuais", para citar a expressão da Lei nº 10.233/01.

Com efeito, a transferência da concessão apenas provoca a alteração da parte contratual (concessionária), não alterando nenhum outro elemento da relação contratual. Igualmente, alterações societárias da concessionária não alteram outros elementos da relação contratual de concessão.

É fundamental a percepção desse aspecto: trata-se da manutenção do mesmo contrato de concessão, com o mesmo objeto e com as mesmas regras. Esse elemento é que distingue as hipóteses em que o ordenamento jurídico prevê que haja ou que não haja nova licitação.

## 5 Desnecessidade de licitação para a transferência

A opção do legislador, no art. 27 da Lei nº 8.987/95, é a de não vincular a transferência (cessão) da concessão a novo procedimento licitatório, senão a uma solução negociada pelas partes, com a observância de certas exigências legalmente impostas.

Essa regra é ainda mais explícita na Lei nº 10.233/01, que atribui ainda ao contrato (naturalmente, nos limites das imposições legais) competência para disciplinar "procedimentos relacionados com a

---

[14] É diferente a situação do art. 27-A, da Lei nº 8.987/95, em que "nas condições estabelecidas no contrato de concessão, o poder concedente autorizará a assunção do controle ou da administração temporária da concessionária por seus financiadores e garantidores com quem não mantenha vínculo societário direto, para promover sua reestruturação financeira e assegurar a continuidade da prestação dos serviços".

transferência da titularidade do contrato, conforme o disposto no art. 30" (art. 35, XV).

As leis apenas exigem licitação para a celebração do próprio contrato de concessão (enquanto um novo contrato) ou para a subconcessão.

Quanto a um novo contrato de concessão, a exigência de licitação é uma decorrência direta da previsão da Constituição da República:

> Art. 175. Incumbe ao Poder Público, na forma da lei, diretamente ou sob regime de concessão ou permissão, sempre através de licitação, a prestação de serviços públicos.
> Parágrafo único. A lei disporá sobre:
> I - o regime das empresas concessionárias e permissionárias de serviços públicos, o caráter especial de seu contrato e de sua prorrogação, bem como as condições de caducidade, fiscalização e rescisão da concessão ou permissão;
> II - os direitos dos usuários;
> III - política tarifária;
> IV - a obrigação de manter serviço adequado.

Resta claro desse dispositivo que a opção do Poder Público por prestar serviços públicos mediante o regime de concessão ou permissão implica licitação para que seja celebrado o contrato original.

Entretanto, a mesma norma constitucional remete ao legislador a competência para regrar o regime da execução contratual (art. 175, parágrafo único, I), dando margem, por exemplo, à opção legislativa expressa no art. 27 da Lei n° 8.987/95 e no art. 30 da Lei n° 10.233/01.

A licitação prevista citada no art. 175 da Constituição levará, desse modo, ao estabelecimento das regras do contrato original e à escolha do concessionário, reforçando a possibilidade de que a Administração Pública encontre a melhor fórmula pela qual a prestação contratual ocorrerá, sempre atentando para a isonomia dos interessados em com ela contratar.

O processo de licitação, tal como previsto para as concessões, é, em primeiro lugar, uma técnica processual para levar à melhor decisão administrativa.

Do ponto de vista mais amplo do processo administrativo – do qual o processo de licitação é uma espécie – valem as ponderações de Odete Medauar:[15]

---

[15] MEDAUAR, Odete. *Direito administrativo moderno*. Belo Horizonte: Fórum, 2018. p. 161.

Se num primeiro momento o processo administrativo significava meio de observância dos requisitos de legalidade do ato administrativo e garantia do respeito dos direitos dos indivíduos, seus objetivos foram se ampliando à medida que se alteravam as funções do Estado e da Administração, as relações entre Estado e sociedade e as próprias concepções do direito administrativo. Extrapolou-se o perfil do processo administrativo ligado somente à dimensão do ato administrativo em si, para chegar à legitimação do poder.

Nesse sentido, ainda segundo Odete Medauar, uma das finalidades do processo administrativo é levar a um melhor conteúdo das decisões:

> No processo administrativo os interessados são ouvidos, apresentam argumentos e provas, oferecem informações. Contribuem, portanto, para a determinação do fato e ou da situação objeto do processo. Com isso se ampliam os pressupostos objetivos da decisão administrativa.[16]

No caso específico das concessões, o modo competitivo como se desenrola o processo de licitação tipicamente é favorável a essa visão de melhor decisão, favorecendo a que haja uma ampla discussão sobre a qualidade técnica dos projetos e sobre a escolha entre diferentes soluções técnicas para a otimização da prestação dos serviços.

Uma vez estabelecidos os parâmetros da melhor contratação – melhor modelo de prestação de serviço, melhor modo de composição da equação econômico-financeira do contrato, melhor proposta entre as formuladas pelos interessados em serem concessionários, cumprimento das exigências legais de habilitação do concessionário – quando da licitação para a celebração de um contrato de concessão, estão atendidas formal e finalisticamente as regras constitucionais e legais que exigem licitação.

A transferência da concessão, mantidas as mesmas regras da contratação original (ou seja, mantidos os parâmetros da melhor contratação a que se chegou com o contrato originalmente licitado), segue lógica diversa daquela que justifica a licitação: de um lado, preservar a solução encontrada com o contrato originalmente licitado; e, de outro, atender à dinâmica negocial da execução contratual, dando-se ao poder concedente uma maior margem de discricionariedade (em relação à escolha mediante licitação) para melhor atender ao interesse público.

---

[16] MEDAUAR, Odete. *Direito administrativo moderno*. Belo Horizonte: Fórum, 2018. p. 161.

Nesse mesmo sentido, verifiquem-se argumentos oferecidos por Carlos Ari Sundfeld (em caso relativo à transferência de controle societário da concessionária, mas que também se aplicam à transferência da concessão):

> Ao realizar a licitação, o Poder Público, mais do que escolher a concessionária (ou seus controladores), está definindo as condições técnicas e econômicas de prestação do serviço.
>
> A transferência do controle societário de concessionária não implica alteração das consequências importantes da licitação, pois o contrato de concessão, e as condições de sua execução, são integralmente preservados. As mudanças envolvem apenas aspectos subjetivos, afetando a empresa concessionária, não o serviço diretamente. As condições objetivas de prestação do serviço permanecem.[17]

Tradicionalmente argumenta-se que a licitação visa a atender basicamente a duas principais finalidades: a escolha da melhor proposta contratual e a garantia da isonomia entre os interessados em contratar com a administração.[18]

Como já visto acima, a transferência da concessão, mantidas as mesmas regras do contrato em vigor, automaticamente estaria preservando os resultados da "melhor proposta contratual" obtida com a licitação para a contratação original.

Restaria então que se explorar o eventual argumento – com o qual, diga-se desde já, não se concorda – de que a alteração da pessoa jurídica do concessionário (seja diretamente da pessoa jurídica enquanto parte contratual, seja indiretamente do controle acionário da pessoa jurídica) sempre exigiria licitação, supostamente em nome do princípio constitucional da isonomia.

Em primeiro lugar, essa suposição não encontra suporte na realidade fática. Pessoas jurídicas são abstrações criadas pelo direito. No limite, sempre haverá pessoas físicas a tomar decisões imputáveis às pessoas jurídicas. Mas, na dinâmica da vida das pessoas jurídicas, a alteração da presença das pessoas físicas que as compõem, bem como,

---

[17] SUNDFELD, Carlos Ari. *A transferibilidade como elemento essencial da concessão*. São Paulo: Revista dos Tribunais, 2013. v. II. Coleção Pareceres. p. 197-198.
[18] "A licitação é um procedimento que visa à satisfação do interesse público, pautando-se pelo princípio da isonomia. Está voltada a um duplo objetivo: o de proporcionar à administração a possibilidade de realizar o negócio mais vantajoso – o melhor negócio – e o de assegurar aos administrados a oportunidade de concorrerem, em igualdade de condições, à contratação pretendida pela administração" (STF, 1ª Turma. RE n° 607.126 AgR. Rel. Min. Cármen Lúcia, j. 2.12.2010).

em distintos níveis sucessivos, as alterações na composição de pessoas jurídicas que por sua vez compõem outras pessoas jurídicas, tornaria impossível que os sujeitos efetivamente envolvidos (interessados, beneficiados) em um contrato de concessão permanecessem absolutamente os mesmos ao longo de toda a (longuíssima) execução contratual, por mais que nominalmente a empresa concessionária permanecesse a mesma.

Desconsiderar a observação acima, sob o argumento de que apenas alterações no controle societário seriam relevantes, no limite – admitindo-se o ponto de vista de quem argumenta com a necessidade inflexível de licitar em nome da isonomia –, não resolveria o problema segundo as mesmas premissas de quem assim pensa: haveria indivíduos interessados, ainda que não controladores, que poderiam ingressar ou sair da situação jurídica em questão sem ter passado pelo "crivo isonômico" da licitação.

Nem a afirmação, usualmente reiterada na doutrina, sobre o suposto caráter *intuitu personæ* dos contratos administrativos afasta a posição que se está a sustentar. De rigor, os contratos administrativos em geral não devem ser caracterizados como *intuitu personæ*, pois, na maioria dos casos, não é um dado inerente à exclusiva subjetividade do (futuro) contratado que define sua escolha como parceiro contratual da administração. Em vez disso, é justamente a aplicação dos critérios objetivos da licitação que leva à escolha da melhor proposta a ser contratada, o que engloba todos os aspectos da modelagem do contrato e de sua execução, incluindo as características objetivamente avaliadas (e não a subjetividade) da parte a ser contratada.

Nesse sentido, são precisos os esclarecimentos de Marçal Justen Filho, mostrando que "as tradicionais lições expostas pela doutrina em sentido contrário refletem entendimento vigente no estrangeiro" e que poderia ser aplicado no Brasil antes da existência da regra geral de licitação: "Ou seja, o personalismo era decorrência da configuração da escolha discricionária do sujeito a ser contratado pela Administração Pública. Com a prática da licitação, elimina-se essa discricionariedade – com ela, também se exclui o personalismo da contratação".[19]

Aliás, é nesse ponto que Marçal Justen Filho encontra sólido fundamento para a tese que se está a defender:

> Daí decorre o entendimento de não ser aplicável ao âmbito dos contratos administrativos, de modo automático, algum princípio geral vedando a

---

[19] JUSTEN FILHO, Marçal. *Teoria geral das concessões de serviço público*. São Paulo: Dialética, 2003. p. 531.

cessão da posição contratual. Não se pode admitir, em face do sistema jurídico brasileiro, alguma regra geral excludente do cabimento da alteração na identidade do sujeito que contrata com a Administração.[20]

Ora, em uma hipótese de transferência da concessão, mantida a modelagem dessa melhor proposta contratada, estará respeitado o sentido desejado pelo ordenamento jurídico. Como argumenta Vitor Rhein Schirato:

> O processo de escolha do contratado é realizado exclusivamente com base em critérios objetivos, estabelecidos no respectivo processo licitatório. Não há vinculação do Poder Concedente às condições subjetivas do concessionário, mas sim à proposta por ele formulada no curso do processo licitatório. Destarte, qualquer outro particular que puder realizar as atividades do concessionário nas mesmas condições deste poderá ser cessionário de um contrato de concessão.[21]

E, para afastar de vez a suposição de que a licitação fosse inexorável em nome da isonomia, há que se lembrar que as próprias leis que cuidam de licitações preveem uma enorme variedade de hipóteses de contratação direta, sem licitação e não necessariamente levando em conta tratamento diferenciado entre pessoas em situações desiguais (o que, de certo modo, poderia indicar uma aplicação do próprio princípio da isonomia). Basta que se pense nas dispensas de licitação por valor, ou por emergência, ou por não comparecimento de interessados em certames anteriores.

Contudo, os argumentos trabalhados nos parágrafos acima – com o intuito de mostrar algumas limitações fáticas e lógicas da defesa da licitação como elemento indispensável em nome da isonomia – devem ser acompanhados de argumentos decorrentes da própria noção constitucional de licitação.

A licitação, como processo administrativo prévio à contratação, é mencionada em dois dispositivos da Constituição da República (sem contar regras sobre competência para legislar):

> Art. 37. A administração pública direta e indireta de qualquer dos Poderes da União, dos Estados, do Distrito Federal e dos Municípios obedecerá

---

[20] JUSTEN FILHO, Marçal. *Teoria geral das concessões de serviço público*. São Paulo: Dialética, 2003. p. 531.
[21] SCHIRATO, Vitor Rhein. Aspectos jurídicos da transferência de concessão de serviços públicos. *Revista de Direito Público da Economia – RDPE*, Belo Horizonte, ano 3, n. 12, out./dez. 2005. p. 204-205.

aos princípios de legalidade, impessoalidade, moralidade, publicidade e eficiência e, também, ao seguinte: [...]
XXI - ressalvados os casos especificados na legislação, as obras, serviços, compras e alienações serão contratados mediante processo de licitação pública que assegure igualdade de condições a todos os concorrentes, com cláusulas que estabeleçam obrigações de pagamento, mantidas as condições efetivas da proposta, nos termos da lei, o qual somente permitirá as exigências de qualificação técnica e econômica indispensáveis à garantia do cumprimento das obrigações. [...]
Art. 175. Incumbe ao Poder Público, na forma da lei, diretamente ou sob regime de concessão ou permissão, sempre através de licitação, a prestação de serviços públicos.

A licitação, desse modo, é prevista na Constituição, em situações bastante específicas. No entanto, a Constituição não a afirma como um princípio geral. Admiti-la como harmônica com princípios constitucionais, notadamente a isonomia (expressamente mencionada no citado art. 37, XXI, e inerente ao sistema republicano), não a faz um princípio em si.

Essa ideia é claramente expressa por Carlos Ari Sundfeld e André Rosilho:

A licitação, assim, não apenas se coaduna com o princípio republicano e com a Constituição, como também foi por ela laureada. Afirmar isso é uma coisa. Outra, completamente diversa, é dizer que o texto constitucional fez da licitação um princípio, um valor maior e universal incidente sobre toda e qualquer situação em que a Administração estabeleça relações com privados nas quais a competição em tese fosse viável. Esta tese, quando deixa o plano da abstração e é confrontada com as normas, mostra-se absolutamente falha.[22]

E concluem os citados autores: "a Constituição, quando quis exigir licitação, o fez expressamente".

Com efeito, mesmo sem haver obrigação de licitar, há que se respeitar a isonomia, a eficiência, a moralidade, a publicidade, enfim, todos os princípios aplicáveis à Administração Pública e coroados pela legalidade, como tradução jurídica do próprio Estado de direito.

A licitação não é o único modo pelo qual a Administração escolhe seus parceiros contratuais, respeitando os princípios constitucionais.

---

[22] SUNDFELD, Carlos Ari; ROSILHO, André. Onde está o princípio universal da licitação. In: SUNDFELD, Carlos Ari; JURKSAITIS, Guilherme Jardim (Org.). *Contratos públicos e direito administrativo*. São Paulo: Malheiros, 2015. p. 25.

A licitação, assim compreendida, não é um fim, mas um meio para a consecução dos fins da Administração, constitucional e legalmente traçados; um meio aplicável nos termos da própria Constituição e das leis. De fato, a Constituição (art. 37, XXI) exige especificamente licitação para contratos de obras, serviços, compras e alienações, ainda assim ressalvadas exceções a serem previstas em lei; também o faz (art. 175) no tocante aos contratos de concessão e permissão de serviço público.

Porém, como já argumentado, em ambos os casos, a lógica da licitação diz respeito aos contratos a serem originalmente pactuados. Outros atos de natureza contratual, decorrentes da execução do contrato, trazendo-lhes alterações, não estão contemplados na exigência constitucional.

Assim, por exemplo, contratar a concessão de serviço público (art. 175) é diferente de contratar a transferência da concessão. E o legislador – que certamente pode criar outras situações em que a licitação é necessária – entendeu que a transferência da concessão não exige licitação, ao mesmo tempo em que exigiu licitação para a subconcessão (Lei nº 8.987/95, art. 26, §1º).

Estando a Administração motivadamente convencida de que o modelo de contratação originalmente pactuado resta adequado em eventualidade na qual se faça necessária a transferência da concessão ou do controle da concessionária, licitar novamente provavelmente implicaria violação de princípios da Administração Pública, voltados à defesa eficiente do interesse público.

O argumento que se acaba de afirmar, invocando princípios (que naturalmente envolvem maior grau de generalidade e abstração), pode dar margem à mesma estratégia argumentativa levando à conclusão diversa (no caso, principiologicamente concluindo-se pela obrigatoriedade de licitação). Portanto, esse tipo de argumento deve ser acompanhado de outros mais precisos, fundados em regras de direito.

Essa é a tendência do direito brasileiro: valorizar a aferição das reais consequências das decisões administrativas, ou das decisões dos seus controladores, não se satisfazendo com a invocação abstrata de princípios. Verifique-se, a propósito, o previsto nos novos dispositivos acrescidos à Lei de Introdução às Normas do Direito Brasileiro (LINDB), especialmente seu art. 20:

> Art. 20. Nas esferas administrativa, controladora e judicial, não se decidirá com base em valores jurídicos abstratos sem que sejam consideradas as consequências práticas da decisão.

A propósito da nova versão da LINDB, valem as observações de Floriano de Azevedo Marques Neto:

> Forte na Lei é o objetivo de evitar a abstração do intérprete e exigir dele algum compromisso com as consequências de suas atribuições. No Direito contemporâneo, como visto, cada vez mais decisões se baseiam em valores abstratos, princípios ou não. Isso é inevitável e necessário, mas não pode convolar num voluntarismo hermenêutico, manejado inconsequentemente.[23]

Essa norma mostra-se de particular importância para situações como aquela em que, por hipótese, se pudesse afirmar que a licitação se impõe em nome de princípios tomados em abstrato, quando a lei não a exige e quando os fatos evidenciam quão prejudicial um processo sabidamente moroso seria para a população e para a Administração Pública.

## Referências

ALMEIDA, Fernando Menezes de. *Contrato administrativo*. São Paulo: Quartier Latin, 2012.

FREITAS, Rafael Véras de. O regime jurídico do ato de transferência das concessões: um encontro entre a regulação contratual e a extracontratual. *Revista de Direito Público da Economia – RDPE*, Belo Horizonte, ano 13, n. 50, p. 167-196, abr./jun. 2015.

JUSTEN FILHO, Marçal. *Teoria geral das concessões de serviço público*. São Paulo: Dialética, 2003.

KELSEN, Hans. La Théorie Juridique de la Convention. *Archives de Philosophie du Droit et de Sociologie Juridique*, Paris, n. 1-4, 10e année, 1940.

MARQUES NETO, Floriano de Azevedo. A nova Lei de Introdução às Normas do Direito Brasileiro. O equilíbrio entre dinâmica e segurança jurídicas. *In*: CUNHA FILHO, Alexandre Jorge Carneiro da; ISSA, Rafael Hamze; SCHWIND, Rafael Wallbach (Org.). *Lei de Introdução às Normas do Direito Brasileiro* – Anotada. São Paulo: Quartier Latin, 2019.

MARQUES NETO, Floriano de Azevedo. *Concessões*. Belo Horizonte: Fórum, 2015.

MEDAUAR, Odete. *Direito administrativo moderno*. Belo Horizonte: Fórum, 2018.

SCHIRATO, Vitor Rhein. Aspectos jurídicos da transferência de concessão de serviços públicos. *Revista de Direito Público da Economia – RDPE*, Belo Horizonte, ano 3, n. 12, out./dez. 2005.

---

[23] MARQUES NETO, Floriano de Azevedo. A nova Lei de Introdução às Normas do Direito Brasileiro. O equilíbrio entre dinâmica e segurança jurídicas. *In*: CUNHA FILHO, Alexandre Jorge Carneiro da; ISSA, Rafael Hamze; SCHWIND, Rafael Wallbach (Org.). *Lei de Introdução às Normas do Direito Brasileiro* – Anotada. São Paulo: Quartier Latin, 2019. p. 41-42.

SUNDFELD, Carlos Ari. *A transferibilidade como elemento essencial da concessão*. São Paulo: Revista dos Tribunais, 2013. v. II. Coleção Pareceres.

SUNDFELD, Carlos Ari; ROSILHO, André. Onde está o princípio universal da licitação. *In*: SUNDFELD, Carlos Ari; JURKSAITIS, Guilherme Jardim (Org.). *Contratos públicos e direito administrativo*. São Paulo: Malheiros, 2015.

TÁCITO, Caio. *Temas de direito público* (estudos e pareceres). Rio de Janeiro: Renovar, 2001. v. 3.

---

Informação bibliográfica deste texto, conforme a NBR 6023:2018 da Associação Brasileira de Normas Técnicas (ABNT):

ALMEIDA, Fernando Menezes de. Transferência da titularidade da concessão na Lei n° 10.233/01, à luz do regime geral das concessões. *In*: TOJAL, Sebastião Botto de Barros; SOUZA, Jorge Henrique de Oliveira (Coord.). *Direito e infraestrutura*: rodovias e ferrovias – 20 anos da Lei n° 10.233/2001. Belo Horizonte: Fórum, 2021. v. 2, p. 83-101. ISBN 978-65-5518-209-5.

# DILEMAS REGULATÓRIOS NA PRESTAÇÃO DO SERVIÇO DE TRANSPORTE COLETIVO RODOVIÁRIO INTERESTADUAL E INTERNACIONAL DE PASSAGEIROS: A AUTORIZAÇÃO DE SERVIÇO PÚBLICO NA LEI N° 10.233/01 ANTE AS INOVAÇÕES TECNOLÓGICAS QUE IMPACTAM O SETOR DE TRANSPORTES

GUSTAVO JUSTINO DE OLIVEIRA

PEDRO DA CUNHA FERRAZ

## 1 Introdução

O sentido jurídico-positivo do serviço público possui um inequívoco caráter historicamente transitório. Cada Estado, a depender de várias condicionantes incidentes, determinará a sua conformação com contornos específicos. A configuração do instituto e as espécies de serviço público elegidas pelo direito positivo de cada país sempre estarão sujeitas aos influxos das necessidades sociais e econômicas. Aquilo que é definido como serviço público pela Constituição e pelas leis será necessariamente decorrente das condições socioeconômicas e dos anseios que elas acarretam.

Ou seja, ainda que superada a concepção sociológica de serviço público presente em seu nascedouro conceitual na escola de serviço público do direito administrativo francês,[1] trata-se de fato inegável que os contornos dogmático-jurídicos do serviço público sempre serão determinados pela realidade social e econômica.

O texto constitucional, tendo em vista o caráter volátil da dependência da iniciativa estatal e das condições de acesso do povo em relação a certas atividades materiais, estabeleceu uma válvula de escape em relação aos serviços públicos que, potencialmente, não se caracterizam como monopólios naturais. Essa válvula de escape está contida no art. 21, XI e XII, da Constituição Federal (CF): a autorização de serviço público. Os serviços listados nesses incisos estão sujeitos a outra possibilidade de prestação pela iniciativa privada além dos modelos tradicionais previstos no art. 175 da CF (concessão e permissão). A Constituição abriu espaço para os serviços público ali referidos serem prestados em regime de concorrência através da adoção da autorização de serviço público como instrumento de delegação.

Na definição de Richard Posner, o termo monopólio natural se refere à "relação entre a demanda e a tecnologia de fornecimento".[2] Isto é, "se toda a demanda dentro de um mercado relevante pode ser satisfeita a um custo menor por uma única empresa do que por duas ou mais, o mercado constitui um monopólio natural".[3]

Ainda que o conceito de monopólio natural seja extrajurídico, ele fornece um importante subsídio para visualizar o correto sentido do termo "autorização" contido no art. 21 da CF e o porquê de ele não se encontrar previsto no art. 175 da CF.

Entre esses serviços públicos, para os quais a Constituição estabelece possibilidades de prestação mais aberta à competição, estão

---

[1] É o que esclarece Celso Antônio Bandeira de Mello: "Para Léon Duguit serviço público é 'toda atividade cujo cumprimento é assegurado, regulado e controlado pelos governantes por ser indispensável à realização da interdependência social e de tal natureza que não pode ser assumido senão pela intervenção da força governante'. Na verdade – cumpre dizê-lo -, esta é uma noção antes sociológica do que jurídica. Com efeito, não fornece os elementos que o caracterizam perante o Direito, carecendo dos dados reveladores de sua fisionomia jurídica" (BANDEIRA DE MELLO, Celso Antônio. *Serviço público e concessão de serviço público*. São Paulo: Malheiros, 2017. p. 20).
[2] POSNER, Richard. *Natural monopoly and its regulation*. Washington D.C.: Cato Institute, 1999. p. 1. No original: "The term does not refer to the actual number of sellers in a market but to the relationship between demand and the technology supply".
[3] POSNER, Richard. *Natural monopoly and its regulation*. Washington D.C.: Cato Institute, 1999. p. 1. No original: "If the entire demand within a relevant market can be satisfied at lowest cost by one firm rather than by two or more, the market is a natural monopoly".

previstos os serviços de transporte coletivo rodoviário interestadual e internacional de passageiros (art. 21, XII, "e", da Constituição Federal).[4] Os serviços públicos sujeitos a esse regime jurídico traçado nos incs. XI e XII possuem, assim, características jurídicas próprias em relação àqueles sujeitos ao regime geral dos serviços públicos. Em razão disso, o transporte coletivo rodoviário de passageiros possui interessantes possibilidades quanto à sua delegação e em relação às inovações tecnológicas com potencial de impactar a sua prestação.

## 2 O sistema de delegação do serviço público de transporte rodoviário coletivo de passageiros na Lei nº 10.233/2001

A Lei nº 10.233/2001, principalmente após as alterações que lhe foram promovidas pela Lei nº 12.996/2014, traz em seu corpo dois instrumentos por meio dos quais o transporte rodoviário interestadual e internacional coletivo de passageiros pode ter sua prestação delegada aos particulares: permissão e autorização. Entre os três instrumentos constitucionalmente previstos (concessão, permissão e autorização), apenas os dois últimos estão previstos na lei como formas de delegação relativas ao transporte rodoviário.

Trata-se de sistemática, como já esclarecido acima, viabilizada pelo art. 21, XII, "e" da Constituição Federal, que, ao estabelecer as competências administrativas da União, estipula que lhe cabe "explorar, diretamente ou mediante autorização, concessão ou permissão": "[...] os serviços de transporte rodoviário interestadual e internacional de passageiros". Das possibilidades constitucionais, apenas a permissão e a autorização foram efetivamente previstas na Lei nº 10.233/2001 como instrumentos para delegação de transporte coletivo rodoviário de passageiros. Trata-se de opção legítima do legislador federal, pois, a julgar pela dicção constitucional, encontra-se no âmbito da discricionariedade do legislador.

No entanto, cabe o esclarecimento de que a ausência de previsão do instrumento "concessão" é pouco significativa. Os elementos básicos da concessão e permissão, no atual paradigma constitucional e na configuração legislativa corrente, tornaram-se praticamente

---

[4] Outros exemplos de serviços públicos que, pela Constituição de Federal (art. 21, XI e XII, da CF), podem ser delegados por autorização: telecomunicações, transporte ferroviário, transporte aquaviário e serviço portuário.

idênticos:[5] (i) ausência de discricionariedade na outorga e na extinção; (ii) obrigatoriedade de licitação;[6] e (iii) natureza bilateral.[7] Esses elementos em comum fazem com que a opção legislativa, ou administrativa, de utilizar permissão ou concessão como instrumento de delegação não seja, na atual conjuntura, objeto de polêmica. Afinal, trata-se de figuras afins nos pontos que poderiam causar controvérsia.

Quando de sua redação original, o papel atribuído a cada instrumento de delegação previsto na Lei nº 10.233/2001 não era objeto de polêmica. A permissão seria utilizada para delegar o serviço de "transporte rodoviário coletivo regular de passageiros", conforme estava previsto no art. 14, IV, "a", da Lei nº 10.233/2001, anteriormente à alteração promovida da Lei nº 12.996, de 2014. Ao seu turno, a autorização era prevista para "o transporte rodoviário de passageiros, sob regime de afretamento", conforme constava, e ainda consta, do art. 14, III, "b", da Lei nº 10.233/2001.

Assim, pela redação original da Lei nº 10.233/2001, a delegação do transporte rodoviário coletivo regular interestadual e internacional de passageiros deveria ocorrer por permissão e, por conseguinte, seria precedida de licitação, como expressamente exige o art. 175, *caput*, da CF/88. O instrumento para delegar o serviço de transporte rodoviário fretado, por sua vez, seria a autorização. Essa distinção, como se verá com maior atenção no item 3, encontra eco em interpretação restrita a respeito das possibilidades de emprego da autorização em relação às atividades descritas no art. 21, XII e XII, da CF/88. Seria válido o instrumento da autorização na delegação de atividades materialmente situadas nos setores descritos, mas apenas em relação àquelas que

---

[5] Nesse sentido, Marçal Justen Filho explica que a permissão e a concessão sempre foram conceitos distintos na doutrina, legislação e jurisprudência. A permissão seria ato unilateral, discricionário, precário e revogável a qualquer tempo, enquanto a concessão seria ato bilateral, gerando direito e obrigações para ambas as partes. No entanto, no atual sistema constitucional brasileiro, a distinção esmaeceu-se, uma vez que se asseguram direitos e garantias aos particulares, o que faz cair por terra a permissão como instituto que se fundamenta no *imperium* estatal. Nessa linha, caem as distinções, pois ambos: (i) não contêm discricionariedade na outorga e na extinção; (ii) devem ser precedidos de licitação; e (iii) podem possuir natureza bilateral (JUSTEN FILHO, Marçal. *Teoria geral das concessões de serviço público*. São Paulo: Dialética, 2003. p. 103-115).

[6] Art. 175, *caput*, da CF: "Incumbe ao poder público, na forma da lei, diretamente ou sob regime de concessão ou permissão, sempre através de licitação, a prestação de serviços públicos".

[7] Art. 40, *caput*, da Lei nº 8.987/1995: "A permissão de serviço público será formalizada mediante contrato de adesão, que observará os termos desta Lei, das demais normas pertinentes e do edital de licitação, inclusive quanto à precariedade e à revogabilidade unilateral do contrato pelo poder concedente".

possuiriam características que afastam o seu caráter de serviço público. No âmbito do transporte rodoviário, seria o caso do transporte fretado.⁸ Ocorre que a Lei n° 12.996/2014 alterou essa sistemática mais tradicional e o art. 14, III, "j", da Lei n° 10.233/2001 passou a prever a autorização como instrumento apto a delegar o serviço de "transporte rodoviário coletivo regular interestadual e internacional de passageiros, que terá regulamentação específica expedida pela ANTT". A permissão, por sua vez, passou a ser o instrumento adequado apenas para delegar o serviço de "transporte rodoviário coletivo regular interestadual semiurbano de passageiros", conforme passou a prever o art. 14, IV, "a", Lei n° 10.233/2001.

Essa alteração foi recepcionada com polêmica. Boa parte da doutrina, dos profissionais do direito e dos *players* do mercado de transporte rodoviário entenderam ser inconstitucional a alteração legislativa. A autorização, principalmente por não ser precedida de licitação, não seria veículo apto à delegação de serviço público.

A controvérsia jurídica foi objeto de duas ADI ainda propostas perante o Supremo Tribunal Federal e revive clássica polêmica envolvendo a autorização de serviço público.

## 3 A autorização como instrumento de delegação de serviço público: visões doutrinárias e jurisprudenciais

### 3.1 A doutrina

Em função de seu significado consolidado do direito administrativo (ato administrativo unilateral, discricionário e precário)⁹ e pelas

---

⁸ Esse posicionamento mais restritivo é exposto, com clareza, na obra de Letícia Queiroz de Andrade: "é certo que alguns dos serviços referidos nos incisos XI e XII do art. 21 da Constituição da República desdobram-se em atividades com amplitudes diversas, às quais a lei não atribui regime de serviço público, por não suscitarem interesse geral ou porque podem ser desenvolvidas em benefício do próprio sujeito que as desenvolve e grupos específicos a ele relacionados, as quais se sujeitam à autorização mencionada nos dispositivos constitucionais suprarreferidos, porque podem interferir na prestação de serviços públicos ou porque têm certa relevância social" (ANDRADE, Letícia Queiroz de. *Teoria das relações jurídicas da prestação de serviço público sob o regime de concessão*. São Paulo: Malheiros, 2015. p. 178).

⁹ Tradicionalmente vinculado ao poder de polícia, a autorização ganhou novas utilidades, mas a doutrina continua a referir-se à discricionariedade e à precariedade como elementos de seu núcleo conceitual, independentemente do âmbito em que sejam utilizadas. É o que faz, por exemplo, Maria Sylvia Zanella Di Pietro, "[p]ode-se [...] definir a autorização administrativa, em sentido amplo, como o ato administrativo unilateral, discricionário e precário pelo qual a Administração faculta ao particular o uso de bem público (autorização

figuras da concessão e permissão serem os tradicionais mecanismos de delegação de serviço público, a autorização, como instituto jurídico passível de ser utilizado para delegar serviços públicos aos particulares, é objeto de controvérsia.

Segundo professa Dinorá Grotti, existem três possibilidades de compreender a previsão constitucional de autorização no âmbito do serviço público: (i) o art. 175 da CF/88 "esqueceu" de mencionar a possibilidade de a autorização servir como uma modalidade de delegação de serviços públicos, ao lado da permissão e da concessão, mas não se afasta a sua possibilidade para todas as espécies de serviço público; (ii) a previsão de autorização como modalidade de delegação dos serviços públicos pelo art. 21, XI e XII, e art. 233, *caput*, ambos da CF/88, é um equívoco que conflita com o art. 175 da CF/88, não permitindo a utilização dessa figura jurídica como instrumento apto a promover a delegação de serviços públicos aos particulares; e (iii) a previsão constitucional da autorização em referência à delegação de alguns serviços públicos estaria a permitir que os serviços elencados no incs. XI e XII do art. 21 e no art. 223 poderão ser prestados em regime de direito privado, típico das atividades econômicas.[10]

Dessas compreensões de onde se insere a autorização na sistemática constitucional da delegação de serviços públicos surgem diversas correntes. As mais distintas posições a respeito da natureza jurídica das autorizações regulatórias previstas no art. 21 da Constituição Federal foram sustentadas pela doutrina:[11] (i) autorização para atividade econômica em sentido estrito, de interesse restrito do particular autorizado; (ii) autorização para atividade econômica em sentido estrito, ainda que passível de prestação à coletividade; (iii) autorização para delegação de serviço público em caráter emergencial;[12] (iv) autorização

---

de uso), ou a prestação de serviço público (autorização de serviço público), ou o desempenho de atividade material, ou a prática de ato que, sem esse consentimento, seriam legalmente proibidos (autorização como ato de polícia)" (DI PIETRO, Maria Sylvia Zanella. *Direito administrativo*. 31. ed. Rio de Janeiro: Forense, 2018. p. 308 da versão eletrônica).

[10] GROTTI, Dinorá Adelaide Musetti. *O serviço público e a Constituição brasileira de 1988*. São Paulo: Malheiros, 2003. p. 163.

[11] O levantamento dos posicionamentos foi retirado de obra monográfica de Fernando Menegat, mas acrescentamos uma importante corrente não mencionada pelo autor de maneira autônoma, a 5ª corrente enumerada (MENEGAT, Fernando. *Serviço público, regulação e concorrência*: as autorizações regulatórias nos setores de infraestrutura. Rio de Janeiro: Lumen Juris, 2020. p. 109-129).

[12] Trata-se de posicionamento não muito relevante para a compreensão dos usos previstos para a figura da autorização na disciplina infraconstitucional de diversos dos serviços listados nos incs. XI e XII do art. 21 da CF. Mas é a interpretação feita por diversos relevantes autores, sendo um dos sentidos que Celso Antônio Bandeira de Mello confere à autorização

para outorga de serviço público ao lado da concessão e da permissão; (v) autorização como instrumento de liberação para a prática de atividades econômicas em setores sujeitos à assimetria regulatória; e (vi) autorização de uma atividade *sui generis*.[13]

Entre essas correntes existentes, destacam-se quatro posicionamentos que são mais paradigmáticos, seja pela maior aceitação, seja pela consistência teórica. Essas quatro linhas interpretativas estão inseridas na disputa de interpretações a respeito da mais coerente atribuição de sentido ao termo "autorização" no contexto dos incs. XI e XII do art. 21 da CF. Visualizadas em conjunto permitem traçar o debate de maneira clara, a fim de que seja visualizado o estado da arte da discussão a respeito da autorização de serviço público.

O enfoque da discussão doutrinária que é trazida aqui não ecoa outros pontos a respeito da autorização de serviço público que, mesmo provocando diversas reflexões, não possuem a mesma dimensão do que o tema do espaço material da utilização da autorização prevista do art. 21, XI e XII, da CF.[14]

Em razão disso, a seguir, serão expostas em linhas gerais as 4 (quatro) vertentes doutrinárias mais relevantes a respeito do âmbito material no qual a autorização prevista nos incs. XI e XII podem ser utilizadas.

A *primeira* dessas correntes, mais tradicional, é aquela que entende que autorização não pode se referir a serviços públicos compreendidos nos setores listados nos incs. XI e XII do art. 21 da CF, podendo ser utilizada, de maneira consentânea à sua clássica acepção, apenas para habilitar agentes econômicos para atuarem em atividades econômicas

---

como instrumento delegativo (BANDEIRA DE MELLO, Celso Antônio. *Curso de direito administrativo*. 34. ed. São Paulo: Malheiros, 2019. p. 736-737) e é, também, o posicionamento de Cármen Lúcia Antunes Rocha a respeito da figura (ROCHA, Cármen Lúcia Antunes. *Estudo sobre concessão e permissão de serviço público no direito brasileiro*. São Paulo: Saraiva, 1996. p. 175-178).

[13] Em conjunto com a posição mencionada na nota de rodapé acima, não será aprofundada abaixo, pois apesar de ser posicionamento criativo e interessante, não se vislumbra o acolhimento de seu posicionamento no texto constitucional, nas leis ou na jurisprudência. Aventar a existência de uma terceira categoria de atividades materiais, ao lado do serviço público e da atividade econômica, a fim de se dar sentido a instituto da autorização, não parece solução adequada. Trata-se do posicionamento de Egon Bockmann Moreira (MOREIRA, Egon Bockmann. *Direito das concessões de serviço público*: inteligência da Lei 8.987/1995 (parte geral). São Paulo: Malheiros, 2010) e Fernando Menegat (MENEGAT, Fernando. *Serviço público, regulação e concorrência*: as autorizações regulatórias nos setores de infraestrutura. Rio de Janeiro: Lumen Juris, 2020).

[14] Os outros tópicos comuns das discussões envolvendo a figura da autorização de serviço público, que não serão abordadas, dizem respeito à sua natureza discricionária ou vinculada e unilateral ou bilateral.

que existam no âmbito daqueles setores. Ou seja, a autorização poderia ocorrer nas telecomunicações, energia elétrica e transporte rodoviário interestadual, por exemplo, mas apenas em situações nas quais a atividade objeto da autorização não fosse voltada à coletividade, destinando-se a atender aos interesses dos particulares. Como exemplos dessas situações podem ser citados os seguintes casos: (i) serviço de transporte de transporte não regular de passageiros por táxi aéreo (art. 220 da Lei n° 7.565/1986); (ii) venda de energia elétrica não destinada ao público em geral, mas apenas a certa classe de usuário (arts. 11, parágrafo único, e 12 da Lei n° 9.074/1995); (iii) serviço de radiodifusão comunitária (art. 6° da Lei n° 9.612/1998); e (iv) transporte rodoviário de passageiros interestadual sob regime de afretamento (art. 14, III, "b", da Lei n° 10.233/2001).[15]

A *segunda* corrente com grande racionalidade e diversos adeptos possui posicionamento muito próximo àquele defendido pela corrente mencionada acima. Na mesma linha, não admite que a autorização sirva como instrumento para a delegação de serviço público. A diferença é que identifica entre as atividades econômicas localizadas nos setores listados nos incs. XI e XII do art. 21 da CF a possibilidade de prestação à coletividade e que, ainda assim, não configurariam serviços públicos. Isto é, uma atividade pode ser prestada à coletividade e estar compreendia no mesmo setor de um serviço público, mas, a depender das características, constituir atividade econômica passível de ser exercida, mediante autorização, pelos particulares. Ou seja, entende-se que há uma faixa material destinada aos serviços públicos e outra às atividades econômicas, mas a divisão não é tão estanque quanto na corrente anterior.[16]

Representando uma terceira corrente relevante, existe a posição que admite a utilização ampla e não limitada da autorização para a liberação ao exercício de atividade econômica nos setores listados nos incs. XI e XII do art. 21 da Constituição Federal. Assim, por essa linha

---

[15] Trata-se de posicionamento de Celso Antônio Bandeira de Mello (BANDEIRA DE MELLO, Celso Antônio. *Curso de direito administrativo*. 34. ed. São Paulo: Malheiros, 2019. p. 736-737) e diversos outros autores, como: GRAU, Eros Roberto. *A ordem econômica na Constituição de 1988*. 19. ed. São Paulo: Malheiros, 2018. p. 126-127; CARVALHO FILHO, José dos Santos. *Manual de direito administrativo*. 34. ed. Rio de Janeiro: Atlas, 2020. p. 477; ANDRADE, Letícia Queiroz de. *Teoria das relações jurídicas da prestação de serviço público sob o regime de concessão*. São Paulo: Malheiros, 2015. p. 176-181; e MARTINS, Ricardo Marcondes. *Regulação administrativa à luz da Constituição Federal*. São Paulo: Malheiros, 2011. p. 230-232.

[16] O posicionamento desta corrente é, notoriamente, defendido por Marçal Justen Filho (JUSTEN FILHO, Marçal. *Teoria geral das concessões de serviço público*. São Paulo: Dialética, 2003. p. 44-47) e Alexandre dos Santos Aragão (ARAGÃO, Alexandre dos Santos. *Direito dos serviços públicos*. 3. ed. Belo Horizonte: Fórum, 2017. p. 177-186).

de raciocínio, admite-se, no âmbito das atividades contidas nos incs. XI e XII, a incidência de assimetria regulatória. Uma mesma atividade pode ser objeto de delegação de serviço público e autorização para o exercício de atividade econômica.[17]

Por fim, a *quarta* e última linha de posicionamento que merece destaque é aquela que sustenta que as atividades descritas no art. 21, XI e XII, da CF, mesmo sendo qualificadas como serviços públicos, podem ser objetos de autorização, a qual serviria como um dos instrumentos possíveis de delegação, ainda que não antecedido de licitação, ao lado da permissão e concessão. No âmbito desta corrente, existe um posicionamento mais restritivo, que só admite a autorização de serviço público quando se tratar de uma atividade que será prestada por todos os prestadores em um mesmo regime e sob a mesma condição, não sendo admitida a assimetria regulatória. Isto é, os delegatórios, em sua integralidade, estariam ocupando a mesma posição jurídica de autorizatário.[18] A posição mais ampliativa dentro desta corrente, por sua vez, admite que poderiam existir, no âmbito de um mesmo serviço público delegado, delegatários sujeito a vínculos distintos (concessionários, permissionários ou autorizatários).[19]

## 3.2 A jurisprudência

No que se refere ao reconhecimento judicial da possibilidade de autorização de serviços públicos, principalmente no que diz respeito

---

[17] Trata-se do posicionamento de Gustavo Binenbojm (BINENBOJM, Gustavo. A assimetria regulatória no setor de transporte coletivo de passageiro: a constitucionalidade do art. 3º da lei nº 12.996/2014. *In*: PEIXINHO, Manoel Messias; PEREIRA JÚNIOR, Jessé Torres; MOURA, Emerson Affonso da Costa (Org.). *Mutações do direito administrativo*: estudos em homenagem ao professor Diogo de Figueiredo Moreira Neto. Rio de Janeiro: Lumen Juris, 2018. p. 133-151).

[18] Situado nesta corrente mais restritiva está André Luiz Freire (FREIRE, André Luiz. *O regime de direito público na prestação de serviços públicos por pessoas privadas*. São Paulo: Malheiros, 2015. p. 395-402). Os pontos que melhor identificam tal corrente são os seguintes requisitos de validade para a utilização da autorização para delegar serviço público: (i) a necessária natureza vinculada da autorização, a fim de respeitar a isonomia; (ii) a sua possibilidade apenas quando a delegação ao maior número possível de interessados em prestar o serviço público em regime de competição for tecnicamente possível e conveniente para o alcance da universalidade e adequação na prestação do serviço público – quando, pelo contrário, o número de potenciais interessados em prestar o serviço for superior ao que seria mais eficiente, não será possível utilizar a autorização como instrumento de delegação; e, (iii) os únicos serviços públicos passíveis de autorização seriam aqueles listados nos incs. XI e XII do art. 21 da CF – do contrário, a autorização estaria prevista no art. 175 da CF.

[19] Trata-se do posicionamento professado por Sérgio Ferraz e Amauri Feres Saad (FERRAZ, Sérgio; SAAD, Amauri Feres. *A autorização de serviço público*. São Paulo: Malheiros, 2018.)

às atividades compreendidas nos incs. XI e XII do art. 21 da CF, não existem *leading cases* contundentes. Existem manifestações pontuais do Judiciário em diversas instâncias, admitindo a sua possibilidade.

Dentro dessa tendência de se reconhecer a autorização como instrumento legítimo para delegar serviço público deve ser feita a menção aos seguintes julgados.

O primeiro deles é do Supremo Tribunal Federal. Trata-se de Medida Cautelar da ADI nº 1.668/DF, na qual, em âmbito de cognição sumária, o STF entendeu por não suspender por vício de inconstitucionalidade a autorização prevista na Lei Geral de Telecomunicações como meio de delegação de serviço público.[20]

Ainda no STF, um outro julgado, de relatoria do Ministro Luiz Fux (também relator das ADI que atacam a validade da autorização no âmbito transporte coletivo rodoviário), admite a ausência de licitação para delegar a execução de atividades no âmbito das telecomunicações. Trata-se da ADI nº 4.679/DF, na qual se discutia, entre outros pontos, a violação ao dever de licitar pelo art. 29 da Lei nº 12.485, de 12.9.2011, em relação ao qual se requeria interpretação conforme à Constituição, "para que [...] se reconheça que a incidência deste dispositivo não afasta a necessidade de prévio certame licitatório para a outorga de novas autorizações para a prestação dos serviços de acesso condicionado".[21]

No acórdão, entendeu-se que a Constituição admite a outorga de serviço público de telecomunicação por autorização em razão do art. 21, XI, da CF. Transcreve-se a seguir o trecho no qual esse entendimento é veiculado:[22]

17. O dever constitucional de licitar (CRFB, art. 37, XXI) somente incide nas hipóteses em que o acesso de particulares a alguma situação jurídica de vantagem relacionada ao Poder Público não possa ser universalizada. *Destarte, descabe cogitar de certame licitatório quando a contratação pública não caracterizar escolha da Administração e todo cidadão possa ter acesso ao bem pretendido. Ademais, no campo das telecomunicações, é certo que a Constituição admite a outorga do serviço mediante simples autorização (CRFB, art. 21, XI).*
18. In casu, o art. 29 da Lei nº 12.485/11 viabiliza que a atividade de distribuição do serviço de acesso condicionado seja outorgada mediante autorização administrativa, sem necessidade de prévio procedimento

---

[20] STF, Plenário. ADI nº 1.668-MC. Rel. Min. Marco Aurélio, j. 20.8.1998.
[21] STF, Plenário. ADI nº 4.679/DF. Rel. Min. Luiz Fux, j. 8.11.2017, publ. 5.4.2018, p. 12 do Acórdão.
[22] STF, Plenário. ADI nº 4.679/DF. Rel. Min. Luiz Fux, j. 8.11.2017, pub. 5.4.2018, p. 7 do Acórdão.

licitatório, o que se justifica diante da nova e abrangente definição do SeAC (art. 2º, XXIII, da Lei nº 12.485/11), apta a abarcar todas as possíveis plataformas tecnológicas existentes (e não apenas cabos físicos e ondas de radiofrequência), bem como diante da qualificação privada recebida pela atividade no novo marco regulatório da comunicação audiovisual. Inexistência de ofensa material à Constituição de 1988. (Grifos nossos)

Outro julgado que merece destaque é uma decisão monocrática do TRF da 1ª Região e diz respeito ao tema deste artigo, a autorização no âmbito do transporte coletivo terrestre interestadual. Na decisão, reconheceu-se a validade jurídica da autorização prevista no art. 14, III, "j", da Lei nº 10.233/2001:[23]

> A opção do Poder Público pela autorização modifica totalmente o quadro do transporte interestadual de passageiros, visto que, a partir da alteração legislativa, esse serviço público não mais se enquadra na necessidade de licitação. De fato, o art. 37, XXI, da Constituição, prevê como ressalva os "casos especificados na legislação". A hipótese de que trata os autos passou a se enquadrar na ressalva, por estar estabelecido em lei que o transporte coletivo interestadual de passageiros deve ser outorgado mediante autorização, independentemente de licitação. Assim, rejeito a alegação de inconstitucionalidade do art. 14, III, "j", da Lei n. 10.223/2001, com a redação dada pelo art. 3º.

Só que, além das decisões que validam o modelo de autorizações de serviço público, a ótica sob a qual dever ser avaliada a sua aceitação pelo Judiciário é a ausência de decisões paradigmáticas considerando inválida a sistemática de delegação via autorização de serviço público. Ainda que presente em diversos diplomas legais e setores, não houve reconhecimento de inconstitucionalidade da figura em qualquer dos setores no qual ela é prevista e utilizada; a sua utilização sendo reconhecida legal e institucionalmente em diversos setores. À título

---

[23] TRF-1ª Região. AI nº 0015250-83.2015.4.01.0000/DF. Rel. Des. Daniel Paes Ribeiro, decisão monocrática proferida em 12.6.2015, pub. 19.6.2015.

de exemplo, podem ser citados, além do setor rodoviário: o setor de energia,[24] o setor de telecomunicação[25] e o setor portuário.[26]

## 4 A discussão na ADI n° 5.549/DF e na ADI n° 6.270/DF

A partir da posição de que a autorização não é figura legítima para realizar a delegação de serviço público, duas ações diretas de inconstitucionalidade foram ajuizadas visando declarar inconstitucional o art. 14, III, "j", da Lei n° 10.223/2001 (ADI n°s 5.549/DF e 6.270/DF). A primeira delas, a ADI n° 5.549/DF, foi ajuizada em 20.6.2016 pelo procurador-geral da República. A segunda, ADI n° 6.270/DF, por sua vez, foi proposta em 26.11.2019 pela Associação Nacional das Empresas de Transporte Rodoviário de Passageiros – Anatrip.

Até a finalização deste artigo (19.2.2021), as ADI ainda não haviam sido julgadas, após terem sido pautas, adiadas e retiradas de pautas diversas vezes.[27] No entanto, a análise de seus objetos é relevante para avaliar o debate e expor o nosso posicionamento a respeito da questão.

Ambas as ações possuem linha argumentativa bastante similar naquilo que é o cerne das ações. Encontram o seu fundamento no mesmo fundamento jurídico, o da impossibilidade jurídica de delegação de serviço público sem a prévia realização de licitação, em virtude da redação do art. 175 da CF/88.

A tendência do Supremo Tribunal Federal, na linha de sua jurisprudência existente, ainda que tímida, é reputar válida a utilização da autorização de serviço público de transporte coletivo rodoviário interestadual e internacional de passageiros.

---

[24] Art. 11, *caput*, da Lei n° 9.074/1995: "Considera-se produtor independente de energia elétrica a pessoa jurídica ou empresas reunidas em consórcio que recebam concessão ou autorização do poder concedente, para produzir energia elétrica destinada ao comércio de toda ou parte da energia produzida, por sua conta e risco".

[25] Art. 131, §1°, da Lei n° 9.472/1997: "Autorização de serviço de telecomunicações é o ato administrativo vinculado que faculta a exploração, no regime privado, de modalidade de serviço de telecomunicações, quando preenchidas as condições objetivas e subjetivas necessárias".

[26] Art. 1°, §2°, da Lei n° 12.815/2013: "A exploração indireta das instalações portuárias localizadas fora da área do porto organizado ocorrerá mediante autorização, nos termos desta Lei".

[27] Originalmente pautadas para serem julgadas no dia 21.10.2020. Posteriormente foram pautadas para o dia 11.2.2021, mas em razão da extensão do julgamento do RE n° 1.010.606/RJ (que versava sobre o direito ao esquecimento), não foi possível julgá-las, adiando-se o julgamento para o dia 18.2.2021. Por fim, no dia 17.2.2021, ambas as ADI foram excluídas da pauta, após pedido de retirada de pauta realizado pela Anatrip (autora da ADI n° 6.270/DF).

Trata-se de entendimento que parece ser o mais acertado. A autorização de serviço público no âmbito do transporte coletivo rodoviário de passageiros não tem configurações que violam bens jurídicos constitucionais. O máximo que poderia ser adequado é o pronunciamento do Supremo Tribunal Federal no sentido de dar interpretação conforme a Constituição, esclarecendo que a referida autorização é ato vinculado.

Isso bastaria para deixar o dispositivo impugnado adequado à Constituição e estaria em consonância com o entendimento do STF na ADI nº 4.679/DF, em que se esclarece que a delegação por autorização não viola o dever de licitação se não houver competição pelas delegações. Ora, trata-se de entendimento óbvio: se todos aqueles que cumprem o requisito serão autorizados a prestar o serviço público (caso cumpram os requisitos exigidos), não há o que se falar em necessidade de licitação – a qual só se justifica diante da existência de competidores na disputa por um bem escasso.

Nesse sentido de que vinculação é um fator determinante para a constitucionalidade da autorização como instrumento de delegação, está a doutrina de André Luiz Freire, para quem a natureza de ato vinculado é um requisito de validade necessário para a autorização de serviço público:[28]

> [A] competência para editar a autorização de serviço público deverá ser vinculada, a fim de garantir o princípio da isonomia. Isso, porém, só terá sentido quando for tecnicamente possível e conveniente para a realização dos princípios da universalidade e da adequação que o maior número possível de interessados venha a prestar o serviço atuando num regime de competição.

Essa diretriz de validade está diretamente relacionada à razão de ser da possibilidade de autorização como instrumento de delegação para os serviços descritos nos incs. XI e XII do art. 21. Como são serviços que, potencialmente, não configuram monopólios naturais, podem, em tese, ser prestados por ampla quantidade de agentes, isto é, todos aqueles que o desejarem e preencherem os requisitos elegidos pelo Poder Público.

Os tradicionais serviços públicos constituem monopólios naturais, como o de fornecimento de água, fornecimento de energia elétrica domiciliar e esgotamento sanitário, por isso, a percepção de que a

---

[28] FREIRE, André Luiz. *O regime de direito público na prestação de serviços públicos por pessoas privadas.* São Paulo: Malheiros, 2015. p. 397.

delegação de serviço público sem licitação significaria burla à licitação. Só que, como a jurisprudência do STF e a doutrina vêm compreendendo a questão, os serviços públicos descritos no art. 21, XI e XII, da CF são passíveis de serem submetidos a uma lógica distinta pelo expresso reconhecimento constitucional de que não constituem, necessariamente, monopólio natural.

Esse é o entendimento que se espera seja prestigiado pelo STF quando do julgamento das ADI nºs 5.549/DF e 6.270/DF, reconhecendo-se a constitucionalidade do art. 14, III, "j", da Lei nº 10.223/2001.

## 5 Novos modelos de prestação do serviço de transporte coletivo rodoviário e a autorização de serviço público

Para além das discussões jurídicas envolvendo a autorização de serviço público, outra questão que se coloca no âmbito do transporte rodoviário coletivo regular (internacional e interestadual) é a existência de modelos de prestação do serviço propiciados pelos avanços tecnológicos e que fogem aos tradicionais modelos de prestação existentes.

O caso mais notório é o da Buser.

A empresa adota um modelo de negócios que, na imprensa, é chamado de "Uber de ônibus".[29] Diante da incompatibilidade de seu modelo de prestação de serviços com aquele traçado na legislação e na prática regulatória, a Buser, como outras empresas do setor, vale-se de soluções alternativas para exercer sua atividade.

A Buser atua em parceria com empresas que possuem autorização de transporte rodoviário fretado (e não para transporte rodoviário regular). Em suas plataformas digitais, a Buser oferece, ao público geral, passagens das viagens dessas empresas de transporte fretado para diversas localidades e em diversos horários.

Assim, sem possuir a autorização para transporte rodoviário coletivo regular, a Buser e as empresas parceiras conseguem ofertar um serviço que, materialmente, muito se assemelha ao transporte coletivo rodoviário regular, mas que, juridicamente, está qualificado como transporte fretado. Essa arquitetura jurídica tem seu complicador: a identidade material entre os serviços oferecidos é compreendida por

---

[29] KER, João. Buser diz que proposta de regulamentação do governo de SP vai eliminar 'Uber dos ônibus' no Estado. *Terra*, 28 out. 2020. Disponível em: https://www.terra.com.br/noticias/brasil/cidades/buser-diz-que-proposta-de-regulamentacao-do-governo-de-sp-vai-eliminar-uber-dos-onibus-no-estado,b89f59d54710da0aebbfb489271683f5e2lvk4rl.html. Acesso em: 11 fev. 2021.

agentes tradicionais do mercado e agências reguladoras estaduais e federal como prática de ilicitude pela Buser.[30] Ora, a Buser atua em uma esfera jurídico-formal que corresponde ao tradicional espaço conferido às autorizações nos âmbitos de atividades materiais a que se atribui o regime de serviço público: atividades enumeradas nos incs. XI e XII do art. 21 da CF/88, mas prestadas para grupo restrito de pessoas e sem sujeição a compromissos típicos de atividades prestadas sob o regime de serviço público, "como o fornecimento contínuo e dotado de certa regularidade preestabelecida pela Administração".[31]

Os problemas regulatórios e judiciais que acometem as empresas como a Buser decorrem de compreensão de atividades das entidades reguladoras e tradicionais delegatárias do serviço de transporte coletivo rodoviário de passageiros. Esses agentes interpretam a prestação de seus serviços nos moldes realizados pela Buser como uma fraude jurídica, pois haveria uma identidade material com a atividade a qual se atribui o regime jurídico de serviço público, o transporte coletivo rodoviário regular de passageiros interestadual e internacional.

O que se deve atentar é que a sua configuração formal dentro do setor no qual está situada conjugada com os contornos que o incremento tecnológico proporciona à atividade que presta talvez devesse levar a atividade da Buser a ser considerada, tal qual o Uber, serviço de interesse econômico geral. Trata-se de figura que surge, primeiro no direito estrangeiro, visando "satisfazer necessidades individuais de natureza comum, mediante a otimização de recursos econômicos e se valendo de recursos de Informática e da Internet".[32] Uma aproximação conceitual proposta por Marçal Justen Filho define os serviços econômicos de interesse geral como "atividades que envolvem a exploração de recursos econômicos para a satisfação de necessidades coletivas relevantes, de caráter comum a todas as pessoas".[33] Ainda esclarece Marçal Justen

---

[30] Essa compreensão já resultou em decisões proibindo a Buser de exercer suas atividades em certos estados. Por exemplo, a decisão proibindo a Buser de comercializar passagens que tenham como origem ou destino o Rio Grande do Sul (TRF-4. AI n° 5018509-41.2020.4.04.0000/ RS. Rel. Des. Rógerio Favreto, decisão monocrática, j. 25.5.2020).

[31] ANDRADE, Letícia Queiroz de. *Teoria das relações jurídicas da prestação de serviço público sob o regime de concessão*. São Paulo: Malheiros, 2015. p. 179.

[32] JUSTEN FILHO, Marçal. Serviços de interesse econômico geral no Brasil: os invasores. *In*: WALD, Arnoldo; JUSTEN FILHO, Marçal; PEREIRA, Cesar Augusto Guimarães (Org.). *O direito administrativo na atualidade*. São Paulo: Malheiros, 2017. p. 797.

[33] JUSTEN FILHO, Marçal. Serviços de interesse econômico geral no Brasil: os invasores. *In*: WALD, Arnoldo; JUSTEN FILHO, Marçal; PEREIRA, Cesar Augusto Guimarães (Org.). *O direito administrativo na atualidade*. São Paulo: Malheiros, 2017. p. 785-786.

Filho que "[e]m muitos casos trata-se de serviços de interesse coletivo, que estão subordinados a um regime regulatório diferenciado das atividades econômicas em geral".[34]

Um dos aspectos que faz vislumbrar o encaixe conceitual desta figura em relação à Buser é o fato de os serviços econômicos de interesse geral fugirem a certas características mais rígidas do serviço público. Desse modo, não estão sujeitos à obrigação de serviço universal, podendo "escolher os mais mercados mais vantajosos, os horários mais satisfatórios e as condições mais interessantes para o desempenho de sua atividade".[35]

Essa talvez seja a leitura mais adequada à intermediação de contratações de fretamentos colaborativos realizada pela Buser. Afinal, a plataforma, como esclarecem Gustavo Binenbojm et al., "não constitui prestador de serviço de transporte em si – que, na verdade, é executado por empresas devidamente registradas para as atividades de fretamento".[36]

O conceito de serviço de econômico de interesse geral parecem servir para esclarecer os pontos cegos de regimes jurídicos nos quais empresas como a Buser acabam se inserindo. É o que pontuam Gustavo Binenbojm et al., uma vez que "as inovações disruptivas surgem em espaço não normatizado".[37]

Deve-se ressaltar um bom argumento que os referidos autores trazem a respeito da validade do modelo de negócios da Buser, o qual denominam de economia compartilhada (*sharing economy*) e que consistiria em eventos nos quais diversas pessoas consomem bens ou serviços em processo econômico de engajamento em atividades comuns.[38]

---

[34] JUSTEN FILHO, Marçal. Serviços de interesse econômico geral no Brasil: os invasores. In: WALD, Arnoldo; JUSTEN FILHO, Marçal; PEREIRA, Cesar Augusto Guimarães (Org.). *O direito administrativo na atualidade*. São Paulo: Malheiros, 2017. p. 786.

[35] JUSTEN FILHO, Marçal. Serviços de interesse econômico geral no Brasil: os invasores. In: WALD, Arnoldo; JUSTEN FILHO, Marçal; PEREIRA, Cesar Augusto Guimarães (Org.). *O direito administrativo na atualidade*. São Paulo: Malheiros, 2017. p. 798.

[36] BINENBOJM, Gustavo; CYRINO, André; VORONOFF, Alice; KOATZ, Rafael L. O fretamento colaborativo de serviços de transporte coletivo (o caso Buser). In: BINENBOJM, Gustavo; CYRINO, André; VORONOFF, Alice; KOATZ, Rafael L. *Direito da regulação econômica*: teoria e prática. Belo Horizonte: Fórum, 2020. Posição 14.031.

[37] BINENBOJM, Gustavo; CYRINO, André; VORONOFF, Alice; KOATZ, Rafael L. O fretamento colaborativo de serviços de transporte coletivo (o caso Buser). In: BINENBOJM, Gustavo; CYRINO, André; VORONOFF, Alice; KOATZ, Rafael L. *Direito da regulação econômica*: teoria e prática. Belo Horizonte: Fórum, 2020. Posição 14.043.

[38] BINENBOJM, Gustavo; CYRINO, André; VORONOFF, Alice; KOATZ, Rafael L. O fretamento colaborativo de serviços de transporte coletivo (o caso Buser). In: BINENBOJM, Gustavo; CYRINO, André; VORONOFF, Alice; KOATZ, Rafael L. *Direito da regulação econômica*: teoria e prática. Belo Horizonte: Fórum, 2020. Nota de rodapé 864.

[É] importante registrar que o fato de tanto o fretamento como os transportes interestaduais estarem sujeitos ao regime de autorização esvazia os argumentos relativos a uma suposta violação à universalidade dos serviços públicos ou a política de subsídios cruzados, uma vez que, em ambos os casos, a regra é o regime concorrencial.[39]

Por fim, importante ressaltar que reconhecimento de espaço legítimo ao fretamento colaborativo vêm ocorrendo em diversos estados. Nesse sentido, cabe destacar duas manifestações de poderes públicos estaduais. Em primeiro lugar, o estado de Minas Gerais regulou a sua prática no âmbito do transporte intermunicipal dentro de seus limites territoriais.[40] No estado de São Paulo, por sua vez, o TJSP reconheceu a validade, no âmbito estadual, da atividade. Deve-se destacar um trecho dessa importante decisão que validou a autonomia do fretamento colaborativo em relação ao transporte rodoviário coletivo regular de passageiros:[41]

> [O] modelo de negócios explorado pela parte agravante (utilização de plataforma tecnológica e fretamento em circuito aberto com mais de um destino), não descaracteriza a prestação de serviços de fretamento, cuja atividade foi devidamente autorizada no âmbito da Administração Pública.

## 6 Conclusão

O que as breves reflexões trazidas neste artigo procuram demonstrar é a impossibilidade de se sujeitar o transporte coletivo rodoviário interestadual e internacional de passageiros ao mesmo regime jurídico que tradicionalmente se atribui aos serviços públicos que constituem monopólio natural.

Ao contrário dos tradicionais serviços públicos, os serviços públicos enumerados nos incs. XI e XII estão sujeitos à maior abertura experimental. E isso está positivado. A possibilidade da utilização de

---

[39] BINENBOJM, Gustavo; CYRINO, André; VORONOFF, Alice; KOATZ, Rafael L. O fretamento colaborativo de serviços de transporte coletivo (o caso Buser). In: BINENBOJM, Gustavo; CYRINO, André; VORONOFF, Alice; KOATZ, Rafael L. Direito da regulação econômica: teoria e prática. Belo Horizonte: Fórum, 2020. Posição 13.996.

[40] Decreto nº 48.121, de 13.1.2021, do estado de Minas Gerais. O decreto disciplina a autorização para prestação de serviço de transporte de passageiro, não aberto ao público, caracterizado como fretamento contínuo ou eventual.

[41] TJSP. Agravo de Instrumento nº 2302628-54.2020.8.26.0000. Rel. Des. Francisco Bianco, j. 19.1.2021, disponibilização em 19.1.2021.

autorização como instrumento de delegação é o reconhecimento do direito positivo da maior liberdade do regime jurídico incidente sobre aqueles serviços.

Sob essa ótica deve ser feita leitura do serviço público de transporte rodoviário coletivo interestadual e internacional de passageiros. A autorização como o seu instrumento de delegação deve fazer essa atividade sujeitar-se à ampla concorrência, o que deve ser benéfico aos usuários do serviço, em face de suas características econômicas.

Ademais, essa abertura constitucionalmente prevista deve permitir interpretações mais permissivas a experimentações no setor de transporte rodoviário. As atividades propiciadas pelas inovações tecnológicas, como a realizada pela Buser, não devem ser de plano rechaçadas por interpretações excessivamente rigorosas pelo simples fato de ocorrerem em setores nos quais há prestações de serviço público.

Em suma, deve-se conferir legitimidade e reconhecimento jurídico ao art. 21, XI e XII, da CF e a previsão da autorização como instrumento de delegação de serviço público, no caso do setor de transportes rodoviários.

## Referências

ANDRADE, Letícia Queiroz de. *Teoria das relações jurídicas da prestação de serviço público sob o regime de concessão*. São Paulo: Malheiros, 2015.

ARAGÃO, Alexandre dos Santos. *Direito dos serviços públicos*. 3. ed. Belo Horizonte: Fórum, 2017.

BANDEIRA DE MELLO, Celso Antônio. *Curso de direito administrativo*. 34. ed. São Paulo: Malheiros, 2019.

BANDEIRA DE MELLO, Celso Antônio. *Serviço público e concessão de serviço público*. São Paulo: Malheiros, 2017.

BINENBOJM, Gustavo. A assimetria regulatória no setor de transporte coletivo de passageiro: a constitucionalidade do art. 3º da lei nº 12.996/2014. *In*: PEIXINHO, Manoel Messias; PEREIRA JÚNIOR, Jessé Torres; MOURA, Emerson Affonso da Costa (Org.). *Mutações do direito administrativo*: estudos em homenagem ao professor Diogo de Figueiredo Moreira Neto. Rio de Janeiro: Lumen Juris, 2018.

BINENBOJM, Gustavo; CYRINO, André; VORONOFF, Alice; KOATZ, Rafael L. O fretamento colaborativo de serviços de transporte coletivo (o caso Buser). *In*: BINENBOJM, Gustavo; CYRINO, André; VORONOFF, Alice; KOATZ, Rafael L. *Direito da regulação econômica*: teoria e prática. Belo Horizonte: Fórum, 2020.

CARVALHO FILHO, José dos Santos. *Manual de direito administrativo*. 34. ed. Rio de Janeiro: Atlas, 2020.

DI PIETRO, Maria Sylvia Zanella. *Direito administrativo*. 31. ed. Rio de Janeiro: Forense, 2018.

FERRAZ, Sérgio; SAAD, Amauri Feres. *A autorização de serviço público*. São Paulo: Malheiros, 2018.

FREIRE, André Luiz. *O regime de direito público na prestação de serviços públicos por pessoas privadas*. São Paulo: Malheiros, 2015.

GRAU, Eros Roberto. *A ordem econômica na Constituição de 1988*. 19. ed. São Paulo: Malheiros, 2018.

GROTTI, Dinorá Adelaide Musetti. *O serviço público e a Constituição brasileira de 1988*. São Paulo: Malheiros, 2003.

JUSTEN FILHO, Marçal. Serviços de interesse econômico geral no Brasil: os invasores. *In*: WALD, Arnoldo; JUSTEN FILHO, Marçal; PEREIRA, Cesar Augusto Guimarães (Org.). *O direito administrativo na atualidade*. São Paulo: Malheiros, 2017.

JUSTEN FILHO, Marçal. *Teoria geral das concessões de serviço público*. São Paulo: Dialética, 2003.

KER, João. Buser diz que proposta de regulamentação do governo de SP vai eliminar 'Uber dos ônibus' no Estado. *Terra*, 28 out. 2020. Disponível em: https://www.terra.com.br/noticias/brasil/cidades/buser-diz-que-proposta-de-regulamentacao-do-governo-de-sp-vai-eliminar-uber-dos-onibus-no-estado,b89f59d54710da0aebbfb489271683f5e2l vk4rl.html. Acesso em: 11 fev. 2021.

MARTINS, Ricardo Marcondes. *Regulação administrativa à luz da Constituição Federal*. São Paulo: Malheiros, 2011.

MENEGAT, Fernando. *Serviço público, regulação e concorrência*: as autorizações regulatórias nos setores de infraestrutura. Rio de Janeiro: Lumen Juris, 2020.

MOREIRA, Egon Bockmann. *Direito das concessões de serviço público*: inteligência da Lei 8.987/1995 (parte geral). São Paulo: Malheiros, 2010.

POSNER, Richard. *Natural monopoly and its regulation*. Washington D.C.: Cato Institute, 1999.

ROCHA, Cármen Lúcia Antunes. *Estudo sobre concessão e permissão de serviço público no direito brasileiro*. São Paulo: Saraiva, 1996.

---

Informação bibliográfica deste texto, conforme a NBR 6023:2018 da Associação Brasileira de Normas Técnicas (ABNT):

OLIVEIRA, Gustavo Justino de; FERRAZ, Pedro da Cunha. Dilemas regulatórios na prestação do serviço de transporte coletivo rodoviário interestadual e internacional de passageiros: a autorização de serviço público na Lei n° 10.233/01 ante as inovações tecnológicas que impactam o setor de transportes. *In*: TOJAL, Sebastião Botto de Barros; SOUZA, Jorge Henrique de Oliveira (Coord.). *Direito e infraestrutura*: rodovias e ferrovias – 20 anos da Lei n° 10.233/2001. Belo Horizonte: Fórum, 2021. v. 2, p. 103-121. ISBN 978-65-5518-209-5.

# ARBITRAGEM NAS CONCESSÕES DE TRANSPORTE ENVOLVENDO A ANTT: UMA ANÁLISE COMPARATIVA DA RESOLUÇÃO Nº 5.485/2019 E DO DECRETO Nº 10.025/2019

GUSTAVO JUSTINO DE OLIVEIRA

FELIPE RAZZINI

## 1 O incremento do uso da arbitragem pela ANTT

A arbitragem, originalmente método heterocompositivo de resolução de conflitos típico das relações privadas, tem sido cada vez mais requisitada pela Administração Pública para dirimir controvérsias oriundas de contratos da seara pública. A nova cultura da consensualidade, diametralmente oposta à da litigiosidade e da judicialização dos conflitos, vai ganhando espaço nos debates públicos e assumindo um papel de diretriz para a pacificação dos conflitos entre a Administração Pública e entes particulares.

Conforme se extrai do relatório *Arbitragem em números*,[1] as arbitragens envolvendo entes da Administração Pública direta e indireta representaram aproximadamente 10% do número total de arbitragens instauradas no ano de 2018 perante 8 (oito) câmaras arbitrais (CCI,

---

[1] LEMES, Selma (Coord.). *Arbitragem em números*. 2019. Disponível em: http://selmalemes.adv.br/artigos/PesquisaArbitragens2019.pdf. Acesso em: 10 fev. 2021.

CAM/CCBC, CAM B3, entre outras). A relação é de 28 arbitragens em um universo de aproximadamente 200 procedimentos. No caso da ANTT, tal evolução se mostra ainda mais evidente, visto que a autarquia é a entidade pública que mais participa de arbitragens no Brasil – atualmente, são 8 (oito) procedimentos arbitrais, conforme se extrai do *site* eletrônico do Ministério da Infraestrutura:

| | | | |
|---|---|---|---|
| **ViaBahia** | ANTT | CAM-CCBC | R$ 3 bi |
| **Concebra** | ANTT | CCI | R$ 787 mi |
| **Via040** | ANTT | CCI | R$ 140 mi |
| **Via040** | ANTT | CCI | R$ 6,3 mi |
| **MGO (Eco050)** | ANTT | CCI | R$ 18 mi |
| **MS Via** | ANTT e União | CCI | R$ 765 mi |
| **Galvão** | ANTT e União | CCI | R$ 690 mi |
| **Rota do Oeste** | ANTT e União | CCI | R$ 765 mi |
| | | **TOTAL** | **R$ 6,2 bi** |

Além disso, em 14.5.2019, a ANTT editou a Resolução nº 5.845/2019, que dispõe sobre "regras procedimentais para a autocomposição e a arbitragem no âmbito da ANTT". Entre as inúmeras disposições inovadoras, podemos destacar as seguintes: (i) a individualização dos direitos patrimoniais passíveis de discussão em arbitragem,[2] (ii) a ANTT pode celebrar compromissos arbitrais mesmo na ausência de uma cláusula compromissória no contrato em disputa, desde que sejam avaliadas as vantagens e desvantagens de submeter a controvérsia à arbitragem,[3] (iii) foram elencados os documentos do procedimento

---

[2] "Art. 2º São considerados direitos patrimoniais disponíveis, sujeitos ao procedimento de Solução de Controvérsias regulado pela presente Resolução: I - questões relacionadas à recomposição do equilíbrio econômico-financeiro dos contratos; II - indenizações decorrentes da extinção ou transferência do Contrato; III - penalidades contratuais e seu cálculo, bem como controvérsias advindas da execução de garantias; IV - o processo de relicitação do contrato nas questões que envolvam o cálculo das indenizações pelo órgão ou pela entidade competente; e V - o inadimplemento de obrigações contratuais por qualquer das partes. Parágrafo único. Quaisquer outros litígios, controvérsias ou discordâncias relativas a direitos patrimoniais disponíveis decorrentes do contrato não previstos acima poderão ser resolvidos por arbitragem, desde que as partes, em comum acordo, celebrem compromisso arbitral, definindo o objeto, a forma, as condições, conforme definido no art. 12".

[3] "Art. 12. Não havendo cláusula compromissória de arbitragem, a ANTT poderá celebrar compromisso arbitral para dirimir os litígios de que trata o art. 2º e seu parágrafo único. §1º Para celebrar compromisso arbitral, a ANTT avaliará previamente as vantagens e desvantagens da arbitragem no caso concreto quanto ao prazo para a solução do litígio, ao custo do procedimento e à natureza da questão litigiosa. §2º A análise dos efeitos a serem

arbitral que devem ser disponibilizados no *site* eletrônico da ANTT para assegurar a publicidade da arbitragem[4] e (iv) a legislação aplicável é a brasileira, sendo vedada qualquer lei estrangeira e o julgamento por equidade.[5]

Trata-se de norma inovadora e anterior ao próprio Decreto n° 10.025/2019,[6] editado em setembro de 2019 pelo Governo Federal e que estabeleceu diretrizes nacionais "sobre a arbitragem para dirimir litígios que envolvam a administração pública federal nos setores portuário e de transporte rodoviário, ferroviário, aquaviário e aeroportuário".

Ambos os dispositivos legais, de certa forma, convergem entre si, de modo que elencaremos, no próximo item, algumas de suas regras mais relevantes, em uma visão comparativa dos dois atos normativos, apresentando também as divergências normativas entre eles.

---

alcançados no caso concreto será instruída com manifestação técnica da Superintendência de Processo Organizacional envolvida e parecer jurídico. §3º A celebração de compromisso arbitral será decidida pela Diretoria Colegiada".

[4] "Art. 22. As informações no processo arbitral serão públicas e de livre acesso, sendo os seguintes documentos disponibilizados no sítio eletrônico da ANTT: I - o requerimento de instauração da arbitragem; II - a resposta ao requerimento, as defesas, a réplica, a tréplica e outras manifestações das partes apresentada sobre o mérito; III - as provas produzidas; e IV - as decisões do tribunal arbitral. §1º Nos documentos previstos no caput, haverá uma versão pública e, conforme a necessidade, uma versão sigilosa. §2º As versões pública e sigilosa serão produzidas pelos interessados, nas hipóteses dos incisos de I e II, e pelo tribunal arbitral, nos casos dos incisos III e IV. §3º Caberá à ANTT indicar ao tribunal arbitral o sigilo das informações sob sua responsabilidade. §4º A audiência arbitral respeitará o princípio da privacidade, sendo reservada aos árbitros, secretários do tribunal arbitral, partes, respectivos procuradores, testemunhas, assistentes técnicos, peritos, funcionários da instituição de arbitragem e demais pessoas previamente autorizadas pelo tribunal arbitral".

[5] "Art. 25. A sentença arbitral deve ser baseada nas leis brasileiras, incluindo as normas expedidas pela ANTT. Parágrafo único. Não se aplicará leis estrangeiras ou equidade, independente da parte".

[6] BRASIL. *Decreto nº 10.025, de 20 de setembro de 2019*. Disponível em: http://www.planalto.gov.br/ccivil_03/_Ato2019-2022/2019/Decreto/D10025.htm. Acesso em: 10 fev. 2021.

## 2 Análise comparativa da Resolução ANTT n° 5.845/2019 com o Decreto Federal n° 10.025/2019

### 2.1 As convergências normativas

(continua)

| No que diz respeito ao objeto da arbitragem | |
|---|---|
| **Resolução ANTT n° 5.845/2019** | **Decreto n° 10.025/2019** |
| "Art. 2° São considerados direitos patrimoniais disponíveis, sujeitos ao procedimento de Solução de Controvérsias regulado pela presente Resolução:<br>I - questões relacionadas à recomposição do equilíbrio econômico-financeiro dos contratos;<br>II - indenizações decorrentes da extinção ou transferência do Contrato;<br>III - penalidades contratuais e seu cálculo, bem como controvérsias advindas da execução de garantias;<br>IV - o processo de relicitação do contrato nas questões que envolvam o cálculo das indenizações pelo órgão ou pela entidade competente; e<br>V - o inadimplemento de obrigações contratuais por qualquer das partes.<br>Parágrafo único. Quaisquer outros litígios, controvérsias ou discordâncias relativas a direitos patrimoniais disponíveis decorrentes do contrato não previstos acima poderão ser resolvidos por arbitragem, desde que as partes, em comum acordo, celebrem compromisso arbitral, definindo o objeto, a forma, as condições, conforme definido no art. 12". | "Art. 2° Poderão ser submetidas à arbitragem as controvérsias sobre direitos patrimoniais disponíveis.<br>Parágrafo único. Para fins do disposto neste Decreto, consideram-se controvérsias sobre direitos patrimoniais disponíveis, entre outras:<br>I - as questões relacionadas à recomposição do equilíbrio econômico-financeiro dos contratos;<br>II - o cálculo de indenizações decorrentes de extinção ou de transferência do contrato de parceria; e<br>III - o inadimplemento de obrigações contratuais por quaisquer das partes, incluídas a incidência das suas penalidades e o seu cálculo". |
| **No que diz respeito à necessidade de a decisão administrativa contestada na arbitragem ser definitiva e insuscetível de reforma** | |
| **Resolução ANTT n° 5.845/2019** | **Decreto n° 10.025/2019** |
| "Art. 4° As controvérsias só poderão ser submetidas ao regramento descrito nesta Resolução após decisão definitiva da ANTT.<br>Parágrafo único. Considera-se definitiva a decisão administrativa quando dela não couber mais recurso". | "Art. 3° A arbitragem de que trata este Decreto observará as seguintes condições: [...]<br>VIII - a decisão administrativa contestada na arbitragem deverá ser definitiva, assim considerada aquela insuscetível de reforma por meio de recurso administrativo". |

(continua)

| No que diz respeito à aplicação da lei brasileira e da língua portuguesa nas arbitragens | |
|---|---|
| **Resolução ANTT n° 5.845/2019**<br>"Art. 23. A arbitragem será realizada em Brasília, Distrito Federal, Brasil, utilizando-se a língua portuguesa como idioma oficial para a prática de todo e qualquer ato. [...]<br>Art. 25. A sentença arbitral deve ser baseada nas leis brasileiras, incluindo as normas expedidas pela ANTT.<br>Parágrafo único. Não se aplicará leis estrangeiras ou equidade, independente da parte". | **Decreto n° 10.025/2019**<br>"Art. 3° A arbitragem de que trata este Decreto observará as seguintes condições:<br>I - será admitida exclusivamente a arbitragem de direito;<br>II - as regras de direito material para fundamentar a decisão arbitral serão as da legislação brasileira;<br>III - a arbitragem será realizada na República Federativa do Brasil e em língua portuguesa; [...]<br>§2° Fica vedada a arbitragem por equidade". |
| **No que diz respeito à aplicação do princípio da publicidade à arbitragem** | |
| **Resolução ANTT n° 5.845/2019**<br>"Art. 22. As informações no processo arbitral serão públicas e de livre acesso, sendo os seguintes documentos disponibilizados no sítio eletrônico da ANTT:<br>I - o requerimento de instauração da arbitragem;<br>II - a resposta ao requerimento, as defesas, a réplica, a tréplica e outras manifestações das partes apresentadas sobre o mérito;<br>III - as provas produzidas; e<br>IV - as decisões do tribunal arbitral.<br>§1° Nos documentos previstos no caput, haverá uma versão pública e, conforme a necessidade, uma versão sigilosa.<br>§2° As versões pública e sigilosa serão produzidas pelos interessados, nas hipóteses dos incisos de I e II, e pelo tribunal arbitral, nos casos dos incisos III e IV.<br>§3° Caberá à ANTT indicar ao tribunal arbitral o sigilo das informações sob sua responsabilidade.<br>§4° A audiência arbitral respeitará o princípio da privacidade, sendo reservada aos árbitros, secretários do tribunal arbitral, partes, respectivos procuradores, testemunhas, assistentes técnicos, peritos, funcionários da instituição de arbitragem e demais pessoas previamente autorizadas pelo tribunal arbitral". | **Decreto n° 10.025/2019**<br>"Art. 3° A arbitragem de que trata este Decreto observará as seguintes condições: [...]<br>IV - as informações sobre o processo de arbitragem serão públicas, ressalvadas aquelas necessárias à preservação de segredo industrial ou comercial e aquelas consideradas sigilosas pela legislação brasileira; [...]". |

(continua)

| No que diz respeito à qualificação dos árbitros e aos requisitos para reconhecimento de impedimento ou suspeição ||
|---|---|
| **Resolução ANTT nº 5.845/2019** "Art. 20. São requisitos para o exercício da função de árbitro: I - estar no gozo de plena capacidade civil; II - deter conhecimento técnico compatível com a natureza do litígio; III - não ter, com as partes ou com o litígio que lhe for submetido, relações que caracterizem os casos de impedimento ou suspeição de juízes, conforme previsto no Código de Processo Civil". | **Decreto nº 10.025/2019** "Art. 12. Os árbitros serão escolhidos nos termos estabelecidos na convenção de arbitragem, observados os seguintes requisitos mínimos: I - estar no gozo de plena capacidade civil; II - deter conhecimento compatível com a natureza do litígio; e III - não ter, com as partes ou com o litígio que lhe for submetido, relações que caracterizem as hipóteses de impedimento ou suspeição de juízes, conforme previsto na Lei nº 13.105, de 2015 - Código de Processo Civil, ou outras situações de conflito de interesses previstas em lei ou reconhecidas em diretrizes internacionalmente aceitas ou nas regras da instituição arbitral escolhida. Parágrafo único. O ingresso no País de árbitros e equipes de apoio residentes no exterior, exclusivamente para participação em audiências de procedimentos arbitrais com sede no País, é hipótese de visita de negócios, nos termos do disposto no §3º do art. 29 do Decreto nº 9.199, de 20 de novembro de 2017, respeitados os prazos de estada e as demais condições da legislação de imigração aplicável". |

(conclusão)

| No que diz respeito ao compromisso arbitral | |
|---|---|
| **Resolução ANTT n° 5.845/2019**<br>"Art. 12. Não havendo cláusula compromissória de arbitragem, a ANTT poderá celebrar compromisso arbitral para dirimir os litígios de que trata o art. 2° e seu parágrafo único.<br>§1° Para celebrar compromisso arbitral, a ANTT avaliará previamente as vantagens e desvantagens da arbitragem no caso concreto quanto ao prazo para a solução do litígio, ao custo do procedimento e à natureza da questão litigiosa.<br>§2° A análise dos efeitos a serem alcançados no caso concreto será instruída com manifestação técnica da Superintendência de Processo Organizacional envolvida e parecer jurídico.<br>§3° A celebração de compromisso arbitral será decidida pela Diretoria Colegiada.<br>Art. 13. A proposta de estabelecimento do compromisso arbitral preferencialmente incluirá o aditivo contratual para a inclusão da cláusula compromissória prevista no art. 27.<br>Art. 14. Caso já tenha sido proposta ação judicial por qualquer das partes, além das condições estabelecidas no art. 12, a celebração de compromisso arbitral para dirimir a questão dependerá do cumprimento dos seguintes requisitos adicionais:<br>I - relatório sobre as possibilidades de decisão favorável à ANTT e a perspectiva de tempo necessário para o encerramento do litígio perante o Poder Judiciário; e<br>II - a homologação de acordo judicial em que as partes se comprometam a levar a questão ao juízo arbitral". | **Decreto n° 10.025/2019**<br>"Art. 6° Na hipótese de ausência de cláusula compromissória, a administração pública federal, para decidir sobre a celebração do compromisso arbitral, avaliará previamente as vantagens e as desvantagens da arbitragem no caso concreto.<br>§1° Será dada preferência à arbitragem:<br>I - nas hipóteses em que a divergência esteja fundamentada em aspectos eminentemente técnicos; e<br>II - sempre que a demora na solução definitiva do litígio possa:<br>a) gerar prejuízo à prestação adequada do serviço ou à operação da infraestrutura; ou<br>b) inibir investimentos considerados prioritários.<br>§2° O compromisso arbitral poderá ser firmado independentemente de celebração prévia de termo aditivo de que trata o §3° do caput do art. 5°.<br>§3° Caso já tenha sido proposta ação judicial por quaisquer das partes, além das condições estabelecidas no caput, antes da celebração de compromisso arbitral, o órgão da Advocacia-Geral da União responsável pelo acompanhamento da ação judicial emitirá manifestação sobre as possibilidades de decisão favorável à administração pública federal e a perspectiva de tempo necessário para o encerramento do litígio perante o Poder Judiciário, quando possível de serem aferidas.<br>§4° A submissão do litígio à arbitragem na hipótese de que trata o §3° ocorrerá por compromisso arbitral judicial ou extrajudicial, nos termos do disposto no §2° do art. 9° da Lei n° 9.307, de 1996, que indicará, com precisão, o objeto do litígio.<br>§5° Na hipótese prevista no §3°, se celebrado compromisso arbitral, a petição de homologação do acordo judicial em que as partes se comprometam a levar a questão ao juízo arbitral observará o disposto na Lei n° 9.469, de 1997". |

## 2.2 As divergências normativas

Por outro lado, a resolução da ANTT e o decreto federal divergem em alguns aspectos relacionados à condução do procedimento arbitral. Em primeiro lugar, o Decreto nº 10.025/2019 permite a adoção da arbitragem na modalidade *ad hoc*, desde que devidamente justificada.[7] Por sua vez, a Diretoria Colegiada da ANTT sequer considerou a modalidade *ad hoc* ao redigir a Resolução nº 5.845/2019, tendo apresentado apenas a alternativa da arbitragem institucional.[8]

Com relação ao pagamento das custas e despesas da arbitragem, ambos os diplomas legais, via de regra, atribuem o ônus ao contratado (com a possibilidade de reembolso pela Administração Pública federal em caso de êxito na demanda). No entanto, a Resolução ANTT nº 5.845/2019 adotou uma redação mais restritiva e não vislumbrou nenhuma alternativa em que o contratado estaria desobrigado de arcar com determinados custos atrelados à arbitragem, o que poderia onerar em excesso o ente particular. É o que se extrai do quanto disposto no art. 19, *in verbis*:

> Art. 19. Toda e qualquer despesa necessária à instalação e desenvolvimento da arbitragem, abrangendo, inclusive, as custas de laudos, pareceres e perícias, bem como os honorários dos árbitros, serão suportadas exclusivamente pela Concessionária.
> §1º A ANTT somente ressarcirá tais valores em caso de condenação final.
> §2º No caso de sucumbência recíproca, as partes arcarão proporcionalmente com os custos da arbitragem.
> §3º Quaisquer valores porventura devidos pela ANTT em razão de condenação serão quitados através de precatório judicial.

Conforme disposto no *caput* mencionado acima, o contratado deve arcar com "toda e qualquer despesa necessária à instauração e desenvolvimento da arbitragem", compreendendo os custos principais

---

[7] "Art. 3º A arbitragem de que trata este Decreto observará as seguintes condições: [...] V - a arbitragem será, preferencialmente, institucional; §3º Observado o disposto no inciso V do caput, será admitida a opção pela arbitragem ad hoc, desde que devidamente justificada".

[8] "Art. 15. Os contratos de outorga de serviço público e os compromissos arbitrais firmados pela ANTT definirão expressamente uma ou mais câmaras arbitrais dentre as credenciadas, nos termos do §5º do art. 31 da Lei nº 13.448, de 05 de junho de 2017. Parágrafo único. Na hipótese de não ter sido definida a câmara arbitral previamente, a ANTT indicará três câmaras cadastradas em conformidade com decreto regulamentador do §5º do art. 31 da Lei nº 13.448, de 05 de junho de 2017, e a parte privada escolherá uma câmara entre as indicadas. Art. 16. Por consenso entre as partes envolvidas e a ANTT, poderá ser definida Câmara diversa da estabelecida em contrato".

da arbitragem – custas administrativas e honorários dos árbitros – e também as despesas acessórias, como laudos, pareceres e perícias. Por sua vez, o Decreto nº 10.025/2019 adotou um tom mais moderado e previu algumas hipóteses que desoneram o contratado do pagamento das custas, conforme disposto nos §§3º e 4º do art. 9º indicado a seguir:

> Art. 9º As custas e as despesas relativas ao procedimento arbitral serão antecipadas pelo contratado e, quando for o caso, restituídas conforme deliberação final em instância arbitral, em especial:
> I - as custas da instituição arbitral; e
> II - o adiantamento dos honorários arbitrais. [...]
> §3º As despesas decorrentes da contratação de assistentes técnicos serão de responsabilidade das partes e não serão restituídas ao final do procedimento arbitral, hipótese em que caberá ao órgão ou à entidade representada assegurar-se da disponibilidade orçamentária para a eventual contratação de terceiros.
> §4º Exceto quando as partes convencionarem em sentido contrário, os custos relacionados à produção de prova pericial, incluídos os honorários periciais, serão adiantados pelo contratado, nos termos estabelecidos no caput.

Não obstante a imposição, ao contratado, da responsabilidade majoritária pelo pagamento das custas da arbitragem, existem parâmetros concretos para aferir quais despesas poderiam ser custeadas pela Administração Pública federal e em quais circunstâncias (*e.g.*, despesas decorrentes da contratação de assistentes técnicos ou convenção das partes que opte pela distribuição recíproca dos honorários periciais entre Poder Público e ente privado).

## 3 Novos desdobramentos do cenário normativo e negocial favorável à arbitragem no âmbito da ANTT

Justamente pela magnitude das variáveis que permeiam as concessões rodoviárias (investimentos pesados a serem realizados pelo particular, acesso limitado a vias de crédito, impactos de novas legislações, entraves ambientais, relação com proprietários das áreas limítrofes das rodovias e com outras entidades da Administração Pública, dependência do fluxo de veículos para obtenção de receita, entre outras), eventuais desentendimentos entre o poder concedente e a concessionária devem ser solucionados da maneira mais rápida e eficaz disponível.

Do contrário, há o risco de a própria concessão entrar em colapso, seja pela caducidade, seja pela relicitação, gerando ainda mais custos para as partes e resultando em novos conflitos pautados em pleitos indenizatórios. Além disso, o art. 7º da Resolução ANTT nº 5.845/2019 preceitua que a "submissão às medidas de solução de controvérsia [...] não exime o Poder Concedente, tampouco os agentes regulados, da obrigação de dar integral cumprimento ao Contrato, nem permite a interrupção das atividades vinculadas", o que corrobora a necessidade de encerramento célere da controvérsia.

Uma possível justificativa para o impulso da crescente participação da ANTT em arbitragens nos últimos anos consiste no insucesso da 3ª etapa de concessões das rodovias federais iniciada em 2013, somado à grave crise que se instalou no país. Os contratos previam investimentos pesados a serem realizados pelas concessionárias e exigiam a duplicação dos trechos de rodovia até o quinto ano de concessão, meta extremamente agressiva e, considerando o cenário de concessões no Brasil, irreal. Ainda, os editais previam que a empresa vencedora seria aquela que apresentasse o menor preço de tarifa de pedágio,[9] o que levou as empresas a proporem, de forma irresponsável, tarifas extremamente deficitárias, comprometendo a viabilidade financeira da concessão.

Não bastassem as adversidades enfrentadas nos últimos anos, a pandemia do coronavírus causou prejuízos bilionários às concessionárias por conta da imposição de medidas de isolamento social, as quais resultaram na queda abrupta do fluxo de veículos nas rodovias – 19% na malha federal e 25% apenas no estado de São Paulo.[10]

Assim, é certo que veremos um aumento exponencial de pedidos de reequilíbrio econômico-financeiro dos contratos com base em argumentos de força maior e, consequentemente, caso tal previsão se concretize, um número cada vez maior de arbitragens[11] envolvendo a ANTT.

---

[9] BRASIL. Confederação Nacional da Indústria. *Concessões rodoviárias*: experiência internacional e recomendações para o Brasil. Brasília: CNI, 2018. p. 32-33. Disponível em: https://www.abder.org.br/wp-content/uploads/2020/07/cni-concessocc83es-antt.pdf. Acesso em: 10 fev. 2021.

[10] CRISTONI, Inaldo. Concessionárias somam perdas de R$ 1,3 bilhão. *Valor Econômico*, 29 out. 2020. Disponível em: https://valor.globo.com/publicacoes/suplementos/noticia/2020/10/29/concessionarias-somam-perdas-de-r-13-bilhao.ghtml. Acesso em: 10 fev. 2021.

[11] Não por outra razão, tanto a Resolução ANTT nº 5.845/2019 (art. 2º, inc. I) quanto o Decreto nº 10.025/2019 (art. 2º, parágrafo único, inc. I) caracterizaram como direito patrimonial disponível as questões relacionadas à recomposição do equilíbrio econômico-financeiro dos contratos.

Finalmente, acrescente-se a este ambiente normativo e regulatório mais favorável à arbitragem que, possivelmente para fazer frente aos possíveis (e prováveis) pleitos de renegociação de dívidas e premissas de execução dos contratos, foi editada recentemente a Portaria nº 24[12] da ANTT, de 29.1.2021, que apresenta modelos de termos de ajustamento de conduta (TAC).

Conforme se extrai de cada um dos modelos disponíveis na portaria (cláusula segunda, inc. II), a parte que desejar firmar um TAC deverá "apresentar a comprovação da renúncia à pretensão de direito nos processos judiciais ou arbitrais que versem sobre processos sancionadores sobre os quais se interessa ajustar a conduta".

## 4 Sinalizações finais

Apesar das divergências normativas expostas acima, a Resolução ANTT nº 5.845/2019 e o Decreto Federal nº 10.025/2019 são de extrema importância para a consolidação da arbitragem perante a seara pública e, principalmente, no setor de concessões rodoviárias.

De forma crônica, justamente pela carência legislativa acerca do tema, os agentes públicos sempre vislumbraram a arbitragem com certa apreensão, temendo sanções futuras dos tribunais de contas, o que contribuía para o direcionamento da maioria dos litígios públicos para a via judicial.

No caso das concessões rodoviárias, em que os contratos costumam perdurar por décadas (20 a 30 anos) e possuem inúmeras oscilações e riscos atrelados ao negócio, a inovação legislativa ora analisada foi particularmente muito benéfica, tendendo a garantir maior segurança na tomada de decisões pelos agentes públicos. Com o advento dos atos normativos analisados, tem-se a certeza de que questões complexas envolvendo reequilíbrio econômico-financeiro do contrato, transferência/extinção da concessão e outras mais poderão ser resolvidas por arbitragem, evitando que as controvérsias perdurem por anos junto ao Poder Judiciário.

---

[12] BRASIL. Portaria nº 24, de 29 de janeiro de 2021. *Diário Oficial da União*, 3 fev. 2021. Disponível em: https://www.in.gov.br/en/web/dou/-/portaria-n-24-de-29-de-janeiro-de-2021-302037823. Acesso em: 10 fev. 2021.

## Referências

BRASIL. Confederação Nacional da Indústria. *Concessões rodoviárias*: experiência internacional e recomendações para o Brasil. Brasília: CNI, 2018. Disponível em: https://www.abder.org.br/wp-content/uploads/2020/07/cni-concessocc83es-antt.pdf. Acesso em: 10 fev. 2021.

BRASIL. *Decreto nº 10.025, de 20 de setembro de 2019*. Disponível em: http://www.planalto.gov.br/ccivil_03/_Ato2019-2022/2019/Decreto/D10025.htm. Acesso em: 10 fev. 2021.

BRASIL. Portaria nº 24, de 29 de janeiro de 2021. *Diário Oficial da União*, 3 fev. 2021. Disponível em: https://www.in.gov.br/en/web/dou/-/portaria-n-24-de-29-de-janeiro-de-2021-302037823. Acesso em: 10 fev. 2021.

CRISTONI, Inaldo. Concessionárias somam perdas de R$ 1,3 bilhão. *Valor Econômico*, 29 out. 2020. Disponível em: https://valor.globo.com/publicacoes/suplementos/noticia/2020/10/29/concessionarias-somam-perdas-de-r-13-bilhao.ghtml. Acesso em: 10 fev. 2021.

LEMES, Selma (Coord.). *Arbitragem em números*. 2019. Disponível em: http://selmalemes.adv.br/artigos/PesquisaArbitragens2019.pdf. Acesso em: 10 fev. 2021.

---

Informação bibliográfica deste texto, conforme a NBR 6023:2018 da Associação Brasileira de Normas Técnicas (ABNT):

OLIVEIRA, Gustavo Justino de; RAZZINI, Felipe. Arbitragem nas concessões de transporte envolvendo a ANTT: uma análise comparativa da Resolução nº 5.485/2019 e do Decreto nº 10.025/2019. *In*: TOJAL, Sebastião Botto de Barros; SOUZA, Jorge Henrique de Oliveira (Coord.). *Direito e infraestrutura*: rodovias e ferrovias – 20 anos da Lei nº 10.233/2001. Belo Horizonte: Fórum, 2021. v. 2, p. 123-134. ISBN 978-65-5518-209-5.

# DIREITO ADMINISTRATIVO SANCIONADOR REGULATÓRIO DA ANTT. DESAFIOS NO APERFEIÇOAMENTO DA REGULAÇÃO

JOSÉ ROBERTO PIMENTA OLIVEIRA

DINORÁ ADELAIDE MUSETTI GROTTI

## 1 Introdução

Desde a década de 1990, o direito administrativo brasileiro tem sofrido relevantes alterações em razão do surgimento e expansão da técnica de regulação independente atribuída a autarquias com regime especial (tão decantadas *agências reguladoras*), criadas para a disciplina sistêmica de determinado setor da ordem econômica, seja atividade econômica em sentido restrito, sejam serviços públicos ou outras atividades públicas. Disseminou-se a mudança de paradigma na intervenção do Estado na economia, com a difusão do *Estado regulador*, que implicou a redução do protagonismo do Estado na sua intervenção direta, e a multiplicação de modelos contratuais pelos quais o Estado formalizou a transferência da execução de atividades públicas para empresas privadas.

A constante ausência de recursos financeiros à disposição do Estado (crise fiscal) reforçou este movimento de "desestatização", de forma intensa e persistente ao longo desses anos. Os denominados setores de infraestrutura para o desenvolvimento econômico e social tiveram sua disciplina jurídica alterada, para viabilizar a atração de empresas privadas, visando à retomada de investimentos nestes setores vitais da economia, na busca de realização de interesses públicos.

O setor de infraestrutura rodoviária acompanhou este processo de transformação jurídica e institucional, com o desenvolvimento e celebração de concessões rodoviárias, federais e estaduais (PR, SP, RJ, BA, ES e PE) e municipais (município do Rio de Janeiro), bem como o surgimento de agências reguladoras independentes.

Em termos de território, a extensão total da malha rodoviária brasileira é de 212.886 km, sendo que, destes, 20.264 km são objeto de concessão, conforme dados da Associação Brasileira e Concessionárias de Rodovias (ABCR). Este mesmo estudo revela a dimensão econômica do setor, sublinhando que este gera 47 mil empregos diretos e indiretos, com investimento (desde 1995) de R$97 bilhões, e recolhimento de impostos no valor de R$1,039 bilhões (ISSQN) e R$2,397 bilhões (impostos federais).[1]

Dentro deste panorama, o presente estudo se restringirá ao universo das concessões rodoviárias federais, reguladas pela ANTT – Agência Nacional de Transportes Terrestres, criada pela Lei nº 10.233/2001. Versará sobre a atividade administrativa sancionadora exercida pela agência reguladora neste segmento.

O direito administrativo sancionador (DAS) foi igualmente impactado pelo fenômeno da regulação e da instituição de agências reguladoras, no curso da Reforma do Estado deflagrada na década de 1990. Com fundamentos principiológicos no texto constitucional, esta parcela do direito administrativo sofreu o influxo da demanda por maior efetividade na tutela de interesses públicos, sob a égide de densificação do princípio da eficiência, incluso no rol exemplificativo do art. 37, da CF, pela EC nº 19/1998 (Reforma Administrativa). A doutrina majoritária incluiu a atividade sancionadora no bojo da regulação, uma competência específica dentro do plexo de deveres-poderes regulatórios incumbidos às agências.

Foi o impulso necessário e suficiente para se ressaltar o caráter instrumental desta potestade no regime jurídico-sancionador. A criação de diferentes potestades dentro de marcos regulatórios sancionatórios, com reafirmação da discricionariedade na forma como a agência reguladora pode reagir à prática de infrações administrativas, foi objeto

---

[1] ABCR – ASSOCIAÇÃO BRASILEIRA DE CONCESSIONÁRIAS DE RODOVIAS. *Novos caminhos para concessões de rodovias no Brasil*. São Paulo: ABCR, 2018.

de intenso desenvolvimento normativo desde o início da Reforma do Estado. O marco sancionatório foi amplamente desenvolvido na regulação da ANTT desde a sua criação. Diversos atos normativos mostram que o direito administrativo sancionador regulatório da ANTT assumiu progressivamente a condição de instrumento de regulação, exigindo que o DAS revisite novamente a compreensão da sua funcionalidade na órbita do exercício da função administrativa na melhor compreensão da tutela de interesses públicos, ao mesmo tempo sem descurar do desenvolvimento da aplicação de direitos e garantias fundamentais como elemento fundamental do seu regime para coibir arbitrariedades administrativas.

Este panorama mostra a relevância de se refletir, doutrinariamente, sobre a experiência da ANTT, em matéria sancionadora, especificadamente em face de infrações e sanções aplicáveis a concessionárias federais, de forma crítica, na busca de avaliar a prática institucional da agência, descortinando aspectos que suscitem aperfeiçoamento.

Para tanto, a abordagem será assim estruturada: primeiro, expõe-se a relação entre regulação e sanções administrativas, no bojo da teoria da regulação e da teoria do direito administrativo sancionador; segundo, oferece-se um panorama do DAS regulatório da ANTT em concessões rodoviárias; terceiro, serão pontuados aspectos que merecem aperfeiçoamento, de modo que as normas de DAS possam cumprir com sua funcionalidade neste relevante segmento da economia e da atividade do Estado. Ao final, sintetizam-se conclusões, com indicações bibliográficas.

## 2 Regulação e direito administrativo sancionador

A regulação penetrou o direito administrativo brasileiro, na década de 1990, a partir das discussões sobre a reforma do Estado, como bem demonstra o Plano Diretor da Reforma do Aparelho do Estado, aprovado em 1995. Suscitando as repercussões da expansão das funções sociais e econômicas do Estado, bem como do desenvolvimento tecnológico e da globalização da economia, este plano objetivou implantar a denominada "Administração pública gerencial", em superação aos modelos de "Administração Pública patrimonialista" e "Administração Pública burocrática". No novo modelo, "A reforma do aparelho do Estado passa a ser orientada predominantemente pelos valores da eficiência e qualidade na prestação de serviços públicos e pelo desenvolvimento de uma cultura gerencial nas organizações".[2] Ao tratar dos seus objetivos, para o setor de produção para o mercado, em que se postulava a alteração da forma de intervenção do Estado na economia, mediante privatizações ou desestatizações, reconheceu o objetivo de "reorganizar e fortalecer os órgãos de *regulação* dos monopólios naturais que forem privatizados", e de implementar um "seguro sistema de *regulação*", sobre as atividades transferidas para a gestão privada. Mesmo sem revelar o conceito técnico de *regulação*, a ideia foi utilizada no plano diretor como instrumento de modernização de gestão, de melhores resultados da ação estatal, de flexibilidade no agir administrativo e de autonomia de gestão, nas denominadas atividades exclusivas de Estado, no imperativo de atingir eficiência na implementação de políticas públicas.

Com efeito, levando a efeito a alienação de empresas estatais para o setor privado e retomando (com novo figurino jurídico) o instituto das concessões, permissões e autorizações na técnica de delegação de atividades para o setor privado, logicamente previsível que o aparelho do Estado deveria ser reorganizado para cumprir com o novo paradigma de Estado regulador nos setores regulados. O desenvolvimento econômico destes setores exigiria nova arquitetura institucional, a fim de alinhavar eficiência e segurança jurídica.

De *conceito político-administrativo*, a *regulação* tornou-se *conceito jurídico-dogmático*, na medida em que o direito brasileiro assistiu desde a década de 1990 à criação de diversas "agências reguladoras independentes", em todos os planos federativos. A consolidação desta alteração substancial na organização administrativa pode ser medida no âmbito federal, com o termômetro ininterrupto de criação de agências desde 1995, com todos os percalços, dificuldades, críticas inerentes a este processo de remodelação, culminando com a recente Lei nº 13.848, de 25.6.2019 ("Lei das Agências Reguladoras"),[3] que dispõe sobre a gestão,

---

[2] BRASIL. Presidência da República. Câmara da Reforma do Estado. Ministério da Administração Federal e Reforma do Estado. *Plano Diretor de Reforma do Aparelho do Estado*. Brasília, 1995.

[3] Conforme o art. 2º, "Consideram-se agências reguladoras, para os fins desta Lei e para os fins da Lei nº 9.986, de 18 de julho de 2000: I - a Agência Nacional de Energia Elétrica (Aneel); II - a Agência Nacional do Petróleo, Gás Natural e Biocombustíveis (ANP); III - a Agência Nacional de Telecomunicações (Anatel); IV - a Agência Nacional de Vigilância Sanitária (Anvisa); V - a Agência Nacional de Saúde Suplementar (ANS); VI - a Agência Nacional de Águas (ANA); VII - a Agência Nacional de Transportes Aquaviários (Antaq); VIII - a Agência Nacional de Transportes Terrestres (ANTT); IX - a Agência Nacional do Cinema (Ancine); X - a Agência Nacional de Aviação Civil (Anac); XI - a Agência Nacional

a organização, o processo decisório e o controle social das agências reguladoras federais. A regulação deve operar com a devida proteção jurídica que se lhe deve outorgar como instrumento de persecução, tutela e implementação de interesses públicos.

Desenvolvendo o *conceito jurídico-positivo* de *regulação*, em face do direito administrativo brasileiro, prevaleceu a compreensão de que se trata de atividade administrativa com regime jurídico-administrativo próprio, tendo por identidade categorial a sua finalidade pública: o objetivo de disciplinar, de forma sistemática, flexível, técnica e permanente, dado o reconhecimento de interesses públicos relevantes na atividade regulada, uma nova forma de intervenção do Estado em determinado setor da economia, atribuída a órgão ou ente com atuação independente, em contraste com a forma clássica de disciplina normativa (lei e regulamento), dentro da organização da Administração direta e indireta, até então praticada.

As lições de Sérgio Guerra são bem representativas desta compreensão dogmática. O autor sublinha o não enquadramento da regulação nos modelos "clássico e moderno", porque se caracteriza por uma estrutura estatal com o fim público de equilíbrio do sistema regulado, visando ajustar suas falhas, com a necessária ponderação de interesses ambivalentes. Conforme o autor:

> A regulação se distingue dos modos clássicos de intervenção do Estado na economia, pois consiste em supervisionar o jogo econômico, estabelecendo certas regras e intervindo de maneira permanente para amortecer as tensões, compor os conflitos e assegurar a manutenção de um equilíbrio do conjunto. Ou seja, por meio da regulação o Estado não se põe mais como ator, mas como árbitro do processo econômico, limitando-se a enquadrar a atuação dos operadores e se esforçando para harmonizar suas ações.[4]

---

de Mineração (ANM)". Ressalte-se que a legislação federal se afastou do critério subjetivo e do critério material, adotando o critério jurídico-formal para a qualificação de certa autarquia federal como "agência reguladora". Isto se extrai da ausência, no referido rol, do Conselho Econômico de Defesa Econômica (Lei nº 12.529/2011), CVM – Comissão de Valores Mobiliários (Lei nº 6.385/1976, alterada pela Lei nº 10.411/2002), Banco Central do Brasil (Lei nº 4.595/1964), Previc – Superintendência Nacional de Previdência Complementar (Lei nº 12.154/2009), Susep – Superintendência de Seguros Privados (Decreto-Lei nº 73/1966), entre outras autarquias, com atribuições normativas na economia. Este tratamento legislativo tende a reabrir o debate doutrinário do conceito de regulação independente.

[4] GUERRA, Sérgio. Regulação estatal sob a ótica da organização administrativa brasileira. *Revista de Direito Público da Economia – RDPE*, Belo Horizonte, ano 11, n. 44, p. 229-248, out./dez. 2013.

Este retrato categorial é bem gizado pelo art. 21, da Lei nº 11.445, de 5.1.2007, nos seguintes termos:

> A função de regulação, desempenhada por entidade de natureza autárquica dotada de independência decisória e autonomia administrativa, orçamentária e financeira, atenderá aos princípios de transparência, tecnicidade, celeridade e objetividade das decisões.

A considerar a diversidade material de atividades reguladas pelas agências reguladoras federais (conforme art. 2º da Lei nº 13.848), a regulação espraia-se por atividades ora sob a titularidade do Estado (v.g., serviços públicos), ora sobre atividades próprias do setor privado da economia (atividades econômicas). A relevância econômico-social dos interesses públicos subjacentes em cada atividade regulada é o ponto de partida e de chegada do regime jurídico próprio da regulação.

Com esta fisionomia, a regulação passou a ser objeto de teorias próprias no campo do direito constitucional e administrativo,[5] superando o seu entendimento pelo prisma limitado da teoria do poder de polícia administrativa e teoria da administração ordenadora, bem como pelo prisma insuficiente da teoria do poder regulamentar da Administração Pública.[6] A teorização autônoma foi considerada um passo necessário ao enfrentamento dos problemas constitucionais surgidos com a institucionalização de agências.[7] Outro interessante prisma científico para explicação do acolhimento da ampla atividade normativa das agências reguladoras foi a recepção e difusão da teoria das sujeições especiais no direito administrativo.[8][9]

---

[5] A construção de uma nova visão teórica sobre a regulação foi muito bem explorada por Diogo de Figueiredo. Conferir: MOREIRA NETO, Diogo de Figueiredo. A regulação sob a perspectiva da nova hermenêutica. *Revista Brasileira de Direito Público – RBDP*, Belo Horizonte, ano 4, n. 13, p. 147-166, abr./jun. 2006.

[6] Conferir: MOTTA, Fabrício. *Função normativa da Administração Pública*. Belo Horizonte: Fórum, 2007.

[7] Conferir: TOJAL, Sebastião Botto de Barros. O controle judicial da atividade normativa das agências reguladoras. *Revista da Academia Brasileira de Direito Constitucional*, Curitiba, v. 2, p. 75-103, 2002.

[8] BANDEIRA DE MELLO, Celso Antônio. *Curso de direito administrativo*. 34. ed. São Paulo: Malheiros, 2019.

[9] Conferir: ZOCKUN, Maurício; ZOCKUN, Carolina Zancaner. A relação de sujeição especial no direito brasileiro. *A&C – Revista de Direito Administrativo & Constitucional*, Belo Horizonte, ano 19, n. 77, p. 121-137, jul./set. 2019.

A *agencificação*, como processo de introdução e difusão de agências reguladoras independentes,[10] segue ampla discussão, considerando a estrutura constitucional brasileira, sendo certo que até o momento a CF só faz expressa previsão de "órgão regulador" em normas alteradas pelas EC n° 8/1995 (setor de telecomunicações) e n° 9/1995 (setor de petróleo e gás natural e outros hidrocarbonetos fluidos). Luís Roberto Barroso bem pontuou os desafios do surgimento destes novos "centros de poder", defendendo a possibilidade de acolhimento e convivência do "direito da regulação" surgido das transformações estruturais vividas pelo Estado na década de 1990, no contexto de legitimidade democrática perfilhada na CF.[11]

A doutrina desde cedo discutiu o conteúdo da regulação. Após citar Marcos Juruena Villela Souto e Alexandre Santos de Aragão, Odete Medauar, em 2002, assim pontuou:

> Entendemos que a regulação, no atual contexto, abrange: a edição de normas; a fiscalização do seu cumprimento; a atribuição de habilitações (p. ex: autorização, permissão, concessão); a imposição de sanções; a mediação de conflitos (para preveni-los ou resolvê-los, utilizando variadas técnicas, por exemplo: consulta pública; audiência pública; celebração de compromisso de cessação e compromisso de ajustamento). Não se inclui necessariamente na atividade regulatória a fixação de políticas para o setor, mas seria viável a contribuição das agências para tanto, com a participação de representantes de todos os segmentos envolvidos.[12]

Dentro deste rol de relevantes atribuições, importa destacar a inclusão de competências administrativas sancionadoras. A teoria da regulação, de forma amplamente majoritária, foi construída sob a premissa de que o regime jurídico-administrativo sancionador, relacionado ao desempenho da atividade regulada, deve ser incluído como elemento imprescindível do marco regulatório legalmente construído para demarcar a atividade da agência reguladora, como fator de garantia de sua efetividade.

---

[10] Aprofundar em: HOLPERIN, Michelle Moretzsohn. Difusão e adaptação do modelo de agência reguladora no Brasil. *Revista de Administração Pública – RAP*, Rio de Janeiro, v. 53, n. 6, p. 1116-1137, nov./dez. 2019.

[11] BARROSO, Luís Roberto. Agências reguladoras. Constituição, transformações do Estado e legitimidade democrática. *Revista de Direito Administrativo*, Rio de Janeiro, n. 229, p. 285-311, jul./set. 2002.

[12] MEDAUAR, Odete. A regulação e auto-regulação. *Revista de Direito Administrativo*, Rio de Janeiro, n. 228, p. 123-128, abr./jun. 2002.

Sem prejuízo da diversidade das áreas que gerenciam, as agências reguladoras apresentam, como ponto comum, a característica de "poderes amplos de fiscalização", operando como instância administrativa final nos litígios sobre matéria da sua competência, pontuou Caio Tácito.[13] Como regular é tutelar os bens jurídicos protegidos pela disciplina jurídica, o poder sancionatório define-se como aquele "consistente tanto na aplicação de advertências, multas ou mesmo cassações de licenças, como também na prerrogativa de obrigar o particular a reparar um consumidor ou corrigir os efeitos de uma conduta lesiva a algum valor ou interesse tutelado pelo regulador".[14]

É inegável que a regulação pressupõe, promove, constrói, redefine, reconfigura a atividade sancionadora, no campo próprio em que ela se desenvolve.[15] Não à toa que o marco regulatório da atividade sancionadora das agências reguladoras responde por relevante parcela do desenvolvimento normativo e doutrinário recente do direito administrativo sancionador. Criadas e instituídas as agências, logo se foram apresentando questões fundamentais neste segmento da atuação regulatória, com a aprovação de normas regulatórias para dar cumprimento aos direitos e garantias fundamentais preconizados pela Constituição, e, ainda, para aprimorar as funcionalidades passíveis de serem empreendidas por elas.

A reinauguração de nosso ordenamento sob o paradigma do Estado democrático de direito, com a Constituição Federal de 1988, já, de per si, provocou alterações substanciais no direito administrativo sancionador (DAS) no Brasil. As novas bases normativas constitucionalizaram valores fundamentais para ordenar esta atividade sancionatória, sob novos influxos e valores, seja na forma de previsão explícita ou implícita dos princípios fundamentais do regime jurídico-administrativo, seja pela catalogação de direitos e garantias fundamentais individuais e coletivos que projetam eficácia ante as sanções de DAS.

Como instrumento de proteção dos administrados submetidos às suas engrenagens normativas, desde então o DAS tem examinado,

---

[13] TÁCITO, Caio. Agências reguladoras da Administração. *Revista de Direito Administrativo*, Rio de Janeiro, n. 242, p. 177-181, out./dez. 2005.

[14] MARQUES NETO, Floriano de Azevedo. *Agências reguladoras independentes*: fundamentos e seu regime jurídico. Belo Horizonte: Fórum, 2005. p. 61.

[15] "A regulamentação, ou seja, o estabelecimento de regras de conduta para os regulados, é, somente uma das vertentes da regulação, latu sensu, que também abrange a implementação das regras, a sua supervisão e o sancionamento das infracções às mesmas" (MOREIRA, Vital; MAÇÃS, Fernanda. *Autoridades reguladoras independentes*. Coimbra: Coimbra, 2003. p. 16).

revisitado, debatido a sua identidade, mormente em face do direito penal, terreno próprio do denominado *jus puniendi* estatal, ao redor do qual se foram historicamente sendo alicerçadas e doutrinariamente investigadas as limitações jurídicas à contenção da arbitrariedade, quando se aprecia a atividade sancionadora do Estado.

Nesta esteira, direitos e garantias constitucionais que mereceram e merecem atenção cuidadosa no direito administrativo sancionador podem ser catalogados e classificados como princípios materiais e processuais.[16] São materiais, vez que incidem diretamente na relação jurídico-material sancionadora: legalidade, tipicidade, irretroatividade de norma mais prejudicial, imputação adequada, pessoalidade, proporcionalidade, prescritibilidade e *non bis in idem*.[17] São princípios processuais, vez que incidem na relação jurídico-processual sancionadora: devido processo legal, imparcialidade, contraditório, ampla defesa, presunção de inocência, garantia da não autoimputação, inadmissibilidade de provas ilícitas, recorribilidade, definição *a priori* de competência sancionadora, motivação e duração razoável do processo.

A história do DAS no Brasil, em grande medida, volta-se à teorização adequada desta trama axiológica da atividade sancionadora própria do Estado de direito.[18] Sem o desenvolvimento dela, não se supera o *modelo prebeccariano*, tão criticado por Eduardo García de Enterría.[19]

Com a admissão da regulação, esta teorização teve de se adequar no bojo da formulação teórica desta atividade administrativa. De um lado, a atividade sancionadora regulatória seguiu o caminho de melhor delimitação ou demarcação do modo pelo qual os princípios acima referidos são observados no seu âmbito; de outro lado, o campo sancionador da regulação colocou em evidência a necessidade de rediscutir a estrutura do modelo sancionador tradicional, com vistas a alterar sua compreensão e funcionamento, propondo-se novas abordagens interpretativas para o papel das sanções no bojo da atuação da regulação,

---

[16] Conferir: OSÓRIO, Fábio Medina. *Direito administrativo sancionador*. 7. ed. São Paulo: Revista dos Tribunais, 2020.

[17] Conferir: NOBRE JÚNIOR, Edílson Pereira. Sanções administrativas e princípios do direito penal. *Revista de Direito Administrativo*, Rio de Janeiro, v. 219, p. 127-151, 2000.

[18] Conferir: MELLO, Rafael Munhoz de. *Princípios constitucionais de direito administrativo sancionador*: as sanções administrativas à luz da CF/88. São Paulo: Malheiros, 2007; FERREIRA, Daniel. *Sanções administrativas*. São Paulo: Malheiros, 2001.

[19] O autor demonstra a necessidade de aplicação e matização dos princípios jurídico-penais no direito administrativo sancionador (GARCÍA DE ENTERRÍA, Eduardo; FERNÁNDEZ, Tomás-Ramón. *Curso de direito administrativo*. Revisão técnica de Carlos Ari Sundfeld. São Paulo: Revista dos Tribunais, 2014. v. II. p. 187-228).

privilegiando-se e ampliando-se a instrumentalidade própria desta potestade pública, em vista de conferir e assegurar eficiência da tutela e implementação de interesses públicos.[20]

Com olhos na atividade administrativa sancionadora das agências reguladoras federais, nota-se que, progressivamente, várias questões e desafios surgiram para ficar no cenário do DAS regulatório: (i) o desenho institucional do devido processo administrativo sancionador, à luz dos direitos e garantias fundamentais, individuais e sociais, sob os auspícios do devido processo legal; (ii) o relacionamento da atividade sancionadora com as demais atribuições regulatórias; (iii) o disciplinamento de medidas cautelares administrativas necessárias e suficientes para tutela dos interesses públicos;[21] (iv) o aprofundamento de funcionalidades que o modelo sancionador pode perseguir, a partir de "ferramentas" que incentivem a prevenção e que racionalizem a punição, na tutela dos interesses públicos;[22] (v) o estabelecimento equilibrado de tipos de infrações administrativas à luz do perigo ou do dano aos bens jurídicos tutelados; (vi) o delineamento claro, sob a égide da proporcionalidade,[23] da escala axiológica que deve sustentar os provimentos administrativos sancionatórios, dentro das limitações legais; (vii) o tratamento da discricionariedade administrativa na modelagem e implementação das normas sancionadoras, com o revigoramento do debate sobre a discricionariedade técnica.[24] A dimensão das questões reproduz a importância que o ciclo regulatório sancionador acende na função regulatória. Seguem outras: (viii) as formas de acolhimento de técnicas de "consensualização" no âmbito da formulação e aplicação do modelo sancionador;[25] (ix) a categorização dos modelos sancionadores

---

[20] Duas abordagens são representativas; PALMA, Juliana Bonacorsi de. *Sanção e acordo na Administração Pública*. São Paulo: Malheiros, 2015; VORONOFF, Alice. *Direito administrativo sancionador no Brasil*: justificação, interpretação e aplicação. Belo Horizonte: Fórum, 2018.

[21] Conferir: CABRAL, Flávio Garcia. Os pilares do poder cautelar administrativo. *A&C – Revista de Direito Administrativo & Constitucional*, Belo Horizonte, ano 18, n. 73, p. 115-139, jul./set. 2018.

[22] Conferir: RIBEIRO, Leonardo Coelho. O direito administrativo como caixa de ferramentas e suas estratégias. *Revista de Direito Administrativo*, Rio de Janeiro, v. 272, p. 209-249, maio/ago. 2016.

[23] Conferir: ARAGÃO, Alexandre Santos de. O princípio da proporcionalidade no direito econômico. *A&C – Revista de Direito Administrativo & Constitucional*, Curitiba, ano 2, n. 8, p. 69-112, 2001.

[24] Conferir: PEREIRA, César A. Guimarães. Discricionariedade e apreciações técnicas da administração. *Revista de Direito Administrativo*, Rio de Janeiro, v. 231, p. 217-267, jan./mar. 2003.

[25] Conferir: FERREIRA, Daniel. Sanção ou acordo: um (novo) dilema para a Administração Pública brasileira? In: MOTTA, Fabrício; GABARDO, Émerson (Org.). *Crise e reformas*

na busca de maior eficiência e efetividade;[26] (x) a implementação de instrumentos voltados a incrementar a segurança jurídica na atividade sancionadora regulatória, a exemplo da agenda regulatória, avaliação de impacto regulatório e avaliação do resultado regulatório na matéria, em cumprimento da Lei n° 13.848/2019 e do Decreto n° 10.411/2010;[27] (xi) os limites do controle jurisdicional da juridicidade da atividade regulatória sancionadora, dentro do sistema de *checks and balances* esboçado pela CF (art. 5°, XXXV); (xii) os limites do controle de legalidade, legitimidade e economicidade atribuído pela CF aos tribunais de contas (arts. 70 e 71), exercitável em matéria sancionadora.

Este amplo panorama torna exposta a dinamicidade da relação que a *regulação independente* tem construído com o direito administrativo sancionador, desde a sua introjeção no ordenamento brasileiro, proveniente de ordenamentos jurídicos próprios de sistemas de *common law*. O direito administrativo brasileiro tem suas origens e bases no direito público de origem continental europeia, em sistema de *civil law*. Nesta paisagem, este dinamismo é próprio da mutabilidade dos interesses públicos (tutelados pela regulação, que inexoravelmente variam por diversos fatores). As estruturas sancionadoras devem seguir o mesmo movimento, cumprindo a função ancilar de assegurar o caráter permanente do equilíbrio regulatório (integridade e conformidade) que se deve atingir em cada setor, o que exige constante monitoração e avaliação das normas sancionatórias adotadas, e de sua efetividade, além do grau de incremento de conformação que a política regulatória sancionatória da agência deve mirar e propiciar.

É possível reservar a expressão *direito administrativo sancionador regulatório* para o segmento de normas de regulação, que tem como escopo enfrentar estas questões e desafios, todos essenciais ao adequado manuseio de competências regulatórias e sancionatórias, por agências independentes. Embora a heterogeneidade dos setores regulados, sob o prisma material, seja invencível, a análise dogmática do exercício

---

legislativas na agenda do direito administrativo brasileiro. Belo Horizonte: Fórum, 2018. v. 1. p. 59-76.

[26] Conferir: VORONOFF, Alice. Direito administrativo sancionador: um olhar pragmático a partir das contribuições da análise econômica do direito. *Revista de Direito Administrativo*, Rio de Janeiro, v. 278, p. 107-140, 2019.

[27] Conferir: VALENTE, Patrícia Rodrigues Pessoa. *Avaliação de impacto regulatório*: uma ferramenta à disposição do Estado. 2010. 218 f. Dissertação (Mestrado em Direito) – Programa de Estudos Pós-Graduados em Direito, Universidade de São Paulo, São Paulo, 2010.

de competência de mesma índole justifica esta uniformidade de compreensão no campo científico.[28]

Uma apreciação crítica da Lei n° 13.848/2019 revela que houve censurável perda de oportunidade da Lei Federal das Agências Reguladoras em avançar na disciplina legal, geral e sistemática, da matéria sancionatória, o que, induvidosamente, só alimenta insegurança jurídica a todos os envolvidos na regulação independente, e estende indevidamente o aperfeiçoamento das bases deste sistema normativo para momento posterior e incerto.

A nova legislação busca aportar solução para tópicos relevantes da atividade reguladora: fortaleceu a autonomia administrativa das agências reguladoras (art. 3°); consolidou-as como estrutura administrativa integralmente submetida à proporcionalidade, no atendimento do *interesse público* (art. 4°); solidificou o dever amplo de fundamentação na atividade (art. 5°); generalizou a exigência de análise de impacto regulatório (AIR) na expedição de atos normativos (art. 6°); sublinhou o princípio da colegialidade decisória (art. 7°); ampliou a transparência e participação no processo decisório (arts. 8° ao 12), robustecendo o dever de decidir (art. 13); perfilhou regime novo de prestação de contas e de controle social (arts. 14 ao 24); e, por fim, desenhou a forma de interação interinstitucional das agências com o Cade (arts. 25 a 28), entre as próprias agências federais (arts. 29 e 30), entre elas e órgãos de defesa do consumidor e do meio ambiente (arts. 31 a 33), e entre agências instituídas nos diversos entes federativos (arts. 34 e 35).

Nota-se a imensa dificuldade da nova lei em melhor conformar o exercício do controle externo da atividade regulatória, a cargo do Congresso Nacional, com o auxílio do Tribunal de Contas da União (TCU) (art. 14). O dispositivo é enigmaticamente abreviado, e não altera o panorama atual de controvérsias sobre a temática, em razão da abrangência do controle externo preconizada pela CF, e do histórico de atividade controladora da Corte de Contas da União, desde o início do processo de *agencificação*.[29]

---

[28] Conferir: FUNDAÇÃO GETÚLIO VARGAS. Escola de Direito do Rio de Janeiro. *Processo administrativo nas agências reguladoras*: uma proposta de disciplina legislativa. Rio de Janeiro: Fundação Getúlio Vargas, 2016; EID, Isabella Martinho. *O processo administrativo sancionador das agências reguladoras de serviços públicos*. 2018. 115 f. Dissertação (Mestrado em Direito) – Programa de Estudos Pós-Graduados em Direito, Pontifícia Universidade Católica de São Paulo, São Paulo, 2018.

[29] Aprofundar em: ROSILHO, André Janjácomo. *Tribunal de Contas da União*: competências, jurisdição e instrumentos de controle. São Paulo: Quartier Latin, 2019.

Entretanto, a Lei Federal das Agências Reguladoras poderia ter reservado maior destaque ao exercício de suas competências decisórias, quer em nível geral e abstrato, quer em nível individual e concreto, relativamente aos seus deveres-poderes sancionadores.[30] Com esta omissão inexplicável, a competência sancionadora segue subordinando-se à legislação federal específica de cada agência, bem como à aplicação subsidiária da Lei nº 9.784/1999 – Lei Federal de Processo Administrativo (LFPA), que, por sua vez, também não dedica regramento próprio para os processos administrativos sancionadores.[31] Este quadro acarreta indefinição e incerteza, considerando as inúmeras possibilidades de lacunas e contradições, na regulamentação de cada agência, na ausência de diretrizes legais gerais.

A necessidade de adequação procedimental do regime sancionador para cada setor, que poderia ser lançada como razão primordial do silêncio legal, não justifica tão lamentável indiferença com o tema. Na mesma linha, o imperativo de que o modelo sancionador deve assegurar a discricionariedade necessária e suficiente para atender às singularidades da atividade regulada também não é impeditivo de um possível balizamento geral. Sem estas balizas na Lei Geral das Agências Reguladoras, reguladores e regulados seguem, de resto, submetidos aos princípios genéricos da já citada Lei nº 9.784/1999, bem como aos igualmente genéricos preceitos da LINDB, com sua reformulação pela Lei nº 13.655/2018.

De toda sorte, a interpretação de normas de DAS regulatório deve observar as diretrizes interpretativas da LINDB, além dos parâmetros da LFPA, com destaque para o art. 22, da primeira, cujo *caput* impõe que, "na interpretação de normas sobre gestão pública, serão considerados os obstáculos e as dificuldades reais do gestor e as exigências das políticas públicas a seu cargo, sem prejuízo dos direitos dos administrados".

---

[30] A expressão "dever-poder" vem da lição de Celso Antônio Bandeira de Mello, que traduz o cerne da situação jurídica passiva e ativa que é depreendida da outorga de uma competência administrativa, por força de lei. Plexo de "deveres-poderes", Bandeira de Mello nos ensina que a competência é marcada pelos signos da intransferibilidade, irrenunciabilidade, imodificabilidade, obrigatoriedade de desempenho e imprescritibilidade. A nosso ver, ostenta as competências públicas também o selo da especificidade e da mensurabilidade. Esta última é a imposição constitucional de calibração, de mensuração, de metrificação, de sopesamento, de todas as situações jurídicas materiais merecedoras de tutela, nos atos da Administração Pública (cf. BANDEIRA DE MELLO, Celso Antônio. *Curso de direito administrativo*. 34. ed. São Paulo: Malheiros, 2019. p. 146).

[31] Conferir: FREIRE, André Luís M. Regulação e processo administrativo sancionador: aspectos constitucionais da Lei nº 9.784/1999 na jurisprudência do STF, na literatura jurídica e na legislação aplicável às agências reguladoras. *Revista de Direito Público da Economia – RDPE*, Belo Horizonte, ano 13, n. 50, p. 43-62, abr./jun. 2015.

Em parágrafo, fixa que, "na aplicação de sanções, serão consideradas a natureza e a gravidade da infração cometida, os danos que dela provierem para a administração pública, as circunstâncias agravantes ou atenuantes e os antecedentes do agente". No seguinte, preceitua que "as sanções aplicadas ao agente serão levadas em conta na dosimetria das demais sanções de mesma natureza e relativas ao mesmo fato".

As atividades sancionadoras finalísticas das agências reguladoras exigem observância – tal como hermeneuticamente orientadas pela LINDB – dos princípios da fundamentação e proporcionalidade, de regime necessariamente a ser desenhado para lograr solução jurídica proporcional, equânime, eficiente e compatível com os interesses públicos e a segurança jurídica.

## 3 Direito administrativo sancionador regulatório da ANTT

A Lei nº 10.233 criou o Sistema Brasileiro de Viação, constituído pela infraestrutura viária e pela estrutura operacional dos diferentes meios de transporte de pessoas e bens, sob jurisdição da União, dos estados, do Distrito Federal e dos municípios (art. 2º), com finalidades legais expressas (art. 4º). O gerenciamento da infraestrutura e a operação dos transportes aquaviário e terrestre subordinam-se a princípios gerais (art. 11) e diretrizes gerais (art. 12). A lei instituiu as agências de regulação (ANTT e Antaq), traçando-lhes objetivos (art. 20) e delimitando a esfera da atuação de cada uma.

Entre os objetivos, cabe salientar o de

> harmonizar, preservado o interesse público, os objetivos dos usuários, das empresas concessionárias, permissionárias, autorizadas e arrendatárias, e de entidades delegadas, arbitrando conflitos de interesses e impedindo situações que configurem competição imperfeita ou infração da ordem econômica. (Art. 20, II, alínea "b")

O conceito jurídico-positivo de interesse público, para o efeito da regulação a cargo da ANTT, está desdobrado no atendimento aos princípios gerais e diretrizes gerais. Não se trata de conceito genérico, mas de proteção e defesa de finalidades e valores públicos detalhados no próprio plano legislativo, e passíveis de concretização.

Interessa sublinhar a esfera de atuação da ANTT, porquanto demarcará o exercício de sua atividade regulatória sancionadora, assim demarcada:

I - o transporte ferroviário de passageiros e cargas ao longo do Sistema Nacional de Viação;
II - a exploração da infraestrutura ferroviária e o arrendamento dos ativos operacionais correspondentes;
III - o transporte rodoviário interestadual e internacional de passageiros;
IV - o transporte rodoviário de cargas;
V - a exploração da infraestrutura rodoviária federal;
VI - o transporte multimodal;
VII - o transporte de cargas especiais e perigosas em rodovias e ferrovias.

Neste âmbito material de atuação, foram fixadas suas atribuições gerais (art. 24), entre as quais, a de "fiscalizar a prestação dos serviços e a manutenção dos bens arrendados, cumprindo e fazendo cumprir as cláusulas e condições avençadas nas outorgas e aplicando penalidades pelo seu descumprimento" (inc. VIII) e "dispor sobre as infrações, sanções e medidas administrativas aplicáveis aos serviços de transportes" (inc. XVIII, incluído pela Lei nº 12.996/2014). A lei-quadro da regulação detalha atribuições específicas da ANTT, no setor do transporte rodoviário (art. 26). O Decreto nº 4.130, de 13.2.2002, aprovou o regulamento da ANTT, sendo que a atual estrutura regimental da ANTT decorre da Resolução nº 5.888, de 12.5.2020.

A matéria sancionadora não se esgota nestas atribuições legais. Ao tratar das concessões (art. 35), a lei contempla a obrigatoriedade das cláusulas sobre "sanções de advertência, multa e suspensão da vigência do contrato e regras para sua aplicação, em função, da natureza, da gravidade e da reincidência da infração" (inc. XVII), e "casos de rescisão, caducidade, cassação, anulação e extinção do contrato, de intervenção ou encampação e casos de declaração de inidoneidade" (inc. XVIII).

Há expressa previsão de regulamento definidor de valores de multa, bem como vinculação das sanções no XVIII a prévio processo administrativo sancionador. A mesma disciplina se encontra no tocante às permissões (art. 39). Em termos de processo decisório, a Lei nº 10.233 foi alterada para se adequar às normas gerais da Lei nº 13.838/2019 (LGAG).

Em sua atividade institucional, a ANTT normatizou, com alterações e melhorias progressivas, o escopo sancionatório de sua regulação, seja do ponto de vista formal (devido processo administrativo), seja do ponto de vista material (tutela de bens jurídicos e observância de valores constitucionais).

A agência aprovou normas específicas sobre *processo administrativo para apuração de infrações e aplicações de penalidades*, em decorrência de condutas que infrinjam a *legislação de transportes terrestres* e os deveres estabelecidos nos editais de licitação, nos contratos de concessão, de permissão e de arrendamento e nos termos de outorga de autorização. Trata-se da *Resolução nº 5.083, de 27.4.2016*, que revogou outras anteriores (Resolução nº 442, de 17.2.2004, Resolução nº 2.689, de 13.5.2008, e Resolução nº 4.633, de 5.3.2015).[32]

A agência incorporou formas de consensualidade no seu modelo sancionador, aprovando normas específicas sobre a *celebração de termos de ajustamento de conduta*: Resolução nº 152 de 16.1.2003, posteriormente revogada pela Resolução nº 5.083, de 27.4.2016, sendo que a matéria é objeto da atual *Resolução nº 5.823, de 12.7.2018*.

A agência aprovou normas específicas, tendo por objeto a regulação das infrações sujeitas às penalidades de advertência e multa por inexecução contratual na *exploração da infraestrutura rodoviária concedida*,[33] inicialmente pela Resolução nº 1.236, de 14.12.2005, substituída pela Resolução nº 2.665, de 23.4.2008, que, a seu turno, foi revogada pela atual *Resolução nº 4.071, de 3.4.2013*.

O regulamento sobre estabelecimento, revisão e apuração das metas de produção e das metas de segurança das *concessionárias que exploram a infraestrutura e o serviço público de transporte ferroviário de cargas* está contido na *Resolução nº 5.831, de 23.10.2018*, que prevê hipóteses de infrações e sanções administrativas.

O regulamento sobre infrações e penalidades por parte da ANTT, no que tange ao *transporte rodoviário interestadual e internacional de passageiros, realizado por operadora brasileira*, é objeto da *Resolução nº 233, de 25.6.2003* (com alterações posteriores). Merece registro o *Decreto nº 5.462, de 9.6.2005*, que dispõe sobre a execução do *Segundo Protocolo Adicional sobre Infrações e Sanções* ao Acordo de Alcance Parcial sobre transporte internacional terrestre, entre Brasil, Argentina, Bolívia, Chile, Paraguai, Peru e Uruguai, que, em seu bojo, também tipifica infrações e fixa sanções administrativas.

---

[32] Nos termos do seu regimento, "os processos administrativos para apuração de infrações e aplicação de penalidades serão regidos por norma processual própria, aplicando-se este Regimento Interno subsidiariamente" (art. 123, parágrafo único).

[33] São as seguintes concessionárias que se encontram sob a regulação sancionatória da ANTT, conforme a etapa do Programa de Concessão de Rodovias Federais Procrofe: primeira etapa de concessões – Nova Dutra; Concer; CRT; Ecosul; segunda etapa de concessões – Autopista Régis Bittencourt; Autopista Fernão Dias; Autopista Litoral Sul; Autopista Planalto Sul; Autopista Fluminense; Transbrasiliana; Rodovia do Aço Via Bahia; terceira etapa de concessões – ECO 101; ECO 050; Concebra; CRO – Concessionária Rota do Oeste; MS Via; Via 040; Ecoponte; quarta etapa de concessões – Concessionária CCR Viasul, Concessionária Ecovias do Cerrado.

O regulamento sobre a prestação do serviço regular de *transporte rodoviário coletivo interestadual e internacional de passageiros, sob o regime de autorização*, encontra-se na *Resolução nº 4.770, de 25.6.2015* (com alterações posteriores), ao passo que os *prestados em regime de fretamento* são regidos pela *Resolução nº 4.777, de 6.7.2015* (com alterações posteriores). A primeira tipifica infrações e fixa sanções, a segunda remete a matéria sancionadora para normas gerais da ANTT. No ano anterior, para estabelecer procedimentos de *fiscalização do transporte clandestino de passageiros* foi editada a *Resolução nº 4.287, de 13.3.2014*.

O regulamento para o *transporte rodoviário de produtos perigosos* encontra-se na atual *Resolução nº 5.848, de 25.6.2019*, que revogou normas anteriores e contempla infrações e sanções neste segmento regulatório. Por sua vez, os procedimentos a serem adotados pelas concessionárias de *serviços públicos de transporte ferroviário de cargas, no transporte de produtos perigosos*, são regrados na *Resolução ANTT nº 2.748 de 12.6.2008*.

A atividade de fiscalização regulatória da ANTT está versada em planos de fiscalização. A Portaria nº 85, de 13.3.2020, do Superintendente de Exploração da Infraestrutura Rodoviária, da ANTT, aprovou o *Plano Anual de Fiscalização do exercício 2020*, referente às ações de *fiscalização dos trechos rodoviários federais concedidos*. Por sua vez, a Portaria nº 2, de 14.2.2020, do Superintendente de Fiscalização da ANTT, aprovou o *Plano Anual de Fiscalização da Superintendência de Fiscalização, exercício 2020*.

## 4 Principais desafios do DAS da ANTT na regulação de rodovias concedidas

O aperfeiçoamento do direito administrativo sancionador regulatório da ANTT pode ser objeto de abordagens direcionadas para cada segmento de atividade regulada. Para fins deste estudo, e dada a relevância da execução do programa de concessões no bojo da política de Estado ainda em voga, os apontamentos vão restringir-se à regulação de rodovias concedidas à iniciativa privada.

A ABCR – Associação Brasileira de Concessionárias de Rodovia publicou o estudo *Novos caminhos para as rodovias no Brasil*, no ano de 2018, apontando os desafios políticos e estratégicos relacionados com a exploração da infraestrutura rodoviária federal. Segundo a ABCR, são frentes essenciais: "fortalecer instituições, criar um ambiente favorável ao desenvolvimento, acreditar no modelo de concessões e aperfeiçoar os instrumentos existentes".[34]

Neste estudo, são apontados os seguintes desafios para o setor: (i) ausência de clareza e consenso sobre a importância dos investimentos em infraestrutura para o Brasil; (ii) ausência de conscientização da importância das rodovias, visto que o modal rodoviário é estratégico e continuará sendo a principal via de transportes de cargas e pessoas no país; (iii) necessidade de mudança de mentalidade em relação à iniciativa privada; (iv) melhoria da governança do setor, com restabelecimento de "centralidade da administrativa do setor"; (v) melhoria no planejamento da infraestrutura, de longo prazo, a revelar uma política de Estado (e não de governos) para o setor; (vi) fortalecimento das agências reguladoras independentes; (vii) aperfeiçoamento do controle exercido sobre as atividades finalísticas das agências; (viii) planejamento de licitações indutoras de competitividade entre empresas com efetiva capacidade de executar os serviços, com averiguação efetiva da exequibilidade de propostas nos certames; (xi) promoção de estabilidade regulatória e segurança jurídica na execução de contratos sustentáveis.[35]

Entre as recomendações apresentadas pela ABCR, interessa sublinhar uma concernente à regulação, afeta ao DAS, nos seguintes termos:

> *Aprimoramento da regulação e da segurança jurídica no setor rodoviário.* Estabelecer procedimentos administrativos uniformes, claros e adequadamente previstos em Lei, com especificação de prazos definidos para tomada de decisão pela Administração Pública e regras de transição para alterações normativas. Adotar mecanismos legais e contratuais de controle de conflito de competências, para evitar decisões contraditórias e garantir a sua segurança jurídica. Faz-se necessária, ainda, a obrigatoriedade irrestrita de realização de análise de impacto regulatório previamente à edição de qualquer norma, de maneira que ela seja balanceada em seus efeitos práticos, proporcionalidade e adequação antes de sua efetiva adoção. Finalmente, tornar efetivos os mecanismos de transparência, participação social, comunicação e diálogo, especialmente no momento que antecede o exercício das funções normativa, fiscalizadora e sancionatória. (Grifos no original)

---

[34] ABCR – ASSOCIAÇÃO BRASILEIRA DE CONCESSIONÁRIAS DE RODOVIAS. *Novos caminhos para concessões de rodovias no Brasil.* São Paulo: ABCR, 2018.

[35] ABCR – ASSOCIAÇÃO BRASILEIRA DE CONCESSIONÁRIAS DE RODOVIAS. *Novos caminhos para concessões de rodovias no Brasil.* São Paulo: ABCR, 2018.

O aprimoramento requerido também se aplica ao segmento da regulação, relativamente à atividade sancionadora da ANTT. Aponta-se o imperativo de maior uniformidade, previsibilidade, proporcionalidade, transparência, participação social, comunicação e diálogo, na concepção e implementação dos modelos sancionadores utilizados pela agência, tudo a fomentar e produzir maior segurança jurídica no setor, como elemento essencial à sua atratividade para recebimento de investimentos privados nos projetos. *Segurança regulatória* pode bem resumir a deficiência apontada pelas concessionárias.

A ABCR detalhou propostas para o incremento de segurança regulatória, nos seguintes termos:

*PROPOSTAS PARA O APRIMORAMENTO DA QUALIDADE DA REGULAÇÃO E DA SEGURANÇA JURÍDICA NO SETOR RODOVIÁRIO:*
• Assegurar a definição e previsão de procedimentos administrativos uniformes, claros e adequadamente previstos em Lei em matéria de concessões de rodovias;
• Especificar prazos definidos e peremptórios para tomada de decisão pela Administração Pública no curso da modelagem e execução dos contratos de concessão, conferindo efeitos positivos ao silêncio administrativo, no caso de procedimentos administrativos voluntários iniciados a requerimento e observando-se as normas de validade já previstas para o ato administrativo.
• Adotar mecanismos legais e contratuais de controle de conflito de competências.
• Aplicar, de maneira efetiva, os preceitos da Lei de Segurança Jurídica para Inovação (Lei 13.655/18), no que diz respeito à observância de regras de decisão responsáveis (notadamente de consideração dos impactos concretos da regulação, demonstração de sua necessidade e adequação, razoabilidade da regulação sancionatória, obrigatoriedade de regime de transição para novos entendimentos, etc.).
• Adotar, de forma irrestrita, a obrigatoriedade de análise de impacto regulatório para aprimorar a qualidade das decisões que alterem direitos, inclusive alterações legislativas (PLs) e decisões administrativas.
• Aprimorar os mecanismos de transparência e participação social como mecanismo de redução de incertezas no processo regulatório e, mais especificamente, ampliar e tornar efetiva a utilização dos mecanismos de participação de particulares na elaboração da regulação, notadamente dando conteúdo material aos mecanismos de consulta pública, audiência pública e reuniões participativas.
• Ampliar e tornar efetivos os mecanismos de comunicação, diálogo e consenso no âmbito da concessão que antecedem o exercício das funções normativa, fiscalizadora e sancionatória.

Com efeito, todas as proposições merecem atenção, pois se relacionam com atividade regulatória sancionadora.

A manutenção e desenvolvimento de processos administrativos, relacionados com a atividade sancionadora, necessitam de clareza e uniformidade, na sua formulação e aplicação, para atender ao devido processo legal.

O exercício de competências sancionadoras está sob a égide do princípio da obrigatoriedade da utilização da competência, de modo que é insuperável a necessidade de fixação e cumprimento de prazos processuais, neste campo, para atender à duração razoável do processo.

Promover a outorga clara de atribuições atinentes ao manuseio de instrumentos do DAS regulatório é decisivo para evitar nulidades que possam comprometer a finalidade de cada qual, seja dos instrumentos preventivos, seja dos instrumentos repressivos, seja, ainda, dos mecanismos consensuais previstos na seara sancionadora na órbita regulatória da ANTT.

Conhecimento das condições concretas do setor e seu dinamismo, e das consequências dos modelos sancionatórios para os interesses públicos tutelados e demais interesses jurídicos afetados, de modo a lastrear a razoabilidade e proporcionalidade da atividade sancionadora, também é característica imperiosa da regulação, a qual se subordina à atividade da ANTT.

Implementar os mecanismos de análise de impacto regulatório (AIR) e avaliação do resultado regulatório, tal como perfilhados no Decreto nº 10.411/2020, em atendimento à Lei Federal de Agências Reguladoras, será um indiscutível avanço no DAS da ANTT. De igual forma, incrementar mecanismos de transparência e participação social na atividade de formulação, aprovação, implementação, execução e revisão dos modelos sancionadores ostenta a mesma importância.

O desenvolvimento da consensualidade no DAS da ANTT, com a efetiva introdução de mecanismos de comunicação, diálogo e consenso, em todas as atividades envolvidas com a "função normativa, fiscalizadora e sancionatória" também responderá por influxos determinantes na evolução futura da regulação na matéria.

Tamanho é o destaque do último desafio que a ABCR também se manifestou sobre a necessidade de aperfeiçoamento contratual, no sentido de conferir mais estabilidade à execução contratual, e, como seria previsível, o tema das "sanções contratuais, substituição [de sanções] e TACs" foi abordado no estudo, que alberga as seguintes propostas:

## PROPOSTAS PARA O REGIME DE SANÇÕES CONTRATUAIS:

• Reconhecer que sanções contratuais não são um fim em si (arrecadação), mas sim um meio para atingir determinadas utilidades (desestimular novos comportamentos, sancionar o já ocorrido, etc.).

• Aprimorar a aplicação destas sanções contratuais, a fixação de seu valor econômico e demais fatores para que atinjam efetivamente suas finalidades: deverão ser previstos parâmetros e limitadores para que não se transformem em um processo desvinculado das finalidades da concessão ou que afoguem, imotivadamente, a sua saúde econômica.

• Assegurar que os critérios para aplicação de sanções garantam proporcionalidade, adequação e finalidade.

• Adotar mecanismos que permitam, de maneira geral, a celebração de termos de ajustamento de conduta ou outros instrumentos capazes de conformar as ações da concessionária e fazê-las convergir com o interesse público.

• Incentivar a possibilidade de substituição de sanções por outras providências de interesse do governo (como, por exemplo, a realização de novos investimentos).

O DAS é o conjunto complexo de normas jurídicas que congrega determinada política pública de conformidade de determinado regime jurídico-administrativo, no bojo da qual haverá medidas de diversas índoles (medidas acautelatórias, alertas, recomendações, notificações, acordos, sanções etc.), ocupando a tipologia das sanções o elenco das providências mais interventivas ou drásticas. Ou seja, é possível que se apliquem normas de DAS e sequer se esteja na presença da edição de sanção administrativa.

Certo que as categorias das *infrações* e *sanções* administrativas folheiam conceitos jurídicos-dogmáticos relevantes para o DAS. Todavia, não recobrem todas as variáveis estruturantes do seu atual escopo. Neste sentido, o conceito de *sistema de responsabilização administrativa* exsurge mais abrangente ou adequado para esta finalidade. Sem a menor dúvida, o DAS é constituído por diferenciadas esferas de responsabilização administrativa.

Denomina-se sistema de responsabilidade o conjunto de normas jurídicas que delineiam, com coerência lógica, a existência de um sistema impositivo de determinadas consequências jurídicas contra o sujeito infrator e/ou responsável, levando-se em conta a prévia tipificação do ato infracional e das sanções imputáveis, o processo estatal de produção e os bens jurídicos ou interesses públicos constitucionalmente protegidos com sua institucionalização normativa. Como sistema, o plexo deve ser dotado de unidade e coerência, em vista da finalidade normativa que o categoriza. Como subconjunto normativo, sujeita-se à prévia conformação legal de suas estruturas às injunções principiológicas superiores – materiais e formais – contidas na Constituição.[36] Este conceito de sistema de responsabilização é fundamental para compreensão de qualquer engrenagem estatal sancionatória. Como o DAS atua em diversos setores ou campos materiais, reconduzir estes regimes sancionatórios a esta categoria esclarece com precisão sobre o fundamento, a abrangência e os limites de cada sistema sancionador componente do DAS.

O conceito permite visualizar quais os interesses públicos que cada potestade sancionadora está preordenada a tutelar. Partindo deste referencial axiológico, opera-se a construção lógica da dimensão de todos os elementos constitutivos do sistema de responsabilização: infrações administrativas, sanções administrativas e processo administrativo. Este sistema ilumina, por sua vez, a compostura e compreensão de medidas administrativas acautelatórias e medidas preventivas, e a possibilidade de utilização da técnica de atuação consensual no seu âmbito. Pode-se vislumbrar que este conceito de sistema de responsabilização encaixa-se em outro, qual seja, o de política pública de conformidade de condutas em determinada matéria afeta ao direito administrativo.

O DAS regulatório tem servido de mola propulsora do processo de consensualização no direito administrativo sancionador, no revigoramento de suas funcionalidades múltiplas e na consolidação de sua identidade, quando contrastado pelo direito penal.[37] A identidade do direito administrativo sancionador em linha de princípio deve ser buscado no campo do direito administrativo, e na forma com a qual as políticas de Estado são forjadas e moldadas para atender aos múltiplos interesses públicos.

O reconhecimento do caráter instrumental das sanções administrativas representa uma reafirmação da característica do exercício de qualquer competência administrativa, sempre demarcando um meio para lograr finalidades públicas, invariavelmente um *dever jurídico teleologicamente orientado pelo alcance de fins públicos*. Competências que ensejam a produção de *atos unilaterais com conteúdo sancionador*, bem como competências que embasam a produção de *atos bilaterais com*

---

[36] OLIVEIRA, José Roberto Pimenta. *Improbidade administrativa e sua autonomia constitucional*. Belo Horizonte: Fórum, 2009.

[37] OLIVEIRA, José Roberto Pimenta; GROTTI, Dinorá Adelaide Musetti. Direito administrativo sancionador. Breve evolução. Identidade. Abrangência e funcionalidades. *Interesse Público*, Belo Horizonte, v. 22, p. 83-126, 2020.

*conteúdo sancionador*, quaisquer delas somente são exercitáveis como instrumento de tutela de interesses públicos.[38]

No tocante ao exercício de *potestades sancionadoras unilaterais*, as propostas indicam que há necessidade de reavaliação constante do regime, sobremodo à luz do princípio da finalidade, proporcionalidade e segurança jurídica. A submissão constitucional do aparelho administrativo ao princípio da impessoalidade, da isonomia e da moralidade implica o dever permanente de avaliação e reavaliação das normas de tipificação de ilícitos e de fixação de sanções (pecuniárias ou não pecuniárias). No momento presente, ANTT e concessionárias exploradoras de infraestrutura rodoviária federal concedida estão submetidas à Resolução nº 4.071/2013, portanto, anterior à recente Lei nº 13.848/2019.

No tocante ao exercício de *potestades sancionadoras bilaterais*, ANTT e concessionárias estão submetidas à Resolução nº 5.823/2018 (logo, anterior à Lei nº 13.848/219), que dispõe sobre os requisitos e procedimentos para celebração e acompanhamento de termos de ajustamento de conduta, "para correção ou compensação de descumprimentos de obrigações contratuais, legais ou regulamentares".

O recurso ao termo de ajustamento de conduta, previsto na Lei nº 7.347/1985 (Lei da Ação Civil Pública), como fonte legal de habilitação para celebração de "acordos com escopo sancionatório", é controverso, já que os acordos não são legitimados como providência tomada, exclusivamente para resguardo de interesses difusos ou coletivos. A Lei Federal das Agências Reguladoras insiste neste balizamento, ao prever os TAC em capítulo dedicado à defesa do consumidor e do meio ambiente (art. 32). De todo modo, em sendo integrante do marco federal da atividade regulatória, este artigo pode ser sistematicamente aproveitado para balizamento adequado de potestades sancionadoras bilaterais pela ANTT, na realização de *interesses públicos*, na medida em que fez expressa remissão ao art. 4º-A, da Lei nº 9.469/1997 (incluído nela pela Lei nº 12.249/2010).[39]

---

[38] Com razão, a Resolução ANTT nº 5.823/2018 expressa a vedação de celebração de termo de ajustamento de conduta que não comprovar a concretização de interesse público (art. 4º, inc. III).

[39] "Art. 4º-A. O termo de ajustamento de conduta, para prevenir ou terminar litígios, nas hipóteses que envolvam *interesse público* da União, suas autarquias e fundações, firmado pela Advocacia-Geral da União, deverá conter: I - a descrição das obrigações assumidas; II - o prazo e o modo para o cumprimento das obrigações; III - a forma de fiscalização da sua observância; IV - os fundamentos de fato e de direito; e V - a previsão de multa ou de sanção administrativa, no caso de seu descumprimento" (grifos nossos).

A instituição de *potestades sancionadoras bilaterais* não ofende o princípio constitucional da indisponibilidade dos interesses públicos, na medida em que pressupõe previsão legal ou infralegal, com fundamentação constitucional. Esta consensualidade não está à margem da legalidade. No Estado de direito, todas as competências administrativas resultam de norma habilitadora prévia. Certo é que tal potestade terá regime traçado pela lei, sendo fato que os modelos já agasalhados no campo do DAS regulatório das agências são veiculados com significativa margem de discricionariedade, que, no entanto, não autoriza arbitrariedade tampouco liberalidade ou pura liberdade de negociação e celebração de avenças, como ocorre no âmbito do direito civil e comercial. Registre-se que não se admite a deslegalização do modelo sancionador regulatório, como o faz Thiago Marrara.[40]

O DAS regulatório necessita de modelos sancionadores flexíveis (logo, alimentados pela discricionariedade), com diversidade de potestades e provimentos que instrumentalizem a agência reguladora a promover a eficiente tutela dos interesses públicos, que seguem como categoria central do regime jurídico-administrativo. Interesses públicos não são interesses titularizados pelas agências, são interesses titularizados por todos os membros da sociedade, para cuja organização política e institucional é conferido o dever de zelar e concretizar. Não são interesses do Estado, muito menos de seus agentes. Também não é correto equipará-los a interesses gerais (como se faz na LINDB), porque o atributo formal da sua existência como interesse público excede qualquer concepção semântica de generalidade (que nada esclarece).

O DAS regulatório tutela os interesses públicos, tal como objetivados nas leis gerais e setoriais de regulação. Com esta exata compostura, está reverenciado no art. 4º da Lei Federal de Agências Reguladoras.

Para manter-se no bloco de constitucionalidade, a formulação e o exercício de *potestades consensuais* necessitam de adequada limitação, objetiva e racional, visando à sua utilização fundamentada, impessoal, proba, pública e eficiente.

Editada no mesmo ano do diagnóstico da ABCR, que propugna pelo aperfeiçoamento do regime da celebração de TAC (ou outros instrumentos) pela ANTT, a agência aprovou a já citada Resolução nº 5.823, de 12.6.2018, para tratar desta forma de consensualidade. Sobre os

---

[40] Conferir: MARRARA, Thiago. Regulação consensual: o papel dos compromissos de cessação de prática no ajustamento de condutas dos regulados. *Revista Digital de Direito Administrativo*, São Paulo, v. 4, n. 1, p. 274-293, 2017.

termos de ajustamento de conduta em matéria regulatória sancionadora, André Saddy e Rodrigo Azevedo Greco pontuam:

> Desta forma, o TAC, pela via consensual, como forma de resolução de conflitos e realização do interesse público, mostra-se uma solução adequada à reversão imediata da sanção aplicada em medida benéfica para a sociedade, sendo um importante instrumento de composição de conflitos e regulação do setor, pois confere maior eficiência à coercividade estatal, de modo a possibilitar e assegurar a cessação da prática investigada com a reparação de seus efeitos lesivos, ainda que em potencial. Ademais, diminui o tempo necessário que o regulador leva para adequar a conduta à norma, aumenta a efetividade das decisões administrativas, reduz as chances de questões regulatórias serem transferidas para o Poder Judiciário e, por conseguinte, minora os custos do *enforcement* e do órgão regulador em investigar práticas supostamente ilícitas.[41]

Extrai-se da norma habilitante da ANTT que os TAC podem versar sobre: (i) correção de *descumprimento* de obrigações contratuais, legais ou regulamentares; e (ii) compensação de efeitos decorrentes de descumprimentos (já corrigidos ou com efeitos exauridos), por meio da execução de obrigações não previstas originalmente no instrumento de outorga. Com esta fisionomia, distanciam-se da modalidade de *acordos integrativos*, enquadrando-se na forma de *acordos substitutivos*, como leciona Juliana de Palma.[42]

A Resolução nº 5.823 atende ao interesse dos agentes regulados, como expressado pela ABCR. A título de resguardar os interesses públicos, próprios da produção de atos sancionadores, a norma estabelece situações impeditivas (art. 4º) da utilização da potestade (descumprimento anterior de TAC, mesmo objeto contido em TAC anterior, não comprovação de interesse público e definitividade da sanção no âmbito administrativo). São elencadas 14 (quatorze) cláusulas obrigatórias (art. 11), submetendo o TAC a monitoramento e fiscalização pela agência, incluindo fixação de sanções pela rescisão. Em havendo "obrigação não

---

[41] SADDY, André; GRECO, Rodrigo Azevedo. Termo de ajustamento de conduta em procedimentos sancionatórios regulatórios. *Revista de Informação Legislativa*, Brasília, v. LII, p. 165-203, 2015.

[42] "Os acordos substitutivos caracterizam-se pelo efeito terminativo do processo administrativo no qual são celebrados. Quando firmados, estes acordos substituem a decisão unilateral e imperativa da Administração pública ou findam o processo instaurado para conformação do provimento administrativo" (PALMA, Juliana Bonacorsi de. *Sanção e acordo na Administração Pública*. São Paulo: Malheiros, 2015. p. 252).

prevista originalmente" na concessão,[43] o TAC não ensejará reequilíbrio econômico-financeiro (art. 13). Regram-se os casos de descumprimento parcial (art. 17) e de rescisão (art. 19), sendo que se reitera o caráter de título executivo extrajudicial do ato bilateral ou convencional (art. 1º, §4º).

Mesmo com relevantes avanços com uma regulamentação mais densa do TAC – em comparação com a Resolução ANTT nº 152, de 16.1.2003 – três aspectos merecem reflexão; (i) a manutenção da indeterminação das hipóteses de cabimento do TAC (vinculação v. discrição); (ii) a ausência de confissão do agente regulado quanto ao reconhecimento do ilícito; (iii) obscuridade sobre o tema do ressarcimento de danos advindos dos fatos abrangidos pelo TAC.

Utilizar a potestade sancionadora consensual para alinhavar e incentivar conformidade de condutas no setor regulado, de modo a preservar o exercício da potestade sancionadora unilateral para infrações relevantes, conforme o respectivo grau de lesividade aos interesses públicos, consiste em tarefa das mais relevantes nos desafios da regulação.

Do mesmo modo, promover ampla transparência sobre a atividade de acertamento, celebração, execução (incluindo possíveis alterações), monitoramento e fiscalização dos TAC, bem como das providências tomadas em face do seu descumprimento (parcial ou total) constitui missão essencial para fortalecer a própria consensualidade, e resguardá-la de vícios, sobretudo os decorrentes de práticas corruptivas, que podem custar-lhe a legitimidade.

## 5 Conclusões

1. O direito administrativo sancionador (DAS) foi igualmente impactado pelo fenômeno da regulação e da instituição de agências reguladoras, desde a Reforma do Estado deflagrada na década de 1990.
2. É inegável que a regulação independente pressupõe, promove, constrói, redefine, reconfigura a atividade sancionadora, no campo próprio em que ela se desenvolve.
3. A expressão direito administrativo sancionador regulatório pode aplicar-se ao segmento de normas de regulação, que

---

[43] Na defesa de extinção de processos administrativos sancionadores em troca de investimentos, conferir: SUNDFELD, Carlos Ari; CÂMARA, Jacintho Arruda. Acordos substitutivos nas sanções regulatórias. *Revista de Direito Público da Economia – RDPE*, Belo Horizonte, ano 9, n. 34, p. 133-151, abr./jun. 2011.

tem como escopo enfrentar questões atinentes ao manuseio de competências regulatórias e sancionatórias, por agências independentes. Embora a heterogeneidade dos setores regulados, sob o prisma material, seja invencível, a análise dogmática do exercício de competência de mesma índole pode justificar esta uniformidade de compreensão no campo científico.
4. Uma apreciação crítica da Lei nº 13.848/2019 revela que houve censurável perda de oportunidade da Lei Federal das Agências Reguladoras em avançar na disciplina legal, geral e sistemática, da matéria sancionatória.
5. Em sua atividade institucional, a ANTT normatizou, com alterações e melhorias progressivas, o escopo sancionatório de sua regulação, seja do ponto de vista formal (devido processo administrativo), seja do ponto de vista material (tutela de bens jurídicos e observância de valores constitucionais).
6. A manutenção e o desenvolvimento de processos administrativos, relacionados com a atividade sancionadora, necessitam de clareza e uniformidade, na sua formulação e aplicação, para atender ao devido processo legal.
7. O exercício de competências sancionadoras está sob a égide do princípio da obrigatoriedade da utilização da competência, de modo que é insuperável a necessidade de fixação e cumprimento de prazos processuais, neste campo, para atender à duração razoável do processo.
8. Promover a outorga clara de atribuições atinentes ao manuseio de instrumentos do DAS regulatório é decisivo para evitar nulidades que possam comprometer a finalidade de cada qual, seja dos instrumentos preventivos, seja dos instrumentos repressivos, seja, ainda, dos mecanismos consensuais previstos na seara sancionadora na órbita regulatória da ANTT.
9. Conhecimento das condições concretas do setor e seu dinamismo, e das consequências dos modelos sancionatórios para os interesses públicos tutelados e demais interesses jurídicos afetados, de modo a lastrear a razoabilidade e proporcionalidade da atividade sancionadora, também é característica imperiosa da regulação, a qual se subordina à atividade da ANTT.
10. Implementar os mecanismos de Análise de Impacto Regulatório (AIR) e Avaliação do Resultado Regulatório (ARR), tal como perfilhados no Decreto nº 10.411/2020, em

atendimento à Lei Federal de Agências Reguladoras, será um indiscutível avanço no DAS da ANTT. De igual forma, incrementar mecanismos de transparência e participação social na atividade de formulação, aprovação, implementação, execução e revisão dos modelos sancionadores ostenta a mesma importância.

11. O desenvolvimento da consensualidade no DAS da ANTT, com a efetiva introdução de mecanismos de comunicação, diálogo e consenso, em todas as atividades envolvidas com a "função normativa, fiscalizadora e sancionatória", também responderá por influxos determinantes na evolução futura da regulação na matéria.

12. O DAS regulatório tem servido de mola propulsora do processo de consensualização no direito administrativo sancionador, no revigoramento de suas funcionalidades múltiplas e na consolidação de sua identidade, quando contrastado pelo direito penal.

13. O DAS regulatório necessita de modelos sancionadores flexíveis (logo, alimentados pela discricionariedade), com diversidade de potestades (*potestades sancionadoras unilaterais e potestades sancionadoras consensuais*) e provimentos que instrumentalizem a agência reguladora a promover a eficiente tutela dos interesses públicos, que seguem como categoria central do regime jurídico-administrativo.

## Referências

ABCR – ASSOCIAÇÃO BRASILEIRA DE CONCESSIONÁRIAS DE RODOVIAS. *Novos caminhos para concessões de rodovias no Brasil*. São Paulo: ABCR, 2018.

ARAGÃO, Alexandre Santos de. O princípio da proporcionalidade no direito econômico. *A&C – Revista de Direito Administrativo & Constitucional*, Curitiba, ano 2, n. 8, p. 69-112, 2001.

BANDEIRA DE MELLO, Celso Antônio. *Curso de direito administrativo*. 34. ed. São Paulo: Malheiros, 2019.

BARROSO, Luís Roberto. Agências reguladoras. Constituição, transformações do Estado e legitimidade democrática. *Revista de Direito Administrativo*, Rio de Janeiro, n. 229, p. 285-311, jul./set. 2002.

BRASIL. Presidência da República. Câmara da Reforma do Estado. Ministério da Administração Federal e Reforma do Estado. *Plano Diretor de Reforma do Aparelho do Estado*. Brasília, 1995.

CABRAL, Flávio Garcia. Os pilares do poder cautelar administrativo. *A&C – Revista de Direito Administrativo & Constitucional*, Belo Horizonte, ano 18, n. 73, p. 115-139, jul./set. 2018.

EID, Isabella Martinho. *O processo administrativo sancionador das agências reguladoras de serviços públicos*. 2018. 115 f. Dissertação (Mestrado em Direito) – Programa de Estudos Pós-Graduados em Direito, Pontifícia Universidade Católica de São Paulo, São Paulo, 2018.

FERREIRA, Daniel. Sanção ou acordo: um (novo) dilema para a Administração Pública brasileira? In: MOTTA, Fabrício; GABARDO, Émerson (Org.). *Crise e reformas legislativas na agenda do direito administrativo brasileiro*. Belo Horizonte: Fórum, 2018. v. 1.

FERREIRA, Daniel. *Sanções administrativas*. São Paulo: Malheiros, 2001.

FREIRE, André Luís M. Regulação e processo administrativo sancionador: aspectos constitucionais da Lei nº 9.784/1999 na jurisprudência do STF, na literatura jurídica e na legislação aplicável às agências reguladoras. *Revista de Direito Público da Economia – RDPE*, Belo Horizonte, ano 13, n. 50, p. 43-62, abr./jun. 2015.

FUNDAÇÃO GETÚLIO VARGAS. Escola de Direito do Rio de Janeiro. *Processo administrativo nas agências reguladoras*: uma proposta de disciplina legislativa. Rio de Janeiro: Fundação Getúlio Vargas, 2016.

GARCÍA DE ENTERRÍA, Eduardo; FERNÁNDEZ, Tomás-Ramón. *Curso de direito administrativo*. Revisão técnica de Carlos Ari Sundfeld. São Paulo: Revista dos Tribunais, 2014. v. II.

GUERRA, Sérgio. Regulação estatal sob a ótica da organização administrativa brasileira. *Revista de Direito Público da Economia – RDPE*, Belo Horizonte, ano 11, n. 44, p. 229-248, out./dez. 2013.

HOLPERIN, Michelle Moretzsohn. Difusão e adaptação do modelo de agência reguladora no Brasil. *Revista de Administração Pública – RAP*, Rio de Janeiro, v. 53, n. 6, p. 1116-1137, nov./dez. 2019.

MARQUES NETO, Floriano de Azevedo. *Agências reguladoras independentes*: fundamentos e seu regime jurídico. Belo Horizonte: Fórum, 2005.

MARRARA, Thiago. Regulação consensual: o papel dos compromissos de cessação de prática no ajustamento de condutas dos regulados. *Revista Digital de Direito Administrativo*, São Paulo, v. 4, n. 1, p. 274-293, 2017.

MEDAUAR, Odete. A regulação e auto-regulação. *Revista de Direito Administrativo*, Rio de Janeiro, n. 228, p. 123-128, abr./jun. 2002.

MELLO, Rafael Munhoz de. *Princípios constitucionais de direito administrativo sancionador*: as sanções administrativas à luz da CF/88. São Paulo: Malheiros, 2007.

MOREIRA NETO, Diogo de Figueiredo. A regulação sob a perspectiva da nova hermenêutica. *Revista Brasileira de Direito Público – RBDP*, Belo Horizonte, ano 4, n. 13, p. 147-166, abr./jun. 2006.

MOREIRA, Vital& MAÇÃS, Fernanda. *Autoridades reguladoras independentes*. Coimbra: Coimbra, 2003.

MOTTA, Fabrício. *Função normativa da Administração Pública*. Belo Horizonte: Fórum, 2007.

NOBRE JÚNIOR, Edílson Pereira. Sanções administrativas e princípios do direito penal. *Revista de Direito Administrativo*, Rio de Janeiro, v. 219, p. 127-151, 2000.

OLIVEIRA, José Roberto Pimenta. *Improbidade administrativa e sua autonomia constitucional*. Belo Horizonte: Fórum, 2009.

OLIVEIRA, José Roberto Pimenta; GROTTI, Dinorá Adelaide Musetti. Direito administrativo sancionador. Breve evolução. Identidade. Abrangência e funcionalidades. *Interesse Público*, Belo Horizonte, v. 22, p. 83-126, 2020.

OSÓRIO, Fábio Medina. *Direito administrativo sancionador*. 7. ed. São Paulo: Revista dos Tribunais, 2020.

PALMA, Juliana Bonacorsi de. *Sanção e acordo na Administração Pública*. São Paulo: Malheiros, 2015.

PEREIRA, César A. Guimarães. Discricionariedade e apreciações técnicas da administração. *Revista de Direito Administrativo*, Rio de Janeiro, v. 231, p. 217-267, jan./mar. 2003.

RIBEIRO, Leonardo Coelho. O direito administrativo como caixa de ferramentas e suas estratégias. *Revista de Direito Administrativo*, Rio de Janeiro, v. 272, p. 209-249, maio/ago. 2016.

ROSILHO, André Janjácomo. *Tribunal de Contas da União*: competências, jurisdição e instrumentos de controle. São Paulo: Quartier Latin, 2019.

SADDY, André; GRECO, Rodrigo Azevedo. Termo de ajustamento de conduta em procedimentos sancionatórios regulatórios. *Revista de Informação Legislativa*, Brasília, v. LII, p. 165-203, 2015.

SUNDFELD, Carlos Ari; CÂMARA, Jacintho Arruda. Acordos substitutivos nas sanções regulatórias. *Revista de Direito Público da Economia – RDPE*, Belo Horizonte, ano 9, n. 34, p. 133-151, abr./jun. 2011.

TÁCITO, Caio. Agências reguladoras da Administração. *Revista de Direito Administrativo*, Rio de Janeiro, n. 242, p. 177-181, out./dez. 2005.

TOJAL, Sebastião Botto de Barros. O controle judicial da atividade normativa das agências reguladoras. *Revista da Academia Brasileira de Direito Constitucional*, Curitiba, v. 2, p. 75-103, 2002.

VALENTE, Patrícia Rodrigues Pessoa. *Avaliação de impacto regulatório*: uma ferramenta à disposição do Estado. 2010. 218 f. Dissertação (Mestrado em Direito) – Programa de Estudos Pós-Graduados em Direito, Universidade de São Paulo, São Paulo, 2010.

VORONOFF, Alice. *Direito administrativo sancionador no Brasil*: justificação, interpretação e aplicação. Belo Horizonte: Fórum, 2018.

VORONOFF, Alice. Direito administrativo sancionador: um olhar pragmático a partir das contribuições da análise econômica do direito. *Revista de Direito Administrativo*, Rio de Janeiro, v. 278, p. 107-140, 2019.

ZOCKUN, Maurício; ZOCKUN, Carolina Zancaner. A relação de sujeição especial no direito brasileiro. *A&C – Revista de Direito Administrativo & Constitucional*, Belo Horizonte, ano 19, n. 77, p. 121-137, jul./set. 2019.

---

Informação bibliográfica deste texto, conforme a NBR 6023:2018 da Associação Brasileira de Normas Técnicas (ABNT):

OLIVEIRA, José Roberto Pimenta; GROTTI, Dinorá Adelaide Musetti. Direito administrativo sancionador regulatório da ANTT. Desafios no aperfeiçoamento da regulação. *In*: TOJAL, Sebastião Botto de Barros; SOUZA, Jorge Henrique de Oliveira (Coord.). *Direito e infraestrutura*: rodovias e ferrovias – 20 anos da Lei nº 10.233/2001. Belo Horizonte: Fórum, 2021. v. 2, p. 135-165. ISBN 978-65-5518-209-5.

# QUALIDADE E GOVERNANÇA REGULATÓRIA: UMA ANÁLISE DA QUALIDADE DA REGULAÇÃO DA ANTT E DA ANTAQ

JOSÉ VICENTE SANTOS DE MENDONÇA

MICHELLE MORETZSOHN HOLPERIN

## 1 Introdução

As agências reguladoras brasileiras são resultado de um amplo processo de reorganização do Estado iniciado nos anos 1990. Ao longo dessa década, duas mudanças alteraram fundamentalmente a organização burocrática do Estado brasileiro: (i) o início do processo de privatizações, que levantou mais de R$54 bilhões apenas com a receita de venda das estatais federais,[1] e (ii) o início do processo de agencificação, responsável pela criação de mais de 60 agências reguladoras independentes nos três níveis da Federação.

A difusão de agências reguladoras não é processo exclusivo do Estado brasileiro. O período entre 1990 e 2002 marcou a fase de decolagem desse processo, com uma taxa de criação de 22,9 agências por ano ao redor do mundo, consolidando-as como o novo "modelo

---

[1] DESESTATIZAÇÃO. *BNDES*. Disponível em: https://www.bndes.gov.br/wps/portal/site/home/transparencia/desestatizacao. Acesso em: 15 mar. 2021.

adequado de governança" das economias capitalistas do Ocidente (JORDANA; LEVI-FAUR; MARÍN, 2011).

No Brasil, ainda que inicialmente questionadas sobre sua existência e funcionamento (MENDONÇA, 2015), as agências cresceram em tamanho e escopo de atuação, passaram por diferentes revisões em suas leis de criação, e observaram seu corpo burocrático triplicar em dez anos (HOLPERIN, 2017).

Isso, em parte, deve-se ao fato de que o então chamado Estado regulador não "enterrou" ou substituiu o Estado intervencionista. Ao contrário, evidências sugerem que o Estado regulador ajudou a "resgatar" outros tipos de Estado, como o Estado de bem-estar social e o Estado desenvolvimentista (HABER, 2011; 2017; MABBET, 2010; HOLPERIN, 2017; BENISH; LEVI-FAUR, 2020).

A agenda de melhoria regulatória e o crescente cuidado com a qualidade das regulações surgem neste contexto de crescimento do "Estado regulador"[2] e de preocupações com a relação negativa entre regulação e crescimento econômico (TRNKA; THUERER, 2019; LOAYZA; SERVÉN, 2010). Ou seja, o debate sobre "se" o modelo de agência reguladora independente é o mais adequado transfere-se para "como" tornar a atividade das agências mais efetiva e eficiente.

Este breve artigo tem o objetivo de verificar, a partir de dados de diferentes pesquisas empíricas sobre dimensões de boa governança regulatória, como ANTT e Antaq encontram-se, quando comparadas às demais agências reguladoras federais.

## 2 Qualidade ou governança regulatória?

O Banco Mundial define qualidade regulatória como "a capacidade dos governos em formular políticas e regulações que permitam e promovam o desenvolvimento do setor privado".[3] Qualidade regulatória é um dos componentes de governança, sendo esta definida como o conjunto de "tradições e instituições pelas quais a autoridade em um país é exercida".[4] Na prática, qualidade regulatória é avaliada a partir de percepções não apenas sobre o processo de elaboração,

---

[2] Sobre o "surgimento" e a expansão do Estado regulador ver Majone (1997), Levi-Faur (2005; 2014), Haber (2011; 2017) e Jordana, Levi-Faur e Marín (2011).
[3] Ver REGULATORY quality. *World Bank*. Disponível em: https://info.worldbank.org/governance/wgi/pdf/rq.pdf.
[4] Ver em indicadores de governança do Banco Mundial: WORLDWIDE Governance Indicators. *World Bank*. Disponível em: http://info.worldbank.org/governance/wgi/Home/Documents.

implementação e fiscalização de atos normativos primários (leis) e secundários (regulamentos), mas também do perfil de investimento, taxação e subsídios e política de preços.

A OCDE trabalha com uma definição um pouco mais restrita de qualidade regulatória – voltada exclusivamente para regulação como "intervenção intencional e direta exercida por atores do setor público nas atividades econômicas de atores do setor privado – incluindo definição de padrões, monitoramento e sanção" (KOOP; LODGE, 2017, p. 10). Qualidade regulatória estaria, assim, diretamente ligada ao processo de concepção e elaboração deste conjunto de regras ou intervenções materializadas como regras (OCDE, 2008).

Embora a agenda de melhoria ou qualidade regulatória tenha ganhado destaque nos últimos anos, falta, em especial junto ao direito público brasileiro, ambiência mais confortável ao uso de evidências empíricas e ao manejo de argumentos que ultrapassem o estilo "narrativo" clássico do operador institucional do direito público (MENDONÇA, 2014).

É nesse contexto que se inserem contribuições como a do presente texto, que, a partir do acesso a dados públicos, busca responder às seguintes perguntas: como evoluíram ANTT e Antaq, no que diz respeito a questões de governança e qualidade regulatória? Como estas agências se encontram, quando comparadas com as demais agências reguladoras federais?

## 3 Qualidade regulatória: como ANTT e Antaq comparam-se às demais agências federais?

Para avaliar como estão ANTT e Antaq em termos de qualidade regulatória, escolhemos as seguintes dimensões, usualmente atribuídas à governança regulatória: autonomia, participação social e tomada de decisão. Considerando que há diferentes formas de avaliar cada uma delas, o enfoque desta seção será exclusivamente em: (i) corpo de dirigentes, como parte de autonomia política; (ii) contingenciamento de recursos, como parte de autonomia financeira; (iii) uso de ferramentas de consulta e audiência pública, como parte de participação social e (iv) uso de análise de impacto regulatório, como parte de processo de tomada de decisão.

## 3.1 Autonomia: o corpo de dirigentes e o contingenciamento de recursos

Autonomia significa garantir às agências algum nível de liberdade no desempenho de suas funções, de modo que as suas decisões sejam tecnicamente embasadas e indiquem a melhor forma de atingir os objetivos declarados. Autonomia também significa que o desempenho das agências será avaliado unicamente nesta base (STERN; HOLDER, 1999).

Para obter autonomia, reconhece-se que é necessário que a agência tenha fonte própria de financiamento e proteção dos mandatos de seus dirigentes (STERN; HOLDER, 1999), de modo a afastar ingerência política sobre suas decisões. Maior autonomia também pode ser obtida via (i) escalonamento dos mandatos dos dirigentes e com os do chefe do Executivo; (ii) presença de mecanismos formais para garantir que as decisões da agência sejam aplicadas; (iii) questionamentos às decisões da agência feitos via Judiciário (CORREA et al., 2008). Três aspectos que costumam afetar de forma relevante a autonomia das agências reguladoras são a politização do corpo de dirigentes, a vacância dos cargos de direção e o contingenciamento de recursos.

Em pesquisa conduzida pela Escola de Direito da FGV de São Paulo, a ANTT foi a agência com maior quantidade de dias de vacância em suas diretorias: 7464 dias ou 20,7 anos de vacância (SALAMA; BARRIONUEVO, 2017). Resultados similares foram obtidos pelo TCU (BRASIL, 2015), utilizando dados entre 2010 e 2013. Das seis agências analisadas – Antaq, ANTT, ANP, Aneel, Anatel e Anac – ANTT e Antaq apresentam os piores resultados em termos de percentual de vacância nos cargos de direção. Segundo Dantas e Gomes (2019, p. 19), "não se pode falar em autonomia [...] quando dirigentes deixam seus postos [...] e são substituídos por interinos, ainda mais quando estes são nomeados pelo chefe do Poder Executivo, sem passar pela aprovação do Senado Federal".

No que diz respeito à autonomia financeira, o percentual de contingenciamento costuma ser um dos indicadores de avaliação mais utilizados. Em estudo conduzido pelo Centro de Estudos em Regulação e Infraestrutura da FGV, no entanto, a ANTT é a única das sete agências avaliadas que não teve recursos contingenciados entre os anos de 2006 e 2014. Do mesmo modo, a Antaq também não experimentou contingenciamento significativo, sendo que, em quatro dos nove períodos, a agência não sofreu nenhum contingenciamento (CERI, 2016).

Por fim, a nomeação de dirigentes que possuem identificação ideológico- programática com a sua agenda de políticas do chefe do Executivo é uma das possíveis estratégias de interferência política nas agências. Se, por um lado, tal prática pode submeter decisões técnicas às questões de cunho político, é legítima a vontade do chefe do Executivo em nomear indivíduos que compartilham de uma mesma crença sobre o papel a ser desempenhado pelo Estado (BONIS, 2016).

Para avaliar este quesito, Bonis (2016) propõe e avalia dois indicadores distintos: um indicador de qualificação profissional e outro de neutralidade político-partidária. Embora Antaq e ANTT possuam média de qualificação profissional do seu corpo de direção abaixo da média das demais agências federais, a Antaq apresenta nível mais elevado de neutralidade político-partidária.

É importante mencionar que filiação partidária não captura, necessariamente, possíveis indicações motivadas por aspectos políticos. Vejamos o exemplo do Diretor da ANTT Francisco de Oliveira Filho. Embora apontado pela mídia como ligado ao MDB de Minas Gerais,[5] seu nome não foi identificado na lista de filiados ao partido. Ao mesmo tempo, o dirigente é "graduado em História [...], especializou-se em marketing e abraçou a profissão de publicitário. [...]" (BRASIL, 2003, p. 2). Das experiências destacadas no Relatório de Sabatina da Comissão de Serviços de Infraestrutura, de relatoria do Senador Leonel Pavan, apenas parece relevante para a sua nomeação e aprovação o seguinte:

> A área da publicidade, explorou-a em todas as suas vertentes, inclusive a do marketing político. No setor público, atuou como assessor especial do Prefeito de Contagem, em Minas Gerais (1997 e 1998) e esteve à frente da Superintendência de Comunicação Social da Cemig – Companhia Energética de Minas Gerais (1999 a 2002). Na Câmara dos Deputados, exerceu as funções de assessor parlamentar no período de 1987 a 1988. (BRASIL, 2003, p. 2)

## 3.2 Participação social: uso de consultas e audiências públicas

A participação social, como dimensão de governança regulatória, captura a medida em que as partes relevantes – como mercado regulado,

---

[5] LULA indica assessor de Dilma para diretoria da ANTT. *A Tarde*, 14 jun. 2006. Disponível em: https://atarde.uol.com.br/politica/noticias/1129847-lula-indica-assessor-de-dilma-para-diretoria-da-antt.

consumidores, organizações do terceiro setor, academia etc. – contribuem efetivamente para o processo regulatório. Esta participação tem como objetivo melhorar a qualidade das decisões regulatórias, a partir de melhores informações, e obter suporte para a implementação da decisão tomada. A participação pode assumir diferentes formas, a partir dos diferentes objetivos pretendidos (STERN; HOLDER, 1999).

FIGURA 1
Mecanismos de participação social e seus objetivos: ANTT

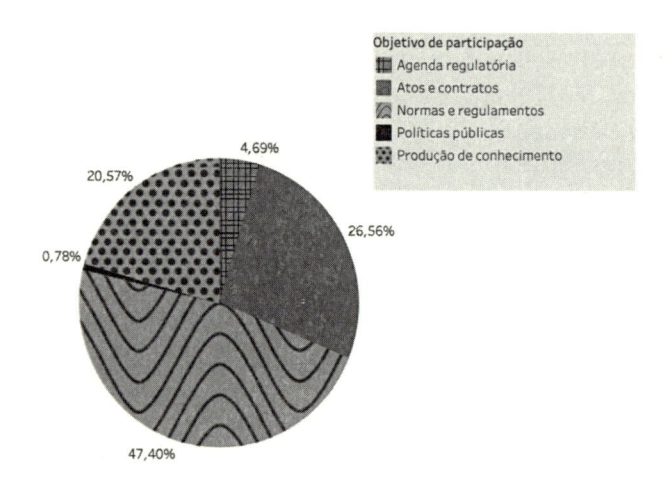

Objetivo de participação
- Agenda regulatória
- Atos e contratos
- Normas e regulamentos
- Políticas públicas
- Produção de conhecimento

4,69%
20,57%
0,78%
26,56%
47,40%

Fonte: *Regulação em números* – FGV Direito Rio.

Em termos de tipos de documentos submetidos à participação pública, a ANTT conta com uma gama significativamente mais ampla do que a Antaq, o que inclui a agenda regulatória – instrumento de planejamento e previsibilidade fundamental para uma boa governança –, e políticas públicas mais amplas de produção de conhecimento, como estudos de viabilidade técnica e econômica. Na Antaq, a participação restringe-se à atividade normativa da agência, conforme indicado no gráfico a seguir.

FIGURA 2
Mecanismos de participação social e seus objetivos: Antaq

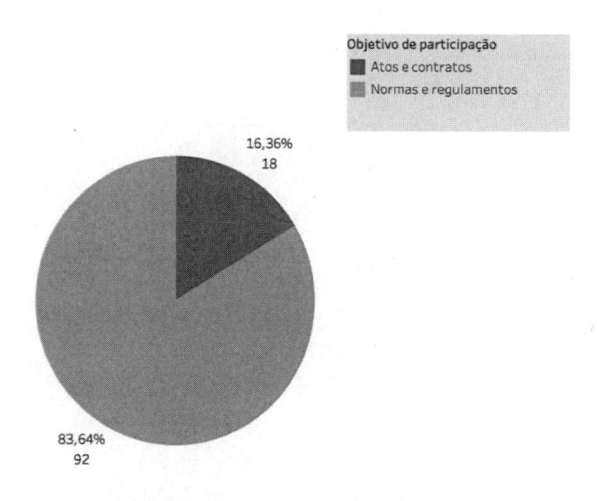

Objetivo de participação
- Atos e contratos
- Normas e regulamentos

16,36%
18

83,64%
92

Fonte: *Regulação em números* – FGV Direito Rio.

A prática de disponibilização de documentos relativos a um produto final gerado pela realização de mecanismo de participação é pouco adotada tanto pela Antaq como pela ANTT.

FIGURA 3
Disponibilização dos produtos das consultas e/ou audiências: Antaq

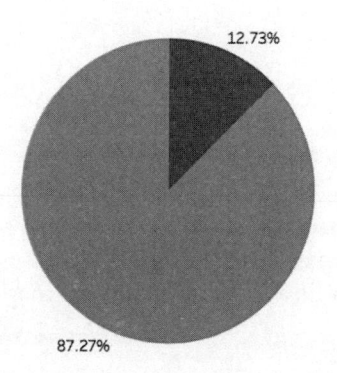

12.73%

87.27%

Fonte: *Regulação em números* – FGV Direito Rio.

## FIGURA 4
Disponibilização dos produtos das consultas e/ou audiências: ANTT

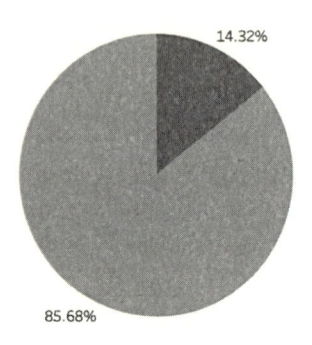

Fonte: *Regulação em números* – FGV Direito Rio.

Como se pode observar nos gráficos acima, extraídos do *site* do projeto *Regulação em números*, da Escola de Direito da FGV do Rio de Janeiro, ANTT e Antaq apresentam baixas taxas de disponibilidade dos documentos finais de consulta e/ou audiência, inferior a 15% do total e inferior à média das agências reguladoras federais, que é de 22,71%. Apenas a título ilustrativo, a Anac, também reguladora do setor de transportes, disponibiliza mais de 75% dos documentos finais em seu sítio da internet.

## 3.3 Tomada de decisão: uso da análise de impacto regulatório

Tomada de decisão é uma das dimensões de governança regulatória, e captura o uso de procedimentos administrativos como forma de induzir o cumprimento de regras preestabelecidas e a racionalidade deliberativa, reduzindo a arbitrariedade da tomada de decisão e, assim, fortalecendo a agência diante da sociedade e de órgãos de controle (CORREA *et al.*, 2008).

A análise de impacto regulatório é definida como um procedimento de avaliação prévio à edição dos atos normativos. Este procedimento parte da definição de um problema regulatório, e demanda informações e dados sobre os prováveis efeitos das alternativas de ação, para verificar a razoabilidade do impacto e subsidiar a tomada de decisão (BRASIL, 2020, art. 2º, inc. I). A adoção da AIR, portanto, fortalece a governança regulatória em sua dimensão de tomada de decisão.

Como ANTT e Antaq têm utilizado este procedimento? Pesquisa publicada pelo projeto *Uerj Reg.*, em 2020, indicou que ANTT e Antaq evoluíram pouco com relação ao uso da análise de impacto regulatório. Embora a ANTT tenha informado, em inventário conduzido pela Casa Civil em 2017, a realização de 28 AIR, apenas 4 podem ser acessadas pelo público – seja pelo *site* da agência, seja solicitando formalmente via procedimento da Lei de Acesso à Informação.

A situação na Antaq é ainda mais crítica: nenhum dos documentos enviados em resposta à solicitação do projeto de pesquisa que integramos poderia ser considerado uma AIR. Entre os 14 *links* enviados, 4 não abrem a página, 8 possuem apenas resolução e relatório de consulta e/ou degravação de audiência e 2 possuem apenas nota técnica. Nenhuma das notas técnicas foi classificada como AIR.

TABELA 1
Quantidade de AIR realizadas até 2018

| Agência | Total |
|---|---|
| Aneel | 83 |
| ANP | 4 |
| Anatel | 42 |
| ANS | 29 |
| Anvisa | 466 |
| ANTT | 4 |
| Antaq | - |
| Ancine | 7 |
| Anac | - |
| ANA | - |
| Total | 635 |

Fonte: Uerj Reg. (2020, p. 7).

Como se pode observar na tabela acima, Anvisa e Aneel possuem produção expressiva de AIR, representando, juntas, 86% do total de documentos analisados. Assim, analisar os dados de forma agregada traz muita informação sobre Anvisa, menos sobre Aneel, e pouca sobre as demais agências.

Nesta mesma pesquisa também foram avaliadas as diferenças entre as agências no que diz respeito a um tópico de grande importância: a tentativa de mensuração, de fato, dos impactos das alternativas de ação consideradas. Também aqui há grande diferença entre agências, conforme indicado no gráfico a seguir.

GRÁFICO 1
Estimativas de impactos entre agências

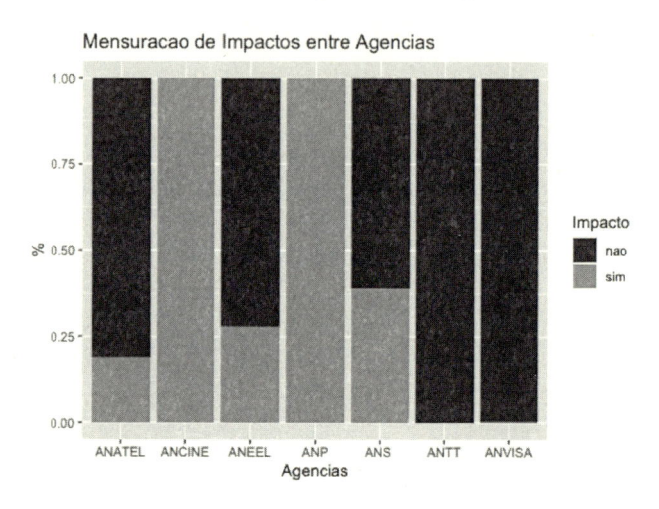

Fonte: Uerj Reg. (2020, p. 19).

Curiosamente, as duas agências que estimaram impactos em 100% de seus relatórios de AIR – a ANP e a Ancine – possuem pouca produção de AIR, com 4 e 7 relatórios analisados, respectivamente. Isso poderia sugerir que "menos é mais", ou seja, que as agências selecionam apenas temas mais importantes para submeter a uma análise de impacto, realizando análises mais "profundas". No entanto, a ANTT possui a mesma quantidade de AIR retidas para análise que a ANP, e em nenhum relatório foi identificada tentativa de estimar qualquer tipo de impacto dos cenários analisados. Cabe destacar que a pesquisa não fez diferenciação em termos de qualidade e profundidade das estimativas realizadas.

## 4 Observações finais

É oportuno mencionar que há uma expectativa de fortalecimento da governança ou qualidade regulatória da ANTT e Antaq com a publicação da Lei n° 13.848, de 2019. A maior parte das preocupações aqui levantadas – como interferências político-partidárias no processo de nomeação, o uso estruturado e efetivo de mecanismos de participação, e o uso de procedimentos racionais e sistemáticos de tomada de decisão – foram incluídos no novo marco legal das agências reguladoras. Resta saber o quanto a intenção se transformará em prática. Um dos prerrequisitos para que isso ocorra é a vigília ativa de grupos sociais – mídia, sociedade civil, regulados, e até dos próprios reguladores.

## Referências

BALDWIN, R. Is better regulation smarter regulation? *Public Law*, p. 485-511, 2005.

BENISH, A.; LEVI-FAUR, D. The reassertion of the regulatory Welfare State: a preface. *The Annals of the American Academy of Political and Social Science*, v. 691, n. 1, p. 7-16, 2020. DOI: 10.1177/0002716220949216.

BONIS, D. de. *Os limites do desenho institucional*: uma investigação empírica dos mecanismos da influência presidencial sobre as agências reguladoras independentes no Governo Federal brasileiro. Tese (Doutorado) – CDAPG, Escola de Administração de Empresas de São Paulo, 2016.

BRASIL. Tribunal de Contas da União. Plenário. *TC 031.996/2013-2*. Acordão 240/2015. Auditoria operacional. Agências reguladoras de infraestrutura. Avaliação da governança da regulação. Recomendações. Interessado: Presidência da República. Rel. Min. Raimundo Carreiro, 11.2.2015.

CENTRO DE ESTUDOS EM REGULAÇÃO E INFRAESTRUTURA – CERI. Autonomia financeira das agências reguladoras dos setores de infraestrutura no Brasil. *Ceri/FGV*, Rio de Janeiro, jul. 2016.

CORREA, P.; PEREIRA, C.; MUELLER, B.; MELO, M. Regulatory governance in infrastructure industries: assessment and measurement of Brazilian regulators. *The Quarterly Review of Economics and Finance*, v. 48, n. 2, p. 202-216, 2008.

DANTAS, B.; GOMES, V. M. A governança nas agências reguladoras: uma proposta para o caso de vacância. *Revista de Informação Legislativa: RIL*, v. 56, n. 222, p. 11-31, 2019. Disponível em: https://www12.senado.leg.br/ril/edicoes/56/222/ril_v56_n222_p11.

HABER, H. Regulating for welfare. A comparative study of "regulatory Welfare regimes" in the Israeli, British, and Swedish electricity sectors. *Law & Policy*, v. 33, n. 1, p. 116-148, 2011.

HABER, H. Rise of the Regulatory welfare state? Social regulation in utilities in Israel. *Social Policy & Administration*, v. 51, n. 3, p. 442-463, 2017.

HOLPERIN, M. M. O processo de agencificação no Brasil: divergência ou mimetismo? Dissertação (Mestrado) – Escola Brasileira de Administração Pública e de Empresas, Fundação Getúlio Vargas, Rio de Janeiro, 2012.

HOLPERIN, M. M. *The institutional pluralism of the state*. Tese (Doutorado) – Escola Brasileira de Administração Pública e de Empresas, Fundação Getúlio Vargas, Rio de Janeiro, 2017.

KOOP, Christel; LODGE, Martin. What is regulation? An interdisciplinary concept analysis. *Regulation & Governance*, v. 11, n. 1, p. 95-108, 2017.

LEVY-FAUR, D. The global diffusion of regulatory capitalism. *Annals of the American Academy of Political and Social Science*, v. 598, p. 12-32, 2005.

LEVY-FAUR, D. The welfare state: a regulatory perspective. *Public Administration*, v. 92, n. 3, p. 599-614, 2014.

LOAYZA, Norman V.; SERVÉN, L. Business regulation and economic performance. The International Bank for Reconstruction and Development. *The World Bank*, Washington DC, 2010.

MABBETT, D. The regulatory rescue of the welfare state. *Handbook on the Politics of Regulation*, v. 215, 2010.

MAJONE, G. From the positive to the regulatory state: causes and consequences of changes in the mode of governance. *Journal of Public Policy*, v. 17, n. 2, p. 139-167, maio/ago. 1997.

MENDONÇA, José Vicente Santos de. A verdadeira mudança de paradigmas do direito administrativo brasileiro: do estilo tradicional ao novo estilo. *Revista de Direito Administrativo*, v. 265, p. 179-198, jan./abr. 2014.

MENDONÇA, José Vicente Santos de. As fases sobre o estudo da regulação da economia na sensibilidade jurídica brasileira. *Revista Opinião Jurídica*, Fortaleza, ano 13, n. 17, jan./dez. 2015.

MUELLER, B.; PEREIRA, C. Credibility and the design of regulatory agencies in Brazil. *Brazilian Journal of Political Economy*, v. 22, n. 3, p. 65-88, 2002.

ORGANIZATION FOR ECONOMIC CO-OPERATION AND DEVELOPMENT – OECD. *Measuring regulatory quality*. Policy brief. Paris: OECD, April 2008.

SALAMA, Bruno Meyerhof; BARRIONUEVO, Arthur. *Processo de nomeação de dirigentes de agências reguladoras*: uma análise descritiva. São Paulo: FGV Direito SP, 2017. Disponível em: http://bibliotecadigital.fgv.br/dspace/bitstream/handle/10438/24882/02_sumario_executivo_grp_-_pep_01.pdf?sequence=1&isAllowed=y.

SCHNEIDER, B. R. O Estado desenvolvimentista no Brasil: perspectivas históricas e comparadas. *Ipea – Texto para Discussão*, Brasília, n. 1871, 2013.

STERN, J.; HOLDER, S. Regulatory governance: criteria for assessing the performance of regulatory systems: An application to infrastructure industries in the developing countries of Asia. *Utilities Policy*, v. 8, p. 33-50, 1999.

TRNKA, D.; THUERER, Y. One-In, X-Out: Regulatory offsetting in selected OECD countries. *OECD Regulatory Policy Working Papers*, Paris, n. 11, 2019. Disponível em: http://dx.doi.org/10.1787/67d71764-em.

---

Informação bibliográfica deste texto, conforme a NBR 6023:2018 da Associação Brasileira de Normas Técnicas (ABNT):

MENDONÇA, José Vicente Santos de; HOLPERIN, Michelle Moretzsohn. Qualidade e governança regulatória: uma análise da qualidade da regulação da ANTT e da Antaq. *In*: TOJAL, Sebastião Botto de Barros; SOUZA, Jorge Henrique de Oliveira (Coord.). *Direito e infraestrutura*: rodovias e ferrovias – 20 anos da Lei nº 10.233/2001. Belo Horizonte: Fórum, 2021. v. 2, p. 167-179. ISBN 978-65-5518-209-5.

# A EXPERIÊNCIA DOS TERMOS DE AJUSTE DE CONDUTA NA AGÊNCIA NACIONAL DE TRANSPORTES TERRESTRES: EM BUSCA DA CONSENSUALIDADE EFETIVA

JULIANA BONACORSI DE PALMA

## 1 A consensualidade na regulação de transportes terrestres: importância de seu estudo para o desenvolvimento dos acordos administrativos no Brasil

Se até algum tempo atrás cogitar a possibilidade de o Poder Público celebrar acordos seria algo estranho, digno de desconfianças sobre sua lisura e compatibilidade com o princípio da supremacia do interesse público, ninguém mais negaria hoje o relevante papel da consensualidade na Administração Pública e o florescimento de acordos administrativos no Brasil. Sob a égide da Lei nº 10.233/2001, a Agência Nacional de Transporte Terrestres (ANTT) foi uma das entidades pioneiras no Brasil a desenvolver o seu programa de consensualidade, contribuindo significativamente para a consolidação das técnicas consensuais no direito público brasileiro e nas práticas regulatórias públicas.

O *termo de ajuste de conduta* (TAC) é o acordo administrativo no âmbito da ANTT. Seu potencial nos setores regulados pela agência é extraordinário.

Primeiramente, a consensualidade torna a relação entre ANTT e agente regulado menos adversarial na medida em que uma nova oportunidade de cumprimento das obrigações é conferida a este, sem que automaticamente a prerrogativa sancionadora – imperativa e unilateral – seja manejada. De forma objetiva, o TAC implica economia de recursos e tempo com o processo sancionador, além de evitar a judicialização da multa, uma prática habitual nos setores regulados.[1]

Porém, seus maiores benefícios são substantivos. Uma das principais tendências regulatórias internacionais é superar a relação adversarial entre regulador e regulado, pois um regulado colaborador é mais eficiente ao sistema que um regulado adversário. Entre outros fatores, a colaboração do regulado é fundamental para o maior cumprimento das regras, efetivo diálogo para mapeamento de alternativas de eficiência ao serviço público e diminuição de problemas relacionados ao *enforcement* da agência. Nessa linha, a teoria da regulação responsiva tem por principal objetivo *engajar o regulado que resiste* à *regulação* e, nessa perspectiva, nada mais inapropriado que a imediata punição do regulado pela inexecução das obrigações pactuadas.[2]

Some-se a isso o fato de a multa, enquanto resposta regulatória, não conferir imediata resposta ao problema identificado, deixando de endereçar o problema do inadimplemento das obrigações de investimentos. Já o TAC tem justamente por principal finalidade resolver o problema da inexecução das obrigações contratuais, viabilizando os investimentos previstos em favor do serviço público e de seus usuários.[3] Mesmo diante da inexecução do plano de ação consensual, a resposta regulatória permanece imediata: apurada falta do agente regulado, aplica-se um redutor da tarifa de pedágio.

Importante assinalar que a celebração do TAC não importa em *fraqueza institucional* ante as empresas reguladas nem um indevido comportamento de *complacência com quem não honra com suas obrigações*. Antes, a decisão pela via consensual é o produto de análise de que os benefícios decorrentes do TAC superam os potencialmente advindos da

---

[1] Nos termos do art. 4º, *parágrafo único*, o agente regulado deve renunciar às ações judiciais relacionadas a processos sancionadores da agência.

[2] Sobre a regulação responsiva no setor de transportes rodoviários, cf. PALMA, Juliana Bonacorsi de. Identidade das sanções administrativas nas concessões de serviços públicos. *In*: TAFUR, Diego Jacome Valois; JURKSAITIS, Guilherme Jardim; ISSA, Rafael Hamze (Coord.). *Experiências práticas em concessões e PPP*. Estudos em homenagem aos 25 anos da Lei de Concessões. São Paulo: Quartier Latin, 2021.

[3] Sobre a relevância de novos investimentos em TAC não coincidentes com os originalmente previstos na concessão, cf. FREITAS, Rafael Véras de. *Concessão de rodovias*. Belo Horizonte: Fórum, 2017. p. 238-239.

via autoritária, revestindo-se como o efetivo interesse público no caso concreto. Caso essa equação não penda para a consensualidade, o TAC pode simplesmente não ser celebrado – os acordos administrativos não são direitos dos regulados, mas um instrumento de manejo discricionário pela agência.

Desde a edição da Resolução nº 152/2003, que introduziu o TAC no âmbito da ANTT, a agência acumulou robusta experiência sobre a consensualidade nessa seara. A proposta deste artigo é apresentar o desenvolvimento da consensualidade na ANTT a partir de dois enfoques: o normativo e o prático, este pela análise dos TAC Planos de Ação e TAC Multas disponíveis na página eletrônica da agência.[4] Ao final, será apresentado o principal desafio da agência em seus próximos 20 anos de Lei nº 10.233/2001: o desenvolvimento da cultura da consensualidade, reconfigurando um TAC mais horizontal, com negociação efetiva e voltado à resolução dos problemas concretos que ensejaram pendências, irregularidades ou inadimplemento contratual.

## 2 Construção da consensualidade no âmbito da ANTT: do pragmatismo à segurança jurídica

### 2.1 Estágio inicial: Resolução nº 152/2003

A ANTT foi uma das primeiras agências reguladoras a normatizarem a consensualidade administrativa. O *termo de ajuste de conduta – TAC* não tem previsão expressa na Lei nº 10.233/2001 nem no Decreto nº 4.130/2002. À semelhança dos setores regulados de infraestrutura, o desenvolvimento da consensualidade no âmbito da ANTT é marcadamente regulamentar,[5] traduzindo o ímpeto da agência em ampliar os métodos de execução de suas competências para além da atuação administrativa típica, materializada em atos unilaterais e imperativos. Para tanto, o art. 5º, §6º, da Lei da Ação Civil Pública –[6] preceito referente ao TAC – serviu como fundamento jurídico de legalidade.

---

[4] TAC – multas e planos de ação. *Gov.br*. Disponível em: https://portal.antt.gov.br/tac-multas-e-planos-de-acao. Acesso em: 5 fev. 2021.

[5] Sobre o desenvolvimento da consensualidade nos setores regulados, cf. PALMA, Juliana Bonacorsi de. Acordos para ajuste de conduta em processos punitivos das agências reguladoras. *In*: PEREIRA NETO, Caio Mario da Silva; PINHEIRO, Luís Felipe Valerim (Coord.). *Direito da infraestrutura*. São Paulo: Saraiva, 2016. v. 2. p. 65-116.

[6] Art. 5º, §6º, Lei nº 7.347/85: "[o]s órgãos públicos legitimados poderão tomar dos interessados compromisso de ajustamento de sua conduta às exigências legais, mediante comunicações, que terá eficácia de título executivo extrajudicial".

A primeira previsão do TAC na ANTT veio com a Resolução nº 152/2003, disciplinado no anexo Regulamento de Termo de Ajuste de Conduta – RTAC. Cunhado como uma "prerrogativa da ANTT", o TAC na Resolução nº 152/2003 não era propriamente desenhado com base em uma filosofia consensual. Isso porque a norma não dispunha sobre a negociação e apenas trazia o traço da bilateralidade na formalização do acordo. Nessa linha, a ênfase está na discricionariedade da respectiva superintendência em firmar, ou não, o TAC, pressupondo caber-lhe definir unilateralmente o conteúdo do acordo; os particulares, se quisessem, poderiam aderir.

Pela Resolução nº 152/2003, a finalidade última do TAC era corrigir pendências ou irregularidades de concessionárias e permissionárias de serviços públicos de transportes terrestres. A dinâmica essencial do acordo gira em torno da conferência de prazo pela agência para que o particular cumpra os termos ajustados para a correção das irregularidades ou pendências. Sua celebração implicaria não instauração do processo sancionador. Já o cumprimento do compromisso assumido teria o efeito de arquivamento do procedimento, de onde se extrai a natureza de acordo substitutivo (no caso, substituição da instauração do processo). Em caso de descumprimento, então o processo sancionador era instaurado para apurar as pendências ou irregularidades e, comprovadas autoria e materialidade, aplicar as sanções devidas.

A Resolução nº 152/2003 inaugurou a consensualidade no regime sancionador da ANTT e, como toda primeira iniciativa, apresentava problemas relevantes. Além da ausência da cultura da consensualidade, não havia previsão de novos investimentos setoriais. Sua celebração se daria processo a processo, não havendo previsão de celebração de um único TAC englobando vários processos sancionadores, o que potencialmente limita o alcance dos efeitos positivos do acordo no setor. Também os efeitos da celebração do TAC eram limitados: expressamente o regulamento afastava a garantia do *ne bis in idem*, pois "a celebração do TAC não impedirá que a ANTT possa, se assim entender, deflagrar o processo administrativo para apurar as mesmas irregularidades".[7] Por fim, as regras previstas na Resolução nº 152/2003 eram reconhecidamente insuficientes para lastrear a celebração de acordos no âmbito do setor de transportes terrestres, tanto que seu art. 6º determinava que "os casos omissos serão decididos pela Diretoria da ANTT".

---

[7] Cf. art. 5º, Resolução ANTT nº 152/2003.

## 2.2 Ampliação, desenvolvimento incremental do TAC no âmbito da ANTT: o surgimento pragmático do TAC Plano de Ação e do TAC Multas

Em 2004 a ANTT editou seu novo Regulamento para Apuração de Infrações e Aplicação de Penalidades por meio da Resolução n° 442/2004. Ao revogar expressamente a Resolução ANTT n° 152/2003, a alternativa consensual passou a ser disciplinada conjuntamente com a atividade sancionatória da agência. Pode-se cogitar que essa inclusão atende a um propósito de simplificação regulatória, reunindo em um mesmo diploma normativo todas as regras atinentes à responsabilização no âmbito da ANTT, ainda que a decisão final não se materialize em uma sanção administrativa, mas sim em um acordo substitutivo. Reforça essa análise o fato de o desenho do TAC na Resolução n° 442/2004 manter basicamente a mesma estrutura da normativa anterior. Além disso, o TAC foi ampliado para abranger também o transporte ferroviário – no regime anterior, a consensualidade era apenas prevista no transporte rodoviário.

Pela Resolução n° 442/2004, o TAC teria as seguintes caraterísticas, coincidentes com o regime anterior: (i) *finalidade* de corrigir pendências, irregularidades ou infrações; (ii) *dinâmica* consensual de deferimento de prazo para particulares cumprirem com os termos ajustados para correção dessas pendências, irregularidades ou infrações; (iii) *momento* da celebração do TAC preferencialmente antes da instauração do processo administrativo sancionador; (iv) *efeito da celebração do acordo* correspondente à não instauração de processo sancionador ou sua suspensão, caso já tenha sido instaurado; (v) *efeito do cumprimento do TAC* de arquivamento do procedimento preliminar ou do processo sancionador, quando for o caso; (vi) na hipótese de *descumprimento do TAC*, instauração ou retomada do processo sancionador para apuração das responsabilidades e sancionamento.

Consequentemente, alguns dos mesmos problemas relacionados à disciplina do TAC no âmbito da ANTT permaneceram, notadamente, a ausência de uma cultura da consensualidade, a falta de previsão de investimentos diretos no setor e a ausência de regulamentação efetiva. Dois desses problemas, porém, foram superados na medida em que a Resolução n° 442/2004 não reproduziu os preceitos que vedavam o acordo global e o reconhecimento do *bis in idem* na consensualidade administrativa.

De acordo com a sua redação original, a Resolução nº 442/2004 dispunha apenas sobre o que posteriormente viria a se transformar em *TAC Plano de Ação*, voltado à correção de pendências, irregularidades ou infrações, ou seja, fundamentalmente à inexecução contratual por atrasos no cronograma. Seu emprego se deu largamente no ano de 2013, diante de atrasos superiores a 80% das obras previstas para os três primeiros anos de concessão da 2ª etapa de concessões de rodovias federais apurado pela ANTT ao final do 5º ano da concessão.[8] Muito embora o TAC Plano de Ação não estivesse nominalmente previsto na Resolução nº 442/2004, a Procuradoria reconheceu sua juridicidade na medida em que sua dinâmica se conformava à referida norma.[9]

Nesse mesmo ano, a ANTT editou a Resolução nº 4.071/2013 para regulamentar as infrações sujeitas às sanções de advertência e multa por inexecução contratual no setor rodoviário. Trata-se de mais uma medida para lidar com a crise no setor rodoviário, principalmente com as concessões celebradas em 2007.[10] Esta norma ampliou o cabimento do TAC *no setor rodoviário*, que então passa a ser viável após a aplicação de multa, desde que o processo sancionador não tenha sido transitado em julgado:

> *Resolução nº 4.071/2013* [...]
> *Art. 18.* As multas, cujos processos administrativos ainda não tenham transitado em julgado, poderão ser convertidas em obras ou serviços voltados à melhoria da rodovia, por solicitação da concessionária e a critério da ANTT, mediante celebração do respectivo Termo de Ajustamento de Conduta – TAC e conforme parâmetros a serem definidos em Resolução específica.

Assim, a Resolução nº 4.071/2013 transforma o TAC em um acordo substitutivo mais abrangente, incidindo, segundo o regime da Resolução nº 442/2004, sobre a instauração do processo sancionador e sobre o próprio processo sancionador e, pela Resolução nº 4.071/2013,

---

[8] Cf. item 3.1 deste artigo.
[9] Cf. Parecer nº 1372-3.10.11/2013/PFANTT/PGF/AGU.
[10] Segundo Alice Lícia Klein e Caio Cesar Figueiroa, a ANTT adotou a consensualidade como resposta prioritária à crise rodoviária, então agravada com a vigência encerrada da MP nº 800/2017 (reprogramação de investimentos em concessões rodoviárias federais) e a ausência de regulamentação da Lei de Relicitação (Lei nº 13.448/2017), que viria apenas em 2019, com o Decreto nº 9.957/2019 (KLEIN, Alice Lícia; FIGUEIROA, Caio Cesar. A celebração de acordos em concessões rodoviárias – Ampliação das hipóteses de cabimento dos TACs não é casual. *Jota*, 10 nov. 2018. Disponível em: https://www.jota.info/opiniao-e-analise/artigos/a-celebracao-de-acordos-em-concessoes-rodoviarias-10112018. Acesso em: 2 fev. 2021).

sobre a sanção de multa. Importante asseverar que essa possibilidade se limita ao setor rodoviário e apenas à sanção de multa. Outro ponto importante é que a Resolução nº 4.071/2013 altera a dinâmica do TAC, anteriormente limitado à correção de pendências, irregularidades ou infrações (TAC Plano de Ação). Assim, passa a ser devida a *conversão de multas por investimentos setoriais*, inaugurando-se o *TAC Multas*. Embora não expressamente colocado, depreende-se o cabimento de acordo global, em que as diversas multas podem ser convertidas, coletivamente, em obras ou serviços voltados à melhoria da rodovia.

Nesse contexto, a ANTT editou a Deliberação ANTT nº 261/2014, conferindo às concessionárias a faculdade de pleitearem a celebração de TAC em substituição aos processos administrativos simplificados em tramitação na agência.[11] Com isso, a agência deu um passo adiante no emprego mais amplo do instrumento consensual que logo passaria a ser o mais importante mecanismo para lidar com a crise no setor rodoviário que afetou consideravelmente a execução dos contratos de concessão rodoviária da 2ª etapa. O emprego do TAC Multas se deu largamente em 2014, totalizando 2.056 multas substituídas por novos investimentos.

## 2.3   O modelo de consensualidade na ANTT desafiado

A Resolução ANTT nº 5.083/2016 revogou a Resolução nº 442/2004 para trazer nova disciplina sobre o processo administrativo sancionador no âmbito da agência. No que tange à disciplina da consensualidade, as regras fundamentalmente correspondem à disciplina anterior. Esse modelo de consensualidade foi desafiado no controle externo pelo TCU.

A consensualidade no âmbito da ANTT entrou na pauta de controle do TCU a partir de duas provocações em 2016. Em representação formulada por auditor, questionou-se a regularidade dos TAC celebrados pela ANTT nos setores rodoviário e ferroviário.[12] Já em sede de solicitação do Congresso Nacional para fiscalização do contrato de concessão da Ferrovia Nova Transnordestina, requereu-se que o

---

[11]   Deliberação ANTT nº 261, de 19.9.2014, art. 1º: "[a]provar a celebração de Termos de Ajuste de Conduta - TACs entre a Agência Nacional de Transporte Terrestres -ANTT e as Concessionárias de Rodovias Federais, que assim pleitearem, para adoção de medidas de compensação em decorrência de irregularidades verificadas no âmbito de Processos Administrativos Simplificados em trâmite perante esta Agência Reguladora, observados os termos dispostos por esta Agência".
[12]   Cf. Acórdão nº 1.731/2016.

TCU avaliasse a legalidade e a efetividade dos TAC celebrados entre ANTT e a concessionária (TLSA).[13] Assim, a análise de legalidade da consensualidade na ANTT tomou como porta de entrada o caso da Malha Nordeste, a partir do qual o TCU se posicionou sobre o instituto do TAC de uma forma mais ampla, na linha do *leading case* Acórdão nº 2.533/2017 (Caso TAC Transnordestina).

A representação imputa à ANTT indícios de irregularidades: (i) exorbitância dos limites da Lei da Ação Civil Pública na medida em que o desenho do TAC na Resolução nº 442/2004 não tutela interesse coletivo, difuso ou individual homogêneo, trabalhando unicamente para a preservação dos direitos contratuais; (ii) criação de instrumento jurídico em sede regulamentar, e não por lei; (iii) ilegalidade no conteúdo do TAC na medida em que promove a repactuação das metas contratuais, promovendo indevida alteração do objeto licitado; (iv) deseducação do mercado e da sociedade na medida em que a sanção que seria devida não é aplicada, implicando renúncia de competência da agência; e (v) prática de ato de improbidade administrativa pela utilização irregular de TAC por lesão ao erário e violação aos princípios da Administração Pública.

Tomada por unanimidade de votos, a partir do voto condutor do Min. Relator Walton Alencar Rodrigues, o TCU reconheceu a viabilidade jurídica de a ANTT definir em normativa própria acordos administrativos voltados à superação de pendências e irregularidades no curso da execução do contrato de concessão.

Em primeiro lugar, a agência deteria a competência originária em sua lei de criação para editar normas dispondo sobre acordos substitutivos da atividade sancionatória. Assim se depreende da competência para regular com vistas à otimização da prestação do serviço público[14] e ao arbitramento de interesses, além da elisão de competição imperfeita ou infrações.[15] Também depreende essa conclusão

---

[13] O Ministério Público de Contas solicitou medida cautelar *inaudita altera pars* para evitar que novos TAC fossem firmados pela agência até a apreciação definitiva do caso no Plenário. O Min. Relator Walton Alencar Rodrigues indeferiu o pedido, decisão essa de rejeição da liminar mantida pelo Plenário do TCU no Acórdão nº 675/2016.

[14] Cf. art. 20, inc. II, "a", Lei nº 10.233/2001, que assim dispõe: "a) garantir a movimentação de pessoas e bens, em cumprimento a padrões de eficiência, segurança, conforto, regularidade, pontualidade e modicidade nos fretes e tarifas".

[15] Cf. art. 20, inc. II, "b", Lei nº 10.233/2001, que assim dispõe: "b) harmonizar, preservando o interesse público, os objetivos dos usuários, das empresas concessionárias, permissionárias, autorizadas e arrendatárias, e de entidades delegadas, arbitrando conflitos de interesses e impedindo situações que configurem competição imperfeita ou infração da ordem econômica".

da competência de a ANTT "fiscalizar a prestação dos serviços e a manutenção dos bens arrendados, cumprindo e fazendo cumprir as cláusulas e condições avençadas nas outorgas e aplicando penalidades pelo seu descumprimento".[16]

Em segundo lugar, não há qualquer previsão na lei que impeça o desenho de instrumentos consensuais em sede regulamentar nem consta a determinação expressa de que a única resposta possível ante a infração ou descumprimento contratual é a sancionatória. Reconhece-se expressamente a *discricionariedade ampla do gestor na eleição da resposta regulatória que melhor atenda ao interesse público no caso concreto*. Daí reconhecer o caráter instrumental das sanções administrativas, voltadas à prevenção de novas infrações e a incentivar o cumprimento das cláusulas contratuais avençadas.

Quanto ao conteúdo do acordo (substituição de pendências e irregularidades relacionadas à inexecução contratual), o TCU tampouco entendeu pela ilegitimidade ou eventual exorbitância do poder regulamentar da agência, considerando o disposto no art. 5°, §6°, da Lei da Ação Civil Pública. Na ponta, o TAC da ANTT trabalharia para a satisfação de direitos difusos, como salientado pelo Min. Relator Walton Alencar Rodrigues:

> Nesse diapasão, não vislumbro que a Resolução ANTT n° 442/2004 tenha exorbitado da Lei de Ação Civil Pública e da própria Lei de criação da Agência reguladora ao prever a possibilidade de a autarquia firmar Termo de Ajuste de Conduta com concessionário de serviço público de transporte terrestre a fim de corrigir pendências, cessar irregularidades ou afastar infrações verificadas na execução do contrato de concessão. Em tese, tal acordo, ainda que mediado por um contrato de concessão, visa, ao fim, tutelar interesse difuso consistente na prestação de serviço público delegado em condições de regularidade, continuidade, eficiência, segurança, atualidade, generalidade, cortesia e modicidade tarifária, tal qual existe o artigo 6° da Lei n° 8.987/1995 (Lei Geral de Concessões).

Vale ressaltar que o preceito da Lei da Ação Civil Pública era o então permissivo genérico legal para a previsão de instrumentos consensuais em sede regulamentar. Com o advento da Lei n° 13.655/2018, a Lei de Segurança Jurídica para a Inovação Pública que altera a LINDB, o art. 26[17] introduzido passa a ser o novo permissivo genérico legal da

---

[16] Cf. art. 24, inc. VIII, da Lei n° 10.233/2001.
[17] Lei n° 13.655/2018, art. 26: "[p]ara eliminar irregularidade, incerteza jurídica ou situação contenciosa na aplicação do direito público, inclusive no caso de expedição de licença, a

consensualidade na esfera administrativa, aproveitando, inclusive, o TAC na ANTT.[18] Interessante ressaltar que o art. 26 trabalha em bases diferentes da Lei da Ação Civil Pública, fixando de modo expresso que os acordos se voltam à eliminação de *irregularidades*, assim como incerteza jurídica ou situação contenciosa na aplicação do direito público. Com relação ao limite ao controle dos acordos administrativos, o TCU reafirmou a impossibilidade de o controlador analisar a discricionariedade do gestor público na escolha pela via consensual. Porém, indicou que o controle poderia recair sobre se "a opção eleita pelo Administrador atende ao interesse público primário". Como se pode evidenciar, o exame do atendimento do interesse público primário permite que o controlador efetivamente adentre no mérito da escolha pública pela consensualidade e, nessa linha, do conteúdo transacional do acordo.[19] Isso permite que o controlador reveja cláusulas de obrigação, valores de multa em substituição, metodologia de fiscalização, cumprimento dos compromissos assumidos e demais elementos do acordo finalísticos à consensualidade. Em outros termos, o *leading case* Acórdão nº 2.533/2017 legitima um controle universal dos acordos administrativos celebrados pela ANTT.

---

autoridade administrativa poderá, após oitiva do órgão jurídico e, quando for o caso, após realização de consulta pública, e presentes razões de relevante interesse geral, celebrar compromisso com os interessados, observada a legislação aplicável, o qual só produzirá efeitos a partir de sua publicação oficial. §1º O compromisso referido no caput deste artigo: I - buscará solução jurídica proporcional, equânime, eficiente e compatível com os interesses gerais; II - (VETADO); III - não poderá conferir desoneração permanente de dever ou condicionamento de direito reconhecidos por orientação geral; IV - deverá prever com clareza as obrigações das partes, o prazo para seu cumprimento e as sanções aplicáveis em caso de descumprimento".

[18] GUERRA, Sérgio; PALMA, Juliana Bonacorsi de. Art. 26 da LINDB – Novo regime jurídico de negociação com a Administração Pública. *Revista de Direito Administrativo*, Rio de Janeiro, 2018. Edição especial – Direito Público na Lei de Introdução às Normas de Direito Brasileiro – LINDB (Lei nº 13.655/2018).

[19] Nessa linha, Gabriela Duque Poggi de Carvalho assim se posiciona: "[a] julgar pela decisão acima, o Tribunal de Contas da União pretende reservar ao gestor certa margem de discricionária na decisão quanto à celebração de acordo em substituição de sanção, mas desde que, e no limite daquilo que, ele próprio, o Tribunal de Contas da União, entende atender ao 'interesse público primário'. O raciocínio é problemático, e se torna mais complexo diante da dificuldade de se definir interesse público primário. O ponto é que, ao dizer que avaliará se os TACs atendem ao interesse público primário, e não havendo uma forma objetiva de definir em que este consiste ou de que maneira pode ser alcançado, – mesmo porque não há tão somente um único caminho para tanto – o Tribunal de Contas da União joga a decisão do gestor sob um tortuoso crivo, cujos contornos não são claros" (CARVALHO, Gabriela Duque Poggi de. Controle externo exercido pelo Tribunal de Contas da União sobre os acordos substitutivos celebrados por agências reguladoras federais: a relevância de critérios objetivos na definição do papel do controlador. *Boletim Conteúdo Jurídico*, Brasília, v. 1003, 2021).

E é justamente nessa missão de encontrar o interesse público primário no TAC no âmbito da ANTT que o TCU estabeleceu limites não previstos na regulamentação e agregou atributos ao instrumento consensual que terminaram por *redesenhá-lo ao gosto do controle*.

O *TAC não pode ter por objeto obrigações previamente estabelecidas em contrato nem pode implicar diminuição dessas obrigações contratuais*. Para o TCU, os compromissos em um TAC devem conter obrigações extraordinárias, não previstas originalmente nos contratos. Assim, são mencionados expressamente os exemplos de obrigações de investimentos suplementares na melhoria do serviço, atualização tecnológica e diminuição das tarifas. Ainda que possa entender adequado esse entendimento, o TCU não dispõe de competência para ser um regulador de segunda ordem do TAC, imiscuindo-se diretamente em competência da agência reguladora.[20]

Nem sempre a solução de compromissos adicionais em acordos administrativos será a mais adequada a todos os setores regulados. Essa lógica encontra-se, na verdade, atrelada a uma compreensão *retributiva* pelas irregularidades ou pela inexecução contratual, galgada na técnica regulatória de comando e controle que caracteriza a atividade administrativa sancionatória. Essa foi a opção da Anatel, objeto de detida análise pelo TCU,[21] cujo Regulamento do TAC é referencial aos mercados regulados, a partir de suas particularidades setoriais. A ANTT poderia, considerando a sua realidade setorial, preferir por não dispor sobre os compromissos adicionais, como o fez, considerando a natureza do descumprimento contratual fundamentalmente marcada pela crise econômica. Ademais, poderia escolher em reservar os compromissos adicionais para os casos graves de irregularidade ou descumprimento contratual, bem como diante de falta objetivamente imputável à concessionária. Essa é uma escolha regulatória reservada à agência.

---

[20] É nessa linha que Guilherme F. Dias Reisdorfer assim se posiciona: "[m]as é necessário ter cautela com a afirmação sobre a possibilidade de atribuir ao particular 'obrigações extraordinárias'. A ausência de regulamentação – ou mesmo o seu caráter genérico – não pode servir como pretexto para o ente estatal utilizar o ajuste para perseguir fins que, ainda que em si legítimos, sejam alheios à competência concretamente exercida. As obrigações devem estar relacionadas com o escopo da relação jurídica havida e devem ser compatíveis com as obrigações contratuais ou regulatórias descumpridas, que justificaram o acordo. O TAC não constitui oportunidade para coagir o particular a assumir encargos incompatíveis com aqueles originalmente assumidos. De outro modo, restará caracterizada típica hipótese de desvio de finalidade" (REISDORFER, Guilherme F. Dias. Os termos de ajuste de conduta da Anatel e da ANTT na Visão do TCU. *Jota*, 15 fev. 2018. Disponível em: https://www.jota.info/opiniao-e-analise/artigos/os-termos-de-ajuste-de-conduta-da-anatel-e-da-antt-na-visao-do-tcu-15022018. Acesso em: 10 fev. 2021).
[21] Cf. Acórdão nº 2.121/2017.

Novamente, repise-se, esse entendimento não está expresso em texto de lei, ato normativo, precedente judicial ou qualquer outra fonte de normatividade. Essas vedações resultam da interpretação controladora sobre qual o melhor modelo do TAC que, a um só tempo, garanta o tal interesse público primário e evite sua utilização indiscriminada que desvirtue o contrato de concessão e frustre o certame licitatório.

Para o TCU, o TAC objeto de análise denuncia "excessiva permissibilidade da Agência Reguladora" em favor da concessionária (TLSA), crítica esta que se aproveita para toda a experiência da ANTT, tanto que os dois acordos celebrados não foram cumpridos. A crítica do Min. Relator Walton Alencar Rodrigues foi bastante contundente:

> Lamentavelmente, a conclusão a que se chega da avaliação dos termos de ajustamento de conduta, celebrados entre a Agência Nacional de Transportes Terrestre e as concessionárias que atuaram na Malha Nordeste e da Ferrovia Transnordestina, é a de *total fracasso da utilização desses acordos*, substitutivos ao processo sancionatório, em promover a regularização e a melhoria da qualidade da prestação dos serviços públicos concedidos.

Um dos principais fatores do insucesso dos acordos seria, nessa perspectiva, a insuficiência do regulamento do TAC em dispor sobre medidas mais constritivas que, potencialmente, levariam ao cumprimento do acordo. *A ANTT deve definir sanções pelo descumprimento do TAC*, segundo o TCU, o que pressupõe a *definição de marcos temporais precisos*.

Assim, o TCU recomendou que a agência desse continuidade ao processo normativo de nova regulamentação do TAC, em que fossem definidos critérios mais rigorosos, especialmente prevendo cominações para o descumprimento das obrigações pactuadas, com eficácia de título executivo extrajudicial. O TCU deu ciência à ANTT de que celebrar acordo sem demonstração da sua vantagem ante a via sancionatória afronta os princípios de eficiência, finalidade administrativa e supremacia do interesse público. Ainda, *determinou que a agência celebrasse novos TAC* que não previssem compromissos adicionais (medidas compensatórias) e sanções pelo descumprimento das obrigações:

> [D]eterminar à Agência Nacional de Transportes Terrestres (ANTT) que se abstenha de assinar Termos de Ajuste de Conduta (TACs) que não prevejam medidas compensatórias para as infrações praticadas e apenas contenham, como cominação pelo descumprimento das obrigações pactuadas, a instauração de processo administrativo para apuração das responsabilidades e aplicação das penalidades cabíveis,

ou ao seu prosseguimento, se anteriormente instaurado, uma vez que tal cominação não é capaz de compelir, como visto, os compromissários ao integral cumprimento das obrigações estipuladas na avença, em afronta aos princípios da eficiência, da finalidade administrativa e da supremacia do interesse público.

## 2.4 Nova disciplina do TAC no âmbito da ANTT: Resolução nº 5.823/2018 e Portaria ANTT nº 24/2021

Seguindo a recomendação do TCU e com forte inspiração no Regulamento do TAC da Anatel, balizado pelo próprio TCU no Acórdão nº 2.121/2017, a ANTT prosseguiu com o processo normativo e editou a Resolução nº 5.823 em 2018, dispondo especificamente sobre a celebração do TAC no âmbito da agência.

A Resolução ANTT nº 5.823/2018 não qualifica qual tipo de descumprimento de obrigação que enseja a celebração de TAC, inferindo-se a *ampla abrangência do instrumento consensual* na agência. Importante ressaltar, porém, que este descumprimento deve ser qualificado pela má-fé do agente regulado ou por erro grosseiro na execução contratual. O descumprimento da obrigação apenas se caracteriza por falta imputável ao agente regulado, de modo que os efeitos do descumprimento formal de obrigações poderão ser afastados se justificados por eventos externos ao agente regulado, como no caso fortuito ou de força maior, em graves crises econômicas, inobservância dos efeitos de acordo de leniência por órgãos e entes da Administração Pública, restringindo o alcance do agente regulado ao mercado de licitações etc. Esses são todos exemplos de eventos inimputáveis ao agente regulado que podem levar ao descumprimento das obrigações previstas em lei, regulamento ou instrumento de outorga (contrato).

Na linha do amplo cabimento da via consensual, a Resolução ANTT nº 5.823/2018 exaustivamente dispõe sobre os casos em que o TAC não poderá ser celebrado: (i) em razão da perda do direito à celebração de TAC pelo descumprimento de acordo anterior, limitado ao prazo de três anos; (ii) se o descumprimento for de obrigação em TAC; (iii) se não restar comprovado o interesse público na celebração do TAC; ou (iv) quando já aplicada penalidade por decisão definitiva no processo sancionador.[22]

---

[22] Cf. art. 4º da Resolução ANTT nº 5.823/2018.

Em termos processuais, portanto, o TAC pode ser celebrado até a coisa julgada administrativa no processo punitivo da ANTT, quando o ato sancionatório se torna irrecorrível no âmbito da agência. Assim, ANTT e agente regulado podem propor a via consensual nas várias fases processuais anteriores à definitividade da punição, como na lavratura do termo de registro de ocorrência; na instauração do processo sancionador; no curso da instrução processual; antes da decisão do colegiado; na fase recursal; antes da decisão do recurso que faça coisa julgada administrativa.

A negociação do acordo se dá no âmbito da superintendência competente, sendo esta negociação marcadamente formal, com fases bem delineadas: requerimento de TAC, admissão da proposta ou modificação, fase de recurso da decisão de inadmissão, recebimento da minuta de TAC, fase de adequações pela superintendência, remessa da minuta de TAC à procuradoria e decisão da diretoria colegiada.

Sua celebração acarreta suspensão dos correspondentes processos sancionadores de aplicação de multa, caducidade, cassação, declaração de inidoneidade, revogação ou apuração de infração de natureza grave. Diante do cumprimento das obrigações pactuadas, esses processos são arquivados.

Com relação ao recrudescimento assinalado pelo TCU no Acórdão nº 2.533/2017, podem-se mencionar as seguintes medidas: proibição de a concessionária apresentar nova proposta de TAC com mesmo objeto de proposta anteriormente submetida, mas em que se verificou desistência; incidência de penalidade pelo descumprimento total ou parcial da avença (multa, suspensão temporária dos serviços e redução temporária do valor das tarifas); obrigatoriedade de definição das regras para acompanhamento e fiscalização do cumprimento das obrigações; correspondência da penalidade pelo descumprimento do TAC ao mínimo do valor de referência do acordo; previsão expressa de que o inadimplemento enseja rescisão do TAC, determinando a retomada dos processos, inclusive de caducidade.

A Resolução nº 5.823/2018 também trabalhou para a maior transparência na celebração de TAC. Uma das obrigações aplicáveis a ambas as partes é a divulgação da íntegra do TAC no *site* da ANTT e da compromissária, além da publicação de extrato no *Diário Oficial*.

Muitos dos argumentos indicados no Acórdão nº 2.533/2017 pelo TCU constam na nova normativa do TAC. Assim, cite-se o exemplo de dever de análise e motivação para verificar se o "TAC é o meio mais adequado e próprio à realização do interesse público no caso concreto" (art. 8º); previsão expressa da natureza de título executivo extrajudicial;

indicação de cronograma de execução claro como cláusula obrigatória, assim como as penalidades pelo descumprimento do pacto; previsão do prazo máximo de quatro anos, que deve ser expressamente fixado na avença; e compromissos adicionais, não originalmente previstos no instrumento de outorga para fins de compensação pelos efeitos do descumprimento do contrato caso as pendências e irregularidades já tenham sido corrigidas.

Mais recentemente a Superintendência de Infraestrutura Rodoviária da ANTT editou a Portaria nº 24/2021, regulamentando a Resolução nº 5.823/2018 com a proposta de conferir maior previsibilidade na celebração dos acordos substitutivos de sua competência em três frentes: (i) clareza na distribuição de competências de análise e decisão; (ii) detalhamento do processo de negociação formal; (iii) especificação dos critérios para fiscalização e aferição do cumprimento das obrigações, bem como para determinação do valor da penalidade, se for o caso; e (iv) propositura de modelos.

A iniciativa da Superintendência de Infraestrutura Rodoviária de regulamentar a Resolução nº 5.823/2018 pode ser apontada como uma tendência positiva, que trabalha para a segurança jurídica na celebração e execução dos TAC no âmbito da ANTT. Sua Portaria nº 24/2021 conecta-se diretamente com o art. 30 da LINDB, que clama as autoridades públicas a atuarem para aumentar a segurança jurídica na aplicação das normas de direito público, inclusive por meio de regulamentos. Adverte-se unicamente que a regulamentação não obstaculize o efetivo manejo da discricionariedade pelo gestor público. O fato de a Portaria nº 24/2021 não dispor sobre determinado assunto não impede que ele seja tratado pela Superintendência de Infraestrutura Rodoviária. Nessa linha, os modelos apresentados são meramente referenciais – o norte de orientação da celebração dos acordos é o caso concreto, sendo natural o ajuste do modelo para cotejar as especificidades da situação fática ou permitir o desenho de novas cláusulas.

## 3 A experiência da consensualidade no âmbito da ANTT: uma abordagem a partir do setor rodoviário

### 3.1 Experiência do TAC Plano de Ação

A Resolução ANTT nº 5.823/2018 indica como objeto do TAC a *correção de descumprimento de obrigações* contratuais, legais ou regulamentares pelo agente regulado. Diante do cenário de atrasos superiores a

80% das obras previstas para os três primeiros anos de concessão da 2ª etapa de concessões de rodovias federais apurado pela ANTT ao final do 5º ano da concessão,[23] foi reconhecida a adoção do *plano de ação* para readequação do cronograma da outorga.

Trata-se do TAC Plano de Ação, cuja prática no âmbito da ANTT o consolidou como instrumento de solucionamento da inexecução das obrigações de investimentos (obras) no cronograma anual dos contratos de concessão rodoviários. Por essa razão, o TAC Plano de Ação é fundamentalmente celebrado no curso da fiscalização contratual. A principal finalidade do TAC Plano de Ação é, portanto, regularizar o cronograma físico e financeiro da concessão.

A experiência da ANTT com os TAC Planos de Ação se inicia em 2013, com a assinatura de uma série de acordos com concessionárias que participaram dos leilões de 2007 e encontravam-se atrasadas em seus cronogramas físicos de execução do contrato.[24] É com base nesses documentos que se destrincham as principais características dos TAC Planos de Ação na ANTT.

A assinatura do TAC Plano de Ação não importa em postergação da fase de recuperação ou de outras obrigações contratuais, tendo por principal efeito a suspensão condicional da abertura dos processos relativos à inexecução, inclusive o sancionador. Diz-se condicional porque o descumprimento do TAC, no regime das regras setoriais de rodovia, pode ensejar a instauração desses processos. Outro efeito decorrente da assinatura do TAC Plano de Ação é a renúncia ao prazo para correção de falhas previsto no art. 38, §3º, da Lei de Concessão Comum.[25]

Em seu bojo é consensualmente construído o *plano de ação*, ou seja, um novo cronograma das obras originalmente previstas na concessão que deixaram de ser adimplidas, acompanhado de uma definição consensual do modo de fiscalização do plano.

---

[23] Cf. Parecer Técnico nº 022/2013/SUINF.

[24] São os seguintes TAC Planos de Ação disponíveis no *site* da ANTT e analisados neste item: TAC celebrados entre ANTT e Autopista Fernão Dias S.A.; Autopista Fluminense S.A.; Autopista Planalto Sul S.A.; Autopista Transbrasiliana Concessionária de Rodovia S.A.; Acciona Concessõs Rodovia do Aço S.A.; Autopista Litoral Sul S.A. e Autopista Régis Bittencourt S.A.; e Viabahia Concessionária de Rodovias S.A.

[25] É o texto do art. 38, §3º, da Lei nº 8.987/95: "[n]ão será instaurado processo administrativo de inadimplência antes de comunicados à concessionária, detalhadamente, os descumprimentos contratuais referidos no §1º deste artigo, dando-lhe um prazo para corrigir as falhas e transgressões apontadas e para o enquadramento, nos termos contratuais".

Fica o agente regulado responsável por elaborar um projeto executivo para cada obra do plano de ação, o qual deve ser apresentado à agência no prazo mínimo de 60 dias antes da data prevista para sua execução. Também tem o dever de apresentar plano de trabalho a cada uma das obras do plano de ação no prazo de dez dias após a aprovação do correspondente projeto executivo. O plano de trabalho tem o referencial de trabalho no mês. No exame dos TAC Planos de Ação, reconhece-se adequada flexibilidade na execução: o cronograma do plano de ação originalmente aprovado pode ser postergado mediante justificativa, desde que não altere a data de conclusão do TAC.[26] Esta decisão, porém, é reservada à ANTT.

Com relação à fiscalização do plano de ação, de um modo geral esta se procede pelo acompanhamento mensal do plano de trabalho, que pode alcançar três alternativas: (i) atestar o cumprimento das obrigações; (ii) quantificar o percentual de inexecução das obras do plano de ação; ou (iii) atestar o descumprimento antecipado do TAC, caso o agente regulado apresente percentuais de atraso superiores ao limite máximo de atraso tolerado por mais de três[27] ou quatro[28] trimestres consecutivos. O percentual de inexecução das obras do plano de ação é a base do *cálculo de compensação da inexecução*, um desconto sobre o valor da tarifa.[29] Dos TAC Planos de Ação analisados, indica-se como limite máximo de atraso tolerado 35% das obras no primeiro trimestre e 30% nos demais trimestres.[30]

---

[26] Cf. cláusula segunda, terceira subcláusula, do TAC Plano de Ação celebrado entre ANTT e Autopista Fernão Dias S.A. em 2013.

[27] Cf. TAC Planos de Ação celebrados entre ANTT e Autopista Fernão Dias S.A., Autopista Fluminense S.A., Autopista Planalto Sul S.A. e Autopista Transbrasiliana Concessionária de Rodovia S.A.

[28] Cf. TAC Planos de Ação celebrados entre ANTT e Autopista Litoral Sul S.A. e Autopista Régis Bittencourt S.A.

[29] Nos TAC Planos de Ação celebrados entre ANTT e Autopista Fernão Dias S.A., Autopista Fluminense S.A., Autopista Planalto Sul S.A., Autopista Transbrasiliana Concessionária de Rodovia S.A. e Acciona Concessões Rodovia do Aço S.A., o percentual de desconto sobre o valor da tarifa na compensação por inexecução foi na ordem de 1,1% na primeira e na segunda ocorrências e na ordem de 1,5% na segunda ocorrência. Já nos TAC Planos de Ação celebrados entre ANTT e Autopista Litoral Sul S.A. e Autopista Régis Bittencourt S.A., o percentual fixado foi na ordem de 0,9% na primeira, segunda e terceira ocorrências e na ordem de 1,0% na quarta ocorrência. Já no TAC Plano de Ação celebrado entre ANTT e Viabahia Concessionária de Rodovias S.A., o percentual de desconto sobre o valor da tarifa na compensação por inexecução foi na ordem de 1,1% na primeira e na segunda ocorrências e na ordem de 1,4% na segunda ocorrência.

[30] Cf. cláusula sexta, sétima subcláusula, do TAC Plano de Ação celebrado entre ANTT e Autopista Fernão Dias S.A. em 2013.

Com natureza de negócio jurídico, os acordos administrativos são bilaterais e comutativos. De um modo geral, o agente regulado se incumbe da execução integral do plano de ação e do atendimento às obrigações ancilares, como a elaboração de projetos executivos e planos de trabalho. Por sua vez, a agência fica a cargo da fiscalização e de conferir os efeitos do cumprimento do acordo.

Verifica-se uma fiscalização mais intensa no âmbito do TAC na comparação com a fiscalização ordinária do contrato, procedendo-se *in loco* e com base em relatório de andamento das obras emitido mensalmente pelo agente regulado. O cumprimento do TAC é atestado pela ANTT após o decurso do prazo do acordo, geralmente de 4 anos, mediante relatório específico. O acordo é considerado integralmente cumprido com a conclusão de todas as obras previstas no plano de ação ou, se ainda restarem obras pendentes, houver a comprovação de que o atraso não é de responsabilidade do agente regulado. Em caso de descumprimento, ainda que parcial, apura-se a responsabilidade pelo fato em processo administrativo ordinário para apuração de pendências.

Dos oito TAC analisados, sete encontram-se encerrados. Embora não tenha sido possível obter acesso pelo *site* da ANTT aos relatórios técnicos ou decisões da diretoria para melhor destrinchar o grau de cumprimento dos TAC, o exemplo da Autopista Régis Bittencourt S.A. pode ajudar a compreender o panorama do desfecho geral. Das obrigações previstas no plano de ação, 5,92% foram ser reprogramadas para serem executadas após o encerramento do TAC por eventos não compreendidos no risco da concessionária e 9% foram excluídas do acordo, restando 85,07% das obrigações. Dessas, 82,28% foram cumpridas e 17,72% foram descumpridas por falta imputável à concessionária.[31] Assim, os TAC são cumpridos parcialmente no âmbito da ANTT, resultando na instauração de processos administrativos que podem culminar em multa ou mesmo ensejar a caducidade.

O TAC recebe avaliação positiva pela ANTT – afinal de contas, o quadro de sistemática inexecução das obrigações de investimentos pelas concessionárias da 2ª etapa de concessões de rodovias federais foi superado. Ainda que o cumprimento não seja integral, ele é significativo. Por outro lado, o TCU compartilhou em algumas oportunidades críticas ao modelo de TAC Plano de Ação com fundamento em três principais argumentos: (i) as concessionárias inadimplentes que firmam o TAC

---

[31] Cf. voto da Diretoria Colegiada no Processo nº 50500.115488/2013-39/2019.

não têm execução das garantias;[32] (ii) seria falso atestar que o TAC é cumprido quando parcela significativa das obrigações nele previstas não são cumpridas; e (iii) ausência de responsabilização do agente regulado por deixar de cumprir com obrigações do TAC ou, se há responsabilização, esta se limita à aplicação de uma multa. Assim, rechaça-se a cláusula de limite máximo de atraso tolerado.[33]

## 3.2 Experiência do TAC Multas

O segundo tipo de TAC é o *TAC Multas*, voltado à substituição dos processos sancionadores da agência por investimentos. Trata-se do clássico *acordo substitutivo de sanções*, em que a autoridade pública abre mão do exercício da prerrogativa sancionadora pela alternativa consensual. Aparentemente, a Resolução ANTT n° 5.823/2018 indica subsidiariedade do TAC Multas ante o TAC Plano de Ação, cabendo nos casos em que o agente regulado já tiver corrigido o descumprimento das obrigações ou, caso não o tenha feito, a situação de descumprimento tenha sido superada. No entanto, a prática regulatória reconhece o TAC Multas como instrumento autônomo do TAC Plano de Ação e com finalidade específica, qual seja, a conversão do processo sancionador pelo TAC.

Nos termos da Resolução ANTT n° 5.823/2018, o TAC se destina a *compensar os efeitos do descumprimento das obrigações*. Essa compensação se procede com a definição consensual de *obrigações adicionais* no TAC, ou seja, de novas obrigações não previstas originalmente no instrumento de outorga, como no contrato de concessão. Assim, é inválido TAC cujas obrigações sejam coincidentes com as originalmente previstas, pois, se assim fosse, não haveria efetiva compensação.[34]

---

[32] Assim se posicionou a Secretaria de Fiscalização de Infraestrutura Rodoviária e de Aviação Civil: "[p]ortanto, não executar nenhuma garantia das concessões da 2ª etapa e considerar empresas como a concessionária Via Bahia como cumpridora do seu TAC, representa transigência inconcebível frente aos descumprimentos contratuais verificados e injustificada relativização dos prejuízos que a sociedade e os usuários arcam quando importantes obras contratadas não são entregues" (relatório do Acórdão n° 1.096/2019).

[33] Assim se posicionou a Secretaria de Fiscalização de Infraestrutura Rodoviária e de Aviação Civil: "[e]m segundo, cabe relativizar a afirmação de que os TACs vem sendo cumpridos. Mesmo após segunda chance, concessionárias como a Via Bahia seguem sem entregar importantes investimentos, notadamente, não apenas *treze passarelas* (dispositivo barato e com grande potencial de reduzir acidentes fatais), como *360 km de duplicações*, conforme tratado no TC 010.680/20187" (relatório do Acórdão n° 1.096/2019. Grifos no original).

[34] Igualmente ao TAC no âmbito da ANTT, o TAC da Anatel não aceita a estipulação de obrigações coincidentes com as previstas originalmente (entendimento TCU).

Por meio da Deliberação ANTT nº 261, de 19.9.2014, a ANTT reforçou a regra de competência consensual e conferiu às concessionárias a faculdade de pleitearem a celebração de TAC em substituição aos processos sancionadores.[35] Vale relembrar que em 2014 vigorava a Resolução nº 442/2004, que restringia a iniciativa da consensualidade apenas à agência. Assim, praticamente todas as concessionárias que firmaram TAC Plano de Ação também assinaram TAC Multas, consolidando um total de 2.056 processos substituídos. É com base nesses acordos que se destrincha a experiência da ANTT com o TAC Multas.[36]

TABELA 1
Relação de TAC Multa no âmbito da ANTT

(continua)

| | Valor –<br>PAS (R$) | Multas<br>substituídas | Data da<br>pactuação | Principais<br>obrigações |
|---|---|---|---|---|
| Litoral Sul | 51.535.260,00 | 336 | 27.10.2014 | OEA em trechos |
| Régis Bittencourt | 29.003.688,00 | 348 | 21.10.2014 | Implantação de passarelas, área de escape e dispositivo de retorno |
| Rodovia do Aço | 26.080.740,00 | 151 | 27.10.2014 | Duplicação de trecho |
| Transbrasiliana | 31.597.160,00 | 91 | 27.10.2014 | Melhoria de acessos existentes e dispositivo FIO |
| Fluminense | 31.164.196,00 | 247 | 27.10.2014 | Implantação de passarelas |

---

[35] Deliberação ANTT nº 261, de 19.9.2014, art. 1º: "[a]provar a celebração de Termos de Ajuste de Conduta – TACs entre a Agência Nacional de Transporte Terrestres – ANTT e as Concessionárias de Rodovias Federais, que assim pleitearem, para adoção de medidas de compensação em decorrência de irregularidades verificadas no âmbito de Processos Administrativos Simplificados em trâmite perante esta Agência Reguladora, observados os termos dispostos por esta Agência".

[36] São os seguintes TAC Multas analisados: ANTT e Autopista Litoral Sul S.A.; ANTT e Autopista Régis Bittencourt S.A.; ANTT e Acciona Concessões Rodovia do Aço S.A.; ANTT e Transbrasiliana Concessionária de Rodovia S.A.; ANTT e Autopista Fluminense S.A.; ANTT e Autopista Fernão Dias S.A.; ANTT e Concessionária da Rodovia Presidente Dutra S.A.; e ANTT e Empresa Concessionária de Rodovias do Sul S.A.

(conclusão)

| | Valor – PAS (R$) | Multas substituídas | Data da pactuação | Principais obrigações |
|---|---|---|---|---|
| Fernão Dias | 28.221.060,00 | 607 | 27.10.2014 | Implantação de passarelas, adequação de trechos e barreira de concreto em canteiro central |
| Nova Dutra | 11.108.055,00 | 240 | 25.09.2014 | Implantação de passarelas |
| Ecosul | 1.643.606,72 | 36 | 2.10.2015 | Iluminação de trechos e implantação de abrigo de ônibus |
| Total | 210.353.765,72 | 2.056 | | |

Fonte: Elaboração própria.

O rol de processos substituídos é listado no corpo do TAC. Conforme o regime da Resolução n° 442/2004, mantido na Resolução n° 5.823/2018, o TAC pode ser celebrado em todos os PAS ainda não transitados em julgado – assim, todos os processos administrativos sancionadores instaurados desde o começo da concessão até o momento da celebração do TAC Multas, ressalvados os com multa irrecorrível. A suspensão dos processos sancionadores é um dos efeitos da celebração do acordo, o que não exime a concessionária de cumprir com as obrigações que ensejaram a instauração do processo.

É justamente o valor dos processos sancionadores substituídos que deve ser aplicado a título de obrigações adicionais. Em síntese, o agente regulado deve cumprir com as obrigações pendentes ou irregularmente executadas e também honrar novas obrigações no mesmo valor da multa projetada nos processos sancionadores substituídos. Nada obsta que o valor das novas obrigações seja superior ao referencial dos processos sancionadores.

Cabe à concessionária apresentar a relação preliminar de propostas de obras para aprovação da ANTT e elaborar o projeto executivo para cada uma das obras aprovadas. Interessante observar que os investimentos não são previamente estipulados no acordo. O TAC Multas privilegiou o desenho de um *procedimento de definição das obras de investimentos* a ser observado no curso da execução do acordo.

A princípio, a preferência pela processualidade em detrimento da relação direta das obras é uma escolha legítima, albergada na discricionariedade inerente à dinâmica consensual. Entre os pontos positivos deste modelo de TAC, podem ser indicados dois fatores mais relevantes: (i) a economia de tempo na celebração do acordo, já que a decisão das obras é postergada para o curso do processo; (ii) considerando a plasticidade dos acordos administrativos, é preferível que as obras sejam definidas nos vários momentos de sua execução, e não limitado à pactuação inicial, de modo que seja possível melhor atender às necessidades concretas. O risco desse modelo de TAC é justamente o menor controle do acordo e esse procedimento não ter caráter consensual – vale enfatizar que todos os compromissos previstos devem ser resultado de negociação efetiva. Assim, a agência deve trabalhar para minimizar esses riscos.

Com relação ao primeiro foco de preocupação – risco de menor controle da consensualidade –, a ANTT vai bem ao disponibilizar os anexos e os projetos executivos referentes ao TAC no seu *site* oficial. Sobre o segundo aspecto – risco de o processo não ser consensual –, vale analisar melhor o desenho desse procedimento. De uma forma geral, o procedimento de definição das obras é caracterizado por atores bem definidos (concessionária como planejadora e agência como validadora) e igualmente etapas bem definidas.

A primeira etapa se inicia logo na assinatura do TAC, dispondo a concessionária de 60 dias para apresentar a relação preliminar de propostas de obras, ordenada por prioridade. O valor total dessas obras deve corresponder ou superar os valores de multa projetados nos processos administrativos que serão substituídos pelo TAC, atualizados ao tempo presente da celebração do acordo. A agência dispõe do prazo máximo de 120 dias para avaliação da relação preliminar de propostas de obras e, estando de acordo, declarar sua aprovação,[37] quando elas passam a integrar o Anexo II do TAC.

Nos termos do acordo, além de indicar ordem de prioridade para execução dos projetos, a concessionária deve observar escalonamento de prazos e percentuais de participação do valor do TAC. Em até 180 dias da aprovação da relação preliminar de propostas de obras, entrega dos projetos executivos que somem 30% do valor financeiro do TAC; até o 12º mês da aprovação da relação preliminar de propostas de obras, 30%; até o 18º mês da aprovação da relação preliminar de propostas de obras, o restante. Claro, portanto, que as obrigações são definidas no curso da execução do TAC.

---

[37] Esta é uma competência da Gerência de Engenharia e Investimentos em Rodovias – GEINV, da ANTT.

A segunda etapa consiste na deliberação da ANTT sobre os projetos executivos – caso decida pela "não objeção" do projeto executivo e do orçamento no prazo de 60 dias, a concessionária é comunicada para iniciar as obras em 30 dias. Caso a concessionária discorde do orçamento aprovado para execução das obras,[38] poderá interpor recurso em 10 dias. A concessionária deve substituir os projetos executivos não aprovados por novos. Uma vez aprovados os projetos executivos e orçamento, as obras passam a integrar o Anexo III e devem ser cumpridas no prazo máximo de quatro anos.

Nota-se um procedimento formal, típico da forma mais básica de tomada de decisão administrativa. No entanto, o campo da consensualidade demanda negociação efetiva, de modo que concessionária e agência podem adotar métodos de diálogo menos protocolares e adversariais. Assim, pode-se considerar, por exemplo, o fechamento de projetos executivos em reuniões específicas ou intermediadas por *dispute board*. Imprescindível que essa negociação seja registrada e acostada aos autos do processo para amplo controle.

Ainda sobre a definição das obras, indica-se que elas podem ser coincidentes com as apresentadas como proposta da revisão quinquenal. Sobre isso, adverte-se que o TCU, no Acórdão n° 2.121/2017 (TAC da Telefônica no âmbito da Anatel), paradigmático da consensualidade administrativa, entende que as obrigações pactuadas no TAC não podem ser coincidentes com as da concessão.

Para cada projeto executivo, a concessionária deve apresentar plano de trabalho em escala mensal e mensalmente entregar relatório de andamento das obras. O acompanhamento é feito *in loco*, sendo estabelecido o limite máximo tolerado de inexecução em 30% para cada obra, isoladamente. Quando da conclusão da obra, a concessionária deve informar a agência para atestar mediante a lavratura de termo de recebimento provisório. Ao final do prazo do TAC, a agência verifica o cumprimento das obras e, mediante relatório específico, atesta o cumprimento, ou não, das obras.

O cumprimento do TAC gera o efeito de arquivamento dos processos sancionadores relacionados no acordo, quando, então, serão substituídos. Automaticamente, os valores projetados de multa – que correspondem ao valor do TAC – são considerados totalmente quitados. Em caso de descumprimento, a agência apura a responsabilidade

---

[38] Conforme o acordo, a aplicação de recursos para realização das obras não enseja reequilíbrio econômico-financeiro.

pelas pendências, mantendo-se o dever de cumprimento das obras. A responsabilidade é afastada em caso de o descumprimento decorrer de evento não imputável à concessionária. Também são consideradas descumprimento pendências que superem o limite máximo tolerado de inexecução (30%) por três trimestres consecutivos. Com o descumprimento, revoga-se a suspensão dos processos sancionadores. Assim, esses processos são retomados, subsistindo a obrigação de conclusão das obras iniciadas no TAC.

A dinâmica dos acordos substitutivos no âmbito da ANTT despertou desconfianças pela unidade técnica do TCU. Em um setor marcado por inexecução contratual, a unidade técnica do TCU entendeu que a combinação TAC Plano de Ação e TAC Multas determinou o arquivamento de processos sancionadores e impediu a instauração de processos sancionadores por pendências; na ponta, segundo argumenta, ambos os acordos inviabilizaram, indevidamente, a decretação de caducidade.[39] Também compreendeu ser temerária a inclusão de cláusula prevendo o TAC nos futuros contratos de concessão a serem licitados, pois sinalizaria uma indevida "segunda chance" para a concessionária, "incentivando a apresentação de propostas irresponsáveis na licitação, por licitantes que possam considerar os futuros efeitos de não cumprimento do contrato, vislumbrando, de antemão, a celebração de TACs com a ANTT".[40] Nessa linha argumentativa, conclui:

> Diante de todo o exposto, a despeito do histórico de inexecuções dos contratos de concessões rodoviárias, a ANTT indica que não pretende punir a futura concessionária pelas infrações que vier a cometer, ao criar, sem amparo legal a figura do TAC contratual, conferindo ao gestor discricionariedade incompatível com os princípios que regem a Administração, notadamente, a legalidade, a impessoalidade, a moralidade e a eficiência.[41]

Como relata David Roldan Vilasboas Lama, apesar de todas as críticas, o TAC Multas mostrou-se mais eficaz que a política arrecadatória

---

[39] "Em síntese, a celebração dos dois termos de ajuste de conduta permitiu o arquivamento de todos os processos administrativos que já tinham sido abertos (TAC – Multas) e impediu a abertura de outros tantos (TAC – Plano de Ação), ou seja, possibilitou que todo o histórico registrado de transgressões contratuais, que permitiria decretar a caducidade da concessão, fosse extinto, o que abriu caminho para que novas inexecuções, como aquelas apuradas pela ANTT em 2015 (inexecução integral), ocorressem impunemente" (relatório no Acórdão TCU nº 1.174/2018).

[40] Relatório no Acórdão TCU nº 1.174/2018.

[41] Relatório no Acórdão TCU nº 1.174/2018.

de sanções pecuniárias, considerando que os valores arrecadados pela consensualidade foram superiores aos valores percebidos pela execução das multas.[42]

## 4 Considerações finais. Desafio da ANTT para os próximos 20 anos da Lei nº 10.223/2001: a introdução da consensualidade efetiva

Muito a experiência da ANTT com o TAC tenha se iniciado em 2003, chama atenção o fato de que a consensualidade efetiva na agência ainda é um processo em construção. Como se fosse um "vício de origem", desde a gênese do TAC, baixa ênfase tem sido dada à negociação, prevalecendo soluções de adesão, diálogos protocolares e modelos. Assim, ainda que a agência celebre importantes acordos setoriais, faltam subsídios para registrar a existência de uma cultura da consensualidade. O quadro veio a se agravar com o Acórdão nº 2.533/2017 do TCU, que aproximou ainda mais o desenho dos acordos administrativos à técnica regulatória da sanção: ao invés de o conjunto de cláusulas focar a efetiva resolução do problema concreto, desloca-se a atenção para reprimendas e constrições, ainda que não materializadas em uma sanção administrativa.

Assim, o principal desafio à ANTT é justamente consolidar a *consensualidade efetiva*, ou seja, uma atuação administrativa pautada em autêntica negociação entre Agência e particulares voltada à resolução do problema concreto que eventual descumprimento de norma ou cláusula contratual tenha causado. Para tanto, é imprescindível que a agência exerça em sua plenitude a competência consensual

Para tanto, é preciso que o caso concreto seja o ponto de partida e o ponto de chegada na celebração dos acordos substitutivos. Por mais que haja identidade de setor, os contratos tenham sido assinados na mesma etapa de concessões e os descumprimentos sejam os mesmos (atraso nas obras, notadamente) e devido aos mesmos fatores, é imprescindível considerar isoladamente cada situação concreta. Um dos traços característicos da consensualidade é a *atipicidade* de seus instrumentos, permitindo que suas cláusulas obrigacionais sejam melhor ajustadas para o endereçamento ao problema concreto, considerando, entre outros

---

[42] Cf. LAMA, David Roldan Vilasboas. *Atividade sancionatória contratual e extracontratual da ANTT*: alternativas para equilíbrio da atividade regulamentar nas concessões rodoviárias. Dissertação (Mestrado) – Programa de Mestrado Profissional, FGV Direito SP, 2020. p. 80.

fatores, as necessidades regionais a que o serviço público atende, as especificidades da empresa concessionária, os peculiares gargalos de infraestrutura etc. Por mais que haja relativa identidade das situações concretas e o princípio da isonomia se aplique na consensualidade, *os casos concretos nunca serão idênticos*. E é justamente nas diferenças que os acordos administrativos se engrandecem enquanto mecanismo ótimo de satisfação do interesse público, pois viabilizam a construção de soluções jurídicas amoldadas ao caso concreto.

Portanto, exercer efetivamente a consensualidade requer análise detida da situação concreta, buscando não apenas listar as irregularidades e descumprimentos contratuais, mas especialmente *as razões que levaram* à *situação infracional*. Por meio desse exercício, podem-se mapear fragilidades e oportunidades de melhorias do serviço público prestado, em consonância com a pactuação originária do contrato. ANTT precisa ir à raiz do problema. Assim, o TAC *deve dispor de cláusulas que enderecem a origem dos problemas que culminaram no descumprimento das regras ou no inadimplemento contratual*, podendo-se cogitar, por exemplo, na disciplina de um novo cronograma de execução, previsão de um canal de denúncias, estabelecimento de nova rotina sobre as atividades a serem desempenhadas etc.

O manejo da consensualidade na ANTT pressupõe assumir a discricionariedade na eleição dos métodos de exercício de competência e no desenho dos acordos. Por mais reconfortante que sejam detalhamentos normativos e modelos, eles podem gerar efeitos adversos quanto ao sucesso no endereçamento do caso concreto. Portanto, os modelos devem ser tomados apenas como um referencial de construção da solução consensual, cabendo à agência motivar as razões que determinam o afastamento de parte ou de todo o modelo diante da realidade na qual o TAC irá operar.

Também vale reforçar que a natureza consensual do TAC determina a negociação efetiva entre agência e particulares, de modo que estes possam de fato influir no desenho do acordo ao invés de se comportarem como *signatários* de um acordo unilateralmente desenhado pela superintendência que, caso discordem do seu conteúdo, tenham o direito de *recorrer*. A *horizontalidade* é um dos atributos mais valiosos da consensualidade. O devido processo legal na celebração de acordos administrativos pressupõe a participação ativa de ambas as partes na definição do conteúdo do pacto, com paridade de posições.⁴³ Desse modo, negociações formais – tantas vezes ditadas pelo receio do controlador – devem seguir a máxima do *mínimo formalismo*, evitando que o procedimento dite o ritmo da negociação ao invés da busca pela solução jurídica mais eficiente no caso concreto.

Nessa linha, a fase da análise jurídica encontra-se segmentada após a negociação. Boas experiências práticas têm demonstrado o valor do engajamento da procuradoria na dinâmica de negociação. Por um lado, eventuais cominações viciadas podem ser precocemente apontadas e saneadas ainda na fase de negociação, com economia de tempo e garantia de um acordo mais bem estruturado. Basta mencionar a dificuldade de, após encerrada a fase de negociação, esta tiver que ser retomada em virtude de uma ilegalidade detectada no exame *ex post* da procuradoria jurídica. Porém, o mais relevante da aproximação da procuradoria na negociação é a sensibilização do advogado público sobre o valor da consensualidade, trabalhando para suplantar eventuais barreiras doutrinárias ou estigmas da substituição de sanções por acordos.

Importante registrar que o posicionamento da procuradoria na negociação para garantia de acordos celebrados com garantia da legalidade e céleres não significa trazer o controle como um todo para o processo consensual. Mais especificamente, o Tribunal de Contas não tem competência para controlar previamente as minutas de acordos substitutivos, nem parece ser adequado que a agência leve à apreciação

---

[43] A paridade de posições na negociação decorre do art. 26 da LINDB, que preceitua que os acordos devem buscar "solução jurídica proporcional, equânime, eficiente e compatível com os interesses gerais". Nessa linha, Sérgio Guerra e Juliana Bonacorsi de Palma ponderaram: "[a] solução jurídica precisa ser construída com base em obrigações proporcionais e equânimes à decisão administrativa final, que considere todos os elementos dessa decisão como contexto, comportamento do compromissário, estágio de avanço do processo, impasses burocráticos etc. Trata-se de uma medida de salvaguarda dos direitos dos interessados na negociação. Considerando que o Poder Público sempre estará em posição de vantagem na negociação, na qualidade de autoridade administrativa detentora da competência decisória, o Direito precisa construir mecanismos para evitar o 'efeito de torção de braço', em que o particular termina por assumir obrigações simplesmente para fechar os acordos. O problema é claramente colocado: sem tutela jurídica para evitar eventuais 'abusos' de sua posição, o Poder Público pode conseguir a assunção de obrigações pelo interessado que apenas poderiam ser previstas em regular processo administrativo autônomo (normativo em particular) ou sem conexão com o caso concreto. Não raro há notícias de que a negociação se resume à assinatura do acordo redigido unilateralmente pelo Poder Público ou por controladores (o 'acordo de adesão' é unilateral para todos os efeitos)" (GUERRA, Sérgio; PALMA, Juliana Bonacorsi de. Art. 26 da LINDB – Novo regime jurídico de negociação com a Administração Pública. *Revista de Direito Administrativo*, Rio de Janeiro, 2018. Edição especial – Direito Público na Lei de Introdução às Normas de Direito Brasileiro – LINDB (Lei nº 13.655/2018). p. 161-162).

do TCU o TAC ainda em construção, como fez a Anatel com relação ao que seria o primeiro TAC da agência com a Telefônica.[44]

Por fim, saliente-se que o art. 26 da LINDB, o novo permissivo genérico à celebração de acordos pela Administração Pública, tem aplicação subsidiária à Lei nº 10.233/2001 e deve ser observado quando da celebração de acordos pela ANTT.

A ANTT foi uma das primeiras agências a prever a celebração de acordos para substituição de sanções. Sua experiência do TAC foi fundamentalmente consolidada sobre os contratos da 2ª etapa de concessões de rodovias federais, marcada por altos índices de inexecução dos investimentos. Ainda que seja um instrumento em construção e aprimoramento, especialmente no que tange à cultura da consensualidade, o TAC da ANTT é um acordo administrativo de referência, merecendo ser estudado com mais afinco, pois dele valiosas lições são extraídas para o desenvolvimento da consensualidade na Administração Pública brasileira.

## Referências

CARVALHO, Gabriela Duque Poggi de. Controle externo exercido pelo Tribunal de Contas da União sobre os acordos substitutivos celebrados por agências reguladoras federais: a relevância de critérios objetivos na definição do papel do controlador. *Boletim Conteúdo Jurídico*, Brasília, v. 1003, 2021.

FREITAS, Rafael Véras de. *Concessão de rodovias*. Belo Horizonte: Fórum, 2017.

GUERRA, Sérgio; PALMA, Juliana Bonacorsi de. Art. 26 da LINDB – Novo regime jurídico de negociação com a Administração Pública. *Revista de Direito Administrativo*, Rio de Janeiro, 2018. Edição especial – Direito Público na Lei de Introdução às Normas de Direito Brasileiro – LINDB (Lei nº 13.655/2018).

KLEIN, Alice Lícia; FIGUEIROA, Caio Cesar. A celebração de acordos em concessões rodoviárias – Ampliação das hipóteses de cabimento dos TACs não é casual. *Jota*, 10 nov. 2018. Disponível em: https://www.jota.info/opiniao-e-analise/artigos/a-celebracao-de-acordos-em-concessoes-rodoviarias-10112018. Acesso em: 2 fev. 2021.

LAMA, David Roldan Vilasboas. *Atividade sancionatória contratual e extracontratual da ANTT*: alternativas para equilíbrio da atividade regulamentar nas concessões rodoviárias. Dissertação (Mestrado) – Programa de Mestrado Profissional, FGV Direito SP, 2020.

---

[44] O TAC da Anatel com a Telefônica não foi firmado. Levado à apreciação prévia pela própria agência, o TCU emitiu uma série de determinações e recomendações no Acórdão nº 2.121/2017, porém impassíveis de serem cumpridas dentro do prazo prescricional dos processos administrativos sancionadores (Pados). Não restando outra alternativa para evitar a prescrição dos Pados, a agência seria praticamente compelida a aplicar a sanção. Diante desse quadro, o Colegiado da Anatel perdeu o interesse por seguir adiante com o TAC com a Telefônica.

PALMA, Juliana Bonacorsi de. Acordos para ajuste de conduta em processos punitivos das agências reguladoras. *In*: PEREIRA NETO, Caio Mario da Silva; PINHEIRO, Luís Felipe Valerim (Coord.). *Direito da infraestrutura*. São Paulo: Saraiva, 2016. v. 2.

PALMA, Juliana Bonacorsi de. Identidade das sanções administrativas nas concessões de serviços públicos. *In*: TAFUR, Diego Jacome Valois; JURKSAITIS, Guilherme Jardim; ISSA, Rafael Hamze (Coord.). *Experiências práticas em concessões e PPP*. Estudos em homenagem aos 25 anos da Lei de Concessões. São Paulo: Quartier Latin, 2021.

REISDORFER, Guilherme F. Dias. Os termos de ajuste de conduta da Anatel e da ANTT na Visão do TCU. *Jota*, 15 fev. 2018. Disponível em: https://www.jota.info/opiniao-e-analise/artigos/os-termos-de-ajuste-de-conduta-da-anatel-e-da-antt-na-visao-do-tcu-15022018. Acesso em: 10 fev. 2021.

---

Informação bibliográfica deste texto, conforme a NBR 6023:2018 da Associação Brasileira de Normas Técnicas (ABNT):

PALMA, Juliana Bonacorsi de. A experiência dos termos de ajuste de conduta na Agência Nacional de Transportes Terrestres: em busca da consensualidade efetiva. *In*: TOJAL, Sebastião Botto de Barros; SOUZA, Jorge Henrique de Oliveira (Coord.). *Direito e infraestrutura*: rodovias e ferrovias – 20 anos da Lei nº 10.233/2001. Belo Horizonte: Fórum, 2021. v. 2, p. 181-209. ISBN 978-65-5518-209-5.

# ANÁLISE DO DESENVOLVIMENTO DE MODELAGENS CONTRATUAIS NO PROGRAMA DE CONCESSÕES DE RODOVIAS FEDERAIS

LAÍS RIBEIRO DE SENNA

## 1 Introdução

Às vésperas dos 20 anos da Lei n° 10.233/2001, que criou a Agência Nacional de Transportes Terrestres e Agência Nacional de Transportes Aquaviários, podemos perceber um visível avanço na regulação do país, em grande parte por contribuição das próprias agências.

Com objetivo de analisar os impactos dessa regulação nos serviços públicos, este artigo busca demonstrar, em linhas gerais, a trajetória dos contratos de concessão de rodovias sob gestão da agência.

O que se pretende é evidenciar um panorama das contratações das concessões de rodovias, e estabelecer uma relação entre elas, buscando observar o desenvolvimento das modelagens a partir de suas alterações ao longo dos anos, e quais os objetivos dessas alterações perante o interesse público.

Nota-se que o setor rodoviário sempre foi um setor econômico importante no Brasil. É o principal modal de transporte, inclusive relacionado à importação e exportação.

Além disso, desde a retomada das concessões, o setor de rodovias tem sido um setor de muito investimento na implementação do instituto. Dessa forma, hoje o país conta com um número de contratos, ao longo de um lapso temporal razoável, que nos permite avaliar suas evoluções.

Em razão dessa proeminência no cenário político e econômico, optamos por analisar especificamente as rodovias concedidas.

Entre as concessões rodoviárias, focaremos o estudo no Programa de Concessão de Rodovias Federal – Procrofe, justamente por sua dimensão física, política e jurídica, nos propondo à análise de cada uma de suas etapas, evidenciando suas particularidades desde o momento licitatório até a modelagem contratual e execução.

Por fim, pretendemos que a demonstração dos fatos e dos precedentes nos encaminhe a uma conclusão crítica acerca da evolução dos contratos e seus meios de concretização do interesse público vinculado ao serviço como fim primordial.

## 2 Contratos de concessão

Os contratos de concessão ganharam novo destaque na seara do direito administrativo brasileiro na década de 1990, após a promulgação da Constituição de 1988 e inclusão da iniciativa privada entre os prestadores de serviços públicos.

Contudo, o instituto remonta a tempos mais antigos. No Brasil, desde a época imperial, foram firmados contratos cuja natureza jurídica é semelhante a uma concessão de serviço público, embora ainda não existissem as concorrências públicas, primeiras formas institucionais das licitações.

Ou seja, de forma direta, o Império concedia a um particular o exercício de função ligada a um serviço público, em troca de determinada remuneração. Foi o caso, por exemplo, da concessão de exploração de minério de ferro concedida por Dom João VI a Luiz de Souza Menezes, em 1808. Ou, ainda, a concessão da conservação das estradas de Minas Gerais a Manoel José Estevem, em 1816, entre outros, como bem observa Floriano de Azevedo Marques Neto, em sua obra *Concessões*.[1]

Em 1852, o Decreto nº 987 concedeu a Irineu Evangelista de Sousa o privilégio exclusivo de 10 anos para navegação a vapor entre Rio de Janeiro e Estrella, e o condiciona ao cumprimento da obrigação acertada: a construção de um caminho de ferro. O decreto, inclusive,

---

[1] MARQUES NETO, Floriano de Azevedo. *Concessões*. Belo Horizonte: Fórum, 2015. p. 77-78.

estabelece o valor a ser recebido pelo empresário pelo transporte de passageiros e cargas.[2]

Durante a República Velha, as contratações desse tipo foram mantidas, de forma direta, tendo sido implementado o sistema de disputa pela escolha do prestador somente em 1910, com o nome de concorrência pública, inicialmente, em cada caso, e, posteriormente, ampliada pelo Decreto nº 3.298/1917.

O perfil marcadamente liberal da Constituição republicana de 1891 em nada alterou a utilização da concessão em regime de privilégio exclusivo como instrumento para cometer aos particulares a implantação e a operação de utilidades públicas. [...] a república se iniciou com forte inclinação a recorrer à concessão como instrumento para viabilizar seus objetivos.[3]

Mais adiante, no Governo Vargas, houve uma retração nessa forma de contratação, pela própria linha econômica adotada no país. Em razão das estatizações, o setor privado viu sua participação restringida nesse nicho econômico. Porém, importantes alterações no instituto da concessão ocorreram nesse período, como a definição de titularidade não delegável do serviço público, a publicação do Código de Águas e outros normativos.[4]

Durante o regime militar também houve opção pela estatização dos serviços e criação de empresas estatais, como a Companhia Siderúrgica Nacional e Vale do Rio Doce, mas o instituto da concessão nunca foi anulado.[5] Em 1967, o Decreto-Lei nº 200 regulamentou os procedimentos de descentralização. Em 1986, o Decreto nº 2.300 regulamentou a licitação e os contratos administrativos e, finalmente, em 1988, a Constituição Federal previu a possibilidade de prestação de

---

[2] "Art. 1º O Empresario se obriga a construir, no prazo de dous annos, contados da data de hoje, hum caminho de ferro a partir do ponto da praia do mar do Municipio da Estrella, na Provincia do Rio de Janeiro, que for para isso escolhido, até a raiz da Serra, sob pena de ficar de nenhum effeito o privilegio da navegação por vapor que nesta mesma data lhe he concedido entre esta Cidade e o indicado ponto da praia do mar, se dentro dos ditos dous annos não estiver concluido o mesmo caminho. Art. 4º O Empresario ou Companhia por elle organisada perceberá durante o tempo do privilegio, e sem que possa alterar para mais, os seguintes preços pelo transporte de passageiros e cargas: Por pessoas calçada maior de doze annos, mil e quinhentos réis 1$500; [...]".
[3] MARQUES NETO, Floriano de Azevedo. *Concessões*. Belo Horizonte: Fórum, 2015. p. 90.
[4] MARQUES NETO, Floriano de Azevedo. *Concessões*. Belo Horizonte: Fórum, 2015. p. 95.
[5] Desde a Constituição de 1934, passando por 1937, 1946, 1967 até a Constituição atual, todas previram, de certa forma, a possibilidade de contratação por meio de contrato de concessão.

serviços públicos por meio de contratos de concessão em seu art. 175, a serem regidos por legislação própria. Posteriormente, a Lei Federal nº 8.987/1995 veio regulamentá-los. A partir de então, as concessões ganharam força. Segundo a Confederação Nacional da Indústria, em estudo específico, "o país necessitava aumentar os investimentos na infraestrutura rodoviária" ao mesmo tempo em que "os recursos disponíveis a partir de meados dos anos 1980 tornaram-se cada vez mais limitados", o que levou ao forte envolvimento do setor privado.[6]

Nota-se, portanto, que, embora ao longo dos anos as concessões de serviços públicos tenham tido momentos de maior ou menor proeminência no cenário político-econômico nacional, sempre foram mecanismos disponíveis ao Estado para a prestação de serviços públicos quando o interesse público assim o demandou. A primeira conclusão que se observa, portanto, é a relevância do instituto na implantação dos serviços públicos.

Além disso, é comum que o instituto se modifique ao longo do tempo, adequando-se às novas realidades sociais. E, assim, este estudo se propõe a demonstrar como essas alterações ocorreram a partir da Constituição de 1988, no caso das concessões de rodovias, com o cuidado de perceber a importância das alterações no cenário econômico.

A edição do Programa Nacional de Desestatização em 1990 consolidou a posição política de redução da intervenção do Estado na economia à época, promovendo a descentralização da prestação de serviços, inclusive.

Entre os anos de 1993 e 1994, começaram os primeiros estudos e tratativas de concessões rodoviárias. Em 29.12.1994 foi assinado o contrato de concessão da primeira rodovia, a Ponte Rio-Niterói, iniciada em junho do ano seguinte. Foi o início da Primeira Etapa do Programa de Concessões de Rodovias Federais, o Procrofe.

Os programas de concessões de rodovias federal e estaduais em muito se assemelham. É comum, inclusive, que suas mudanças principais sejam concomitantes. Assim, aqui trataremos das concessões federais, cujo impacto é nacional, com algumas observações, quando se fizerem necessárias, sobre os programas estaduais, notadamente do estado de São Paulo, que tem particularidades próximas ao Procrofe.

---

[6] CNI – CONFEDERAÇÃO NACIONAL DA INDÚSTRIA. *Concessões rodoviárias*: experiência internacional e recomendações para o Brasil. Brasília: CNI, 2018. p. 22.

## 3 Análise do Procrofe

No ano de 1993, a Portaria n° 10, do Ministério dos Transportes, autorizou a constituição de grupo de trabalho com a finalidade de implementação do Programa de Concessões de Rodovias Federais – Procrofe.

Os primeiros contratos de concessão foram assinados antes da publicação do marco legal. Somente em 1995, foi editada a Lei de Concessões, Lei n° 8.987, regendo esse tipo de contratação e estabelecendo obrigações, condições, cláusulas obrigatórias, riscos etc.[7]

No ano de 2001, a Lei n° 10.233 criou a Agência Nacional de Transportes Terrestres – ANTT. A partir de então, a agência assumiu a responsabilidade pela regulação dos contratos de concessão rodoviária federais então vigentes.

O Procrofe, especificamente, contou, até hoje, com quatro etapas. Em cada uma delas algumas alterações na modelagem foram percebidas. Explicaremos adiante as particularidades de cada uma dessas modelagens.

Em um primeiro momento, analisaremos as condições do edital para a submissão e julgamento de propostas e, em seguida, a modelagem contratual propriamente dita. E, por fim, como tem ocorrido a execução dos contratos referentes à respectiva etapa.

Analisando as modelagens contratuais, é possível perceber que, na maioria das vezes, os contratos de cada uma das etapas do Programa de Concessões de Rodovias Federais têm grande semelhança entre si. Ou seja, a modelagem é extremamente parecida. Portanto, apesar da análise ser centrada em um contrato específico, é comum que as suas prescrições sejam semelhantes ou idênticas à dos demais contratos da mesma etapa.

### 3.1 Primeira etapa

A primeira etapa do Procrofe ocorreu entre os anos de 1994 e 1998. O momento econômico era de instabilidade e tornava todas as previsões, principalmente em contratos complexos, uma tarefa hercúlea. Segundo o Banco Central, a taxa Selic média diária de juros chegou,

---

[7] Foram eles: concessão da Ponte Rio-Niterói, assinada com o intermédio do DNER, concessão da Linha Amarela, com a Prefeitura do Rio de Janeiro, e da Linha Azul, com o Governo de Santa Catarina.

em outubro de 1997, a 46% a.a.[8] Nos dias atuais o mesmo índice está no patamar de 1,9% a.a.

Além de não ter sido publicado o marco legal específico quando das primeiras contratações, o arranjo político, jurídico e institucional ainda não estava consolidado para reger e regular as concessões de serviços públicos. Ainda assim, os contratos foram firmados, com base em premissas de longo prazo, de acordo com as previsões do Poder Concedente e das proponentes. Muitos de seus termos, inclusive, são semelhantes às determinações da Lei de Concessões, nº 8.987/1995.

### 3.1.1 Licitação

O edital de licitação neste estudo considerado foi o da BR 040/MG/RJ, lançado ainda em 1993 e anterior à publicação da Lei de Concessões, nº 8.987/1995. O contrato, porém, só foi assinado ao final de 1995, tendo a concessão iniciado no ano seguinte.

A figura pública atuante como Poder Concedente foi a União, por intermédio do DNER. E, entre as balizas estabelecidas, a responsabilidade do concessionário era, principalmente, a prestação de um serviço adequado, que seria medido pela satisfação de condições de regularidade, continuidade, eficiência, conforto, segurança, fluidez de tráfego, atualidade, generalidade, cortesia e modicidade tarifária, tendo por parâmetro o índice de qualidade ISO 9000. O leilão foi restrito a empresas brasileiras, tendo sido obrigatória a participação de empresas de engenharia.[9]

O edital estabeleceu, como critério de julgamento das propostas, o menor valor de tarifa.

> Cláusula 62. Será considerada vencedora a PROPOSTA que, em sendo exequível, ofereça o menor valor de TARIFA BÁSICA DE PEDÁGIO.
> Cláusula 63. No caso de empate entre duas ou mais propostas a classificação se fará por sorteio. E, ato público, para o qual todas as Licitantes serão convocadas.[10]

---

[8] TAXAS de juros básicas – Histórico. *Banco Central do Brasil*. Disponível em: https://www.bcb.gov.br/controleinflacao/historicotaxasjuros.
[9] Edital de concorrência para concessão da exploração da Rodovia BR-040/MG/RJ, no trecho Juiz de Fora-Petrópolis-Rio de Janeiro (Trevo das Missões). Fase I. Cláusula 5.
[10] Edital de concorrência para concessão da exploração da Rodovia BR-040/MG/RJ, no trecho Juiz de Fora-Petrópolis-Rio de Janeiro (Trevo das Missões). Fase III.

Além disso, foi garantida a manutenção de seu equilíbrio econômico-financeiro entre remuneração e encargos do concessionário, que não seriam subordinados a critérios baseados em taxas mínimas de rentabilidade.

Previu, também, cláusulas essenciais ao contrato, os encargos do Poder Concedente e concessionária, o Plano de Exploração de Rodovias (que compreendia quantitativos, custos unitários de insumos e soluções predefinidas), as hipóteses de intervenção na concessão e de extinção do contrato, além disso, os investimentos que deveriam ser realizados antes do início da cobrança de tarifas.

Um ponto da modelagem da primeira etapa do Procrofe que se destaca é essa publicação em partes do edital.

Na primeira delas – denominada Fase I – foram divulgadas as condições de exploração do serviço e determinada a necessidade de pré-qualificação dos licitantes, de forma técnica, jurídica, econômica, financeira e fiscal. Além disso, foram informadas as condições da rodovia e o Programa de Exploração de Rodovia (PER).

A Fase II do edital, publicada no ano seguinte, convidou as requerentes pré-qualificadas a apresentarem suas propostas de metodologia de execução. Em seus termos:

> Esta fase do procedimento licitatório tem por finalidade avaliar as PROPOSTAS que apresentem técnica aceitável para a execução do "PROGRAMA DE CONCESSÕES DE EXPLORAÇÃO DE RODOVIA" [...] conforme já definido no Edital de Pré-qualificação.[11]

Somente os licitantes aprovados nesta fase do procedimento licitatório puderam apresentar, na fase seguinte, a sua proposta de tarifas, que tiveram valor máximo predefinido, o plano econômico e financeiro, bem como a garantia da proposta.

Após análise realizada pelo Poder Concedente, as licitantes foram intimadas do resultado de julgamento, por meio de publicação no *Diário Oficial da União*, e a vencedora intimada à celebração do contrato de concessão.

Importante ressaltar a previsão, no edital, da expectativa da Comissão de Licitação de recebimento, após as qualificações, de sugestões dos licitantes, que entendessem relevantes ao regime jurídico

---

[11] Edital de concorrência para concessão da exploração da Rodovia BR-040/MG/RJ, no trecho Juiz de Fora-Petrópolis-Rio de Janeiro (Trevo das Missões). Fase II. Cláusula 1.

da concessão, como política tarifária, prazo, bens reversíveis, controle de qualidade, plano de contas e outros:

> A Comissão Especial de Licitação espera receber das licitantes pré-qualificadas, por ocasião da apresentação das Propostas de Metodologia de Execução, sugestões sobre questões que entenderem relevantes para o regime de concessão, tais como política tarifária, prazo da concessão, bens reversíveis, controle de qualidade dos serviços a serem prestados, plano de contas da concessionária, fontes de financiamento para os investimentos a serem realizados, ressarcimento dos custos de fiscalização da concessão, relações entre o Poder Concedente, a concessionaria e os usuários da Rodovia, bem assim outras sugestões julgadas pertinentes e que contribuam para a elaboração do Edital das Propostas de Tarifa de Pedágio.[12]

Afirma-se, portanto, que as licitações de concessões de rodovias dessa primeira etapa seguiram trâmites distintos dos que observamos hoje. Principalmente em razão de sua realização por etapas, qualificando inicialmente os licitantes e, em seguida, comparando suas expectativas de exploração com as do Poder Concedente, sem o compromisso de declaração imediata do vencedor.

### 3.1.2 Modelagem contratual

O contrato estabelece o DNER como representante do Poder Concedente e responsável pelas atribuições que lhe caibam. Seus poderes descritos são: o de alteração contratual, rescisão, fiscalização e aplicação de sanções. A concessionária é responsável por todos os riscos inerentes à exploração da rodovia, inclusive de demanda de tráfego.

O equilíbrio econômico-financeiro é afirmado como princípio fundamental. Assim, qualquer alteração de valor nesses encargos importaria em revisão do valor da tarifa de pedágio, para mais ou menos.

Segundo o contrato, um serviço adequado, que deve ser concretizado pela concessionária, seria o que assegurasse: regularidade, continuidade, eficiência, conforto, segurança, fluidez de tráfego, atualidade, generalidade, cortesia e modicidade tarifária.

Assim como a maioria dos contratos de concessão, conta com previsões de reajustes anuais, por índices predefinidos para recomposição

---

[12] Edital de concorrência para concessão da exploração da Rodovia BR-040/MG/RJ, no trecho Juiz de Fora-Petrópolis-Rio de Janeiro (Trevo das Missões). Fase I. Cláusula 59.

do valor monetário. As revisões, por sua vez, demandam certas condições, tais quais: criação e alterações de tributos ou encargos, ocorrências supervenientes, receitas alternativas, modificações estruturais nos preços e valores de insumos, entre outras.[13]

O contrato também prevê obrigações dos usuários, concessionária e DNER, como Poder Concedente. Seguros, garantias e possibilidade de intervenção também estão prescritos, assim como as hipóteses de extinção do contrato, que pode se dar por termo, encampação, caducidade, rescisão, anulação ou falência da concessionária.

Por fim, estabelece sanções administrativas que poderiam ser impostas mediante processo administrativo específico, sendo que o atraso nos cronogramas seria punido com multa moratória.

Afirma-se, portanto, que os contratos da primeira etapa são ortodoxos, seguindo basicamente as mesmas premissas da Lei n° 8.987/1995, sem grandes inovações.

### 3.1.3 Execução

Uma vez analisadas as disposições editalícias e contratuais que envolveram essa primeira rodada de concessões rodoviárias e o momento econômico de sua assinatura, entendemos importante analisar a execução desses contratos, ainda que em linhas gerais, para que seja composto um cenário geral da primeira etapa.

O primeiro contrato de concessão, da Ponte Rio-Niterói, teve início em 1995, com prazo de 20 anos para exploração da rodovia pela concessionária. Em 2015, ao fim do prazo original, a concessão foi novamente licitada e, dessa vez, o certame foi vencido por um outro grupo, que constituiu nova sociedade de propósito específico (SPE).[14]

É, portanto, um exemplo claro de como deve ser um contrato de concessão: uma exploração de serviço público, por tempo limitado, e que, ao final, tenha seu pacto preservado com o devido encerramento das atividades da concessionária, cabendo à Administração Pública a escolha discricionária sobre a operação direta do serviço ou realização de novo certame licitatório.

---

[13] Contrato de Concessão PG-138/95-00. Concessão da Exploração da Rodovia: BR-040/MG/RJ. 1995. Cláusulas 49 e 64.
[14] ALVARENGA, Darlan. Ecorodovias vence leilão da Ponte Rio-Niterói com deságio de 36%. *G1*, 18 mar 2015. Disponível em: http://g1.globo.com/economia/negocios/noticia/2015/03/ecorodovias-vence-leilao-da-ponte-rio-niteroi.html. Acesso em: jan. 2021.

A BR-290, que liga Osório e Porto Alegre, é outro caso de contrato de concessão já encerrado. Assinado em 1997, o prazo da concessão, de 20 anos, esgotou-se em julho de 2017. A concessionária – Concepa – iniciou tratativas para prorrogação do contrato de concessão até que fosse definida, em novo certame licitatório, uma nova concessionária para administração do trecho, com base no art. 23, da Medida Provisória nº 752, mais tarde convertida na Lei nº 13.448/2017. Nos termos da lei:

> Art. 23. Nos casos em que houver estudo ou licitação em andamento para substituição de contrato em vigor e não haja tempo hábil para que o vencedor do certame assuma o objeto do contrato, o órgão ou a entidade competente fica autorizado a estender o prazo do contrato, justificadamente, por até vinte e quatro meses, a fim de que não haja descontinuidade na prestação do serviço.

Ocorreram algumas discussões sobre reequilíbrio contratual, tendo a concessionária permanecido em operação por mais um ano, com tarifas 50% mais baratas[15] e, por falta de acordo, a concessão retornou, então ao Departamento Nacional de Infraestrutura de Transportes – DNIT[16] até que em 2019 foi realizada nova licitação e a exploração da rodovia foi assumida por nova concessionária – Via Sul.

Os contratos ainda vigentes, Nova Dutra, Concer e CRT foram assinados em 1996, com prazo de 25 anos. Portanto, seu vencimento, em tese, se dará em 2021.

Contudo, o mesmo problema da concessão da Concepa foi identificado: não foram ainda realizados novos estudos e licitações que permitam a transmissão entre concessionários sem descontinuidade do serviço, como no caso da Ponte Rio-Niterói.

Em 21.1.2021, a mídia noticiou a abertura, por parte da ANTT, de consulta à sociedade sobre a manutenção da concessão da Nova Dutra por mais um ano. O Tribunal de Contas da União (TCU) está analisando a minuta de contrato da próxima concessão da Rodovia Presidente Dutra, mas, até então, não seria possível a realização da

---

[15] DECISÃO judicial determina retomada de contrato da Concepa em rodovias do RS. *G1*, 10 ago. 2018. Disponível em: https://g1.globo.com/rs/rio-grande-do-sul/noticia/2018/08/10/decisao-judicial-determina-retomada-de-contrato-da-concepa-diz-empresa.ghtml. Acesso em: jan. 2021.

[16] FRUET, Nathália. EGR avalia condições para decidir se assume a BR-290 devido ao fim do contrato com concessionária. *G1*, 23 jul. 2018. Disponível em: https://g1.globo.com/rs/rio-grande-do-sul/noticia/2018/07/24/egr-avalia-condicoes-para-decidir-se-assume-a-br-290-devido-ao-fim-do-contrato-com-concessionaria.ghtml. Acesso em: jan. 2021.

concorrência antes do termo, que se dará em fevereiro deste ano.[17] A proposta de prorrogação do contrato estaria vinculada à Portaria n° 3 do Ministério dos Transportes, da mesma data, que teria por objeto as demais concessões da primeira etapa na mesma situação – CRT e Concer. As três concessões findarão relativamente próximas aos prazos, uma vez que o Governo já sinalizou não ter intenção de recomposição de equilíbrio econômico-financeiro por meio de extensão de prazo. Cada contrato tem suas particularidades, que estão sendo resolvidas para encerramento em seu termo.

No caso da Concer, concessionária responsável pela exploração da BR-040, entre Juiz de Fora e Rio de Janeiro, o contrato de concessão se desenrolou, sem mais problemas, até que foi iniciado o maior projeto da concessão – a Nova Subida da Serra de Petrópolis. A concessionária constatou que a obra que deveria ser realizada custaria o triplo do valor estimado para tal, uma vez que as previsões nesse modelo foram feitas por preço unitário de insumos, cabendo revisão periódica.

Em tratativas com o Poder Concedente, foi acordada a realização da obra por meio do 12° Termo Aditivo ao Contrato.[18] Mas o Tribunal de Contas da União considerou o valor exorbitante e as obras foram paralisadas. A concessionária discute descumprimento por parte do Poder Concedente, quanto à transferência de recursos públicos, e alega o direito de permanecer em operação, quando do vencimento de seu contrato.[19] A ANTT discorda, uma vez que a paralisação das obras se deu em razão de decisão do TCU.[20]

Apesar disso, embora ainda não haja expectativa de nova concorrência pública, o Governo não parece ter planos de discussão sobre o equilíbrio econômico-financeiro e a expectativa é que o contrato se encerre.

---

[17] ANTT abre consulta à sociedade sobre proposta para manter concessão da CCR NovaDutra por mais um ano. *Agência Infra*, 21 jan. 2021. Disponível em: https://www.agenciainfra.com/blog/antt-abre-consulta-a-sociedade-sobre-proposta-para-manter-concessao-da-ccr-novadutra-por-mais-um-ano/. Acesso em: jan. 2021.

[18] 12° Termo Aditivo ao Contrato n° PG-138/95-00 de concessão de serviço público precedida de obra pública que entre si celebram a União, por intermédio da Agência Nacional de Transportes Terrestres – ANTT e a Companhia de Concessão Rodoviária Juiz de Fora – Rio S.A. – Concer (Disponível em: https://portal.antt.gov.br/documents/359170/1204570/12%C2%BA+Termo+Aditivo+ao+Contrato.pdf/d1af2c19-0966-9581-ae92-2bb0e220f426?t=1594244305260. Acesso em: jan. 2021).

[19] AMORA, Dimmi. Concer alega direito a se manter operando a BR-040 após fim do prazo previsto em contrato. *Agência Infra*, 23 dez. 2020. Disponível em: https://www.agenciainfra.com/blog/concer-alega-direito-a-se-manter-operando-a-br-040-apos-fim-do-prazo-previsto-em-contrato/. Acesso em: jan. 2021.

[20] Ação Civil Pública n° 0000067-87.2014.4.02.5106

A Concessionária Nova Dutra, responsável pela administração e exploração da BR-116 – Rodovia Presidente Dutra, entre São Paulo e Rio de Janeiro, tem sua data de expiração também em fevereiro de 2021. Nos últimos anos a concessão foi alvo de noticiários em razão da especulação em torno de sua extensão de prazo.

A Nova Dutra executou seu contrato nos termos previstos, exceto em um determinado trecho, entre Piraí e Paracambi, no Rio de Janeiro, mais conhecido como Serra das Araras. O trecho, que ainda é basicamente o traçado original da rodovia, acabou recebendo um volume de tráfego muito além do previsto, inviabilizando o projeto original e tornando-o perigoso, registrando uma média de 500 acidentes ao ano. A concessionária e a ANTT chegaram a desenvolver um novo projeto que, em razão das previsões a preço unitário, demandaria reequilíbrio do contrato. E, nas circunstâncias vigentes, não existiriam outras opções à recomposição além de extensão de prazo, dado o momento contratual.

Contudo, em análise, o TCU entendeu impossível a prorrogação do contrato, uma vez que o próprio instrumento contratual a vedava. Optou-se por esperar o término do contrato, repassando a incumbência pela Serra das Araras ao futuro novo concessionário.[21]

Já a concessionária responsável pela operação e exploração da BR-116 – Concessionária Rio-Teresópolis, ou CRT, apresentou a execução contratual esperada, com polêmicas políticas sociais em torno da cobrança de pedágio elevada no município de Magé, que teria não só prejudicado seus usuários, mas o município em si. Por fim, encontra-se na mesma situação da Nova Dutra e Concer, com expectativa de finalização do contrato em 2021, mas com a possibilidade, levantada pelo Ministro dos Transportes, de prorrogação até a realização de nova licitação.

Por fim, a concessão das BR 116/RS e 392/RS, administrada pela concessionária Ecosul, é a concessão que apresenta prazo mais curto e longo, simultaneamente. Isso porque, inicialmente, seu contrato teria prazo inicial de 15 anos, conforme edital de licitação e contrato, assinado em 1998. Contudo, o primeiro aditivo contratual, assinado entre concessionária, Ministério dos Transportes e DNER no ano 2000, ampliou o prazo da concessão para 25 anos, sendo seu encerramento estimado apenas em 2026.

O aditivo, porém, provocou reações e o Sindicato das Empresas de Transporte e Logística do Rio Grande do Sul – SETCERGS ajuizou

---

[21] TC nº 031.581/2015-3. Rel. Min. Augusto Nardes, j. 26.9.2018.

uma ação civil pública, com objetivo de anulação, por ter inserido modificações no contrato original que demandariam nova licitação.[22]

Sobre a primeira etapa do Procrofe, é importante esclarecer que as recomposições de equilíbrio econômico-financeiro, inclusive aquelas provenientes de novos investimentos requeridos pelo Poder Concedente, foram programadas, segundo edital e contrato, para acontecerem sobre os valores dos projetos e seu efeito no plano de negócios. Porém, por orientação do TCU, em 2011, a ANTT publicou a Resolução nº 3.651, que determinou que, no caso de novos investimentos, a recomposição não se daria mais pelas projeções e plano de negócios. Estabeleceu a recomposição, nesses casos, a partir de um fluxo de caixa marginal – FCM – que seria projetado com base no contrato, mas de acordo com a realidade econômica do momento da inserção do investimento no cronograma. A esse respeito:

> Ponderando a dinâmica do sistema rodoviário com a questão que envolve a vinculação ao instrumento convocatório, a ANTT editou a Resolução nº 3.651/2011, que trata da metodologia e das formas de recomposição de reequilíbrio relacionados à inclusão de novos investimentos e serviços não previstos no Programa de Exploração da Rodovia (PER), bem como a Resolução nº 5.859/2019, a qual, ao disciplinar a inclusão, exclusão, alteração e reprogramação de obras e serviços previstos no PER, impõe que tais modificações se deem no âmbito das revisões quinquenais e que se adote a metodologia multicritérios de qualificação das concessionárias e de hierarquização dos investimentos desejáveis.[23]

Com isso, ANTT e TCU tiveram por intenção reduzir os impactos das altas taxas internas de retorno (TIR) da primeira etapa, que tinham suas justificativas no início dos contratos, mas que, em nova conjuntura econômica, asseguravam um retorno muito alto aos concessionários, principalmente no caso de obras que não estavam em suas previsões originais, mas que seriam necessárias ao interesse público.

Analisados, portanto, os principais cenários da primeira etapa do Procrofe, pudemos perceber divergências e problemas em várias das execuções contratuais. Não há que se falar em perfeição do modelo de

---

[22] PRAZO para ACP questionando concessão inicia após fim de contrato. *Conjur*, 26 jun. 2019. Disponível em: https://www.conjur.com.br/2019-jun-26/prazo-acp-questionando-concessao-inicia-fim-contrato. Acesso em: jan. 2021.

[23] FREIRE, André Luís Macagnan; ÁVILA, Natália Resende Andrade; NASCIMENTO, Priscila Cunha do. As concessões federais de infraestrutura de transportes terrestres. *Jota*, 4 ago. 2020. Disponível em: https://www.jota.info/opiniao-e-analise/colunas/infra/as-concessoes-federais-de-infraestrutura-de-transportes-terrestres-04082020. Acesso em: jan. 2021.

contratação. Inclusive, em razão disso, o aperfeiçoamento vem sendo buscado pela ANTT e demais órgãos envolvidos.

Mas, em linhas gerais, os contratos seguiram as previsões do PER e plano de negócios, ainda que com alguns percalços, e estão prontos para serem encerrados com as devidas amortizações e recomposições que são inerentes ao instituto. O que se vê, nos casos em que há expectativa de prorrogação (que seria por curto período), é que ela decorre de uma deficiência na produção dos novos editais, por parte do Ministério dos Transportes, que pode inclusive ter sido causada pela pandemia do novo coronavírus, mas que implicou uma reprogramação de cronogramas.

## 3.2 Segunda etapa

A segunda etapa do Programa de Concessões de Rodovias Federais se deu entre os anos de 2007 e 2009. O momento macroeconômico era de maior estabilidade, com referência àquele em que se operaram os leilões da primeira etapa.

Na tentativa de resolver a principal resistência dos usuários ao modelo de concessão, buscou-se aberta e intensamente a modicidade tarifária. Em razão do momento econômico e social otimista, e dos trechos concedidos, que contavam já com uma demanda consolidada, foi possível o estabelecimento de uma taxa interna de retorno mais baixa que a da etapa anterior, por volta de 8%.

Os leilões passaram a ser feitos com inversão de fases, admitida pela Lei nº 8.987/1995, com a qualificação apenas do vencedor do certame, condicionada à sua aprovação, e com apresentação de propostas em fase única, o que gerou lances agressivos e fortes deságios, definindo tarifas básicas na ordem de quase 50% dos valores da primeira etapa.

A segunda etapa apresentou dois modelos de contratos. O primeiro deles, relativo aos 7 primeiros lotes, será abordado neste tópico. Mas é importante explicar a existência do segundo, adotado por apenas uma concessão, a Via Bahia, cujo contrato foi assinado em 2009. Consideramos neste estudo ser o edital da Via Bahia mais próximos aos editais da Terceira Etapa, por isso não caberá discorrer neste tópico sobre a maioria de suas inovações.

Assim como no tópico anterior, em um primeiro momento analisaremos as condições do edital desta Etapa, para posteriormente analisar as inovações contratuais que lhe sucederam e, por fim, como tem transcorrido a execução desses contratos.

## 3.2.1 Licitação

O edital escolhido para análise desta etapa foi o da Autopista Fernão Dias. Já no instrumento convocatório foi definida a inversão de fases, com a qualificação do proponente posterior à apresentação de propostas de tarifas e em fase única, com realização de sessão pública de leilão.

O critério de julgamento foi mantido: menor valor da tarifa básica de pedágio. Os procedimentos passaram a ser, sucessivamente: (i) entrega de proposta de garantias, qualificações, proposta comercial e oferta de tarifas; (ii) divulgação de proponentes com garantias rejeitadas; (iii) sessão pública para abertura das ofertas de tarifas.

Após o encerramento do leilão, a Comissão de Outorga analisaria qualificação e proposta comercial do 1º colocado e, caso aprovada, a proponente seria declarada vencedora. Para tal análise seria imprescindível a compatibilidade entre o fluxo de caixa e os estudos do termo de referência da proposta comercial e prazos do PER.

Ainda nesta etapa, foi exigida a apresentação de plano de negócios e cronograma físico-financeiro das concessões, que seriam utilizados na gestão contratual pela ANTT.

## 3.2.2 Modelagem contratual

Quanto à modelagem contratual da segunda etapa, ressaltamos a análise, neste primeiro momento, do primeiro modelo de contrato, correspondente aos 7 primeiros lotes, hoje sob administração das concessionárias: Autopista Fernão Dias, Autopista Fluminense, Autopista Litoral Sul, Autopista Planalto Sul, Autopista Régis Bittencourt, Rodovia do Aço e Rodovia Transbrasiliana.

A ANTT, criada em 2001, passou a ser intermediária, atuando em nome do Poder Concedente. Entre suas prerrogativas estão a realização de alterações unilaterais nos contratos, assim como regulação, fiscalização, imposição de sanções e rescisão.

Esses contratos são um pouco mais detalhados na definição de risco dos concessionários (principalmente os da Fase II), enfatizando o risco pelo volume de tráfego, a necessidade de vistoria das instalações rodoviárias e o risco por danos seguráveis. O detalhamento da matriz de risco será mais explorado nas etapas subsequentes do Procrofe. Ao Poder Concedente coube, principalmente, o risco por inadimplemento, alteração unilateral e fato do príncipe que impacte diretamente o equilíbrio econômico-financeiro.

Sobre o equilíbrio, os contratos detalham o fluxo de caixa descontado que assegure a TIR não alavancada pactuada, assim como a necessidade de garantia de permanente estabilidade entre receitas e encargos, podendo ser recomposta por alteração da tarifa. Além disso, prevê-se reajuste anual das tarifas pela variação do IPCA. Suas revisões, no entanto, passam por alterações. Os contratos preveem três tipos de revisões do valor tarifário: ordinária, realizada todos os anos; quinquenal, em que o PER é reavaliado em relação às necessidades da demanda e refletido na tarifa; e extraordinária, realizada sempre que fatos não previstos possam afetar a receita ou equilíbrio econômico-financeiro da concessão.

Uma novidade, com relação à primeira etapa, é a utilização, no PER, de parâmetros de desempenho como indicadores de qualidade, que devem ser obedecidos pelo concessionário, de forma a garantir a prestação de um serviço adequado.

No caso do segundo modelo de contrato, explorado atualmente pela Concessionária Via Bahia, foram trazidas inovações, no que diz respeito à revisão tarifária e recomposição do equilíbrio econômico-financeiro. Foram inseridos os fatores de desconto, fluxo de caixa marginal, gatilhos de investimentos que determinem o momento das obras de acordo com a demanda, e outros. Contudo, é importante ressaltar que, apesar de o perfil do edital se aproximar do da terceira etapa, ainda neste contrato a exequibilidade da proposta foi atestada pela análise do plano de negócios.[24]

## 3.2.3 Execução

Em primeiro lugar, podemos afirmar que o incentivo de participação de empresas estrangeiras no procedimento licitatório cumpriu seu papel, tendo sido apenas um dos lotes arrematado por consórcio brasileiro. A maioria dos contratos foi arrematada por duas empresas espanholas. Uma delas, inclusive, assinou cinco dos sete contratos.

---

[24] Nesse contrato, a recomposição de equilíbrio econômico-financeiro é condicionada ao fator gerador do desequilíbrio. No caso de novos investimentos, a recomposição se dá a partir do fluxo de caixa marginal; em caso de inexecução de obras ou descumprimento de cronogramas, a partir do fator de desconto e, nos demais casos, por meio do plano de negócios (Contrato de Concessão. Edital nº 002. Concessão da exploração da Rodovia BR-381/MG/SP. Trecho Belo Horizonte – São Paulo. Cláusula 20.4.2).

Sobre a execução, alguns estudos relatam forte postergação de investimentos logo nas fases iniciais dos contratos, por parte das concessionárias.[25] Outros destacam a grande quantidade de revisões extraordinárias à qual os contratos foram submetidos. Nos primeiros seis anos de concessão, houve uma média de 5 revisões extraordinárias em cada concessão.[26]

Contudo, há que se considerar na análise da execução dos contratos a previsão pessimista de volume de tráfego realizada, tanto pela ANTT, quanto pelas concessionárias proponentes. Assim, o tráfego real superou as estimativas contratuais.[27] Inclusive, alguns estudos chamam atenção, nesse caso, para o fato de a atribuição de risco de demanda integralmente ao concessionário não ser necessariamente a melhor medida, gerando lucro além do calculado.[28]

Em relatório, a Controladoria-Geral da União (CGU) apresentou análises que provam o início da cobrança de pedágio antes do fim dos trabalhos iniciais e o não cumprimento de parâmetros de desempenho da maioria das concessionárias da segunda etapa.[29]

Inclusive, o atraso no contorno de Florianópolis, responsabilidade da concessionária Autopista Litoral Sul, é um dos maiores entraves do Programa de Concessões de Rodovias Federais. A obra deveria ter ficado pronta em 2012 e a nova previsão é 2023, 11 anos depois. O trecho é importante para melhoria de tráfego na capital catarinense, desviando os veículos que seguem pela BR-101.[30]

---

[25] OLIVEIRA, André Geraldo Carneiro de. *Análise de investimentos* – Estudo de caso na concessão de rodovias federais. Trabalho de Conclusão de Curso (MBA Finanças) – IBMECDF, Brasília, 2011. p. 26.

[26] GONZE, Nilson Corrêa. *Concessão em rodovias federais*: uma análise da evolução dos modelos de regulação técnica. Dissertação (Mestrado em Engenharia de Transportes) – Programa de Pós-Graduação em Engenharia de Transportes, COPPE, Universidade Federal do Rio de Janeiro, Rio de Janeiro, 2014. p. 75.

[27] CELLIER, Jacques; VÉRON, Adrien. Participação privada no setor rodoviário no Brasil. Evolução recente e próximos passos. Tradução de Banco Santos. *Transport Papers – The World Bank Group*, Washington, DC, TP-30, March 2010. p. 64.

[28] OLIVEIRA, André Geraldo Carneiro de. *Análise de investimentos* – Estudo de caso na concessão de rodovias federais. Trabalho de Conclusão de Curso (MBA Finanças) – IBMECDF, Brasília, 2011. p. 28.

[29] RITTNER, Daniel. CGU aponta falhas em rodovias privatizadas. *Valor Econômico*, 7 maio 2012. Disponível em: https://www2.senado.leg.br/bds/bitstream/handçe/is=d/471038/noticia.htm?sequence=1&isAllowed=y. Acesso em: jan. 2021.

[30] "A SOCIEDADE não suporta mais atrasos", afirma ministro da Infraestrutura, durante webinar sobre Contorno de Florianópolis. *Ministério da Infraestrutura*, 4 det. 2020. Disponível em: https://www.gov.br/infraestrutura/pt-br/assuntos/noticias/201ca-sociedade-nao-suporta-mais-atrasos-afirma-ministro-da-infraestrutura-durante-webinar-sobre-contorno-de-florianopolis. Acesso em: jan. 2021.

Por fim, em 2012, as concessões da Autopista Fernão Dias, Autopista Litoral Sul, Autopista Fluminense, Autopista Planalto Sul e Autopista Régis Bittencourt, todas controladas pelo mesmo grupo espanhol, tiveram seu controle transferido a outra empresa, também espanhola.[31]

No caso da Concessionária Rodovia do Aço, o trecho rodoviário apresenta inexecução de obras desde os primeiros anos de contrato, tendo sido assinado termo de ajustamento de conduta (TAC) com a ANTT em 2013 para ajuste de cronograma.

No início de 2018, a empresa controladora entrou com um pedido formal de enquadramento na Lei nº 13.448/2017 para devolução amigável da concessão. Seguiu operando até nova definição de concessionário, sem direito à indenização por suas execuções, mas sem responsabilidade pelas obrigações não cumpridas. Em novembro a mídia noticiou a assunção de gestão da concessionária por outro grupo empresarial.[32]

No único lote arrematado por empresas brasileiras, Rodovia Transbrasiliana, houve celebração de TAC para execução de obras atrasadas. Em 2014, porém, o ativo foi vendido a outro grupo.[33]

No tocante ao segundo modelo de contrato da segunda etapa, Via Bahia, recentemente os meios de informação divulgaram impasse entre o ministro dos Transportes e a concessionária, tendo o ministro ameaçado o encerramento da concessão por descumprimento contratual. A concessionária, por sua vez, alega recomposição econômico-financeira pendente por responsabilidade da ANTT.[34]

Percebemos, assim, uma execução mais conturbada dos contratos da segunda etapa, em comparação com os da primeira etapa. Aqui temos maiores descumprimentos contratuais, negociações intensas de

---

[31] A empresa controladora foi adquirida por outro grupo (BATISTA, Henrique Gomes. Concessionária da BR-101 e Fernão Dias vende suas operações no Brasil. *O Globo*, 4 dez. 2012. Disponível em: https://oglobo.globo.com/economia/concessionaria-da-br-101-fernao-dias-vende-suas-operacoes-no-brasil-6924309. Acesso em: jan. 2021).

[32] AMORA, Dimmi. Desconhecida, empresa com sócio em paraíso fiscal quer administrar rodovia com pedágio no RJ. *Agência Infra*, 24 out. 2018. Disponível em: https://www.agenciainfra.com/blog/empresa-com-socios-em-paraiso-fiscal-quer-administrar-rodovia-com-pedagio-no-rj/. Acesso em: jan. 2021.

[33] PUPO, Fábio. Triunfo compra concessionária Transbrasiliana. *Valor Econômico*, 18 set. 2014. Disponível em: https://valor.globo.com/empresas/noticia/2014/09/18/triunfo-compra-concessionaria-transbrasiliana.ghtml. Acesso em: jan. 2021.

[34] MINISTRO da Infraestrutura critica situação da BR-324 durante visita à BA e diz que tenta encerrar contrato com concessionária. *G1*, 13 out. 2020. Disponível em: https://g1.globo.com/ba/bahia/noticia/2020/10/13/ministro-da-infraestrutura-critica-situacao-da-br-324-durante-visita-a-ba-e-diz-que-tenta-encerrar-contrato-com-concessionaria.ghtml. Acesso em: jan. 2021.

revisões extraordinárias e venda ou devoluções de concessionárias. Porém, o prazo de término das concessões é 2033 e, ao que tudo indica, chegarão a seu termo, com a prestação do serviço concedido.

### 3.3 Terceira etapa

A terceira etapa do Procrofe ocorreu em um momento econômico particular. Apesar da expectativa de crescimento, logo que assinados os contratos, instaurou-se no país uma crise política e social, além da crise econômica, que afetou, em certa medida, os dados que nortearam as projeções. Foram feitas alterações na modelagem contratual que podem também ter contribuído para a difícil execução dos contratos da terceira etapa.

Em primeiro lugar, foram contratos de trechos extensos, praticamente o dobro da etapa anterior. Além disso, em razão da inclusão do Programa de Investimento em Logística – PIL,[35] foram exigidos investimentos volumosos, principalmente nos primeiros 5 anos de concessão, como a duplicação do leito carroçável e a cobrança de pedágio a partir da conclusão de pelo menos 10% das obras. A TIR foi próxima de 6%.[36]

Por fim, o Poder Público fez constar do processo um oferecimento de financiamento, cujo compromisso foi sinalizado pelo BNDES até um limite de 70%. Porém, tendo analisado a situação econômica e seu efeito nos contratos, o banco não considerou viável financiamentos em tal percentual, tendo disponibilizado, quando possível, em patamares mais modestos, da ordem de 40% do financiamento.[37]

Observa-se, portanto, que uma série de fatores externos contribuiu com a dificuldade de prosseguimento da operação dos contratos da terceira etapa. Porém, neste artigo, nos atentaremos às questões atinentes ao edital e contrato, buscando mecanismos que possam ter contribuído para as dificuldades apresentadas, com objetivo de elucidar condições que possam ser propulsoras, ou não, da execução de um contrato de concessão.

---

[35] Fase III.
[36] CNI – CONFEDERAÇÃO NACIONAL DA INDÚSTRIA. *Concessões rodoviárias*: experiência internacional e recomendações para o Brasil. Brasília: CNI, 2018. p. 34.
[37] BNDES define condições de apoio para concessão de rodovias. *BNDES*. Disponível em: https://www.bndes.gov.br/wps/portal/site/home/imprensa/noticias/conteudo/20130116_rodovias. Acesso em: jan. 2021.

### 3.3.1 Licitação

O modelo licitatório proposto na terceira etapa foi parecido com o da etapa antecedente, tendo sido mantida a inversão de fases. Segundo o edital, aqui analisado o da concessionária Concebra, os proponentes deveriam entregar a garantia de proposta, a proposta econômica e os documentos de qualificação, em data e local previstos no próprio edital.

A proposta econômica escrita, por sua vez, deveria apresentar o valor da tarifa de pedágio, não excedente à tarifa-teto. Além disso, deveria considerar todos os investimentos, custos e despesas necessários à exploração da rodovia, a incidência de ISSQN de 5% sobre a receita para todos os municípios, os riscos, as receitas e os prazos.

Além disso, esse modelo de edital exigiu a apresentação de uma carta de instituição financeira,[38] afirmando a análise do plano de negócios da concessão, de modo a atestar a sua exequibilidade e viabilidade e, também, uma carta de auditoria independente declarando a análise do plano de negócios e atestando sua adequabilidade contábil e tributária.

A cláusula 9.6 do edital proibiu a apresentação, ao Poder Concedente, do plano de negócio apresentado à instituição financeira, sob pena de desclassificação e aplicação de multa no montante da garantia da proposta.

Aqui podemos perceber, portanto, uma particularidade dos leilões da terceira etapa. Justamente a realização da comprovação da execução da proposta por meio de atestado de viabilidade produzido por instituição financeira, a quem o Poder Concedente delegou a análise de exequibilidade das propostas.

Assim como na segunda etapa, todos os documentos, de garantias às propostas, deveriam ser apresentados ao mesmo tempo; em seguida, seria publicado no sítio eletrônico da ANTT os proponentes cujas garantias de propostas não foram aceitas e, em sessão pública de leilão, realizada a abertura das propostas econômicas escritas daqueles proponentes cujas garantias tiverem sido aceitas.

A terceira etapa seguiu a tradição das concessões de rodovias federais, ao adotar por critério de julgamento o menor valor de tarifa, tendo sido estabelecida uma tarifa teto. Os deságios dessa etapa foram entre 42% e 61% do valor da tarifa-teto.

---

[38] Autorizada a funcionar pelo Banco Central e detentora de patrimônio mínimo de quatrocentos milhões de reais, de acordo com cláusula 9.5 do Edital nº 004/2013. Rodovia Federal: BR-060/BR-153/BR-262-DF/GO/MG.

Mais uma vez, é importante ressaltar que o momento econômico parecia favorável ao crescimento do PIB, do agronegócio e, consequentemente, do volume de tráfego, especialmente após a duplicação dos trechos rodoviários, perspectiva que decerto influiu nos estudos, nas propostas e nas assinaturas de contratos.

Faz-se aqui uma ressalva. A terceira etapa do Procrofe foi aprovada em fases. A primeira delas foi a Fase II, representada pelo contrato da concessionária ECO 101. Esse contrato segue o mesmo molde do segundo modelo de contrato da segunda etapa. Ou seja, adota o plano de negócio como forma residual de recomposição do equilíbrio econômico-financeiro. Não adota, portanto, todas as inovações da terceira etapa. Nas demais prescrições se alinha aos contratos da terceira etapa.

### 3.3.2 Modelagem contratual

Assim como o contrato da segunda fase da segunda etapa, hoje administrado pela ViaBahia, a terceira etapa manteve mecanismos inovadores de regulação, e apresentou novos. Foram mantidas, com relação ao contrato da ViaBahia, a repartição de riscos e matriz detalhada. Além disso, as revisões deixaram de basear o controle da agência sobre o plano de negócios e passaram a fazê-lo a partir do fator de desconto – fator D e do fluxo de caixa marginal (FCM).

O fator D é uma metodologia que se utiliza de parâmetros de desempenho, cuja finalidade é regulação atual, a partir da execução contratual. Explicamos: o fator D possui uma série de indicadores, por meio dos quais o concessionário recebe pontuação. A partir desses pontos, o concessionário pode sofrer abatimentos em sua tarifa por descumprimento dos indicadores. As revisões anuais passam, então, a considerar o cumprimento dos indicadores, refletindo-os na tarifa de pedágio.

Assim, não mais considerado o plano de negócio na regulação pela ANTT, mas, exclusivamente, os indicadores e aplicação dos fatores D, C e Q.[39] Foi mantido o mecanismo do fluxo de caixa marginal, para novas obras e investimentos não previstos no PER.

---

[39] Fator C: redutor ou incrementador de tarifa em casos de eventos que impactem a receita da concessão. Fator D: redutor ou incrementador de tarifa por atendimento aos parâmetros de desempenho, obras de ampliação e níveis de serviço. Fator Q: redutor ou incrementador de tarifa relativo ao atendimento de indicadores de qualidade. Fator X: redutor de reajuste referente ao compartilhamento de produtividade (Contrato de Concessão relativo ao Edital

Foi também ampliado o escopo das revisões ordinárias, e diminuído o das revisões extraordinárias, com objetivo de manter as previsões atualizadas. E, somada a essas, a possibilidade de reequilíbrio por descontos ou fluxo de caixa marginal. Por fim, outra inovação da terceira etapa foi a implementação do fator X, um fator de compartilhamento de produtividade do concessionário com o usuário.[40]

### 3.3.3 Execução

A terceira etapa do Procrofe foi a de execução mais conturbada. Muitos fatores contribuíram para o insucesso de todos os trechos rodoviários.

Como já analisada, a condição econômico-financeira do país parecia indicar um futuro que não se concretizou. Atrasos na obtenção de licenças impediram cobranças de pedágio e realização das obras. A modelagem contratual, com investimentos pesados nos primeiros 5 anos, exigiu uma alavancagem considerável. A expectativa de financiamento por parte do BNDES não se concretizou como esperado. Além disso, a crise econômica e alterações não previstas trouxeram prejuízos e impossibilitaram, segundo as concessionárias, o prosseguimento efetivo dessas concessões.

Quatro anos depois dos leilões, apenas 18,4% dos trechos que deveriam ser duplicados nos primeiros 5 anos foram de fato concluídos. Algumas concessões, inclusive, sequer realizaram novas pavimentações.[41]

O TCU, por sua vez, alegou a cobrança de tarifa até 70% superior ao valor devido e, segundo o órgão, mesmo com a inexecução sistemática de investimentos, teriam as concessionárias aumentado o valor, em alguns casos além da inflação.[42]

O Governo Federal, após o não andamento das concessões da terceira etapa como previsto, e sem expectativa de melhora, tentou providências que poderiam solucionar os gargalos de execução dos

---

nº 004/2013. Concessão da Exploração da Rodovia: BR-060-153-262/DF/GO/MG. 2013. Cláusula 1.1.1).

[40] A ANTT define uma tabela, revisada quinquenalmente, na qual o fator X varia entre 0% e 1%, contemplando a projeção da produtividade no setor rodoviário do país (CNI – CONFEDERAÇÃO NACIONAL DA INDÚSTRIA. *Concessões rodoviárias*: experiência internacional e recomendações para o Brasil. Brasília: CNI, 2018. p. 36).

[41] OTTA, Lu Aiko. Concessionárias da 3ª Etapa só duplicaram 18,4% do exigido. *Poder 360*, 24 abr. 2019. Disponível em: https://www.poder360.com.br/economia/concessionarias-da-3a-etapa-so-duplicaram-184-do-exigido/. Acesso em: jan. 2021.

[42] AC-1096-16/19-P. TC nº 002.469/2018-9. Rel. Min. Bruno Dantas, j. 15.5.2019.

serviços. A Medida Provisória nº 779, convertida na Lei nº 13.448/2017, incluiu no ordenamento jurídico o instituto da relicitação, que admitiria a extinção amigável do contrato de concessão e celebração de novo ajuste, com novos contratos e escolha de um prestador por meio de licitação. Além disso, a Medida Provisória nº 800, do mesmo ano, estabeleceu "diretrizes para a reprogramação de investimentos em concessões rodoviárias federais".[43] Embora já existisse o mecanismo da caducidade para extinção de concessões por descumprimento contratual, entendeu-se pertinente a criação de um novo instituto para disciplinar os casos por meio de acordo.

> A relicitação é uma forma de extinção contratual, certamente menos traumática do que a caducidade para ambas as partes. Embora decorra de acordo entre as partes, sua instauração deve se pautar pelo crivo de razoabilidade frente aos aspectos operacionais e econômico-financeiros envolvidos e aos demais mecanismos existentes, sob pena de se banalizar o instituto, que, no limite, configura-se como uma ruptura de um contrato de longo prazo, com todas as características e repercussões a ele inerentes.[44]

Entre os contratos assinados, um deles transferiu seu controle acionário, tendo inclusive sofrido alteração de nomenclatura da concessionária, de MGO para Eco 050.

Outro, cuja administração esteve sob responsabilidade da concessionária Galvão 153, sofreu processo administrativo de caducidade.[45] Em 2019, foram iniciados estudos para nova concessão da rodovia, incluída no Programa de Parcerias de Investimentos. Atualmente, o processo se encontra na fase de análise pelo TCU.[46]

A concessionária Concebra, após discutir em arbitragem sobre o equilíbrio contratual,[47] e ter realizado apenas 17,6% das duplicações

---

[43] Vigência encerrada antes da conversão em lei.
[44] FREIRE, André Luís Macagnan; ÁVILA, Natália Resende Andrade; NASCIMENTO, Priscila Cunha do. As concessões federais de infraestrutura de transportes terrestres. *Jota*, 4 ago. 2020. Disponível em: https://www.jota.info/opiniao-e-analise/colunas/infra/as-concessoes-federais-de-infraestrutura-de-transportes-terrestres-04082020. Acesso em: jan. 2021.
[45] VENTURA, Manoel. Governo cassa concessão da BR-153 do Grupo Galvão. *O Globo*, 16 ago. 2017. Disponível em: https://oglobo.globo.com/economia/governo-cassa-concessao-da-br-153-do-grupo-galvao-21714368. Acesso em: jan. 2021.
[46] RODOVIA – BR-153/080/414/GO/TO – Aliança do Tocantins a Anápolis. *PPI*. Disponível em: https://www.ppi.gov.br/rodovia-br-153-go-to-alianca-do-tocantins-a-anapolis. Acesso em: jan. 2021.
[47] SILVEIRA, Tales. Concebra diz que quebra em outubro e questiona ANTT na arbitragem por redução de tarifa. *Agência Infra*, 2 jul. 2020. Disponível em: https://www.agenciainfra.

previstas,[48] fez requerimento de relicitação da concessão, devolvendo a prestação do serviço ao Poder Concedente.[49]

A MS Via, com problemas de execução de obras, requereu a relicitação do trecho, que foi aprovada pela ANTT e segue para parecer da Presidência da República. A agência informou que pretende requerer a manutenção de serviços essenciais ao longo da relicitação.[50]

A Concessionária Rota do Oeste, também com dificuldade de cumprimento do cronograma de obras, negocia com a ANTT a situação.[51]

A partir da descrição da situação vigente de alguns trechos, afirmamos que a terceira etapa foi a de maior comprometimento do cumprimento dos contratos e obrigações. Como já analisado, estima-se que alguns fatores tenham contribuído para tanto, mas será necessário um esforço grande das partes para reversão do quadro.

Isso porque, no caso da segunda etapa, em que as concessionárias tiveram seus controles acionários alterados, por exemplo, não houve descontinuidade do serviço. O que não é possível enxergar na terceira etapa, em que os problemas contratuais estão sendo refletidos diretamente na prestação do serviço e, consequentemente, nos usuários.

## 3.4 Quarta etapa

A quarta etapa do Programa de Concessões Federais, simbolizada aqui pela Via Sul, teve seu edital publicado em 2018, após estudos e audiência pública realizada no ano antecedente. Foi incluída no Programa de Parcerias de Investimentos, do Governo Federal, lançado

---

com/blog/concebra-diz-que-quebra-em-outubro-e-questiona-antt-na-arbitragem-por-reducao-de-tarifa/. Acesso em: jan. 2021.

[48] JUSTIÇA determina que concessionária apresente projeto de duplicação de rodovias no Triângulo, Alto Paranaíba e Centro-Oeste de MG. *G1*, 12 mar. 2019. Disponível em: https://g1.globo.com/mg/triangulo-mineiro/noticia/2019/03/12/justica-determina-que-concessionaria-apresente-projeto-de-duplicacao-de-rodovias-no-triangulo-alto-paranaiba-e-centro-oeste-de-mg.ghtml. Acesso em: jan. 2021.

[49] TRIUNFO Concebra pede relicitação de concessões de rodovias. *Diário de Goiás*, 15 abr. 2020. Disponível em: https://diariodegoias.com.br/triunfo-concebra-pede-relicitacao-de-concessoes-de-rodovias/. Acesso em: jan. 2021.

[50] CONSELHO do PPI diz que é a favor de relicitação da BR-163 em MS e parecer segue para Bolsonaro. *G1*, 21 jan. 2021. Disponível em: https://g1.globo.com/ms/mato-grosso-do-sul/noticia/2021/01/21/conselho-do-ppi-diz-que-e-a-favor-de-relicitacao-da-br-163-em-ms-e-parecer-segue-para-bolsonaro.ghtml. Acesso em: jan. 2021.

[51] RELATÓRIO aponta atraso na duplicação da BR-163 e necessidade de revisão da obra em MT. *G1*, 21 jan. 2021. Disponível em: https://g1.globo.com/mt/mato-grosso/noticia/2021/01/21/relatorio-aponta-atraso-na-duplicacao-da-br-163-e-necessidade-de-revisao-da-obra-em-mt.ghtml. Acesso em: jan. 2021.

em 2016, com objetivo de incentivar e promover a contratação célere de programas de desenvolvimento de infraestrutura no país.

O cenário em 2018 e início de 2019, quando da assinatura do contrato, não era tão promissor quanto o da etapa antecedente, mas não contava com quedas muito significativas do PIB, e sim com uma recuperação econômica.

Apesar disso, a crise social, política, econômica e sanitária se instalou em 2020, o que, mais adiante, poderá se refletir no desempenho do contrato.

Por ser uma concessão nova, pouco se pode avaliar além das mudanças estruturais nos instrumentos convocatório e contratual. A concessionária vem divulgando obras que estão sendo realizadas no trecho.

### 3.4.1 Licitação

Provavelmente em razão das dificuldades apresentadas na execução da terceira etapa do Procrofe, a quarta etapa teve por objetivo coibir os deságios agressivos, que representassem risco à adequada execução do serviço. O mecanismo utilizado com este intuito foi a determinação de aporte adicional predefinido em edital, no caso de deságios superiores a 10% da tarifa-teto.[52]

Segundo a ANTT, seria essa uma forma de, além de evitar os deságios agressivos, garantir o aporte necessário aos investimentos contratuais. Porém, ainda que tenha ocorrido um esforço nesse sentido, o deságio foi da ordem de 40% da tarifa-teto.

Assim como na terceira etapa, foi incentivada a participação de empresas estrangeiras e admitida a participação em consórcio.

O trâmite de apresentação de documentação seguiu os procedimentos já adotados, tendo sido determinada a entrega de garantia de proposta, proposta econômica escrita e documentos de qualificação de forma simultânea.[53]

A proposta econômica escrita deveria apresentar investimentos, tributos, custos e despesas, assim como incidência de ISSQN sobre 5% da receita, a ser pago aos municípios, riscos a serem assumidos, receitas

---

[52] KLEIN, Aline Lícia; FIGUEIROA, Caio Cesar. RIS e a nova etapa do Procrofe: um novo marco para as concessões de rodovias. *Estradas*, 19 fev. 2019. Disponível em: https://estradas.com.br/ris-e-a-nova-etapa-do-procrofe-um-novo-marco-para-as-concessoes-de-rodovias-federais/. Acesso em: jan. 2021.
[53] Edital de Concessão nº 01/2018. Rodovia Federal: BR-202/290/386/448/RS. Cláusula 6.

oriundas do recebimento de tarifas, prazo de 30 anos da concessão e amortização dos investimentos ao longo do contrato, além de benefícios originários do Regime Especial de Incentivo para o Desenvolvimento de Infraestrutura e o capital social a ser adicionado à SPE em caso de deságio superior a 10% no leilão.

Assim como na etapa antecedente, foi exigida uma carta de instituição financeira atestando a viabilidade e exequibilidade do plano de negócios que lhe tenha sido apresentado, somada à entrega de uma carta de auditoria independente, registrada perante a Comissão de Valores Mobiliários – CVM, que atestasse a adequabilidade contábil e tributária do plano de negócios. Foi igualmente proibida a apresentação do plano de negócios no certame, sob pena de desclassificação da proponente.[54]

Após a entrega de documentos, foram as partes informadas, por meio de publicação no sítio eletrônico da ANTT, das garantias aceitas, e, posteriormente, realizada sessão pública de leilão, para abertura das propostas econômicas escritas. A classificação ocorreu por ordem crescente de valor desde que a proposta econômica escrita atenda a todos os requisitos do edital. No caso de empate, a decisão ficaria sujeita a sorteio.

Alguns dias depois, foram analisados os documentos de qualificação apenas da proponente classificada em primeiro lugar. Finalizados os prazos para recursos, a homologação do resultado do leilão foi realizada e publicada pela Diretoria da ANTT e, comprovado o atendimento às condições prévias de assinatura do contrato de concessão, publicado o ato de outorga.

Seguiu-se, portanto, o modelo das concessões anteriores, mantido o critério de julgamento e a ordem de licitação invertida, admitida pela Lei n° 8.987/1995, desde a segunda etapa do Procrofe.

## 3.4.2 Modelagem contratual

Das principais características do modelo contratual, podemos afirmar que muito da terceira etapa remanesce nos contratos da quarta etapa. Alguns diferenciais, contudo, demonstram uma busca pelo aperfeiçoamento da modelagem.

---

[54] Contrato de Concessão n° 01/2019. Rodovia Federal: BR-101/290/448/386/RS. Cláusula 10.4.

Em primeiro lugar, como mencionado no tópico anterior, passou a ser obrigatório aporte adicional no capital social da Sociedade de Propósito Específico no caso de deságios maiores que 10%, nos leilões. Diferentemente da etapa anterior, a cobrança de pedágio foi admitida desde a data da assunção pela nova concessionária em algumas praças, e, em outras, pode ser iniciada após o término dos trabalhos iniciais, estabelecidos no PER.[55]

Além disso, a prorrogação do contrato passou a ser admitida apenas a critério do Poder Concedente, por até 5 anos nas hipóteses de: (i) interesse público; (ii) caso fortuito ou força maior; (iii) fato da administração ou fato do príncipe. Também admitiu a prorrogação antecipada, em 10 anos, para reequilíbrio de novos investimentos, podendo ser aplicada uma única vez, apenas nas revisões quinquenais dos anos 15, 20 e 25 da concessão.

Os descontos e acréscimos de reequilíbrio – fatores D e A – permaneceram vigentes, tendo a inclusão de multiplicadores em seus índices (coeficiente de ajuste adicional – CAA e coeficiente de ajuste temporal – CAT). O fator C, responsável por redução ou acréscimo de tarifa em razão de eventos que gerem impactos exclusivamente na receita também permaneceu no contrato. Assim como o fator X, responsável pelo compartilhamento de índices de produtividade entre concessionário e seus usuários.

Acrescentou o chamado estoque de melhorias, um rol de obras que pode ser executado, de forma não obrigatória. Algumas obras continuaram condicionadas por gatilhos, de tráfego e receita.

Foi acrescentado o fator E, relativo ao estoque de melhorias, que pode promover acréscimos tarifários pela execução de obras não obrigatórias. O contrato ressalta a possibilidade de aplicação de multas por descumprimento dos indicadores além dos descontos tarifários.[56]

A alocação de riscos sofreu adaptações perante a terceira etapa, referentes ao risco da concessionária pelo aumento de custos em relação à previsão, mesmo no caso de realização de obras do estoque de melhorias. Ao Poder Concedente também foram estabelecidos riscos, entre eles o risco pela exigência de implementação do *free flow*, que não era visto da mesma forma em contratos anteriores. No caso, inclusive do acionamento de gatilho volumétrico para as obras de manutenção do nível de serviço, o risco passou a ser compartilhado entre concessionário

---

[55] Contrato de Concessão n° 01/2019. Rodovia Federal: BR-101/290/448/386/RS. Cláusula 8.4.2.
[56] Contrato de Concessão n° 01/2019. Rodovia Federal: BR-101/290/448/386/RS. Cláusula 19.

e Poder Concedente, de acordo com o saldo acumulado e o valor do investimento.

Os contratos de financiamento puderam prever cláusulas de assunção do controle da concessionária pelos financiadores em caso de inadimplemento de suas obrigações, quando essas inviabilizarem ou colocarem em risco a concessão, desde que respeitadas as premissas do processo administrativo na ANTT.[57]

### 3.4.3 Execução

Os contratos de concessão da quarta etapa são muito recentes para que se possa, de fato, fazer uma análise de sua execução.

A Ecovias do Cerrado assumiu a concessão em 20.1.2020, aproximadamente um ano atrás. Segundo os meios de informação, já foi possível perceber melhorias de recuperação de pavimentação, limpeza e drenagem.[58]

A Via Sul, por sua vez, completa 2 anos ainda no primeiro semestre de 2021. O contrato vem seguindo seu curso, tendo a empresa investido em recuperação do pavimento e da rodovia. Houve revitalização de iluminação da pista, aprovada pela maioria dos usuários[59] e, recentemente, foi autorizada pela ANTT a emissão de debêntures para custeio dos investimentos, por meio da Portaria nº 2.367, do Ministério da Infraestrutura.[60]

Nos próximos anos, esperamos ter um cenário um pouco mais robusto de execução desses contratos, que possa ser comparável à modelagem contratual e suas inovações.

---

[57] Isso acontece no Programa de Concessões de Estado de São Paulo, a partir da quarta rodada, por meio da celebração facultativa do acordo tripartite.
[58] ECOVIAS do Cerrado celebra o primeiro semestre com melhorias nas BRS 364 e 365. *Estradas*, 21 jul. 2020. Disponível em: https://estradas.com.br/ecovias-do-cerrado-celebra-o-primeiro-semestre-com-melhorias-nas-brs-364-e-365/. Acesso em: jan. 2021.
[59] COMUNELLO, Patrícia. CCR ViaSul já investiu R$350 milhões na concessão no Rio Grande do Sul. *Jornal do Comércio*, 27 jan. 2020. Disponível em: https://www.jornaldocomercio.com/_conteudo/cadernos/jc_logistica/2020/01/722499-ccr-via-sul-investiu-r-350-milhoes-no-primeiro-ano.html. Acesso em: jan. 2021.
[60] PELEGI, Alexandre. CCR ViaSul recebe aprovação do Minfra para captação de investimentos em projeto de concessão de rodovias. *Diário do Transporte*, 27 nov. 2020. Disponível em: https://diariodotransporte.com.br/2020/11/27/ccr-viasul-recebe-aprovacao-do-minfra-para-captacao-de-investimentos-em-projeto-de-concessao-de-rodovias/. Acesso em: jan. 2021.

## 4 Análise das alterações de modelagem contratual no desenvolvimento do Procrofe

Colocada a evolução histórica dos contratos de concessão, tanto no que diz respeito a seus editais, modelos de contrato e execução em si, podemos perceber que, ao longo do tempo, esses contratos vão mudando. O Anexo I traz a sistematização de algumas dessas mudanças.

Enquanto os contratos da primeira etapa são contratos ortodoxos, que seguem basicamente a disposição legal, à medida que as etapas do Procrofe vão avançando, podemos perceber que ficam mais robustos, e dotados de mais mecanismos, sejam mecanismos importados ou desenvolvidos, que não são afronta direta à Lei de Concessões, mas que trazem inovações ao ordenamento jurídico brasileiro.

Assim sendo e tendo consciência dessas mutações, passaremos a analisá-las, comparando os cenários em que foram inseridas para que possamos também ter a visão, a partir das cláusulas contratuais, de quais foram, de fato, as alterações.

Os contratos iniciais sofreram duras críticas em razão da rentabilidade do concessionário. Por ocasião do momento econômico, esses contratos apresentam taxas internas de retorno altas. E, além disso, alguns autores entendem que haveria uma limitação de gestão às concessionárias.

> Outro aspecto foi a falta de liberdade gerencial delegada à concessionária neste modelo de contrato, em que o poder concedente determina os aspectos quantitativos e os serviços que deveriam ser providos pela concessionária, cuja função seria a de executar rigorosamente a agenda prevista.[61]

Apesar disso, ao analisarmos a execução dos contratos da primeira etapa, percebemos que embora tenha havido percalços, os contratos foram cumpridos de forma a serem encerrados próximo ao esperado, com a prestação do serviço dentro de certos limites aceitáveis.

Importante considerar a forma de apresentação das propostas, segundo cada edital de convocação. Enquanto o primeiro edital de concessão foi dividido em três partes, e previu a qualificação antes da abertura de propostas, a partir da segunda etapa, adotou-se a inversão de fases, prevista na Lei nº 8.987/1995. Além disso, somente a primeira

---

[61] CNI – CONFEDERAÇÃO NACIONAL DA INDÚSTRIA. *Concessões rodoviárias*: experiência internacional e recomendações para o Brasil. Brasília: CNI, 2018. p. 25.

etapa previu a possibilidade de contribuição dos proponentes ao regime jurídico.

Desde então, as qualificações são analisadas *a posteriori* das sessões públicas de leilão e somente as relativas ao proponente vencedor da disputa. Segundo Dinorá Grotti, analisando a Lei nº 11.196/2005 que inseriu a inversão de fases, a exemplo da Lei do Pregão, o objetivo dessa inversão é agilizar as contratações por meios licitatórios.[62]

Além disso, a segunda etapa inaugurou a tarifa-teto de leilão, determinando aos proponentes uma concorrência maior na proposição de valores. Isso pode ter contribuído, por exemplo, com propostas mais ousadas. Nas palavras de Veron e Cellier:

> O processo de leilão, baseado no menor pedágio oferecido, garantiu pedágios muito baixos – com descontos de até 65% sobre as previsões iniciais do governo. Enquanto isto é uma boa notícia para o usuário, isto pode comprometer as concessões e pode, no fim das contas, mostrar-se oneroso para o contribuinte. Retornos sobre o capital demasiado baixos ou previsões de tráfego extremamente altas aparentemente esperadas pelas concessionárias podem ser sintomáticas de estratégias de estabelecimento de preços indevidamente baixos.[63]

Nas etapas seguintes, foi mantida a inversão de fases e a tarifa-teto.

Os contratos da segunda etapa mantiveram a apresentação de plano de negócios, mas, assim como os que lhes sucederam, foram acrescidos da possibilidade de recomposição do equilíbrio econômico-financeiro por meio de fluxo de caixa marginal, conforme Resolução nº 3.651/2011, da ANTT.

A Fase II da segunda etapa – representada pelo contrato da Via Bahia, e a Fase II da terceira etapa – representada pelo contrato da Via 040, trouxeram a inovação dos fatores de desconto, para recomposição do equilíbrio econômico-financeiro, assim como o fluxo de caixa marginal, mas mantiveram o plano de negócios como forma residual de recomposição, quando a causa do desequilíbrio não fosse abarcada pelas duas últimas formas mencionadas.

---

[62] GROTTI, Dinorá Adelaide Musetti. A experiência brasileira nas concessões de serviço público. *Tribunal de Contas do Estado de São Paulo*. Disponível em: https://www4.tce.sp.gov.br/experiencia-brasileira-nas-concessoes-de-servico-publico. Acesso em: jan. 2021.

[63] CELLIER, Jacques; VÉRON, Adrien. Participação privada no setor rodoviário no Brasil. Evolução recente e próximos passos. Tradução de Banco Santos. *Transport Papers – The World Bank Group*, Washington, DC, TP-30, March 2010. p. 17. Disponível em: https://cetesb.sp.gov.br/proclima/wp-content/uploads/sites/36/2020/03/Estudo_PPPnosetorrodoviario_Brasil.pdf. Acesso em: jan. 2021.

Os demais contratos da terceira etapa aboliram de vez o plano de negócios, substituindo-o por atestados de sua viabilidade e exequibilidade, por meio de cartas de instituição financeira e auditoria independente. Além disso, proibiram a apresentação do plano, sob pena de desclassificação do certame licitatório. Da mesma forma procederam os editais da quarta etapa.

Entendemos assim que o Poder Público, talvez sob a justificativa de garantia de celeridade do procedimento licitatório, acabou delegando a um ente privado a análise de viabilidade e exequibilidade da proposta de prestação de serviço público pelo concessionário.

A forma de recomposição do equilíbrio econômico-financeiro passa a ser escolhida de acordo com o fato gerador do desequilíbrio. Os fatores de desempenho passam a ser, portanto, fonte primária de recomposição, na forma de um "reequilíbrio expresso", que permita a dosagem de alteração tarifária por meio de observação de cumprimento ou descumprimento de critérios objetivos preestabelecidos. Assim, anualmente, tem-se a recomposição tarifária de acordo com a performance do concessionário ao longo daquele período.

Casos em que não haja incidência desses fatores são reequilibrados a partir de fluxo de caixa marginal. Nos termos contratuais:

> 22.4.2 A forma de recomposição do equilíbrio econômico-financeiro dependerá do evento ensejador do desequilíbrio
> (i) na hipótese de atraso ou inexecução dos serviços e obras, dos *Escopos, Parâmetros de Desempenho* e *Parâmetros Técnicos da Frente de Recuperação e Manutenção* e da *Frente de Ampliação de Capacidade e Manutenção de Nível de Serviço*, a recomposição do equilíbrio econômico-financeiro se dará por meio da aplicação automática do *Desconto de Reequilíbrio*, nos termos da subcláusula 22.6, sendo que a hipótese de antecipação da entrega das *Obras de Ampliação de Capacidade* poderá ensejar o *Acréscimo de Reequilíbrio*, tudo conforme a metodologia de aplicação do *Fator D*
> (ii) o reequilíbrio se dará pela aplicação do *Fator C*, na hipótese de evento que ensejar impacto exclusivamente na receita ou verba da *Concessionária*, conforme hipóteses previstas nos termos do item 1.2 do *Anexo 6*, bem como aquelas assim consideradas pela *ANTT* ou em regulamentação própria.
> (iii) em quaisquer outras hipóteses, que não as previstas nos itens (i) e (ii) acima, a recomposição do equilíbrio econômico-financeiro se

dará por meio da elaboração de *Fluxo de Caixa Marginal*, nos termos de regulamentação específica; [...].[64]

No que diz respeito à recomposição, acreditamos que essa tenha sido a alteração mais impactante nos contratos. E, embora traga vantagens no momento de realização desse reequilíbrio, a execução dos contratos demonstrou que não pacificam o assunto entre as partes.

Além disso, uma importante observação diz respeito à possibilidade de aplicação de fator de desconto simultaneamente à aplicação de multa, no caso dos descumprimentos. Embora os fatores não sejam, formalmente, penalidades, em essência o concessionário, em razão de determinado descumprimento, acaba por arcar com a incidência de uma multa somada a uma redução de tarifa, por aplicação dos fatores de desconto. Assim, é possível que, com a diminuição na arrecadação, fique ainda mais distante o cumprimento devido dos indicadores, o que pode levar a um ciclo vicioso de descumprimentos e reduções de receitas.

Por fim, mais uma diferença que se percebe na análise desses contratos, com relação ao equilíbrio econômico-financeiro, é a periodicidade das revisões. Enquanto a primeira etapa organiza revisões quando necessárias, geralmente por fatores supervenientes, a segunda etapa estabelece três tipos de revisão. A ordinária, que deve acontecer de forma anual, a quinquenal, para revisões no PER, e a extraordinária, em caso de fatos supervenientes que impactem na concessão.

Já a terceira etapa, inclusive em sua Fase II, conta novamente com revisão ordinária e extraordinária. Na primeira são aplicados os fatores de desconto, e, na segunda, definidas recomposições em caso de fatos supervenientes.

Podemos, portanto, perceber que a mutação desses contratos se deu de maneira gradual e, considerando o cenário de execução, podemos concluir que (i) a mutabilidade de contratos complexos é um fato que não pode ser desconsiderado; (ii) os contratos mais ortodoxos, da primeira etapa, apesar de mais sucintos não tiveram a execução contratual por esse fator prejudicada; (iii) os contratos da segunda fase trazem alterações, mas mantêm muito da primeira e, apesar disso as execuções foram um pouco mais conturbadas; (iii) a terceira etapa traz grandes inovações que não implicaram diretamente o desempenho, visto que os processos de caducidade e relicitação são constantes; (iv)

---

[64] Contrato de concessão. Edital nº 004/2013. Rodovia Federal: BR-060, BR-153 e BR-262-DF/GO/MG.

a quarta etapa manteve o modelo da terceira e aposta na melhoria de outros fatores para garantir a execução desses contratos.

## 5 Conclusão

Colocadas essas reflexões, a pergunta a que buscamos responder é: as inovações aos contratos, que extrapolem os ditames dos marcos legais, claro que dentro de seus limites, implicam, necessariamente, uma melhoria de execução e desempenho dos contratos de concessão? Entendemos que não isoladamente. Uma série de fatores externos podem contribuir ainda para o fracasso da execução contratual.

Ainda assim, muitos desses mecanismos, como os fatores de desconto e fluxo de caixa marginal, apesar de terem por função tornar o equilíbrio contratual algo mais objetivo e mensurável à época do fato, garantindo uma correspondência com a realidade econômica, não necessariamente refletem em uma execução mais fluida do contrato.

Os serviços públicos devem ser prestados segundo os princípios da Administração Pública. Entre eles eficiência e continuidade. O Estado deve sempre buscar a modelagem cuja prestação seja dinâmica e não interrompida por constantes recomposições econômico-financeiras de modo a impactar o nível de serviço.

Evidente que os contratos da terceira etapa não tiveram maus resultados exclusivamente em virtude da modelagem contratual. Muitos fatores contribuíram para o cenário que se apresenta hoje. Porém, talvez alguns mecanismos pudessem ter sido mais eficientes na preservação desses contratos.

Com isso, este estudo busca demonstrar (i) a evolução dos contratos de concessão no tempo; (ii) a realidade de execução dos contratos de cada uma das etapas; (iii) que a robustez do contrato não necessariamente reflete em resultado numericamente tangível.

Assim, entendemos que o Programa de Concessões de Rodovias Federais é um importante instrumento de concretização de infraestrutura no país, que a ANTT realiza não somente a regulação, mas o acompanhamento das modelagens e que é, sim, um *case* de sucesso. Porém, os aprimoramentos são sempre bem-vindos, e um primeiro passo para se aprimorar, deve ser buscar identificar as dificuldades ocorridas.

Em momento algum este artigo pretende esgotar as reflexões ou definir a modelagem contratual como ineficiente. O que se pretendeu ao comparar as premissas dos editais, com a modelagem contratual e finalmente a execução desses contratos, foi o diálogo em busca de resultados, com objetivo do estabelecimento de premissas que possam ser úteis na análise de modelagem e na regulação desses contratos.

Por fim, vale ressaltar a expectativa de mudança da agência, para que deixe de existir a regulação por contrato, respeitando a diferença entre eles, e comece a haver a regulação discricionária, na qual a agência estabelecerá normas de regulação para todos os aspectos das concessões e as regulará de forma simultânea e única. Em um primeiro momento, entendemos que talvez não seja a melhor das soluções, considerando que, no Brasil, cada um dos trechos tem suas próprias particularidades. Mas essas são reflexões para próximos capítulos.[65]

## Referências

"A SOCIEDADE não suporta mais atrasos", afirma ministro da Infraestrutura, durante webinar sobre Contorno de Florianópolis. *Ministério da Infraestrutura*, 4 det. 2020. Disponível em: https://www.gov.br/infraestrutura/pt-br/assuntos/noticias/201ca-sociedade-nao-suporta-mais-atrasos-afirma-ministro-da-infraestrutura-durante-webinar-sobre-contorno-de-florianopolis. Acesso em: jan. 2021.

ALVARENGA, Darlan. Ecorodovias vence leilão da Ponte Rio-Niterói com deságio de 36%. *G1*, 18 mar 2015. Disponível em: http://g1.globo.com/economia/negocios/noticia/2015/03/ecorodovias-vence-leilao-da-ponte-rio-niteroi.html. Acesso em: jan. 2021.

AMORA, Dimmi. Concer alega direito a se manter operando a BR-040 após fim do prazo previsto em contrato. *Agência Infra*, 23 dez. 2020. Disponível em: https://www.agenciainfra.com/blog/concer-alega-direito-a-se-manter-operando-a-br-040-apos-fim-do-prazo-previsto-em-contrato/. Acesso em: jan. 2021.

AMORA, Dimmi. Desconhecida, empresa com sócio em paraíso fiscal quer administrar rodovia com pedágio no RJ. *Agência Infra*, 24 out. 2018. Disponível em: https://www.agenciainfra.com/blog/empresa-com-socios-em-paraiso-fiscal-quer-administrar-rodovia-com-pedagio-no-rj/. Acesso em: jan. 2021.

ANTT abre consulta à sociedade sobre proposta para manter concessão da CCR NovaDutra por mais um ano. *Agência Infra*, 21 jan. 2021. Disponível em: https://www.agenciainfra.com/blog/antt-abre-consulta-a-sociedade-sobre-proposta-para-manter-concessao-da-ccr-novadutra-por-mais-um-ano/. Acesso em: jan. 2021.

ANTT. *Estudo internacional de Contratos de concessão de rodovias*. Disponível em: https://portal.antt.gov.br/documents/363688/389038/Estudo+Internacional+de+

---

[65] Este estudo não compreendeu a análise de Edital e Contrato de Concessão nº 01/2021, relativo às rodovias: BR-153/414/080/TO/GO, em razão de sua publicação recente à época da escrita. O edital foi publicado em 29.1.2021, ainda sem pedidos de esclarecimentos e impugnações. Contudo, já é possível perceber grandes mudanças com relação a seus antecessores, como a inclusão de acordo tripartite facultativo, conta centralizadora, desconto de usuário frequente e critério de julgamento baseado na menor tarifa e maior valor de outorga. O contrato se aproxima, assim, dos modelos contratuais recentes do estado de São Paulo.

Contratos+de+Concess%C3%A3o+de+Rodovias.pdf/7756481f-e494-1761-916d-48dc37428514?t=1592175951190. Acesso em: jan. 2021.

ARAGÃO, Alexandre Santos de. A evolução da proteção do equilíbrio econômico-financeiro nas concessões de serviços públicos e nas PPPs. *RDA – Revista de Direito Administrativo*, Rio de Janeiro, v. 263, p. 35-66, maio/ago. 2013.

BARBO, André Roriz de Castro *et al*. A evolução da regulação nas rodovias federais concedidas. *Revista ANTT*, v. 2, n. 2, nov. 2010.

BATISTA, Henrique Gomes. Concessionária da BR-101 e Fernão Dias vende suas operações no Brasil. *O Globo*, 4 dez. 2012. Disponível em: https://oglobo.globo.com/economia/concessionaria-da-br-101-fernao-dias-vende-suas-operacoes-no-brasil-6924309. Acesso em: jan. 2021.

CELLIER, Jacques; VÉRON, Adrien. Participação privada no setor rodoviário no Brasil. Evolução recente e próximos passos. Tradução de Banco Santos. *Transport Papers – The World Bank Group*, Washington, DC, TP-30, March 2010.

CGU – CONTROLADORIA-GERAL DA UNIÃO. *Relatório de avaliação da execução de programas de Governo n° 2*. Ação de fiscalização da concessão dos serviços e da exploração da infraestrutura rodoviária. Brasília: CGU, 2015.

CGU – CONTROLADORIA-GERAL DA UNIÃO. *Relatório de avaliação da execução de programas de Governo n° 43*. Ação de fiscalização da concessão dos serviços e da exploração da infraestrutura rodoviária. Brasília: CGU, 2011.

CNI – CONFEDERAÇÃO NACIONAL DA INDÚSTRIA. *Concessões rodoviárias*: experiência internacional e recomendações para o Brasil. Brasília: CNI, 2018.

COMUNELLO, Patrícia. CCR ViaSul já investiu R$350 milhões na concessão no Rio Grande do Sul. *Jornal do Comércio*, 27 jan. 2020. Disponível em: https://www.jornaldocomercio.com/_conteudo/cadernos/jc_logistica/2020/01/722499-ccr-via-sul-investiu-r-350-milhoes-no-primeiro-ano.html. Acesso em: jan. 2021.

CONSELHO do PPI diz que é a favor de relicitação da BR-163 em MS e parecer segue para Bolsonaro. *G1*, 21 jan. 2021. Disponível em: https://g1.globo.com/ms/mato-grosso-do-sul/noticia/2021/01/21/conselho-do-ppi-diz-que-e-a-favor-de-relicitacao-da-br-163-em-ms-e-parecer-segue-para-bolsonaro.ghtml. Acesso em: jan. 2021.

CONTRATO de Concessão PG-138/95-00. Concessão da Exploração da Rodovia: BR-040/MG/RJ. 1995.

CONTRATO de Concessão PG-154/94-00. Concessão da Exploração da Ponte Presidente Costa e Silva (Rio de Janeiro – Niterói). 1994.

CONTRATO de Concessão PG-16/97-00. Concessão da Exploração da Rodovia: BR-290/RS. 1997.

CONTRATO de Concessão relativo ao Edital n° 001/2018. Concessão da Exploração da Rodovia: BR-101/290/386/448/RS. 2018.

CONTRATO de Concessão relativo ao Edital n° 002/2007. Concessão da Exploração da Rodovia: BR-381/MG/SP. 2008.

CONTRATO de Concessão relativo ao Edital n° 004/2013. Concessão da Exploração da Rodovia: BR-060-153-262/DF/GO/MG. 2013.

COUTINHO, Antônio Henrique Medeiros. *Reprogramação de investimentos em contratos de parceria*: solução para as concessionárias de rodovia da 3ª etapa do Procrofe? Dissertação (Mestrado em Direito) – Escola de Direito de São Paulo, Fundação Getúlio Vargas, São Paulo, 2020.

DECISÃO judicial determina retomada de contrato da Concepa em rodovias do RS. *G1*, 10 ago. 2018. Disponível em: https://g1.globo.com/rs/rio-grande-do-sul/noticia/2018/08/10/decisao-judicial-determina-retomada-de-contrato-da-concepa-diz-empresa.ghtml. Acesso em: jan. 2021.

ECOVIAS do Cerrado celebra o primeiro semestre com melhorias nas BRS 364 e 365. *Estradas*, 21 jul. 2020. Disponível em: https://estradas.com.br/ecovias-do-cerrado-celebra-o-primeiro-semestre-com-melhorias-nas-brs-364-e-365/. Acesso em: jan. 2021.

EDITAL de concessão 004/2013. Rodovia Federal: BR-060/BR-153/BR-262-DF/GO/MG.

EDITAL de concessão 01/2018. Rodovia Federal BR-202/290/386/448/RS.

EDITAL de concessão de exploração da Rodovia BR-381/MG/SP, no Belo Horizonte-São Paulo.

EDITAL de concorrência para concessão da exploração da Rodovia BR-040/MG/RJ, no trecho Juiz de Fora-Petrópolis-Rio de Janeiro (Trevo das missões). Fase I.

EDITAL de concorrência para concessão da exploração da Rodovia BR-040/MG/RJ, no trecho Juiz de Fora-Petrópolis-Rio de Janeiro (Trevo das missões). Fase II.

EDITAL de concorrência para concessão da exploração da Rodovia BR-040/MG/RJ, no trecho Juiz de Fora-Petrópolis-Rio de Janeiro (Trevo das missões). Fase III.

FREIRE, André Luís Macagnan; ÁVILA, Natália Resende Andrade; NASCIMENTO, Priscila Cunha do. As concessões federais de infraestrutura de transportes terrestres. *Jota*, 4 ago. 2020. Disponível em: https://www.jota.info/opiniao-e-analise/colunas/infra/as-concessoes-fe-derais-de-infraestrutura-de-transportes-terrestres-04082020. Acesso em: jan. 2021.

FRUET, Nathália. EGR avalia condições para decidir se assume a BR-290 devido ao fim do contrato com concessionária. *G1*, 23 jul. 2018. Disponível em: https://g1.globo.com/rs/rio-grande-do-sul/noticia/2018/07/24/egr-avalia-condicoes-para-decidir-se-assume-a-br-290-devido-ao-fim-do-contrato-com-concessionaria.ghtml. Acesso em: jan. 2021.

GONZE, Nilson Corrêa. *Concessão em rodovias federais*: uma análise da evolução dos modelos de regulação técnica. Dissertação (Mestrado em Engenharia de Transportes) – Programa de Pós-Graduação em Engenharia de Transportes, COPPE, Universidade Federal do Rio de Janeiro, Rio de Janeiro, 2014.

GROTTI, Dinorá Adelaide Musetti. A experiência brasileira nas concessões de serviço público. *Tribunal de Contas do Estado de São Paulo*. Disponível em: https://www4.tce.sp.gov.br/experiencia-brasileira-nas-concessoes-de-servico-publico. Acesso em: jan. 2021.

JUSTIÇA determina que concessionária apresente projeto de duplicação de rodovias no Triângulo, Alto Paranaíba e Centro-Oeste de MG. *G1*, 12 mar. 2019. Disponível em: https://g1.globo.com/mg/triangulo-mineiro/noticia/2019/03/12/justica-determina-que-concessionaria-apresente-projeto-de-duplicacao-de-rodovias-no-triangulo-alto-paranaiba-e-centro-oeste-de-mg.ghtml. Acesso em: jan. 2021.

KLEIN, Aline Lícia; FIGUEIROA, Caio Cesar. RIS e a nova etapa do Procrofe: um novo marco para as concessões de rodovias. *Estradas*, 19 fev. 2019. Disponível em: https://estradas.com.br/ris-e-a-nova-etapa-do-procrofe-um-novo-marco-para-as-concessoes-de-rodovias-federais/. Acesso em: jan. 2021.

KÜHL, Lukas Flamini. *Desenvolvimento e limites do modelo de concessões rodoviárias brasileiro*. Artigo (Mestrado em Gestão e Políticas Públicas) – Escola de Administração de Empresas de São Paulo, Fundação Getúlio Vargas, São Paulo, 2017.

MARQUES NETO, Floriano de Azevedo. *Concessões*. Belo Horizonte: Fórum, 2015.

MINISTRO da Infraestrutura critica situação da BR-324 durante visita à BA e diz que tenta encerrar contrato com concessionária. *G1*, 13 out. 2020. Disponível em: https://g1.globo.com/ba/bahia/noticia/2020/10/13/ministro-da-infraestrutura-critica-situacao-da-br-324-durante-visita-a-ba-e-diz-que-tenta-encerrar-contrato-com-concessionaria.ghtml. Acesso em: jan. 2021.

OLIVEIRA, André Geraldo Carneiro de. *Análise de investimentos* – Estudo de caso na concessão de rodovias federais. Trabalho de Conclusão de Curso (MBA Finanças) – IBMECDF, Brasília, 2011.

OTTA, Lu Aiko. Concessionárias da 3ª Etapa só duplicaram 18,4% do exigido. *Poder 360*, 24 abr. 2019. Disponível em: https://www.poder360.com.br/economia/concessionarias-da-3a-etapa-so-duplicaram-184-do-exigido/. Acesso em: jan. 2021.

PELEGI, Alexandre. CCR ViaSul recebe aprovação do Minfra para captação de investimentos em projeto de concessão de rodovias. *Diário do Transporte*, 27 nov. 2020. Disponível em: https://diariodotransporte.com.br/2020/11/27/ccr-viasul-recebe-aprovacao-do-minfra-para-captacao-de-investimentos-em-projeto-de-concessao-de-rodovias/. Acesso em: jan. 2021.

PRAZO para ACP questionando concessão inicia após fim de contrato. *Conjur*, 26 jun. 2019. Disponível em: https://www.conjur.com.br/2019-jun-26/prazo-acp-questionando-concessao-inicia-fim-contrato. Acesso em: jan. 2021.

PUPO, Fábio. Triunfo compra concessionária Transbrasiliana. *Valor Econômico*, 18 set. 2014. Disponível em: https://valor.globo.com/empresas/noticia/2014/09/18/triunfo-compra-concessionaria-transbrasiliana.ghtml. Acesso em: jan. 2021.

RELATÓRIO aponta atraso na duplicação da BR-163 e necessidade de revisão da obra em MT. *G1*, 21 jan. 2021. Disponível em: https://g1.globo.com/mt/mato-grosso/noticia/2021/01/21/relatorio-aponta-atraso-na-duplicacao-da-br-163-e-necessidade-de-revisao-da-obra-em-mt.ghtml. Acesso em: jan. 2021.

RITTNER, Daniel. CGU aponta falhas em rodovias privatizadas. *Valor Econômico*, 7 maio 2012. Disponível em: https://www2.senado.leg.br/bds/bitstream/handçe/is=d/471038/noticia.htm?sequence=1&isAllowed=y. Acesso em: jan. 2021.

SILVEIRA, Tales. Concebra diz que quebra em outubro e questiona ANTT na arbitragem por redução de tarifa. *Agência Infra*, 2 jul. 2020. Disponível em: https://www.agenciainfra.com/blog/concebra-diz-que-quebra-em-outubro-e-questiona-antt-na-arbitragem-por-reducao-de-tarifa/. Acesso em: jan. 2021.

SIMÕES, Carlos Rafael Menin. Avaliação da evolução do esquema de alocação de risco nas concessões rodoviárias federais considerando boas práticas internacionais e nacionais.

Coletânea de Pós-Graduação – Governança e Controle da Regulação em Infraestrutura, Brasília, v. 4, n. 4, 2019.

TRIUNFO Concebra pede relicitação de concessões de rodovias. *Diário de Goiás*, 15 abr. 2020. Disponível em: https://diariodegoias.com.br/triunfo-concebra-pede-relicitacao-de-concessoes-de-rodovias/. Acesso em: jan. 2021.

VENTURA, Manoel. Governo cassa concessão da BR-153 do Grupo Galvão. *O Globo*, 16 ago. 2017. Disponível em: https://oglobo.globo.com/economia/ governo-cassa-concessao-da-br-153-do-grupo-galvao-21714668. Acesso em: jan. 2021.

VOLKMER, Glauber. *As variáveis regulatórias nas concessões rodoviárias federais e o nível de satisfação dos usuários*: existe uma relação entre os dois? Dissertação (Mestrado em Administração) – Programa de Pós-Graduação em Administração, Universidade Federal da Bahia, Salvador, 2017.

## Anexo

| | 1ª Etapa | 2ª Etapa | 2ª Etapa/ Fase II | 3ª Etapa | 4ª Etapa |
|---|---|---|---|---|---|
| **Critério de julgamento** | Menor tarifa | Menor tarifa | Menor tarifa | Menor tarifa | Menor tarifa. |
| **Exeq. de proposta** | Edital dividido em 3 fases. Sem inversão de fases. Exequibilidade atestada pela análise do Plano de Negócios | Edital em fase única. Inversão de fases. Exequibilidade atestada pelo Plano de Negócios, na qualificação. | Edital em fase única. Inversão de fases. Exequibilidade atestada pelo Plano de Negócios, na qualificação. | Carta de instituição financeira e auditoria independente que atestasse exequibilidade e viabilidade do plano de negócios. | Carta de instituição financeira e auditoria independente que atestasse exequibilidade e viabilidade do plano de negócios. |
| **Garantias** | Caução em dinheiro, títulos da dívida pública da União, fiança bancária ou seguro garantia. | Caução em dinheiro, títulos da dívida pública da União, fiança bancária ou seguro garantia. 92 milhões de reais. | Caução em dinheiro, títulos da dívida pública da União, fiança bancária ou seguro garantia. | Caução em dinheiro, títulos da dívida pública da União, fiança bancária ou seguro garantia. | Caução em dinheiro, títulos da dívida pública da União, fiança bancária ou seguro garantia. |
| **Revisão - Recomposição do Equilíbrio econômico-financeiro** | Sempre que alterado o equilíbrio econômico-financeiro. FCM para novos investimentos Res. 3651/2011, da ANTT. | Revisão ordinária, quinquenal e extraordinária. FCM para novos investimentos Res. 3651/2011, da ANTT. | Revisão ordinária, quinquenal e extraordinária. FCM para novos investimentos. Res. 3651/2011, da ANTT. | Ordinária e extraordinária. Inclusão de Fatores Q, C, D e X. FCM para recomposições não sujeitas à aplicação dos Fatores C e D | Ordinária e extraordinária. Inclusão de Fatores Q, C, D e X. FCM para inclusão de obras e serviços no escopo do contrato. |
| **Inovações** | Sem muitas previsões além dos termos da Lei 8.987/1995 | Inversão de fases. Matriz de risco mais detalhada. Busca pela modicidade tarifária. | Fatores de desconto de reequilíbrio. Gatilhos volumétricos de investimentos. FCM já previsto em contrato. Repartição da matriz de riscos. | Proibição de apresentação de Plano de Negócios. Acréscimo dos Fatores C, Q e X | Inclusão do Fator E. Previsão de aumento de capital social no caso de deságio maior que 10%. Gatilhos volumétricos e de receitas. Fiscalização da lei dos caminhoneiros. |
| **Execução dos contratos** | Alguns foram encerrados. Outros podem ser prorrogados enquanto não realizado novo certame licitatório. Alguns apresentaram atrasos de cronograma, que vêm sendo acertados com ANTT | atraso no cronograma de obras. Cinco lotes arrematados por grupo espanhol vendidos a outro grupo. Rodovia do Aço entregue de forma amigável em 2018. Transbrasiliana igualmente vendida a outro grupo. | Disputas com Poder Concedente sobre cumprimento e execução de obrigações contratuais. | A maioria não cumpriu com as obrigações contratuais. Uma concessão foi relicitada. Uma está em processo de relicitação. É possível que outras sigam o mesmo caminho. | Contratos muito recentes para análise. Cumprimento razoável até o momento. |

Informação bibliográfica deste texto, conforme a NBR 6023:2018 da Associação Brasileira de Normas Técnicas (ABNT):

SENNA, Laís Ribeiro de. Análise do desenvolvimento de modelagens contratuais no Programa de Concessões de Rodovias Federais. *In*: TOJAL, Sebastião Botto de Barros; SOUZA, Jorge Henrique de Oliveira (Coord.). *Direito e infraestrutura*: rodovias e ferrovias – 20 anos da Lei n° 10.233/2001. Belo Horizonte: Fórum, 2021. v. 2, p. 211-250. ISBN 978-65-5518-209-5.

# DA JUDICIALIZAÇÃO, VIA AÇÃO CIVIL PÚBLICA, DE DEMANDAS COM O OBJETO DE COIBIR A REITERADA PRÁTICA DE TRÁFEGO COM EXCESSO DE PESO NAS RODOVIAS FEDERAIS BRASILEIRAS *VERSUS* A ATUAÇÃO DA ANTT: UM ESTUDO EMPÍRICO DOS FATOS

MAURO LUIZ CAMPBELL MARQUES

## 1 Introdução

O presente artigo tem por objetivo geral examinar os fatos que deram ensejo à judicialização, via ação civil pública, de demandas com o objeto de coibir a reiterada prática de uma grave infração administrativa no setor de transporte rodoviário que, a rigor, deveria ser resolvida nas instâncias administrativas: o intenso tráfego rodoviário federal de veículos com peso acima do limite permitido.

A questão ganha proporções alarmantes quando considerado que, entre todos os modais existentes de transporte de cargas no território brasileiro – aéreo, ferroviário, aquaviário e rodoviário –, os dados estatísticos do setor evidenciam a predominância deste último. Consoante informações extraídas do *Boletim Unificado* da Confederação Nacional de Transportes (CNT) de dezembro de 2020 (BRASIL, 2021), o Brasil conta com uma malha rodoviária federal de 73.182 km (setenta e três mil, cento e oitenta e dois quilômetros) de extensão, sendo responsável por mais de 60% da matriz do transporte de cargas e escoamento de produtos.

Entre os diversos problemas do segmento, o transporte com excesso de peso praticado por veículos de transporte de cargas é um dos que mais demandam atenção do Estado, senão pelo risco à vida humana, também por acelerar o desgaste natural da pista de rolamento das estradas, exigindo um custo maior em investimentos estatais.[1]

O trabalho foi dividido em três partes principais. A primeira e segunda são correlatas e examinam a competência normativa das agências reguladoras, em especial a exercida pela Agência Nacional de Transportes Terrestres – ANTT no setor rodoviário federal. Os regulamentos da agência somados aos dispositivos do Código de Trânsito Brasileiro são considerados os marcos normativos principais na regulação do tema.

O terceiro capítulo examina a crescente onda de judicialização de demandas coletivas que saturam os tribunais regionais federais, cujo propósito é coibir a recalcitrância das transgressões praticadas por agentes do setor de transporte de carga rodoviária federal.

Por fim, o estudo pretende responder à seguinte questão: o uso do Judiciário como palco de solução dessa controvérsia seria explicável pela deficiência fiscalizatória dos agentes administrativos responsáveis, ou seria a ausência de um arcabouço normativo claro e coeso o maior estímulo aos agentes do setor, a ponto, inclusive, de esses entenderem ser a prática uma espécie de investimento empresarial na antijuridicidade do ato? Em outras palavras: a falha do Estado administrador está no exercício de quais de seus poderes: no de polícia ou no regulamentar?

## 2 Brevíssimas notas quanto ao poder normativo/ extroverso das agências reguladoras no Brasil

As agências reguladoras – entidades que surgiram no Brasil a partir da década de 1990 (MARQUES NETO; MOREIRA; GUERRA, 2020) – são parte da realidade de diversos setores da economia brasileira, em que, a despeito de as atividades serem predominantemente privadas, dada a relevância dos serviços prestados à coletividade, demanda-se

---

[1] Segundo relatório econômico da Organization for Economic Cooperation and Development – (OCDE), o produto interno bruto (PIB) de um país pode sofrer considerável decréscimo em consequência de danos ocasionados pelo excesso de peso nas rodovias (OCDE, 2018).

do Estado uma intervenção regulatória, em oposição à regulação pelo mercado ou autorregulação.[2]

Segundo Marques Neto (2009), a regulação estatal é determinada pela perspectiva de o Estado pretender intervir em setores da economia sem afastar a participação dos agentes privados. Para tanto, na ação interventiva deve predominar a defesa dos interesses dos usuários dos serviços como partícipes das relações econômicas relacionadas ao setor regulado, de modo a estimular a coexistência da competição no segmento com o desenvolvimento de políticas públicas setoriais.

Como forma de manifestação do poder extroverso do Estado, as agências reguladoras, dotadas de caráter público, são detentoras de um poder normativo que encontra assento na lei que deu ensejo à sua criação ou na que alterou o regime jurídico de entidade já existente.

A necessidade de um poder normativo exercido fora do ambiente legislativo, e por entidade pública dotada de corpo técnico especializado, explica-se pela produção de regras formais com hipóteses de incidência e sanções que visam regular comportamentos específicos de setores que demandam alta especialização de ordem técnica. Enquanto o Poder Legislativo traça regras de ordem geral, dentro do escopo normativo correlato, uma agência reguladora traça comandos normativos aptos a prever ações e a disciplinar penalidades de que somente uma entidade dotada de corpo técnico especializado é capaz (LOPES, 2018).

Um dos maiores desafios no exercício desse poder é conciliar, de um lado, um sistema que contenha um conjunto de normas pautadas em operações juridicamente consistentes, de forma a propiciar eficiência econômica e estimular, na medida do possível, ferramentas concorrenciais próximas à perfeição em face de um mercado naturalmente imperfeito, e de outro, promover equilíbrio entre os agentes regulados que, no exercício de suas atividades, submetem-se a um processo concorrencial típico da iniciativa privada.

Observa-se, pois, ser a atividade regulatória uma forma de intervenção estatal com vista a opor condicionantes ao mercado, sobretudo àquele prestador de serviços públicos delegáveis à iniciativa

---

[2] Sobre o termo "regulação" no debate jurídico: "Embora o uso normativo da palavra já existisse – bastando mencionar que a Constituição de 1988, em seu art. 174, *caput*, havia reconhecido ao Estado o papel de 'agente normativo e regulador da atividade econômica' – ele não designava uma imagem forte das mentes dos aplicadores e autores jurídicos. Isso começou a mudar a partir de 1995, quando as Emendas Constitucionais nº 8 e 9 mandaram instituir 'órgãos reguladores' dos setores de telecomunicações e petróleo, que desencadeou uma onda de criação de 'agências reguladoras' e, rapidamente, transformou a ideia de regulação em lugar-comum jurídico" (SUNDFELD, 2013).

privada. E ele assim o faz, sobretudo, para coibir práticas comerciais que, quando sujeitas apenas às livres forças mercadológicas, fossilizariam setores de extrema relevância para a coletividade, como transporte terrestres, telecomunicações, água e esgoto, saúde e energia elétrica.

Esse propósito é reforçado pelo fato de a prestação de serviços públicos impróprios, sem a mínima interferência estatal, dar ensejo ao risco de eles ou não serem prestados a todos os destinatários ou não satisfazerem as mínimas condições de eficiência e efetividade.

Inúmeras são as questões de alta indagação jurídica a respeito do poder normativo/regulamentar das agências reguladoras. Desde a já ultrapassada discussão quanto à própria legitimidade de referido poder à entidade da Administração Pública indireta até os limites de seu exercício.

Ao presente estudo interessa pontuar o segundo impasse: eventuais limitações ao exercício do poder regulamentar, para, no ponto nevrálgico do artigo abordar o posicionamento do Superior Tribunal de Justiça em ações civis públicas que visam coibir a reiterada prática de transportes por excesso de cargas em rodovias federais brasileiras.

Malgrado a questão central envolver o exercício do poder de polícia de uma agência reguladora, é necessário perpassar por seu poder normativo, tendo em vista que o campo de autuação do *ius puniendi*[3] estatal nos remete à descrição de condutas proibitivas encartadas, não só no Código de Trânsito Brasileiro, mas em resoluções da Agência Nacional de Transporte Terrestre.

Sobre o tema, é cediço que a Constituição Federal de 1988, pelo fato de adotar o federalismo[4] como sistema de governo, traz expressa competência legislativa à União, estados, Distrito Federal e municípios; contudo, em razão da ausência de previsão constitucional quanto à extensão dessa competência aos órgãos reguladores independentes, cabe à legislação que as institui fixar-lhes limites para a edição de atos normativos com propósito regulatório.

---

[3] Sobre o *ius puniendi* estatal, Osório (2011) obtempera poder ser esse exercido tanto no direito administrativo, quanto no direito penal e no direito processual penal, já que é o Estado o único detentor do direito punitivo ou direito sancionador, em sentido mais amplo.

[4] Segundo Afonso da Silva (2006), o federalismo brasileiro de 1988 se afastou do modelo dual com vista a ampliar as tarefas do Estado por meio de critérios de equilíbrio. Em assim sendo, ampliou sobremaneira a distribuição de competências legislativas e materiais – aqui incluindo os municípios – com distribuição de áreas comuns em que se preveem atuações paralelas e setores concorrentes em que a competência para estabelecer políticas gerais cabe à União, a suplementar, aos Estados, e aos municípios, as de interesse local.

A esse respeito, Di Pietro (2019) afirma que a função reguladora atribuída às agências brasileiras não pode, sob pena de inconstitucionalidade, ser maior do que a exercida por qualquer outro órgão administrativo ou entidade da Administração indireta nem pode regular matéria não disciplinada em lei.

No intuito de diferenciar o poder regulamentar exercido pelo chefe do Executivo daquele exercido por uma agência reguladora, considerando ser o primeiro detentor de função política e o segundo, administrativa, Justen Filho (2002) lembra que a função de regulação pertence ao Estado e, quando transferida para a entidade personalizada, engloba a competência para editar e baixar decretos regulamentares que visem facilitar a execução da lei.

Na esteira dessa intelecção, os atos normativos expedidos pelas agências reguladoras têm por objetivo a clara definição de conceitos técnico-jurídicos; a descrição das condutas esperadas dos agentes regulados – sejam eles agentes do setor, sejam seus destinatários; disciplinar com detalhamentos técnicos correlatos à forma como os serviços serão prestados, à deliberação acerca das condutas passíveis de punição, inclusive com estipulação do *quantum* devido a título de multas e sua imposição, à normatização de procedimentos administrativos, entre outros.

Ao examinar uma dessas atribuições, notadamente àquela inerente ao poder de polícia punitiva, o Superior Tribunal de Justiça, no julgamento do Recurso Especial nº 1.522.520/RN, relatado pelo Ministro Gurgel de Faria (*DJ* de 1º.2.2018), assim se manifestou:

> as sanções administrativas aplicadas pelas agências reguladoras, no exercício do seu poder de polícia, não ofendem o princípio da legalidade, visto que a lei ordinária delega a esses órgãos a competência para editar normas e regulamentos no âmbito de sua atuação, inclusive tipificar as condutas passíveis de punição, principalmente acerca de atividades eminentemente técnicas.[5]

Em relação aos limites normativos da ANTT, o Superior Tribunal de Justiça tem, inclusive, jurisprudência no sentido de que, tendo sido atribuído à entidade o poder de regular, em sentido amplo, os serviços

---

[5] No mesmo sentido: AgInt no REsp nº 1.620.459/RS. Rel. Min. Benedito Gonçalves, Primeira Turma, j. 12.2.2019. *DJe*, 15 fev. 2019; REsp nº 1.846.108/SP. Rel. Min. Nancy Andrighi, Terceira Turma, j. 2.2.2021. *DJe*, 5 fev. 2021; REsp nº 1809719/DF. Rel. Min. Mauro Campbell Marques, Segunda Turma, j. 23.6.2020. *DJe*, 25 jun. 2020; REsp nº 1.807.533/RN. Rel. Min. Herman Benjamin, Segunda Turma, j. 11.2.2020. *DJe*, 4 set. 2020.

públicos de transportes e havendo previsão na legislação ordinária delegando-lhe competência para edição de normas e regulamentos no seu âmbito de atuação, não há ilegalidade em aplicação de penalidade que tenha ocorrido no exercício do seu poder regulamentar/disciplinar, amparado na norma de regência, qual seja, Lei n° 10.233/2001.[6]

Pelas considerações apontadas, é crível afirmar que as entidades de regulação exercem poder normativo, de natureza técnica, na esfera de suas atribuições e, desde que respeitados os limites da legislação que lhes deu origem, é ampla sua competência regulamentar, bem como o exercício do poder de polícia com viés sancionatório.

## 3 Da Agência Nacional de Transporte Terrestre

A Agência Nacional de Transportes Terrestres – ANTT é uma autarquia federal, vinculada ao Ministério dos Transportes e à Secretaria de Portos da Presidência da República. Instituída pela Lei n° 10.223, de 5.6.2001, é responsável pela implementação das políticas formuladas pelo Conselho Nacional de Integração de Políticas de Transporte.

Entre os principais objetivos da agência, destacam-se a regulação e a supervisão das atividades de prestação de serviços e de exploração de infraestrutura de transportes, exercidas por terceiros com o propósito de: garantir a movimentação de pessoas e bens, em cumprimento a padrões de eficiência, segurança, conforto, regularidade, pontualidade e modicidade nos fretes e tarifas; harmonizar, preservado o interesse público, os objetivos dos usuários, das empresas concessionárias, permissionárias, autorizadas e arrendatárias, e de entidades delegadas, arbitrando conflitos de interesses e impedindo situações que configurem competição imperfeita ou infração da ordem econômica.

As esferas de atuação do órgão, circunscritas ao setor ferroviário e rodoviário, são o transporte *ferroviário* de passageiros e cargas, a exploração da infraestrutura do setor e o arrendamento dos ativos operacionais correspondentes; e o transporte *rodoviário* interestadual e internacional de passageiros, de cargas e de cargas especiais e perigosas em rodovias e ferrovias. Para o regular desempenho do mister institucional, a legislação de regência – art. 22, §2°, da Lei n° 10.233/01 – consigna ser dever da ANTT harmonizar sua esfera de

---

[6] Nesse sentido: REsp n° 1.635.889/RS. Rel. Min. Herman Benjamin, Segunda Turma. *DJe*, 19 dez. 2016; AgRg no REsp n° 1.371.426/SC. Rel. Min. Humberto Martins, Segunda Turma, *DJe*, 24 nov. 2015.

atuação com a de órgãos dos demais entes federativos encarregados do gerenciamento de seus sistemas viários e das operações de transporte intermunicipal e urbano.

No campo das atividades de transporte terrestre, à agência caberá, entre outras atribuições:

a) promover estudos aplicados às definições de tarifas, preços e fretes, em confronto com os custos e os benefícios econômicos transferidos aos usuários pelos investimentos realizados;
b) elaborar os planos de outorgas, para exploração da infraestrutura e a prestação de serviços de transporte terrestre;
c) editar atos de outorga e de extinção de direito de exploração de infraestrutura e de prestação de serviços de transporte terrestre, celebrando e gerindo os respectivos contratos e demais instrumentos administrativos;
d) proceder à revisão e ao reajuste de tarifas dos serviços prestados, segundo as disposições contratuais, após prévia comunicação ao Ministério da Fazenda;
e) habilitar o Operador do Transporte Multimodal, em articulação com as demais agências reguladoras de transportes;
f) estabelecer padrões e normas técnicas complementares relativos às operações de transporte terrestre de cargas especiais e perigosas e
g) exercer, diretamente ou mediante convênio, as competências expressas no inciso VIII do art. 21 da Lei nº 9.503, de 23/9/1997, dispor sobre as infrações, sanções e medidas administrativas aplicáveis aos serviços de transportes.

Nota-se, pois, que a ANTT atua como ente regulador e, por consequências, detentor de poderes fiscalizatórios do setor de transportes terrestres. Em outras palavras, ao tempo em que detêm legitimidade normativa com atribuições para estabelecer condutas aptas a reger as relações setoriais e prever sanções em caso de descumprimentos de condutas proibitivas, é dotada de poder de polícia setorial,[7] com atribuições, por exemplo, para autuar e aplicar as penalidades e medidas

---

[7] Sobre a atuação punitiva do Estado em âmbito administrativo, destaca-se a análise formulada por Moreira Neto ao prefaciar a 2ª edição da obra de Fábio Medina Osório: "A partir do Direito Comparado, como fonte de uma evolução que chega ao Brasil, o Direito Punitivo, todo ele, tem raízes comuns muito antigas. É certo que a formação do próprio Estado, com o surgimento da Administração Pública como sujeito, propiciou a formação do Direito Administrativo, de modo que este ramo, ao cuidar de tipificar infrações administrativas e de cominar-lhes sanções, delegando poderes punitivos à Administração no contexto de um novo conceito de Estado de Direito qualificado pela legitimidade de suas normas, desdobrou-se no Direito Administrativo Sancionador" (MOREIRA NETO, 2011, p. 13).

administrativas cabíveis *relativas a infrações por excesso de peso*, dimensões e lotação dos veículos que transitam em rodovias.

## 3.1 Da polícia administrativa a cargo da ANTT

Diante da correlação com o tema infrações por excesso de peso, é necessário, de antemão, dar relevo a duas áreas de atuação da ANTT: a regulamentação dos serviços remunerados de transporte de cargas rodoviárias via Registro Nacional de Transportes Rodoviários de Cargas – RNTRC e o transporte multimodal de cargas.

No que concerne ao primeiro, destaca-se o RNTRC.[8] Em resumo, trata-se de um registro de responsabilidade da agência e obrigatório para todos que exploram a atividade econômica de transporte remunerado de cargas, seja uma transportadora, seja um caminhoneiro. Tem como principal função disciplinar e padronizar a prestação desse serviço, com vista a coibir o informalismo do setor e, consequentemente, os problemas relacionados à segurança, produtividade, logística e concorrência.

O transporte multimodal de cargas é o que utiliza duas ou mais modalidades de transporte, cuja execução é responsabilidade de um operador de transporte multimodal – o OTM, sujeito à prévia habilitação e registro na ANTT.

Segundo a legislação de regência (Lei nº 9.611/98), o OTM é uma pessoa jurídica, transportadora ou não, contratada para a realização do transporte multimodal de cargas, da origem até o destino, por meios próprios ou por intermédio de terceiros. Este operador assume a responsabilidade pelo transporte e serviços de coleta, unitização, movimentação, armazenagem e entrega da carga ao destinatário.

Nos dois segmentos, interessa ao presente estudo a normatização da pesagem de veículos com vista a impedir o transporte em excesso de carga. Sobre o tema, registra-se ser a função exercida nos postos de pesagem das rodovias. Inicialmente, coube ao Departamento Nacional de Estradas de Rodagem – DNER executar a fiscalização. Com sua extinção em 2001, a competência foi transferida para o Departamento

---

[8] A Resolução ANTT nº 4.799 de 27.7.2015, regulamenta o art. 14-A da Lei nº 10.233/01, *in verbis*: "O exercício da atividade de transporte rodoviário de cargas, por conta de terceiros e mediante remuneração, depende de inscrição do transportador no Registro Nacional de Transportadores Rodoviários de Carga – RNTRC. Parágrafo único. O transportador a que se refere o *caput* terá o prazo de um ano, a contar da instalação da ANTT, para efetuar sua inscrição".

Nacional de Infraestrutura de Transportes – DNIT e, no caso das rodovias federais, para a ANTT[9] e a Polícia Rodoviária Federal – PRF. Ao presente trabalho interessam as rodovias sob a tutela da agência reguladora. A Resolução ANTT n° 5.379, de 5.7.2017, estabelece diretrizes técnicas e parâmetros de desempenho para equipamentos, sistemas e instalações operacionais do modelo de fiscalização e operação dos postos de pesagem veicular sob sua responsabilidade por meio de agente remoto com uso de sistemas automatizados integrados – SAI.

A norma define questões importantes quanto ao local de pesagem de veículos. A propósito, citam-se algumas delas: a) pista de pesagem de precisão, b) pista seletiva de pesagem, c) posto de pesagem veicular.

A resolução também cria o Sistema Integrado de Fiscalização, Autuação, Multa e Arrecadação de domínio da ANTT – Sifama e os SAI. O primeiro com funcionalidades que permitem a interoperabilidade com os sistemas de pesagem e de foto-fuga de forma integrada, resguardando e assegurando as responsabilidades inerentes aos agentes de fiscalização. O segundo compreende um conjunto de sistemas e subsistemas que viabilizam a fiscalização e o controle do excesso de peso, permitem a execução das operações de pesagem veicular e demais atividades do posto de pesagem de forma integrada e remota. Estes são os sistemas que compõem o SAI: sistema de pesagem; sistema de classificação veicular; sistema de controle automático de dimensão de veículos; sistema de identificação veicular; sistema de orientação ao condutor; sistema de informação; sistema de monitoramento e fiscalização; sistema de registro e armazenamento de dados; sistema de gerenciamento da operação e fiscalização.

A fiscalização é exercida por agentes públicos, podendo, inclusive se dar de forma remota, já que o art. 2° faz clara alusão à figura do servidor público responsável pela execução da fiscalização da ANTT que desenvolve suas atividades *em local distinto* do destinado à verificação do peso veicular e às demais fiscalizações de competência da ANTT. Esses agentes valer-se-ão de sistemas e subsistemas integrados no exercício da fiscalização, no monitoramento e na supervisão de forma remota.

É preciso que se registre que o uso do SAI na atividade fiscalizatória *abrange a operação e o controle de excesso de peso e dimensão, capacidade máxima de tração e condutas tipificadas nos arts. 209 e 239 do Código de*

---

[9] No caso das rodovias federais concedidas, o art. 24, XVII da Lei n° 10.233/01 estipula que compete à ANTT exercer, diretamente ou mediante convênio, as competências expressas no inc. VIII do art. 21 da Lei n° 9.503, de 23.9.1997 (Código Brasileiro de Trânsito), nas rodovias federais por ela administradas.

*Trânsito Brasileiro*, envolvendo veículos de transporte de carga e/ou de passageiros em postos de pesagem veicular, sem a presença física do agente de fiscalização da ANTT no local da verificação.

Entre os pontos mais relevantes da resolução, destaca-se a intensa participação das delegatárias da prestação de serviços para a via. Consoante o art. 6º, a implantação de postos de pesagem veicular em rodovias federais concedidas será precedida de *estudo técnico executado pela respectiva concessionária* e deverá atender aos padrões de identidade visual estabelecidos pela Agência Nacional de Transportes Terrestres.

A Resolução nº 5.379/2017 encontra princípios e diretrizes no art. 24, XVII, da Lei nº 10.233/01, que atribui à ANTT poderes para exercer, diretamente ou mediante convênio, as competências expressas no art. 21, VIII, do Código de Trânsito Brasileiro, nas rodovias federais por ela administradas.

Como se percebe pelos pontos acima realçados, a norma busca solucionar distorções operacionais que, até então, facilitavam a prática reiterada de transporte com excesso de carga. Além de sistematizar de forma objetiva os sistemas de pesagem dos veículos, cuida com especial atenção do Sistema de Gerenciamento da Operação e Fiscalização, não deixando mais dúvidas quando ao fato de existir um agente público, ainda que remotamente, responsável pelas ações de Estado, sejam fiscalizatórias, sejam punitivas.

Outra distorção apontada pelos estudiosos do setor como apta a estimular as infrações – falta de investimento nos postos de pesagem – poderá ser solucionada com integração da ação dos concessionários. Doravante, será delas a responsabilidade pela funcionalidade e atualização dos equipamentos, sistemas e instalações de pesagem, desde que, é claro, observadas as obrigações e particularidades estabelecidas nos respectivos contratos de concessão e programas de exploração de rodovia e garantido o equilíbrio econômico-financeiro.

## 4 Da ação civil pública proposta pelo Ministério Público Federal em desfavor de empresa de transporte que trafega com excesso de peso em rodovias federais

A Resolução nº 5.379/2017 é recente e visa corrigir uma falha setorial que durante anos estimulou a prática de irregularidades do transporte de cargas em rodovias brasileiras.

Antes de sua edição, o Ministério Público Federal – MPF, legítimo representante dos interesses coletivos, sensível à necessidade de uma resposta objetiva aos problemas que há muito assolam o setor, propôs diversas ações coletivas junto à Justiça Federal. Entre elas, cita-se o Agravo em Recurso Especial nº 1.251.059/DF. Na origem, tratava-se de uma ação civil pública[10] em desfavor de empresa que opera no tráfego de cargas em rodovias federais, em razão da prática de ato infracional descrita no art. 99 do Código de Trânsito Brasileiro, com o objetivo, entre outros, de impedir que os veículos da frota empresarial trafegassem com excesso de peso, em razão dos severos danos causados nas vias rodoviárias federais.

A principal *quaestio iuris* posta em discussão pelo autor da ACP está em saber se as penalidades administrativas aplicadas pelos órgãos administrativos competentes (ANTT e DNER) estariam ou não aptas a afastar responsabilidade civil dos infratores pelos danos causados ao patrimônio público, ao meio ambiente, à vida e à segurança pessoal e patrimonial dos usuários da via, decorrentes da conduta de trafegar com excesso de carga.

O Tribunal Regional Federal da 1ª Região,[11] que julgou a matéria em grau de apelação, consignou no voto do acórdão condutor:

> No Estado absolutista o soberano concentrava, sem distinção, as três funções: legislação, administração e jurisdição. Na evolução para o Estado de direito, foram paulatinamente retiradas do poder real, e atribuídas a órgãos independentes, a legislação - criação de normas gerais e abstratas – e a jurisdição – resolução concreta de conflitos individuais. O que permaneceu na esfera do poder real constitui, no Estado de direito, a atividade tipicamente administrativa. É administração tudo que não seja legislação nem jurisdição. Deve ser acrescentado que legislação e jurisdição são apenas o produto, o resultado essencial, respectivamente, das funções legislativa e jurisdicional, pois a atividade - meio dessas duas funções também ostenta natureza administrativa. À luz do critério residual é, portanto, administrativa a atividade-meio das três funções básicas do Estado e, além disso, é administrativa, no pleno sentido da designação, a atividade-fim da função executiva. A atividade fim da função executiva pode ser resumida em intervenção

---

[10] A título de exemplo, citam-se algumas das diversas ACP propostas pelo MPF com o mesmo propósito e julgadas pelo Superior Tribunal de Justiça: AgInt no AREsp nº 1.429.060/DF. Rel. Min. Napoleão Nunes Maia Filho, Rel. p/ Acórdão Ministro Sérgio Kukina, Primeira Turma, j. 15.12.2020. *DJe*, 18 dez. 2020; AgInt no AgInt no AREsp nº 1.326.554/ES. Rel. Min. Francisco Falcão, Segunda Turma, j. 23.11.2020. *DJe*, 25 nov. 2020; REsp nº 1.819.993/MG. Rel. Min. Herman Benjamin, Segunda Turma, j. 3.11.2020. *DJe*, 18 dez. 2020; AgInt no REsp nº 1.819.218/RN. Rel. Min. Mauro Campbell Marques, Segunda Turma. *DJe*, 9 mar. 2020.
[11] Apelação Cível nº 2008.38.03.010122-4/MG.

no domínio econômico e social, polícia administrativa, serviço público e regulação. Em certos casos (exemplo: quando se traduz em atividade de polícia), a regulação confunde-se com as demais atribuições, mas, por motivo técnico, nos últimos tempos, passou a formar núcleo distinto. Se a administração falha no exercício de uma atividade-fim (exemplo: deixa de prestar o serviço público de transporte coletivo de passageiros), a Justiça é chamada, em princípio, não para suprir diretamente aquela omissão, ou seja, não para criar empresa e prestar o serviço de transporte coletivo, executar diretamente a atividade, mas para impor à administração o devido exercício de sua competência. Por isso, nesse caso, invariavelmente, a pessoa jurídica competente deve figurar no polo passivo da ação. A conclusão desse raciocínio é que, em princípio (leia- se: em primeira mão), não cabe à Justiça prestar serviço público e, da mesma forma, não lhe cabe exercer diretamente a polícia administrativa, que está na mesma chave (na mesma classe) do serviço público, nem, pelo mesmo motivo, efetuar a regulação de um setor.

Não cabe ao Ministério Público – insisto – intentar ação para que o juiz, diretamente, exerça a polícia administrativa, no caso, polícia rodoviária, que está prevista na Lei 9.503/97 (Código Brasileiro de Trânsito), cujas disposições, se bem aplicadas pelos agentes policiais, presumem-se suficientes para conter as alegadas ilicitudes. *Cabe à ANTT exercer essa atribuição*, portanto, no mínimo, *a ação do Ministério Público deveria ser contra a referida agência e, quem sabe, chamando as empresas supostamente infratoras como litisconsortes.*[12]

Em síntese, o Tribunal Regional Federal da 1ª Região firmou compreensão no sentido de que, em havendo tipificação de infração administrativa descrita no CTB e existindo previsões normativas de imposição de multa e medidas administrativas ao ato de trafegar em rodovia federal com excesso de peso, não é dada ao Poder Judiciário a criação de normas impositivas de novas sanções, sob pena de violação ao princípio da separação de poderes. A fixação de outras penalidades por meio de decisão judicial, a incidir sobre o mesmo fato ou pretendendo coibir ação já disciplinada na legislação de regência constitui *bis in idem*.

Em outras palavras, o Código de Trânsito é o compêndio normativo apto a traçar diretrizes a serem seguidas no transporte de carga, assim como as respectivas penalidades para o caso de descumprimento. Há, ainda, a possibilidade de a ANTT, dentro de suas áreas de atuação,

---

[12] Nesse mesmo sentido: TRF 5ª Região. AC nº 08006523420144058401. Des. Fed. Elio Wanderley de Siqueira Filho, Terceira Turma. *DJe*, 11 jun. 2015.

exercer competência normativa residual para descrever condutas e disciplinar sanções para o setor rodoviário.

O uso de instrumentos normativos gerais, sobretudo aqueles previstos nas ações civis públicas que, a rigor, disciplinam situações de ordem geral, para coibir práticas descritas em normas específicas, implica combinação de leis, dando ensejo à dupla punição.

Contudo, não foi esse o entendimento prevalente no âmbito do Superior Tribunal de Justiça, que *reformou o acórdão recorrido*. Entendeu-se que a sanção administrativa não esgota o rol de respostas persuasivas, dissuasórias e punitivas do ordenamento no seu esforço – típico desafio de sobrevivência – de prevenir, reparar e reprimir infrações. Assim, é admissível a cumulação de multa administrativa e de multa civil, porquanto integram o "próprio tecido jurídico do Estado Social de Direito brasileiro, inseparável de um dos seus atributos básicos, o imperativo categórico e absoluto de eficácia de direitos e deveres".[13]

Entre os elementos fáticos que fortaleceram a convicção dos julgadores, destacam-se a longeva e conhecida prática da infração de tráfego com excesso de carga pelas rodoviárias federais – o que demonstraria a pouca capacidade fiscalizatória dos órgãos administrativos competentes – e o baixo valor atribuído às multas administrativas. Por via transversa, estimularia a reiteração da prática infracional, uma vez que os agentes do setor considerariam como verdadeiro investimento empresarial a antijuridicidade do ato.[14]

Vê-se, pois, que a pauta é de extrema relevância para coletividade e, como tal, não é dado ao Judiciário, quando demandado, manter-se distante da questão se há instrumentos jurídicos aptos a coibirem a reiteração da perigosa prática transgressora.

De fato, a despeito dos judiciosos argumentos apresentados pelo Tribunal Regional da 1ª Região, a medida pretendida pelo MPF – via ACP – não implica punição em duplicidade, pois reveste-se de características de uma obrigação de *non facere*. A penalidade administrativa por infração à norma do art. 231, V, da Lei nº 9.503/1997 não guarda identidade com a tutela inibitória veiculada em uma demanda coletiva, em que se busca a cessação de contumaz recalcitrância de empresas em observar as

---

[13] Trecho extraído do voto proferido no REsp nº 1.574.350/SC. Rel. Min. Herman Benjamin, Segunda Turma. *DJe*, 6 mar. 2019.
[14] Na decisão proferida no REsp nº 1.678.883/DF (*DJe* de 2.4.2020), para realçar a importância da temática, o relator do recurso trouxe importantes dados estatísticos divulgados pela Organização Mundial da Saúde que dão conta de que, somente no ano de 2015, em acidente de trânsito o país teve 37.306 mortos e 204 mil feridos.

exigências legais, fazendo-o por meio de multa pecuniária que incidirá em caso de eventual descumprimento da ordem judicial. *Dito de outra forma: não se penalizam os atos passados, mas se coíbe a possibilidade de sua reiteração e punem-se eventuais danos coletivos (situação não regulamentada pelo CTB)*. Trata-se de um olhar para o futuro.

De mais a mais, registra-se que a competência normativa para o transporte de carga rodoviária não se limita ao CTB. Conforme visto em tópicos anteriores, nesse universo a ANTT também exerce relevantes atribuições: a competência regulatória para o setor e o poder de polícia punitiva.

## 5 Conclusão

Entre todos os modais de transporte de cargas no território brasileiro, os números mostram que o rodoviário, apesar de seu custo expressivo, é o mais utilizado. O setor em si enfrenta consideráveis desafios como a necessidade de recuperação de vias desgastadas, sobretudo aquelas em zonas com pouca densidade demográfica; o aumento da malha pavimentada em extensão por quilômetro quadrado; a implantação de uma logística de escoamento que atenda aos mais longínquos cantos do país, entre outros.

Nesse cabedal de questões, o controle de peso nas rodovias brasileiras deve ser tratado como uma das prioridades pelos entes públicos, senão pelas consequências danosas que o excesso de peso causa ao erário, com o aumento do número de acidentes e a deterioração precoce do pavimento, também pelos prejuízos à cadeia de transporte de cargas e passageiros, ocasionando um maior custo agregado à etapa de escoamento dos produtos.

O estudo mostrou que a ação estatal que demanda aprimoramento não está no exercício do poder regulamentar, pois há arcabouço normativo suficientemente claro e apto a minimizar a ocorrência dessas infrações. As resoluções a cargo da ANTT e dispositivos normativos do CTB, além de traçarem claras balizas quanto aos limites de peso para cada tipo de veículo e a forma como a pesagem acontecerá, são objetivos quanto ao tipo de sanção aplicável em caso de cada uma das transgressões. Contudo, não obstante a clareza da regulação setorial, suas medidas serão sentidas com o passar dos anos. São problemas estruturais, que não se resolvem de forma equânime em todas as rodovias brasileiras, em tempo recorde.

Por ora, a maior falha setorial, que deu ensejo à intensa onda de judicialização da questão, está no exercício do poder de polícia, ou seja, na fiscalização dos infratores que transportam em excesso de carga. Para que o impasse seja reduzido, é necessário que os entes públicos responsáveis confiram doravante efetividade às regras entabuladas na Resolução n° 5.379/2017, façam uso das ferramentas fiscalizatórias, aprimorem os postos de pesagem de veículos, dando-lhes inclusive, preferência à automatização, e punam, com os rigores da lei, os infratores, sobretudo os reincidentes.

Caso a ação administrativa do Estado continue se mostrando ineficiente, o Poder Judiciário tende a continuar sendo eleito como o palco ideal de solução de controvérsias a ser acionado por usuários da via. Diante desse cenário, os agentes do setor – reguladores e regulados – terão uma dificuldade a mais a ser enfrentada. Ao primeiro, o desafio consistirá em defender sua legitimidade, já que se mostrará ineficiente no exercício de uma de suas principais atribuições: a fiscalizatória. O segundo se sujeitará, além das sanções regulatórias, às penalidades administrativas e civis da Lei n° 7.347/85.

## Referências

BRASIL. Confederação Nacional de Transportes. *Boletim unificado*. 2021. Disponível em: file:///E:/%C3%81rea%20de%20Trabalho%20STJ195270/ARTIGOS/Boletim%20Unificado%20%20Janeiro%202021.pdf. Acesso em: 23 fev. 2021.

DI PIETRO, Maria Sylvia Zanella. *Direito administrativo*. 32. ed. Rio de Janeiro: Forense, 2019.

JUSTEN FILHO, Marçal. *O direito das agências reguladoras independentes*. São Paulo: Dialética, 2002.

LOPES, Othon de Azevedo. *Fundamentos da regulação*. Brasília: Processo, 2018.

MARQUES NETO, Floriano Peixoto de Azevedo. *Agências reguladoras independentes*: fundamento e seu regime jurídico. Belo Horizonte: Fórum, 2009.

MARQUES NETO, Floriano Peixoto de Azevedo; MOREIRA, Egon Bockmann; GUERRA, Sérgio. *Dinâmica da regulação*: estudo de casos da jurisprudência brasileira. A convivência dos tribunais e órgãos de controle com agências reguladoras, autoridade da concorrência e livre iniciativa. Belo Horizonte: Fórum, 2020.

MOREIRA NETO, Diogo de Figueiredo. Prefácio. *In*: OSÓRIO, Fábio Medina. *Direito administrativo sancionador*. 4. ed. rev., atual. e ampl. São Paulo: Revista dos Tribunais, 2011.

OCDE. Relatórios Econômicos OCDE – Brasil. Fev. 2018. Disponível em: https://www.oecd.org/economy/surveys/Brazil-2018-OECD-economic-survey-overview-Portuguese.pdf. Acesso em: 23 fev. 2021.

OSÓRIO, Fábio Medina. *Direito administrativo sancionador*. 4. ed. rev., atual. e ampl. São Paulo: Revista dos Tribunais, 2011.

SILVA, José Afonso da. *Curso de direito constitucional positivo*. 29. ed. São Paulo: Malheiros, 2006.

SUNDFELD, Carlos Ari. *Regulação no Brasil*: uma visão multidisciplinar. São Paulo: FGV Editora, 2013.

---

Informação bibliográfica deste texto, conforme a NBR 6023:2018 da Associação Brasileira de Normas Técnicas (ABNT):

MARQUES, Mauro Luiz Campbell. Da judicialização, via ação civil pública, de demandas com o objeto de coibir a reiterada prática de tráfego com excesso de peso nas rodovias federais brasileiras versus a atuação da ANTT: um estudo empírico dos fatos. *In*: TOJAL, Sebastião Botto de Barros; SOUZA, Jorge Henrique de Oliveira (Coord.). *Direito e infraestrutura*: rodovias e ferrovias – 20 anos da Lei nº 10.233/2001. Belo Horizonte: Fórum, 2021. v. 2, p. 251-266. ISBN 978-65-5518-209-5.

# ANTT E QUALIDADE REGULATÓRIA: O CAMINHO SE FAZ AO CAMINHAR

**PATRICIA PESSOA VALENTE**

## 1 Introdução

A importância do tema da qualidade regulatória nesta coletânea de comemoração das duas décadas da criação da Agência Nacional dos Transportes Terrestres (ANTT) se justifica muito além do simbolismo da data. Quando criada em 2001, pelo mesmo instrumento normativo (Lei nº 10.233, de 5.6.2001) que a Agência Nacional de Transportes Aquáticos (Antaq), a ANTT carregava consigo desafios relevantes para a infraestrutura nacional, como exemplo, dar continuidade aos processos de concessão em rodovias e ferrovias que foram iniciados na década de 1990 e gerir os contratos de concessão e de arrendamento em execução, a fim de conferir ao setor maior confiança e, com isso, atrair investimentos privados. Não se tratou de um movimento exclusivo dos transportes terrestres, mas da infraestrutura nacional de maneira geral ao longo da década de 1990 e 2000.[1]

A mensagem interministerial de 1999, que, por sua vez, acompanhou a mensagem do então Presidente Fernando Henrique

---

[1] Sobre esse tema, ver Pinheiro (2003).

Cardoso ao Congresso Nacional para apreciação do projeto de lei,[2] era explícita na tendência a ser seguida pelo setor de transportes, "de uma moderna concepção de próprio Estado e dos papéis que a ele devem ser reservados". Nas palavras dos então ministros dos Transportes e do Planejamento, Orçamento e Gestão, a criação da agência representava: "um conjunto mais abrangente de instrumentos de atuação, cujo perfil a sociedade está a exigir". A proposta tinha como objetivo "privilegiar mecanismos que assegurem maior transparência, possibilitando o adequado controle de sua atuação pela sociedade".

Partindo do propósito enunciado quando da criação da agência, o objetivo deste artigo é analisar o que a própria ANTT tem feito a fim de garantir nos seus processos decisórios maior transparência e mecanismos de controle social, elementos que, ao nosso ver, estão abarcados na temática da qualidade regulatória (VALENTE, 2015).

Para tanto, este artigo está dividido em quatro seções, além desta breve introdução. Na seção seguinte, é realizada breve revisão da literatura em pesquisa empírica sobre a qualidade da atividade regulatória da ANTT, sempre que possível, em comparação com as demais agências federais. Na terceira seção, serão expostas e analisadas as iniciativas da ANTT a fim de compreender o caminho que a agência vem construindo para imprimir qualidade regulatória à sua atuação setorial. Sendo a análise de impacto regulatório (AIR) importante ferramenta regulatória para alcançar uma melhoria do desempenho do processo decisório da agência, serão analisadas as regras internas da ANTT sobre a matéria, uma vez que, com a Lei nº 13.848, de 25.6.2019 (Lei das Agências Reguladoras), a AIR passou a ser obrigatória para as agências federais.[3] Na quarta seção, a partir desse aprofundamento sobre a AIR no contexto da ANTT, será analisado o relatório de AIR elaborado sobre as discussões a respeito do operador ferroviário independente. Ao

---

[2] Ainda quando encaminhado ao Congresso Nacional, por meio da Mensagem nº 1.268/1999, o projeto de lei de autoria do presidente da República (art. 61, da CF/88) cogitava a criação de apenas uma agência para o exercício da função reguladora na área de exploração dos transportes (Projeto de Lei nº 1.615/1999 na Câmara dos Deputados e Projeto de Lei nº 1/2001 no Senado). Nas discussões parlamentares, mais especificamente durante a tramitação do projeto de lei no Senado Federal, foi apresentado um substitutivo propondo a criação de duas agências distintas, uma para os transportes terrestres e outra para transportes aquáticos (ver Parecer nº 202/2001 da Comissão de Constituição, Justiça e Cidadania, de relatoria do Senador Antonio Carlos Magalhães, publicado no *Diário Oficial do Senado Federal* em 26.4.2001). Recentemente, discutiu-se a unificação das agências novamente em uma única estrutura.

[3] O Decreto nº 10.411, de 30.6.2020, fixou 15.4.2021 como prazo fatal para que as agências reguladoras federais adotem a AIR (art. 24, inc. I).

final, o artigo é encerrado com reflexões finais e sugestão de propostas para uma agenda de pesquisa setorial.

## 2 A revisão da literatura em pesquisa empírica sobre a performance regulatória da ANTT

Não é possível afirmar que os motivos que levaram à criação da Agência tenham sido perseguidos ou confirmados nos primeiros vinte anos da ANTT. Pesquisas empíricas demonstram que a ANTT tem apresentado aspectos de qualidade regulatória inferior à média das demais agências federais. A percepção dos atores integrantes do próprio ambiente regulatório aponta desconforto com a ingerência política do Poder Executivo que a agência tem sofrido (VALENTE; MARTINS, 2019). Quando representantes e agentes regulados e de órgãos de controle foram questionados sobre a capacidade de a ANTT conferir previsibilidade sobre suas decisões em temas sensíveis, como reequilíbrio econômico-financeiro de contratos, a resposta foi, em geral, negativa.

O baixo nível de alteração de atos decisórios e normativos da ANTT pelo Poder Judiciário também chama atenção. Em pesquisa comissionada pelo Conselho Nacional de Justiça, Maranhão, Azevedo e Ferraz Junior (2014) analisaram decisões de mais de 1.323 (mil, trezentos e vinte e três) processos consultados e catalogados ao longo de 2010, envolvendo a revisão judicial das decisões das agências reguladoras federais. A pesquisa teve o esforço de criar indicador de insegurança jurídica capaz de captar a mudança de *status* da decisão das agências reguladoras. Quanto maior o indicador, mais a agência está sujeita a uma taxa de variação do *status* de suas decisões, aumentando, assim, a insegurança jurídica. O indicador da ANTT era de 0,59, enquanto a média estava em 0,83 (e a Antaq em 1,16).[4] O resultado seguiu favorável à agência no que diz respeito à taxa de confirmação de suas decisões pelo Judiciário. Quando analisados os casos judiciais em que houve desfecho com apreciação de mérito, tendo o Poder Judiciário ao final decidido pela anulação ou reforma parcial da decisão da agência, o percentual relativo aos processos da ANTT teve número de casos na faixa de apenas 10% não confirmados. Ainda que a pesquisa exija atualizações, não é desprezível que a ANTT (e também a Antaq)

---

[4] Para ler mais sobre o tema, ver: Maranhão, Azevedo e Ferraz Junior (2014, p. 107).

tenha ficado abaixo da média de 12% das demais agências federais compreendidas pela pesquisa.

Quanto ao aspecto da governança, a ANTT também se destaca negativamente em uma análise comparativa com outras agências nacionais. Ao avaliar 221 (duzentos e vinte e um) perfis de diretores de 9 (nove) agências federais desde a criação de cada uma delas, Azemundi (2016) propôs o Índice Geral de Profissionalização das Diretorias (IGPD). O IGPD mede os prerrequisitos para uma boa governança no âmbito das agências e é composto por duas variáveis: (i) o grau de formação educativa do diretor e (ii) o nível de politização do mesmo.[5] O intuito do IGPD é identificar tendências nestas pré-condições de boa governança das diretorias. No caso da ANTT, a tendência *decrescente* do IGPD começa a partir da sua criação.

Azemundi (2016) indica que o setor de transportes, incluindo não só a ANTT, mas também a Antaq, que apresentou resultados abaixo da média, é marcado pela ausência de transparência e profissionalização.[6] Esse resultado não destoa da análise realizada pelo Tribunal de Contas da União (TCU), segundo a qual a ANTT apresentaria índice de governança de 0,06 e a Antaq 0,10, enquanto a Agência Nacional de Aviação Civil (Anac), mais bem classificada, 0,60, seguida da Agência Nacional de Energia Elétrica (Aneel), 0,56, e da Agência Nacional de Telecomunicações (Anatel), com 0,46.

Sem se comprometer a explicar o baixo desempenho em governança regulatória das agências de transportes, Azemundi (2016, p. 14) menciona ainda que o setor de transportes foi fortemente influenciado pelo Programa de Aceleração do Crescimento (PAC), programa com alto montante de investimento público.

A mencionada análise do TCU (2013), sobre as vacâncias nas diretorias das agências reguladoras federais e seus impactos, demonstra também que o maior número de vacâncias ocorre nas agências de

---

[5] O IGPD foi elaborado levando em consideração indicadores que abrangeram diversos aspectos como processo de indicação, origem da posição anterior a ser diretor, diretor interino ou sabatinado, tempo de permanência da diretoria e formação acadêmica. Tentativa semelhante para mensurar a qualidade das agências sob o aspecto institucional, ver Valente (2015).

[6] Alguns detalhes da pesquisa publicada por Azemundi (2016) apontam que, durante as gestões de Fernando Henrique Cardoso, Luís Inácio Lula da Silva e Dilma Rousseff, a ANTT apresentou 68 diretores com a formação mínima exigida pela Lei n° 9.986/2000 (Lei sobre Gestão de Recursos Humanos nas Agências), 22 (vinte e dois) com título de mestrado e apenas 9 (nove) com doutorado, apresentando os menores índices de dirigentes com mestrado e doutorado das agências federais analisadas. Isso se justificaria, segundo o autor, em razão do fato de não ser necessário conhecimentos técnicos para a subsistência.

transporte (ANTT e Antaq) e na Agência Nacional do Petróleo, Gás Natural e Biocombustíveis (ANP). Durante o período de outubro de 2010 a dezembro de 2013, a ANTT teve 40% (quarenta por cento) de posições de diretoria vacantes. Após a ANTT, vem a Antaq, com 23% (vinte e três por cento) de vacância.

Os altos percentuais destacam o quanto o setor de transportes está suscetível aos vácuos de poder criados pelo fim de um mandato e a ausência de nomeação de novos diretores pela Presidência da República. Após críticas do TCU (2013), foram editados o Decreto nº 7.703, de 20.3.2012, que alterou o Decreto nº 4.130 de 13.2.2002, e o Decreto nº 7.863, de 8.12.2012, para autorizar o ministério competente a designar funcionários do quadro de pessoal efetivo da agência como diretores interinos. O intuito dos decretos era garantir o quórum mínimo e permitir o funcionamento das agências, contudo, nenhum deles prevê prazo mínimo da interinidade, tampouco oferece orientação acerca da qualificação dos funcionários (p. ex., funcionários da alta gerência da agência).

Azemundi (2016, p. 11) aponta que o regime da interinidade parece ter sido utilizado como instrumento de politização das agências reguladoras federais de transportes. O prazo médio de sabatina de um diretor na Antaq e na ANTT (respectivamente, de 57 e 39 dias) não se explica diante da extensa permanência de poucos diretores interinos durante um período de tempo tão extenso (ANTT, 117 meses, e Antaq, 58 meses). Dividindo o número de meses ocupados por interinos pelo número de diretores interinos na ANTT, cada diretor interino teve mandato de 40 (quarenta) meses de duração e, na Antaq, 30 (trinta) meses.

A partir desse diagnóstico da atuação da agência, seria academicamente cômodo concluir que a ANTT ainda tem um caminho longo a percorrer para atingir níveis de qualidade regulatória próximo aos das demais agências federais nacionais, sem sequer compará-la com agências reguladoras de outras jurisdições. Contudo, no tema da qualidade regulatória, é preciso tomar emprestada a expressão de Paulo Freire[7] de que o caminho se faz ao caminhar, para pontuar que a qualidade regulatória se constrói institucionalmente apenas ao se adotar, pela alta gerência da própria agência, ferramentas institucionais

---

[7] Desde o início dos anos 1990, o Brasil mantém certo grau de cooperação com a OCDE. Nos anos 2000, passou a ser considerado um parceiro estratégico pelo Conselho Ministerial. Em 2015, foi assinado um acordo de cooperação, com o objetivo de fortalecer ainda mais a relação entre o país e a organização e, em 2017, o Brasil expressou oficialmente seu interesse em se tornar um membro. A expectativa é de que, nos próximos anos, tenha início o processo de acessão do país à OCDE.

que reconhecidamente têm sido eficazes na construção de uma cultura regulatória voltada a viabilizar uma atividade regulatória em prol de maior transparência, participação e aderência de suas decisões.

O tema é essencialmente prático e seus resultados podem demorar a serem percebidos pelos atores do ambiente regulatório, exigindo o engajamento não apenas da equipe técnica e diretiva da agência reguladora, mas também de representantes do mercado e dos órgãos de controle. A semelhança com o propósito da mensagem do projeto de lei de criação da agência não é mera coincidência.

A Organização para a Cooperação e Desenvolvimento Econômico (OCDE ou OECD, em inglês) já aborda o tema há alguns anos com os países-membros e com países com os quais têm algum grau de relacionamento, como é o caso do Brasil. No esforço de identificar aprendizados das experiências de 20 (vinte) países-membros concluídas em 2003, a OCDE publicou ainda em 2005 lista de 7 (sete) princípios após aprovação pelo conselho da Organização. Os princípios são: (i) adotar, em nível político amplo, programa de reforma regulatória que estabeleça objetivos claros e estruturas para sua implementação; (ii) avaliar os impactos e rever regulações (decisões regulatórias e também normas) sistematicamente, para garantir que esses instrumentos estejam de acordo com seus objetivos de forma eficiente e efetiva, considerado o complexo ambiente econômico e social em constante mudança; (iii) garantir que as decisões regulatórias (incluindo normas, mas não se limitando a elas) e as instituições reguladoras responsáveis pela implementação e pelo processo regulatório sejam transparentes e não discriminatórias; (iv) rever e fortalecer, caso necessário, o escopo, a efetividade e a aplicação (*enforcement*) da política de concorrência; (v) elaborar regulações (decisões e normas regulatórias) em todos os setores para estimular a concorrência e a eficiência e eliminá-las quando evidências demonstrarem que não são a melhor maneira de atender aos interesses públicos mais amplos; (vi) eliminar barreiras regulatórias ao comércio e ao investimento desnecessárias por meio de liberalização contínua e aumentar a melhor integração e a abertura do mercado em todo o processo regulatório, fortalecendo, assim, a eficiência econômica e a competitividade; e, por fim, (vii) identificar relações importantes com outros objetivos de políticas públicas e desenvolvê-las para atingir esses objetivos como forma de apoio à reforma.

A qualidade regulatória é tema caro aos Estados (poderes Executivo, Legislativo, Judicial), aos reguladores, aos regulados e a todos os *stakeholders* envolvidos impactados por uma decisão regulatória. De nada adianta ter agências reguladoras se suas decisões não atingem seus objetivos e se estes não estão alinhados ao interesse público, gerando ainda mais ineficiências ao mercado e cidadãos.

## 3 A qualidade regulatória na agenda da ANTT

A história da ANTT com o discurso da qualidade regulatória coincide com a própria experiência do Brasil com o tema. O início remonta à criação do Programa de Fortalecimento da Capacidade Institucional para Gestão em Regulação (Pro-Reg), por meio do Decreto nº 8.760, de 16.3.2007. Desde o início, a ANTT se destacou como uma das agências que participaram mais ativamente das atividades desenvolvidas pelo Pro-Reg – diferentemente da Antaq, sua agência irmã, que se manteve distante em um primeiro momento.

Sobre o Pro-Reg,[8] vale destacar que, entre 2008 e 2013, com o apoio do Banco Interamericano de Desenvolvimento (BID), o Governo Federal passou a desenvolver uma série de iniciativas voltadas à discussão e à implementação de ferramentas de qualidade regulatória, entre as quais planejamento estratégico, agenda regulatória e AIR, e, mais importante, de capacitação da área técnica para a adoção dessas ferramentas. Após 2013, a Casa Civil fez a gestão do Pro-Reg em parceria com entidades oficiais e não oficiais relevantes para o cenário regulatório nacional, como a Associação Brasileira das Agências Reguladoras (Abar) e a Escola Nacional de Administração Pública (Enap).

O que se vê é que, atualmente, o tripé de governança regulatória da ANTT é formado pela agenda regulatória, pela análise de impacto regulatório (AIR) e pelo processo de participação e controle social (PPCS) (ANTT, 2019).

Em 2011, na esteira de suas preocupações com a melhoria da qualidade da regulação, a ANTT instituiu a agenda regulatória por meio da edição da Resolução nº 3.688, de 15.6.2011 (Resolução nº 3.688/2011), com o objetivo de suprir necessidades relacionadas à transparência e à participação social. Segundo a nota explicativa anexa à resolução, a agenda foi desenhada como um instrumento de definição de matérias a

---

[8] A criação do Pro-Reg levantou suspeitas de que esta seria uma possível tentativa do Governo federal de reduzir a autonomia das agências, pois, em que pese a pretensão declarada de fortalecer o sistema regulatório federal, foram ventiladas iniciativas de discussão sobre a criação de uma unidade administrativa de supervisão da regulação (*regulatory oversight body*), sem que o ambiente regulatório nacional estivesse maduro para o debate (RIBEIRO, 2010, p. 141). Quando da sua criação, as primeiras agências haviam acabado de completar 10 (dez) anos, e as agências de transportes tinham pouco mais do que 6 (seis).

serem priorizadas pela agência, de modo a possibilitar o direcionamento de esforços, a análise da efetividade das normas e a maior previsibilidade sobre as atividades da agência.

Por meio da Resolução nº 3.688/2011, a ANTT também aprovou sua primeira agenda regulatória, para o biênio de 2011 e 2012, formada por 69 (sessenta e nove) temas, selecionados a partir de um levantamento interno e de necessidades levantadas pelo setor regulado, pelos usuários, pelos órgãos de controle externo, pelo Ministério Público Federal, entre outros.[9][10] Outras disposições da resolução, ainda, determinaram a criação do manual de procedimentos para a elaboração e a revisão da agenda regulatória e previram a realização de revisões anuais e extraordinárias.

No mesmo ano (2011), a ANTT contratou também serviços especializados para a revisão de seus marcos regulatórios ("normas vigentes, editadas pela ANTT, de caráter geral e abstrato, destinadas a regulamentar o setor de transportes terrestres") e deu início, com apoio do Instituto de Pesquisa Econômica Aplicada (Ipea), ao desenvolvimento do manual para uso do formulário de análise preliminar de impacto regulatório (Fapir) (ANTT, 2012).

Ao longo dos anos, a experiência da ANTT levou ao aprimoramento tanto da elaboração quanto do uso desse mecanismo e caminhou também para a adoção de outros mecanismos de governança. Em 2014, a agência lançou o planejamento estratégico de 2014 a 2019, tendo como um de seus objetivos o aperfeiçoamento do marco regulatório, o que contemplava iniciativas como a realização de AIR, consolidação do estoque regulatório, melhorias na agenda regulatória e monitoramento. Os resultados dessa frente foram compilados pela ANTT da seguinte maneira:

> foram desenvolvidas diversas atividades para o aprimoramento da governança regulatória da ANTT, destacam-se: *a adoção de procedimentos mais simplificados* e uma nova dinâmica na execução da Agenda; *a redução de aproximadamente 974 milhões de reais em fardo regulatório gerado pela Agência para os próximos 5 anos, valor que representou 97% da meta para 2019*; monitoramento das boas práticas de governança regulatória dos processos de edição de atos normativos e resultados superiores a 90%

---

[9] Nota Técnica nº 9.049/SUREG/2012, Processo nº 50500.077711/2012-51, data: 30.8.2012.

[10] A primeira agenda regulatória, assim como as subsequentes, foi disponibilizada em um portal que permite o acompanhamento, por qualquer interessado, do encaminhamento de cada tema, contemplando o *status* das fases de: (i) estudos; (ii) nota técnica ou AIR; (iii) processos de participação social; (iv) análise das contribuições; e (v) análise jurídica e institucional. Ver: ANTT ([s.d.]).

para os indicadores de cumprimento dos ritos processuais de processos de participação e controle social – PPCS e de cumprimento de ritos processuais dos itens de cunho regulatório deliberados pela Diretoria Colegiada.

Em 2019, [havia] dois indicadores associados ao objetivo mencionado: o índice de *cumprimento da Agenda Regulatória* e a *Realização de Análise de Impacto Regulatório*. *Ambos apresentaram desempenho acima da meta* [...]. (ANTT, 2019) (Grifos nossos)

Especificamente quanto à AIR, a ANTT regulamentou a matéria em 2016 e publicou seu Manual de AIR, por meio da Deliberação nº 85, de 23.3.2016 (Deliberação nº 85/2016), embora já fizesse uso desse instrumento desde 2009 (IBRAC, 2019). A primeira versão do Manual de AIR da ANTT, contudo, dispunha apenas da AIR de nível menos complexo, assim também chamado de Nível I.

Apesar dos avanços do caminhar da agência, o estudo promovido pelo Instituto Brasileiro de Estudos de Concorrência, Consumo e Comércio Internacional (Ibrac), que analisou diversos relatórios de AIR produzidos pelas agências federais até 2018, concluiu que o instrumento da AIR era subutilizado pela ANTT, especialmente por conta de falhas na etapa de definição do problema, do objetivo e das alternativas regulatórias, as quais comprometeram o resultado do processo (IBRAC, 2019).

De toda forma, como se disse, é interessante notar que os esforços da ANTT não foram tomados de modo isolado nem independente. Para além do Pro-Reg, grandes marcos legislativos voltados ao aprimoramento da atuação regulatória foram sancionados ao longo da trajetória da ANTT pela busca de maior qualidade regulatória, a saber: (i) a Lei nº 13.655, de 25.4.2018, que incluiu no Decreto-Lei nº 4.657, de 4.9.1942 (Lei de Introdução às Normas do Direito Brasileiro – LINDB), disposições sobre segurança jurídica e eficiência na criação e na aplicação do direito público; (ii) a Lei das Agências Reguladoras; e (iii) a Lei nº 13.874, de 20.9.2019 (Lei da Liberdade Econômica), estas últimas exigindo a realização da AIR como procedimento prévio à edição de normas pelas agências reguladoras federais.

Entre as novas disposições da LINDB, encontra-se a exigência, em seu art. 20, de que as decisões, inclusive na esfera administrativa, considerem suas consequências práticas. Indo além, a lei passou a prever ainda que a motivação das decisões – e não apenas das normas, mas de qualquer decisão administrativa – deve demonstrar a necessidade e a adequação da decisão administrativa, inclusive em face das possíveis alternativas. Logo, por si só, o art. 20, *caput* e parágrafo único, da LINDB pode ser visto como um embrião para a adoção da AIR em outras esferas (VALENTE, 2020).

Outra novidade relevante da LINDB é a exigência de que a edição de atos normativos pela Administração seja precedida de consulta pública (art. 29). Passou-se, portanto, a vedar decisões baseadas apenas em valores jurídicos abstratos, obrigando os tomadores de decisão a avaliar as circunstâncias concretas, mediante análise da necessidade e da adequação da medida em face das possíveis alternativas.[11] Quando combinados os arts. 20 e 29, abriu-se a possibilidade de o processo decisório se valer de abrangente diálogo com a sociedade.

No mesmo sentido, a Lei das Agências Reguladoras passou a exigir a realização prévia de AIR (art. 6°) e a consulta pública para a edição ou a alteração de atos normativos de interesse geral (art. 9°). Além disso, para qualquer decisão, tornou-se obrigatória também a indicação dos pressupostos de fato e de direito em sua motivação (art. 5°). E a Lei da Liberdade Econômica ampliou a exigência de realização de AIR para todos os órgãos e entidades da Administração Pública federal, incluídas autarquias e fundações públicas, para a edição de atos normativos de interesse geral (art. 5°). Conforme previsão expressa da lei, uma das etapas da AIR seria necessariamente a análise da razoabilidade dos impactos *econômicos* dos possíveis efeitos do ato normativo.

Outro dispositivo fundamental da Lei das Agências Reguladoras para a longevidade das boas práticas regulatórias é a previsão do planejamento estratégico quadrienal, contendo objetivos, metas e resultados estratégicos esperados das ações da agência (arts. 17 e seguintes). Pouco abordado, o planejamento estratégico integra o mosaico da qualidade regulatória. No cenário internacional esta já é, inclusive, uma prática regulatória na última década (FINKEL; WALTERS; CORBETT, 2018).

Para que esse instrumento seja eficaz, contudo, não basta estar em linha com demais planos da agência (no caso brasileiro, com o plano plurianual – PPA); deve-se requerer papéis ativos dos gerentes de alto escalão da direção estratégica da organização e na criação de um ambiente que reconheça o planejamento estratégico como uma ferramenta de gestão também estratégica.[12] Como desdobramento

---

[11] Para ler mais sobre o tema, ver: Justen Filho (2018).

[12] Como resultado de uma pesquisa empírica sobre uma ampla gama de planos estratégicos, Finkel, Walters e Corbett (2018) apontam que existe uma relação entre o planejamento estratégico e quatro funções centrais regulatórias, quais sejam: (i) definição de prioridades: articular objetivos, missões e planos de ação; (ii) resolução de problemas: anunciar o enfoque

do planejamento estratégico, há, ainda, o plano de gestão anual e a já referida agenda regulatória.

A esse respeito, como consequência desse movimento legislativo, em 2020, a ANTT editou a Deliberação nº 393, de 8.9.2020 (Deliberação nº 393/2020), alterando o Manual de AIR, que passou a se chamar Manual de AIR e Avaliação de Resultado Regulatório (ARR). O manual, diferentemente do material anteriormente vigente, passou a tratar também da AIR de níveis mais complexos, também chamada de Nível II. Essa alteração foi promovida à luz das Diretrizes Gerais e Guia Orientativo para Elaboração de Análise de Impacto Regulatório da Casa Civil e do Decreto nº 10.411, de 30.6.2020 (Decreto nº 10.411/2020), que regulamentou a AIR no âmbito da Administração Pública federal.

Em que pesem os esforços da ANTT sobre o tema, ainda é precoce alcançar uma conclusão sobre o quanto a LINDB, a Lei das Agências e a Lei de Liberdade Econômica impactaram a atividade regulatória no Brasil, especialmente quanto à disseminação dessas ferramentas de boas práticas dos processos decisórios das agências brasileiras. Não se tem conhecimento de pesquisa jurídica empírica com o objetivo de mapear se o advento das referidas leis acarretou alguma mudança no entendimento e na condução do processo decisório e normativo das agências ou mesmo na forma de interação entre os atores do ambiente regulatório.

Contudo, é possível afirmar que o novo conjunto de leis não introduziu ferramentas desconhecidas das agências reguladoras federais, sem prejuízo de inovações para outras esferas da Administração Pública federal e subnacionais. Com relação à ANTT, conforme demonstrado acima, muito já havia sido realizado antes de 2018, ainda que por decisão do seu colegiado e instâncias administrativas internas.

De toda forma, a legislação que introduz instrumentos de qualidade regulatória conserva sua importância na medida em que confere maior segurança jurídica não apenas aos regulados diretamente afetados pelas decisões regulatórias, mas para a própria agência (seu corpo técnico e dirigentes). As externalidades positivas não são poucas, expandindo seus reflexos para todo o ambiente regulatório e, no tema dos transportes, atingindo os usuários (diretos e indiretos), os beneficiados pela carga ou pela circulação de pessoas, entre outros.

---

em métodos e ferramentas específicos, delinear estratégias de fiscalização; (iii) pessoas (gestão interna): delinear necessidades e desejos, requerer apoio adicional e desenvolver planos para o desenvolvimento do capital humano; e (iv) público (envolvimento externo): identificar planos de divulgação, informar o público leigo sobre os negócios da agência.

## 4 O caso do operador ferroviário independente – OFI

Como o título deste artigo sugere, não há mais como se falar em qualidade regulatória sem analisar uma tentativa concreta de adoção de uma das ferramentas que a doutrina e organismos multilaterais recomendam. Assim, nesta seção, passa-se à análise da experiência da ANTT, na revisão da Resolução nº 4.348, de 5.6.2014 (Resolução nº 4.348/2014) e Resolução nº 3.695, de 14.6.2011 (Resolução nº 3.695/2011). Esta última regulamenta o direito de passagem e tráfego mútuo e, a primeira, aprova o Regulamento do Operador Ferroviário Independente (OFI) para prestação do serviço de transporte ferroviário de cargas não associado à exploração da infraestrutura ferroviária.

O OFI é figura essencial para a configuração do mercado do serviço de transporte ferroviário. Nos termos do art. 13, parágrafo único, da Lei nº 10.133/2001, o OFI é um agente que presta serviços de transporte ferroviário, mediante autorização da ANTT, de maneira desassociada da exploração da infraestrutura ferroviária.

Essa figura, contudo, foi criada apenas em 2012, por meio da Lei nº 12.743, de 19.12.2012, que alterou a Lei nº 10.133/2001, como parte do Programa de Investimento em Logística (PIL). Antes disso, o mercado era monopolista, tinha os contornos jurídicos desenhados após a onda de desestatizações e as concessões ferroviárias da década de 1990: o serviço de transporte ferroviário era prestado em regime público, exclusivamente por aqueles que detinham a outorga de concessão para a exploração de ferrovias. Tratava-se, portanto, de um serviço público indissociável da exploração da infraestrutura, característica que marcava esse modelo, tradicional, como "vertical" ou "concentrado" (RIBEIRO, 2014, p. 177-178).

A inserção do OFI no mercado marcou justamente a possibilidade de dissociação da exploração da infraestrutura e da prestação do serviço de transporte ferroviário de cargas, pois o ordenamento jurídico passou a permitir que outros agentes, que não a concessionária da ferrovia, prestassem o serviço. A partir disso, estabeleceu-se um novo modelo: "horizontal" ou *open access* (RIBEIRO, 2014, p. 194-195).

Inicialmente, previu-se um arranjo complexo para viabilizar a operação do OFI. Exigia-se que a relação entre a concessionária da ferrovia e o OFI fosse intermediada por um terceiro ator, a Valec – Engenharia, Construções e Ferrovias S.A. (Valec), a quem cabia adquirir e comercializar o direito de uso da capacidade de transporte das ferrovias.¹³ Esse desenho foi estabelecido pelo Decreto n° 8.129, de 23.10.2013 (Decreto n° 8.129/2013), que instituiu a Política de Livre Acesso ao Subsistema Ferroviário Federal, e também foi seguido pela ANTT, por conta da hierarquia normativa, quando da edição da já citada Resolução n° 4.348/2014, que aprovou o Regulamento do OFI. Em 2016, no entanto, o Decreto n° 8.129/2013 foi revogado, retirando da Valec a função de intermediação da relação entre as concessionárias e o OFI. Naquele momento, a ANTT se viu obrigada a repensar o Regulamento do OFI a fim de viabilizar sua operação, já que parte de suas disposições foi tacitamente revogada ou perdeu a eficácia e outra parte perdeu o sentido. Um exemplo claro era que a regulação da agência, baseada no Decreto n° 8.129/2013, determinava que a capacidade ferroviária deveria ser adquirida junto à Valec, que não mais exercia a função de intermediadora.

Nesse sentido, a ANTT incluiu a revisão do Regulamento do OFI em sua agenda regulatória e instaurou processo administrativo para tratar do tema,¹⁴ procedendo à realização de AIR específica.¹⁵ Como se lê do relatório da AIR, o objetivo principal da agência era "viabilizar o acesso do OFI à infraestrutura ferroviária e aos recursos do SFF [Subsistema Ferroviário Federal]", embora também se pretendesse gerar desburocratização e simplificação regulatória, à luz da experiência adquirida pela ANTT na regulação dessa matéria.

Da análise das informações disponíveis ao público, a AIR sobre OFI reflete o grau de profundidade ao qual esse instrumento é comumente reduzido na prática das agências reguladoras nacionais. Deve-se frisar que não é algo particular da ANTT, mas da maioria das AIRs elaboradas pelas agências reguladoras federais brasileiras, conforme levantamento realizado pelo Ibrac (2019). A seguir são enumerados os pontos que apresentam falhas ou pontos de melhoria.

O problema é definido com viés bastante perceptível, o qual parece fazer lógica diante da cronologia dos fatos narrados, mas não se sustenta após análise dos fatos. O vício de origem no raciocínio no caso concreto é que se presume que a inviabilidade de acesso do OFI à

---

¹³ Cabia à Valec adquirir a capacidade ferroviária integral das concessionárias horizontais (as quais detêm outorga apenas para a exploração da infraestrutura, não podendo atuar como usuárias da malha ferroviária que operam) e a capacidade ociosa das concessionárias verticais (as quais detêm direito de exploração e uso da infraestrutura).

¹⁴ Trata-se do Processo Administrativo n° 50500.081552/2016-13.

¹⁵ Conforme se observa da leitura de seu relatório, a AIR foi elaborada no início do processo de revisão do Regulamento do OFI, mas foi aprimorada, posteriormente, em face da manifestação da Superintendência de Governança Regulatória da ANTT, a Sureg.

infraestrutura ferroviária e aos recursos operacionais do SFF somente seria imputável à revogação do Decreto n° 8.129/2013. O objetivo repete o texto do problema, de maneira que o principal intuito seria viabilizar o acesso dos OFI à infraestrutura ferroviária e aos recursos operacionais do SFF diante da revogação do referido decreto. Contudo, à luz da realidade do mercado, essa afirmação pode não se sustentar na medida em que o direito de passagem ainda não fora garantido mesmo quando previsto e regulamentado por decreto e resoluções. Não se encontra ao longo da reflexão do relatório sequer uma referência aos entraves reais que o OFI enfrenta e as alternativas para sua superação por meio da intervenção estatal.

Somente quando se analisa a resposta à pergunta se "a ação regulatória visa minorar falha de mercado", revela-se um pressuposto que deveria constar do problema: a ação regulatória deverá reduzir ou mitigar o poder de mercado das concessionárias que exploram a infraestrutura e o serviço de transporte ferroviário.

Ponto menos importante é quanto à função da AIR. Ao prever a pergunta sobre a competência da ANTT para regulamentar o assunto, pressupõe-se a utilização da AIR, ou pelo menos sua importância, apenas para temas em que verificada a competência, mas isso não deve ser tomado como uma verdade. A análise de competência deveria funcionar como uma espécie de controle de legalidade interno, e não como fator inibidor de se realizar a AIR. Mesmo não sendo o caso de realização de AIR sobre assunto de sua competência, a agência pode e deve realizá-la para, ao final, encaminhar as conclusões para o órgão ou entidade com poderes para reverter o problema identificado. Aquele que detém a competência se aproveita da análise técnica realizada e a agência exerce seu poder no ambiente regulatório.

Sobre o diálogo institucional, algumas considerações merecem ser feitas. Não foram identificadas recomendações, diretrizes nem normas sobre o tema de outros órgãos e entidades da Administração Pública federal, como se a ANTT estivesse sozinha tratando do tema. Em matéria de transportes, é de se imaginar que a Empresa de Planejamento e Logística – EPL ou o Ministério da Infraestrutura tenham alguma observação relevante a fazer sobre o tema. Além disso, seria necessário colher a experiência da própria Valec para enriquecer o processo decisório com múltiplas visões.

Qualquer que seja a realidade do tema, não deveria a agência se isolar nessa tarefa, devendo provocar a participação de outras entidades públicas, instituindo um processo de verdadeiro diálogo institucional.

A única referência identificada a outro órgão público foi a já citada auditoria operacional do TCU, sem, contudo, apresentar qualquer justificativa à aplicação ao caso do OFI. Como abordado anteriormente, a ANTT apresenta resultados abaixo da média das demais agências, mas a simples referência à ementa do acórdão não se relaciona de qualquer forma com o restante do conteúdo, a menos que se considere a própria realização da AIR.

Nessa mesma linha de diálogo institucional, não se pode esquecer dos atores privados que direta e indiretamente são afetados pela decisão sob análise. Poucas são as referências às concessionárias e aos usuários. Exceção está na realização de audiência e consultas públicas. O problema reside no momento em que a consulta a esses atores é realizada: apenas quando a minuta de resolução está pronta. Assim, limita-se a capacidade de a participação social influenciar e alterar decisões já tomadas, que apenas aguardam trâmites formais para que ganhem efetividade.

Note-se que, por um lado, a ANTT reconhece o seguinte:

> o processo de participação e controle social, previsto na Resolução ANTT nº 5.624, de 21 de dezembro de 2017, é o meio pelo qual a ANTT visa fomentar o debate, a construção e a legitimação dos atos que demandam a participação dos principais stakeholders (concessionárias, usuários, sociedade, outros entes do Estado e da Administração).[16]

Por outro lado, mantém a participação restrita à consulta e audiência públicas. Verifica-se, assim, um descompasso entre os valores mencionados como preservados pelo processo e o que efetivamente ocorre.

A ausência de participação da iniciativa privada também foi sentida. Teria sido possível abordar entidades de representação dos *stakeholders* em grupos menores, para que fosse possível a identificação de opiniões diferentes, da complexidade real do tema colocado e, principalmente, trouxesse mais atores do ambiente regulatório dos transportes ferroviários para a análise.

Esse aspecto acentua outra falha bastante comum: ausência de levantamento de dados e evidências que possam respaldar tecnicamente o processo decisório (OCDE, 2020). Nem no relatório de AIR nem nos demais documentos disponibilizados é investigado o impacto econômico sobre o acesso à infraestrutura dos OFI, as atuais concessões de ferrovias, e à logística no país. Por exemplo, caso fosse demonstrado

---

[16] Nota Técnica nº 072/2018/CORAN/EROF/SUFER/ANTT, de 17.10.2018.

que a atual infraestrutura prescinde de capacidade ociosa, a alteração da regulamentação do OFI e do direito de passagem não seria suficiente, embora necessária. A alternativa a ser analisada seria como aumentar a capacidade ociosa da infraestrutura e viabilizar concretamente o acesso a esse modal de transporte. A ausência de dados na análise, contudo, não deve ser um problema atribuível somente à ANTT e a quem conduziu a AIR, mas também à iniciativa privada que não municiou a agência de informação suficiente. A busca por mais dados e evidências (nacionais e internacionais) deve orientar qualquer processo decisório em ambientes regulados para que seja possível colher experiências e aprendizados de outros países e outros modais.

## 5 Conclusão

É preciso analisar a qualidade regulatória de uma agência a partir de um olhar prático, voltado a analisar como as conhecidas ferramentas de aprimoramento da organização e o processo decisório são implementadas e analisadas empiricamente. Em que pesem avanços na adoção de alguns instrumentos voltados a garantir previsibilidade, confiança e diálogo com a sociedade, ainda há um longo caminho a ser percorrido.

Foram observadas falhas na realização e análise da AIR sobre o OFI, realizada pela ANTT. O problema foi formulado a partir de viés de causalidade que não refletia os fatos e direcionava as alternativas para situações menos importantes. No lugar de discutir alternativas para se garantir o acesso à infraestrutura ferroviária pelo OFI, trabalhando os motivos pelos quais se tornou difícil executar o efetivo compartilhamento de infraestrutura (como exemplo, acesso e confiabilidade das informações sobre efetiva utilização da malha, estímulo ao investimento pelas concessionárias etc.), discutiu-se se uma nova norma regulatória deveria ser criada ou se deveria ser mantida a norma antiga com adaptações às regras existentes em virtude da legislação superveniente.

O caso analisado de AIR sobre o OFI reflete o grau de profundidade com que, em geral, a AIR é produzida por boa parte das agências reguladoras nacionais. Embora tenhamos aqui analisado um caso da ANTT, não é raro encontrar os mesmos problemas apontados nas AIR realizadas por outras agências reguladoras federais, como demonstra o levantamento realizado pelo Ibrac (2019).

Essa postura, que reduz a potência do diálogo e de criação de normas mais consistentes e aderentes ao mercado, características da

AIR, leva a ANTT a subutilizar esse e outros instrumentos de qualidade regulatória, como o planejamento estratégico. Os problemas subjacentes a essa postura institucional da agência ante as ferramentas de gestão e de tomada de decisão devem ser analisados, sem que com isso as evidências e a literatura sobre qualidade regulatória sejam desacreditadas.

O percurso não é apenas da ANTT, mas também dos demais órgãos e entidades da Administração Pública envolvida no setor, bem como da iniciativa privada. Por isso, apontamos alguns problemas: (i) a submissão do relatório de AIR apenas na fase de consulta pública tem baixo potencial de alterar alguma recomendação em razão das contribuições da sociedade civil, não sendo capaz de influenciar no processo decisório da regulação; (ii) o baixo diálogo institucional entre órgãos e entidades da Administração Pública federal responsável por planejamento e implementação da política nacional de transportes; e (iii) a ausência de dados para embasar a análise da AIR, esvaziando o seu caráter técnico e sua potencialidade de auxiliar no processo de tomada de decisão baseado em evidências.

É necessário ainda se produzir mais pesquisa empírica sobre a efetiva implementação das ferramentas de qualidade regulatória para que possamos mensurar os avanços ao longo do tempo e identificar o caminho percorrido e a percorrer.

## Referências

ANTT – AGÊNCIA NACIONAL DE TRANSPORTES TERRESTRES. *Agenda regulatória da ANTT*. [s.d.]. Disponível em: http://governanca.antt.gov.br/AgendaRegulatoria/Paginas/Inicio.aspx. Acesso em: 4 mar. 2021.

ANTT – AGÊNCIA NACIONAL DE TRANSPORTES TERRESTRES. *Relatório anual 2011*. Brasília: ANTT, 2012. Disponível em: https://portal.antt.gov.br/documents/860252/862899/Relat%C3%B3rio+Anual+2011.pdf/e2c14916-26b9-6e68-2511-4257c1173934?t=1591905660903. Acesso em: mar. 2021.

ANTT – AGÊNCIA NACIONAL DE TRANSPORTES TERRESTRES. *Relatório anual de atividades 2019*. Brasília: ANTT, 2019. Disponível em: https://portal.antt.gov.br/documents/860252/862899/Relat%C3%B3rio+Anual+2019.pdf/22a726b9-d204-2f2d-613b-1ad9c42a12dc?t=1591905684473. Acesso em: mar. 2021.

ANTT – AGÊNCIA NACIONAL DE TRANSPORTES TERRESTRES. Superintendência de Governança Regulatória – Sureg. *Manual de procedimentos da agenda regulatória*. 5. ed. Brasília: ANTT, 2019. Disponível em: http://governanca.antt.gov.br/AgendaRegulatoria/Documents/Manual%20de%20Procedimentos%20da%20Agenda%20Regulatoria_Vers%C3%A3o%20agosto%202019.pdf. Acesso em: mar. 2021.

AZUMENDI, Sebastian López. *Governança das agências reguladoras federais do Brasil*: análise das tendências de configuração das diretorias durante os últimos vinte anos de reformas. [s.l.]: FGV/Ceri, 2016.

BRASIL. Poder Executivo. *Mensagem n° 1.268, de 02 de setembro de 1999*. Disponível em: http://imagem.camara.gov.br/Imagem/d/pdf/DCD28AGO1999.pdf#page=11. Acesso em: mar. 2021.

FINKEL, A.; WALTERS, D.; CORBETT, A. Planning for excellence: insights from an international review of regulatro's strategic plans. *Faculty Scholarship at Penn Law*, n. 1567, p. 240-291, 2018.

IBRAC – INSTITUTO BRASILEIRO DE ESTUDOS DE CONCORRÊNCIA, CONSUMO E COMÉRCIO INTERNACIONAL. *Institucionalização e prática da análise de impacto regulatório no Brasil*. São Paulo: Ibrac, 2019.

JUSTEN FILHO, Marçal. Art. 20 da LINDB – Dever de transparência, concretude e proporcionalidade nas decisões públicas. *Revista de Direito Administrativo – RDA*, Rio de Janeiro, p. 13-41, nov. 2018. Edição Especial: Direito Público na Lei de Introdução às Normas de Direito Brasileiro – LINDB (Lei n° 13.655/2018).

MARANHÃO, Juliano Souza de Albuquerque; AZEVEDO, Paulo Furquim de; FERRAZ JUNIOR, Tercio Sampaio (Coord.). *Direito regulatório e concorrencial no poder judiciário*. São Paulo: Singular, 2014.

OCDE. *Guiding Principles for regulatory quality and performance*. Paris: OECD Publishing, 2005.

OCDE. *Regulatory impact assessment* – OECD best practice principles for regulatory policy. Paris: OECD Publishing, 2020.

PINHEIRO, Armando Castelar. Regulatory reform in Brazilian infrastructure: where do we stand? *IPEA – Texto para Discussão*, Rio de Janeiro, n. 964, 2003. Disponível em: https://www.ipea.gov.br/portal/images/stories/PDFs/TDs/td_0964.pdf. Acesso em: mar. 2021.

RIBEIRO, Leonardo Coelho. A regulação do operador ferroviário independente. *Revista de Direito Público da Economia – RDPE*, Belo Horizonte, ano 12, n. 47, p. 175-201, jul./set. 2014.

RIBEIRO, Wladimir Antonio. Proposta para a criação de uma unidade de supervisão da regulação. *In*: PROENÇA, Jadir Dias. *Contribuições para melhoria da qualidade regulatória no Brasil*. Brasília: Pro-Reg, Casa Civil da Presidência da República, 2010. v. 1.

TCU – TRIBUNAL DE CONTAS DA UNIÃO. *Relatório TC 031.996/2013-2*. Auditoria operacional. Agências reguladoras de infraestrutura. Avaliação da governança da regulação. Recomendações. 2013.

UGBORO, I.; OBENG, K.; SPANN, O. Strategic planning as an effective tool of strategic management in public sector organizations: evidence from public transit organizations. *Administration & Society*, p. 1-37, 2010.

VALENTE, Patricia Pessoa. A Lei de Liberdade Econômica e a AIR. *In*: CUNHA FILHO, Alexandre; PICCELLI, Roberto Ricomini; MACIEL, Renata Mota (Coord.). *Lei de Liberdade Econômica anotada*. 2. ed. São Paulo: Quartier Latin, 2020. v. 2.

VALENTE, Patricia Pessoa. *A qualidade da regulação estatal no Brasil*: uma análise a partir de indicadores de qualidade. Tese (Doutorado) – Universidade de São Paulo, 2015.

VALENTE, Patricia Pessoa; MARTINS, Darcio Genicolo. Percepções sobre a regulação da infraestrutura de transporte e mobilidade no Brasil. *Texto para Discussão – Insper*, 2019.

---

Informação bibliográfica deste texto, conforme a NBR 6023:2018 da Associação Brasileira de Normas Técnicas (ABNT):

VALENTE, Patricia Pessoa. ANTT e qualidade regulatória: o caminho se faz ao caminhar. *In*: TOJAL, Sebastião Botto de Barros; SOUZA, Jorge Henrique de Oliveira (Coord.). *Direito e infraestrutura*: rodovias e ferrovias – 20 anos da Lei nº 10.233/2001. Belo Horizonte: Fórum, 2021. v. 2, p. 267-285. ISBN 978-65-5518-209-5.

# A ARBITRAGEM NOS SETORES DE INFRAESTRUTURA

RAFAEL VALIM

WALFRIDO WARDE

## 1 A arbitragem no direito público: para além dos maniqueísmos

A exemplo de outras categorias que ingressaram no direito público brasileiro, a arbitragem despertou visões maniqueístas que oscilam entre a assimilação irrefletida às "virtudes das soluções privadas" e a rejeição absoluta a um método alternativo de solução de conflitos. Ambas as visões estão equivocadas. Nas próximas linhas nos ocuparemos da disciplina jurídico-positiva da arbitragem no direito público e, notadamente, da arbitragem praticada sob a égide da Lei nº 10.233/2001, porém isto não nos impede de observar que tanto as instâncias judiciárias quanto as instâncias arbitrais apresentam vantagens e desvantagens. Não convém, pois, incensá-las ou demonizá-las aprioristicamente, impondo-se um exame rigoroso das possibilidades da arbitragem dentro do regime jurídico-administrativo brasileiro.

## 2 A arbitragem no direito administrativo brasileiro

A Lei de Arbitragem (Lei n° 9.307/1996), com a redação que lhe conferiu a Lei n° 13.129/2015, consagra explicitamente a possibilidade de a Administração Pública direta e indireta utilizar-se da arbitragem para dirimir conflitos relativos a *direitos patrimoniais disponíveis* (art. 1°, §1°, da Lei n° 9.307/1996).

Não se trata de hipótese de *renúncia* de direitos pela Administração Pública, senão que uma modalidade jurisdicional,[1] em que as partes se valem de um juízo *privado* para pôr fim a determinado litígio.

Também prescreve a Lei de Arbitragem, de maneira correta, que as arbitragens que envolvam a Administração Pública sempre serão *de direito* (art. 2°, §3°, da Lei n° 9.307/1996), ou seja, jamais poderão adotar o critério de equidade, o que constituiria evidente ofensa ao princípio da legalidade. Assegura-se, ademais, o princípio da publicidade, dentro dos limites estabelecidos em lei.

Diversas leis administrativas reconhecem o emprego da arbitragem, de que são eloquentes exemplos a Lei de Parcerias Público-Privadas (art. 11, inc. III, da Lei n° 11.079/2004) e a Lei n° 10.233/2001, objeto da presente obra coletiva, em cujo art. 35 assim está disposto:

> Art. 35. O contrato de concessão deverá refletir fielmente as condições do edital e da proposta vencedora e terá como cláusulas essenciais, ressalvado o disposto em legislação específica, as relativas a: [...]
> XVI - regras sobre solução de controvérsias relacionadas com o contrato e sua execução, inclusive a conciliação e a arbitragem; [...].

Merece atenção o Decreto Federal n° 10.025, de 20.9.2019, que regulamentou este dispositivo legal e consolidou boas práticas nas arbitragens desenvolvidas no âmbito do setor portuário e de transportes rodoviário, ferroviário, aquaviário e aeroportuário, com vistas a dirimir litígios em que compareçam a União ou entidades da Administração Pública Federal e concessionários, subconcessionários, permissionários, arrendatários, autorizatários ou operadores portuários.

---

[1] ALVIM, Arruda. Sobre a natureza jurisdicional da arbitragem. *In*: CAHALI, Francisco José; RODOVALHO, Thiago; FREIRE, Alexandre (Coord.). *Arbitragem*: estudos sobre a Lei n. 13.129, de 26-5-2015. São Paulo: Saraiva, 2016. p. 143.

## 3 Aspectos relevantes do Decreto Federal nº 10.025/2019

Ao se desincumbir de sua competência regulamentar, o chefe do Poder Executivo Federal reduziu o campo de discricionariedade de seus subordinados, uniformizando em termos procedimentais a arbitragem nos setores de infraestruturas acima mencionados.

Nas lições do Professor Celso Antônio Bandeira de Mello:[2]

> Assim, o Chefe do Poder Executivo, exercendo seu poder hierárquico, restringe os comportamentos possíveis de seus subordinados e especifica, para os agentes da Administração, a maneira de proceder. Destarte, uniformiza, processual e materialmente, os comportamentos a serem adotados em face dos critérios que elege e das pautas que estabelece para os órgãos e agentes administrativos.

Isso prestigia, naturalmente, o *princípio da segurança jurídica*, a teor do que dispõe o art. 30 da Lei de Introdução às Normas do Direito Brasileiro: "As autoridades públicas devem atuar para aumentar a segurança jurídica na aplicação das normas, inclusive por meio de *regulamentos*, súmulas administrativas e respostas a consultas" (grifos nossos).

No tocante ao objeto da arbitragem, ou, em outras palavras, à *arbitrabilidade objetiva*, o Decreto nº 10.025/2019, em seu art. 2º, *caput*, reproduz a Lei de Arbitragem e adota o critério dos "direitos patrimoniais disponíveis", o qual, como é de geral conhecimento, impõe dois enormes desafios: em termos teóricos, determinar abstratamente o que significa a *disponibilidade* no direito público;[3] em termos práticos, definir, no caso concreto, a presença de um interesse patrimonial disponível.[4]

Diante dessa dificuldade, no mesmo art. 2º do Decreto nº 10.025/2019 são previstas três situações em que, *a priori*, se pode considerar uma controvérsia sobre direitos patrimoniais disponíveis, quais sejam: as questões relativas à recomposição do equilíbrio econômico-financeiro dos contratos; o cálculo de indenizações decorrentes de extinção ou de transferência do contrato de parceria; e o inadimplemento de obrigações contratuais por quaisquer das partes, nisto incluídas a incidência das suas penalidades e o seu cálculo.

---

[2] BANDEIRA DE MELLO, Celso Antônio. *Curso de direito administrativo*. 33. ed. São Paulo: Malheiros, 2016. p. 365.

[3] GARCÍA PÉREZ, Marta. *Arbitraje y derecho administrativo*. Navarra: Arazandi, 2011. p. 52.

[4] BANDEIRA DE MELLO, Celso Antônio. *Curso de direito administrativo*. 33. ed. São Paulo: Malheiros, 2016. p. 744.

Outro tópico do Decreto n° 10.025/2019 digno de nota diz respeito à publicidade dos procedimentos arbitrais envolvendo a Administração Pública. Reza o aludido decreto:

> Art. 3° A arbitragem de que trata este Decreto observará as seguintes condições: [...]
> IV - as informações sobre o processo de arbitragem serão públicas, ressalvadas aquelas necessárias à preservação de segredo industrial ou comercial e aquelas consideradas sigilosas pela legislação brasileira;
> §1° Exceto se houver convenção entre as partes, caberá à câmara arbitral fornecer o acesso às informações de que trata o inciso IV do caput.

Da leitura do dispositivo regulamentar se extrai a "observância da publicidade como preceito geral e do sigilo como exceção", no dizer da Lei de Acesso à Informação Pública (art. 3°, inc. I, da Lei n° 12.527/2011).

Não é demais anotar, porém, que a classificação de uma informação pública como sigilosa é resultado de um procedimento administrativo específico disciplinado pela aludida Lei de Acesso à Informação. Não é uma mera alegação de um agente público que transforma uma informação pública em sigilosa, *tampouco dispõe o juízo arbitral de competência para definir qual informação pública é sigilosa*. As autoridades competentes para tanto estão estabelecidas no art. 27 da Lei de Acesso à Informação Pública.

Nesse sentido, merece reparos o art. 3°, §1°, do Decreto n° 10.025/2019, ao confiar à câmara arbitral, via de regra, a responsabilidade pelo fornecimento do acesso às informações da arbitragem. Parece-nos que ao órgão de representação da entidade pública assiste o dever de fornecer o acesso às informações públicas e zelar pela integridade de eventual sigilo.

Nisto andou bem o Decreto Estadual n° 46.245/2018, que regulamenta a adoção da arbitragem para dirimir os conflitos que envolvam o estado do Rio de Janeiro:

> Art. 13. Os atos do processo arbitral serão públicos, ressalvadas as hipóteses legais de sigilo, de segredo de justiça, de segredo industrial decorrentes da exploração direta de atividade econômica pelo Estado ou por pessoa física ou entidade privada que tenha qualquer vínculo com o Poder Público.
> §1° Para fins de atendimento deste dispositivo, consideram-se atos do processo arbitral as petições, os laudos periciais e as decisões dos árbitros de qualquer natureza.
> §2° *A Procuradoria Geral do Estado disponibilizará os atos do processo arbitral mediante requerimento de eventual interessado.*

Interessa-nos ainda salientar a preferência do Decreto nº 10.025/2019 pela *arbitragem institucional*, em câmara arbitral credenciada pela Advocacia-Geral da União. Não é proibida a arbitragem *ad hoc*, mas, à luz do art. 3º, §3º, da norma regulamentar, a sua adoção deve ser devidamente justificada.

Trata-se de louvável disposição, na medida em que as câmaras arbitrais, sobretudo por força dos critérios de credenciamento da Advocacia-Geral da União, apresentam maiores garantias de eficiência e imparcialidade na condução do procedimento arbitral.[5]

## 4 A eficácia da sentença arbitral perante os tribunais de contas

Um último tema que julgamos importante analisar está ligado à eficácia da sentença arbitral perante os tribunais de contas.

Nos termos da Constituição Federal, a fiscalização contábil, financeira, orçamentária, operacional e patrimonial da União e das entidades da Administração direta e indireta, quanto à legalidade e legitimidade, economicidade, aplicação das subvenções e renúncia de receitas, será exercida pelo Congresso Nacional, com o auxílio do Tribunal de Contas (arts. 70 e 71).[6]

Malgrado alguns doutrinadores considerem a função desempenhada pelo Tribunal de Contas uma função autônoma, inconfundível com as funções legislativa, jurisdicional e administrativa, e por vezes chamada de "função de controle", parece-nos fora de dúvida que o Tribunal de Contas desempenha *função administrativa*.

São três as funções comportadas pela ordem constitucional brasileira. A função legislativa é aquela que o Estado exerce mediante a expedição de normas gerais e normalmente abstratas que inovam originariamente na ordem jurídica. Já a função jurisdicional é aquela desempenhada por via de normas jurídicas e concretas com força de definitividade. Por fim, a função administrativa se traduz na *função exercida pelo Estado, ou por quem lhe faça as vezes, que se singulariza por ser*

---

[5] BALLESTEROS PANIZO, Covadonga Isabel. El criterio de arbitrabilidad en derecho administrativo. *Revista General de Derecho Administrativo*, n. 55, 2020. Disponível em: http://laadministracionaldia.inap.es/noticia.asp?id=1511263#nota43.

[6] VALIM, Rafael. Panorama do controle da Administração Pública. *In*: DALLARI, Adilson Abreu; NASCIMENTO, Carlos Valder do; MARTINS, Ives Gandra da Silva (Coord.). *Tratado de direito administrativo*. São Paulo: Saraiva, 2013. v. I.

*desenvolvida mediante comportamentos submetidos* à *lei ou, excepcionalmente, diretamente* à *Constituição, e sujeitos* à *controle jurisdicional*.[7] Os atos expedidos pelo Tribunal de Contas não estão ao largo do controle jurisdicional e muito menos inovam originariamente na ordem jurídica. Donde concluir-se que se trata de *função administrativa*.

Conclui-se, pois, que *os tribunais de contas podem ter seus atos revistos pelo Poder Judiciário, mas jamais poderão rever os atos praticados no exercício da função jurisdicional*. Nas palavras do Ministro Celso de Mello, "a autoridade da coisa julgada, cuja eficácia subordinante, desse modo, não poderá ser transgredida por qualquer órgão estatal, inclusive pela própria Corte de Contas".[8]

A sentença arbitral, a teor do que estatui o art. 31 da Lei de Arbitragem, *possui os mesmos efeitos da sentença proferida pelos* órgãos *do Poder Judiciário*. Logo, à semelhança da sentença judicial, *os tribunais de contas não ostentam competência para rever as sentenças arbitrais*.

É motivo de preocupação, nesse sentido, o Acórdão n° 3.160/2020 – Plenário, do Tribunal de Contas da União, ao afirmar:

> o acompanhamento do cumprimento da sentença arbitral, verificando, por exemplo, *se a sentença favorável ou não* à *Administração foi fundamentada em padrões mínimos de razoabilidade* e se o cumprimento da sentença condenatória de obrigação de fazer ocorre de modo compatível com as disponibilidades e limites orçamentários. (Grifos nossos)

Não é papel do Tribunal de Contas examinar o mérito das sentenças arbitrais, tampouco seus pressupostos de validade. Entendimento contrário representa subversão do vigente modelo constitucional de competências e uma fonte de gravíssima insegurança jurídica.

## 5 Conclusão

A expansão das arbitragens em que é parte o Poder Público implicará seguramente um amadurecimento deste modelo alternativo de resolução de controvérsias.[9]

---

[7] VALIM, Rafael. *O princípio da segurança jurídica no direito Administrativo brasileiro*. São Paulo: Malheiros, 2010. p. 66.

[8] Mandado de Segurança n° 27.919/DF. Rel. Min. Celso de Mello. j. 16.3.2009.

[9] BACELO, Joice. Pesquisa mostra que triplicou o número de arbitragens com o Poder Público. *Valor Econômico*, 8 jan. 2021. Disponível em: https://valor.globo.com/legislacao/noticia/2021/01/08/pesquisa-mostra-que-triplicou-numero-de-arbitragens-com-o-poder-publico.ghtml.

Como dissemos no início destas reflexões, é de rigor uma análise desapaixonada da arbitragem no direito administrativo, a fim de que suas deficiências sejam combatidas e suas virtudes valorizadas.

## Referências

ALVIM, Arruda. Sobre a natureza jurisdicional da arbitragem. *In*: CAHALI, Francisco José; RODOVALHO, Thiago; FREIRE, Alexandre (Coord.). *Arbitragem*: estudos sobre a Lei n. 13.129, de 26-5-2015. São Paulo: Saraiva, 2016.

BACELO, Joice. Pesquisa mostra que triplicou o número de arbitragens com o Poder Público. *Valor Econômico*, 8 jan. 2021. Disponível em: https://valor.globo.com/legislacao/noticia/2021/01/08/pesquisa-mostra-que-triplicou-numero-de-arbitragens-com-o-poder-publico.ghtml.

BALLESTEROS PANIZO, Covadonga Isabel. El criterio de arbitrabilidad en derecho administrativo. *Revista General de Derecho Administrativo*, n. 55, 2020. Disponível em: http://laadministracionaldia.inap.es/noticia.asp?id=1511263#nota43.

BANDEIRA DE MELLO, Celso Antônio. *Curso de direito administrativo*. 33. ed. São Paulo: Malheiros, 2016.

GARCÍA PÉREZ, Marta. *Arbitraje y derecho administrativo*. Navarra: Arazandi, 2011.

MARTINS, Ricardo Marcondes. *Estudos de direito administrativo neoconstitucional*. São Paulo: Malheiros, 2015.

VALIM, Rafael. *O princípio da segurança jurídica no direito Administrativo brasileiro*. São Paulo: Malheiros, 2010.

VALIM, Rafael. Panorama do controle da Administração Pública. *In*: DALLARI, Adilson Abreu; NASCIMENTO, Carlos Valder do; MARTINS, Ives Gandra da Silva (Coord.). *Tratado de direito administrativo*. São Paulo: Saraiva, 2013. v. I.

---

Informação bibliográfica deste texto, conforme a NBR 6023:2018 da Associação Brasileira de Normas Técnicas (ABNT):

VALIM, Rafael; WARDE, Walfrido. A arbitragem nos setores de infraestrutura. *In*: TOJAL, Sebastião Botto de Barros; SOUZA, Jorge Henrique de Oliveira (Coord.). *Direito e infraestrutura*: rodovias e ferrovias – 20 anos da Lei nº 10.233/2001. Belo Horizonte: Fórum, 2021. v. 2, p. 287-293. ISBN 978-65-5518-209-5.

# EVOLUÇÃO DOS MECANISMOS NÃO SANCIONATÓRIOS DE INCENTIVO AO CUMPRIMENTO DE OBRIGAÇÕES PELAS CONCESSIONÁRIAS DE RODOVIAS FEDERAIS

ANDRÉ ISPER RODRIGUES BARNABÉ

RODRIGO PINTO DE CAMPOS

RENATA PEREZ DANTAS

## 1 Introdução

O contrato de concessão comum, regido pela Lei nº 8.987/1995, tem como principal característica a assunção do objeto contratual com maior liberdade pelo privado, com ênfase em *obrigações de resultado*, diferentemente dos contratos administrativos de prestação de serviços e de obras públicas, regidos pela Lei nº 8.666/1993, cujo regime de execução é focado em *obrigações de meio*.

Nesse sentido, embora a Lei nº 8.987/1995 não confira maior importância aos métodos de execução empregados pela concessionária, traz diversos dispositivos que destacam a necessidade de prestação de *serviço adequado* aos usuários (art. 6º, *caput;* art. 32; art. 38, §1º, I), definido como aquele que "satisfaz as condições de regularidade, continuidade, eficiência, segurança, atualidade, generalidade, cortesia na sua prestação e modicidade das tarifas" (art. 6º, §1º).

Sendo certo que o que importa, no regime concessório, é a *entrega de um resultado* pelo particular (qual seja, o *serviço adequado*), natural que o contrato preveja dispositivos robustos para incentivá-la. O mais conhecido é a cominação de penalidades, que cumprem esse papel desde a emergência do instituto do *stipulatio poenae*, no direito romano.[1] Mas não é só. Vários outros mecanismos podem ser estabelecidos para conferir estímulo ao cumprimento de qualquer contrato. Referimo-nos desde o desenho das obrigações em si, que podem alinhar incentivos comportamentais importantes, até a previsão de pagamentos vinculados a desempenho, normalmente associados a concessões fundamentadas na Lei nº 11.079/2004.[2]

Eis que o objetivo do presente artigo é analisar a evolução dos contratos de concessão integrantes do Programa de Concessão de Rodovias Federais (Procrofe), especificamente no que tange aos mecanismos não sancionatórios de incentivo à boa performance contratual. O tema é debatido desde os primeiros contratos do programa e ganhou contornos mais concretos após a criação da Agência Nacional de Transportes Terrestre (ANTT) – instituição merecidamente homenageada com a presente obra –, que houve por bem *instituir* e *fazer evoluir* os dispositivos que originaram os atuais fatores de reequilíbrio contratual,[3] que têm no alinhamento de incentivos sua finalidade precípua.

Por premissa, não se dissociará a análise de tais contratos (e evoluções a eles associadas) dos diversos contextos em que foram concebidas. Mal emprestando o conceito de Ortega y Gasset: *o contrato é o contrato e sua circunstância*, muito embora o longo prazo característico das concessões nos leve, muitas vezes, a perder de vista essa importante dimensão interpretativa.

Faremos, quando o caso, referência ao Programa de Concessão de Rodovias do Estado de São Paulo. Ao fim, concluiremos com a análise das perspectivas regulatórias para o tema, tomando como base os novos projetos de concessão em estruturação no âmbito federal, que devem constituir a quinta etapa do Procrofe.

---

[1] MONTEIRO, Antonio Joaquim de Matos Pinto. *Cláusula penal e indenização*. Coimbra: Almedina, 1999. p. 357.

[2] Entendemos que, embora prevista expressamente na Lei nº 11.079/2004, a remuneração vinculada a desempenho pode ser empregada nos contratos de concessão em geral. Nesse sentido, valem as lições acerca da permeabilidade entre as modalidades concessórias das leis nºs 8.987/1995 e 11.079/2004. V. MONTEIRO, Vera. *Concessão*. São Paulo: Malheiros, 2012; e PINTO JUNIOR, Mario Engler. Parceria público-privada: antigas e novas modalidades contratuais. *Revista de Direito Público da Economia*, Belo Horizonte, v. 4, n. 13, jan. 2006.

[3] Trata-se dos fatores D, A, E e C, que serão explicados adiante.

## 2 Primeira etapa: sem desconto tarifário

Os primeiros contratos de concessão de rodovias federais foram celebrados na segunda metade da década de 1990. Com a edição da Lei nº 8.987/1995, criou-se o arcabouço legislativo básico para fazer deslanchar as concessões pioneiras: Ponte Rio-Niterói, Rodovias Presidente Dutra, Rio-Juiz de Fora, Rio-Teresópolis, Osório-Porto Alegre e Polo Rodoviário de Pelotas.

Tais contratos, que passaram a compor a chamada primeira etapa do Procrofe, foram marcados por um modelo de regulação por contrato (*non-cost based*) com características de *rate of return* ou *cost plus*, segundo o qual os licitantes deveriam apresentar suas propostas de tarifa de pedágio nos respectivos leilões como resultado de um plano de negócios, que, por sua vez, contemplaria (i) os custos a serem incorridos na execução de todos os investimentos pela futura concessionária em obras e serviços ao longo do prazo da concessão e (ii) uma taxa interna de retorno (TIR) a ele atrelada. Os custos em si não seriam periodicamente revistos, como no caso do modelo de regulação discricionária (*cost-based*). Porém, eventual direito a reequilíbrio por alteração das condições originais da proposta, com a consequente necessidade de recomposição do equilíbrio econômico-financeiro, deveria ser quantificado com base no plano de negócios e remunerado sob a mesma TIR.

Note-se que, em tais contratos, parte importante dos riscos associados à exploração da concessão era assumida pelo Poder Concedente. Previam-se, por exemplo, como hipóteses de revisão da tarifa básica de pedágio (TBP), (i) a alteração de "acréscimos" e "supressões" de quantitativos previstos no Programa de Exploração da Rodovia (PER) (cláusula 64, "b", NovaDutra) e (ii) mudanças "estruturais" nos preços relativos dos fatores de produção e "substanciais" no preço de insumos (cláusula 64, "g", NovaDutra).

Por óbvio, quando se realiza o exame desta opção regulatória, um quarto de século depois, é fácil apontar uma série de problemas. A sacralização do plano de negócios e da TIR de proposta como únicos instrumentos balizadores dos reequilíbrios contratuais mostrou-se muito conveniente e vantajosa para as concessionárias da primeira etapa.[4] Afinal, tais instrumentos independem e são absolutamente autônomos em relação a eventuais ineficiências empresariais que se poderiam revelar relativamente corriqueiras, fosse na execução das

---

[4] A TIR de projeto, em tais contratos, era de aproximadamente de 18% ao ano.

obras previstas, fosse na operação propriamente dita dos ativos objeto de concessão.

Em outras palavras, a tarifa de pedágio a ser cobrada dos usuários das rodovias estava precificada desde a origem, sem risco de incidência de descontos tarifários decorrentes de eventuais falhas na prestação do serviço concedido. De modo análogo, os reequilíbrios a serem pleiteados sempre seriam calculados tomando por base o plano de negócios elaborado pela própria concessionária, segundo condições por ela preestabelecidas desde o leilão e a cujo cumprimento o Poder Concedente se via amarrado por força do direito à manutenção do equilíbrio econômico-financeiro das avenças, estampado na Constituição, na legislação e nos contratos de concessão.

Entretanto, o olhar retrospectivo – exatamente por ser fruto de uma decantação natural dos ânimos, percepções e entendimentos tantas vezes defendidos de forma apaixonada pelos variados atores institucionais do setor – deve ser dotado de um grau mínimo de racionalidade. O ambiente macroeconômico em torno do qual se celebraram os contratos da primeira etapa, aliado a uma regulação absolutamente incipiente (às vezes, admita-se, inexistente) e ao pioneirismo dos primeiros concessionários, justificava a opção pelo modelo com características de *rate of return*.

Se, por um lado, esta escolha poderia levar – como de fato levou – à impossibilidade de estabelecimento de mecanismos inovadores de proteção do Poder Concedente contra o descumprimento de obrigações contratuais e à criação de determinados incentivos potencialmente perversos em favor das concessionárias na busca por reequilíbrios remunerados sob condições financeiras extremamente favoráveis –, por outro, é preciso reconhecer que esta era (ou, ao menos, parecia ser) a única modelagem, naquele momento, capaz de oferecer à iniciativa privada a possibilidade de assunção de infraestruturas com a magnitude das rodovias então concedidas, assumindo os riscos decorrentes de um momento macroeconômico instável e volúvel, bem como de um *business* totalmente novo, cuja curva de aprendizagem seria longa e estava para ser construída do zero.

As concessões da primeira etapa, por todo este contexto, transformaram-se em verdadeiro laboratório de aprimoramento da regulação, pois foi a partir da observação daqueles ajustes que se constatou a necessidade de introdução de fatores de reequilíbrio capazes de fazer frente, de maneira mais firme, a ineficiências e falhas de execução contratual. Enquanto os contratos prosseguiam, era criada a ANTT, com a edição da Lei nº 10.233/2001, e se avançava, paulatinamente, com a institucionalização e o fortalecimento de um arcabouço apto a corrigir – ou, ao menos, tentar, por meio do experimentalismo que passaria a marcar as transições de fases contratuais no setor – os problemas e dificuldades experimentados até então, a fim de sujeitar as concessionárias a um *enforcement* regulatório mais efetivo em busca da prestação dos serviços concedidos sob o maior grau de excelência possível.

## 3 Segunda etapa: mudanças no paradigma regulatório e introdução do desconto de reequilíbrio

Na esteira da consolidação da agência, em meados dos anos 2000, foram estruturados os projetos componentes da chamada segunda etapa do Procrofe, que pode ser dividida em duas fases. A Fase I, com contratos celebrados no início de 2008, contemplou as rodovias operadas pelas concessionárias Fluminense, Planalto Sul, Litoral Sul, Fernão Dias, Régis Bittencourt, Rodovia do Aço e Transbrasiliana; a Fase II, com contrato firmado no fim de 2009, compreendeu o lote das rodovias BR-116 e 324/BA (concessionária ViaBahia).

A primeira fase da segunda etapa foi concebida com modelo similar ao da primeira etapa, ainda na lógica de regulação por contrato (*non cost-based*) – que seguiu sendo o padrão do setor até as etapas mais recentes –, porém com maior assunção de riscos pelo parceiro privado. Se, antes, riscos de quantitativos e preços eram ao menos em parte assumidos pelo Poder Concedente, a partir de tal fase, referidos riscos foram alocados exclusivamente às concessionárias. Isso se fez, inclusive, com a não especificação de quantitativos e preços no PER, afastando o regime dessas concessões do regime de obra pública. Não obstante, manteve-se a apresentação de plano de negócios na licitação, o qual seria vinculante para cálculo de desequilíbrios e reequilíbrios contratuais.

As mudanças elencadas acima já refletiam, por certo, a alteração de conjuntura econômica em relação àquela observada quando da celebração dos contratos da primeira etapa. O ciclo de crescimento do Brasil na década de 2000 encontrava seu apogeu; o festejado tripé macroeconômico (câmbio flutuante, meta de inflação e meta fiscal) era mantido havia uma década; reformas no marco regulatório das concessões, especialmente com a introdução dos mecanismos da Lei nº 11.079/2004, vieram reforçar o ferramental jurídico aplicável às modelagens. O otimismo do mercado e a confiança no Estado como agente regulador redundaram em contratos com perfil de risco mais arrojado ao privado – processo que encontrou seu ápice na terceira etapa, como se verá adiante.

Entretanto, foi ainda na segunda etapa que se introduziu o dispositivo contratual mais inovador para incentivo à prestação do serviço com qualidade por parte das concessionárias. Trata-se do *desconto de reequilíbrio*, concebido no âmbito do contrato de concessão celebrado com a ViaBahia Concessionária de Rodovias S.A., o único da Fase II e cuja modelagem é bastante peculiar.[5]

O desconto de reequilíbrio foi idealizado não como instrumento punitivo, mas sim como mecanismo de indução à prestação do serviço sob as condições de qualidade e excelência previstas no contrato de concessão e no PER. Segundo esta lógica, portanto, caso tais condições não viessem a ser constatadas por meio de procedimentos de aferição e nos termos dos parâmetros de desempenho predeterminados, a concessionária não deveria fazer jus à remuneração tarifária integral, mas, sim, a outra, menor, fruto da incidência do desconto previamente calculado. O peso de cada indicador no desconto foi definido com base na estimativa de valor de Capex e Opex da respectiva obrigação.

Em sua primeira versão, apesar do impacto regulatório da novidade então instituída, o desconto de reequilíbrio ainda não era dotado da amplitude de que viria a desfrutar nas gerações contratuais seguintes, já sob a denominação e roupagem de *fator D*. Isso porque, na avença da ViaBahia, a ANTT parecia enxergá-lo mais como meio de incentivo ao cumprimento de parâmetros de desempenho pela concessionária do que como métrica a ser utilizada no cômputo de reequilíbrios econômico-financeiros decorrentes de atrasos ou exclusões de investimentos previstos no PER.

Dito de outro modo, em matéria de mecanismos de reequilíbrio contratual, o modelo regulatório consagrado no ajuste da ViaBahia é híbrido: de um lado, estabeleceu-se um amplo rol de parâmetros de desempenho a serem alcançados pela concessionária, sob pena de, em caso de insucesso, aplicar-se o desconto tarifário correspondente (estabelecido desde o início e constante de anexo específico do contrato); de outro, o plano de negócios apresentado pela proponente por ocasião

---

[5] Isso decorre, provavelmente, do fato de o lote em questão ter sido estruturado, inicialmente, como parceria público-privada (PPP), na modalidade concessão administrativa, e apenas depois conformado ao modelo de concessão comum. Uma evidência disso é o fato de ser a primeira concessão de rodovias cujo contrato previu matriz de riscos expressa, muito embora a Lei nº 8.987/1995 não o exigisse. Hoje, a alocação expressa dos riscos contratuais é, ao mesmo tempo, realidade e boa prática na modelagem de projetos.

da licitação continuou a ser o documento-chave a servir como base de cálculo dos desequilíbrios resultantes de falhas na execução do cronograma de investimentos da concessão.

A aplicação deste modelo constituiu uma mudança de paradigma extremamente relevante. Afinal, por intermédio dele, a ANTT passou a exigir de uma concessionária o atingimento constante de uma série de parâmetros de desempenho como condição necessária para a chancela do reajuste tarifário anual tal qual previsto na licitação. Esta, por assim dizer, *pressão regulatória* trouxe como consequências a necessidade de intensificação da gestão contratual, de modo a serem incrementadas e mais bem detalhadas a comunicação e as discussões entre Poder Concedente e regulada a respeito de tais parâmetros.

Paralelamente a isso, entretanto, o fato de o plano de negócios ter seguido como balizador dos processos de reequilíbrio alusivos ao cronograma de obras, ao menos aparentemente, não contribuiu para a evolução do tratamento regulatório de ineficiências na execução dos investimentos. Remanescia em aberto – é dizer, sem sujeição ao desconto de reequilíbrio – a possibilidade de a conduta de uma concessionária, mesmo em caso de constatação de sua responsabilidade por não conseguir realizar obras na forma proposta em seu próprio plano de negócios, não ser objeto de escrutínio sob o aspecto tarifário. Na visão da agência, era preciso, mais uma vez, corrigir o rumo e recalcular a rota da regulação. Desta vez, em direção a um mecanismo muito mais amplo e robusto de indução do cumprimento das obrigações contratuais. Estava em gestação, para a etapa seguinte, o fator D.

## 4 Terceira etapa: introdução do fator D

A terceira etapa do Procrofe, com contratos firmados entre 2013 e 2014, inaugurou modelagens mais complexas, com a ampliação do rol de fatores tarifários, nova matriz de riscos e cronograma de obras obrigatórias bastante arrojado.[6] Essa foi a realidade dos contratos de suas Fases I e III, das concessionárias Eco050 (antiga MGO), Rota do

---

[6] Destaca-se a previsão da duplicação integral das rodovias em 5 (cinco) anos como política pública, o fim da vinculação do Plano de Negócios e previsão de diversos fatores tarifários, a saber, fatores D (desconto e acréscimo de reequilíbrio), Q (redução de acidentes e disponibilidade de pistas), C (receitas e verbas) e X (ganhos e eficiência).

Oeste, MS Via, Concebra, Via 040, Galvão BR-153 (hoje com caducidade declarada) e Ecoponte.[7] O desconto de reequilíbrio, introduzido no contrato da ViaBahia, passou a ser considerado um efeito de um fator tarifário mais complexo, denominado fator D.[8] Tal fator trazia consequências tarifárias não só pelo não atingimento dos parâmetros de desempenho, como originalmente concebido, mas também para (i) atrasos e exclusões de obras contratuais, como uma nova hipótese de incidência de desconto de reequilíbrio, e (ii) antecipações e aumento de escopo contratual, com a introdução do conceito de acréscimo de reequilíbrio. Os descontos e acréscimos tarifários aplicáveis tiveram seus percentuais calculados *a priori*, associados a itens específicos do estudo de viabilidade técnica econômica e ambiental (EVTEA). Como consequência disso, a agência pôde abandonar a vinculação do plano de negócios, o que consubstanciou uma das principais mudanças da política regulatória aplicada até então.

Houve, enfim, um robustecimento do conceito de desconto anteriormente aplicado. O novo fator D assumiu funções distintas, porém intimamente ligadas e, em parte, superpostas: (i) incentivo à entrega do serviço público com qualidade pela concessionária – mote inicial da criação do desconto – e (ii) efetivo reequilíbrio econômico-financeiro do contrato, mediante (ii.1) desconto de reequilíbrio (não cumprimento de parâmetros de desempenho ou atraso/inexecução de investimentos) e (ii.2) acréscimo de reequilíbrio (antecipação de investimentos).

Previram-se, ainda, outros fatores tarifários, com funções diversas: *fator C*, como mecanismo de reequilíbrio do contrato aplicável sobre determinados eventos que gerassem impactos exclusivamente nas receitas e nas verbas contratuais; *fator Q*, como mecanismo de aplicação de desconto/acréscimo tarifário pelo atendimento dos indicadores de (i) nível de acidentes com vítimas e (ii) disponibilidade da rodovia; *fator X*, como deflator do reajuste da tarifa de pedágio para compartilhamento, com os usuários, dos ganhos de produtividade do setor rodoviário brasileiro.

---

[7] Apenas o contrato da Eco101, único contrato da Fase II, por ter modelagem datada da época da ViaBahia (consta que seria um contrato da segunda etapa), foi licitado com modelo contratual assemelhado àquele.

[8] Veja-se a definição contratual: "Fator D: redutor ou incrementador da Tarifa Básica de Pedágio, utilizado como mecanismo de aplicação do Desconto de Reequilíbrio relativo ao não atendimento aos Parâmetros de Desempenho, as Obras de Ampliação de Capacidade e de Manutenção do Nível de Serviço, ou como Acréscimo de Reequilíbrio no caso de antecipação na entrega de obras, conforme previsto no Anexo 5".

Note-se que o Tribunal de Contas da União (TCU), por ocasião da análise da modelagem dos contratos da terceira etapa, não apenas aprovou, mas reagiu com certo entusiasmo à previsão do fator D. Por ocasião do Acórdão nº 86/2015 – Plenário, que analisou o 1º estágio do processo de acompanhamento da concessão da Ponte Rio-Niterói, determinou à ANTT que fosse dada *especial atenção* à calibração do inovador fator D, de modo a fixá-lo "em patamares que não apenas desestimulem o inadimplemento relativo às obras pactuadas, mas que exerçam o impacto suficiente para reequilibrar econômica e financeiramente o contrato dentro de prazo razoável" (item 9.3.5). Trata-se do entendimento que, ao fim, adotou a ANTT.

Se, por um lado, a ideia de reequilíbrio mediante descontos tarifários automáticos em percentuais predeterminados teve apelo sob o ponto de vista dos usuários, da Agência e do TCU – por sugerir cumprimento do princípio da modicidade tarifária e simplicidade em sua aplicação –, por outro, impôs alguns desafios na modelagem e na própria dinâmica contratual.

Sob o ponto de vista teórico, trata-se de mecanismo com inspiração na regulação *cost-based* (ou regulação por custo) aplicado a um modelo de *non cost-based* (ou regulação por contrato). Desconta-se da tarifa (que não tem correlação com os custos efetivamente incorridos pelo privado, mas sim com o valor fixado em contrato) o impacto relativo do investimento não realizado a tempo, ou do parâmetro não atingido, com base no EVTEA. Pensa-se: como esses custos informam a tarifa calculada para o edital, o equilíbrio econômico-financeiro do contrato seria encontrado com a aplicação de deflator que buscasse expurgá-los do preço pago pelos usuários, ainda que (i) a tarifa efetivamente praticada durante a execução contratual fosse diferente daquela do EVTEA[9] e que (ii) os custos empregados no cálculo não fossem os efetivamente incorridos pela concessionária. O mesmo raciocínio se aplica para o caso de antecipações, com a incidência de acréscimo tarifário nos mesmos moldes.

Ainda fazendo o escrutínio do mecanismo em tese, são tarefas igualmente desafiadoras a (i) eleição dos investimentos e parâmetros cujos impactos devem ser contemplados no fator D e (ii) o cálculo dos impactos em si. Podem-se eleger alguns critérios para tanto, como fê-lo (e positivamente ainda faz) a ANTT, mas nunca haverá correspondência perfeita entre *inexecução contratual* e *deflação tarifária*, ou *antecipação* e

---

[9] Lembramos que, nessas modelagens, a tarifa é *output* do leilão.

*acréscimo tarifário*. Afinal, repita-se, não se está diante de tarifa regulada por custo.

A verdade é que o fator D, enquanto instrumento de política regulatória, apresentou vantagens e desvantagens, o que é bastante natural. Soluções regulatórias podem, sim, lançar mão de *standards* diversos para atingirem determinada finalidade, que, no caso das concessões, pode ser resumida como a boa *performance* do privado na execução do serviço público.[10] A questão é saber se a solução desenhada para determinado caso é a mais eficiente,[11] sempre tendo em vista que a legislação nada impõe sobre o tema, optando por permitir que seu tratamento seja disciplinado em âmbito contratual.[12]

Pois bem. Não obstante a terceira etapa seja frequentemente associada a inexecuções contratuais, por variadas razões,[13] o fator D, como mecanismo contratual autônomo, não parece ser uma delas. Aparte a discussão quanto à sua composição e eventual distorção que possa advir de sua implementação, entendemos que representa uma *evolução regulatória* relevante e, de forma complementar às penalidades, traz (i) desejáveis consequências tarifárias diante do descumprimento de certas obrigações contratuais e (ii) relevante incentivo ao cumprimento antecipado de outras.

Mais do que isso: a previsão contratual de desconto ou acréscimos tarifários diretamente relacionados à execução de obrigações é um excelente exemplo de *accountability regulatório*, especialmente em contratos remunerados mediante tarifa paga pelos usuários. Não por outra razão, a experiência com o fator D e demais circunstâncias da terceira etapa serviram de alicerce para a etapa seguinte, que, mantendo parte das ideias originais, realizou importantes mudanças rumo ao

---

[10] *Vide* as ideias anotadas na Introdução do presente artigo.

[11] Entendemos, aqui, eficiência como a capacidade de produzir o resultado esperado ao menor custo possível, em linha com os ditames constitucionais (art. 37 da Constituição Federal) e legais (art. 6°, §1°, da Lei n° 8.987/1995) aplicáveis à atuação da Administração Pública enquanto poder concedente.

[12] A Lei n° 8.987/1995 dispõe que a tarifa deve ser fixada "pelo preço da proposta vencedora da licitação" e preservada mediante as "regras de revisão" da própria lei e, especialmente, do contrato (art. 9°). Ainda, dá como parâmetro do equilíbrio econômico-financeiro o cumprimento das "condições do contrato" em si (art. 10).

[13] As razões que levaram a esse cenário são discutidas administrativamente, judicialmente e em procedimentos arbitrais. Em apertada síntese, argumenta-se: dificuldades com financiamento após a crise econômica e política instaurada em 2015, cronograma de obras de duplicação supostamente inexequível e demora da ANTT na análise de reequilíbrios. No momento de publicação desta obra, havia, inclusive, concessão com caducidade declarada (Galvão BR-153) e outras em processo de devolução amigável (Via 040, MS Via e Concebra), nos termos da Lei n° 13.448/2017.

modelo em uso pela ANTT no momento em que se completam duas décadas de criação da agência.

## 5 Quarta etapa: divisão entre fator D, fator A e fator E

A quarta etapa do Procrofe é formada por contratos licitados entre 2019 e 2020, celebrados com as concessionárias ViaSul, Ecovias do Cerrado e ViaCosteira. Tais projetos foram estruturados na "ressaca" da crise da terceira etapa[14] e da forte recessão econômica que o Brasil experimentou entre 2015 e 2016.[15] Sua modelagem, naturalmente, buscou reagir a esses fatores; talvez pelas mesmas razões, o TCU dedicou a eles análise especialmente pormenorizada.

Somente no caso da Rodovia da Integração do Sul (RIS), que veio se tornar a ViaSul, foram 23 (vinte e três) determinações e 4 (quatro) recomendações relacionadas ao EVTEA e documentos editalícios, além de uma longa determinação acerca da necessidade de aprimoramento dos procedimentos de fiscalização da ANTT.[16] Porém, especificamente acerca dos mecanismos não sancionatórios de incentivo ao cumprimento de obrigações – recorte do presente artigo –, a despeito das extensas e aprofundadas considerações da área técnica, o Tribunal houve por bem não expedir determinações ou recomendações relevantes.

Feita essa contextualização, na quarta etapa, a ANTT: (i) manteve o fator D como métrica para efetivação de reequilíbrios econômico-financeiros decorrentes de (i.1) atrasos ou exclusões de investimentos previstos no PER e (i.2) não cumprimento de parâmetros de desempenho, com a aplicação de desconto de reequilíbrio; (ii) criou o fator A para efetivação de reequilíbrios econômico-financeiros decorrentes da antecipação de investimentos previstos no PER, com a aplicação de acréscimo de reequilíbrio; (iii) criou o fator E para efetivação de reequilíbrios econômico-financeiros fruto da inclusão, no PER, de obras constantes do que se denominou estoque de melhorias,[17] com aplicação de acréscimo de reequilíbrio; (iv) manteve o fator C para reequilíbrio do

---

[14] *Vide* nota de rodapé 15.
[15] A maior desde 1929, em cujo biênio (2015/2016) o Produto Interno Bruto (PIB) brasileiro recuou mais de 8%. No momento da publicação desta obra, cogitava-se que os efeitos econômicos da pandemia do Covid-19 seriam ainda mais nefastos.
[16] Acórdão nº 1.174/2018 – Plenário.
[17] Trata-se de obras elencadas no contrato que, a critério da ANTT, podem ter sua execução solicitada à concessionária. Nesse caso, o reequilíbrio se dá pela aplicação do fator A, em percentual predeterminado (acréscimo de reequilíbrio).

contrato aplicável sobre determinados eventos que gerassem impactos exclusivamente nas receitas e nas verbas contratuais; e (v) excluiu os antigos fatores Q e X.

Vê-se, assim, a preocupação da agência, àquela altura, em reorganizar os fatores contratuais, segregando os que têm como consequência, respectivamente, *desconto de reequilíbrio* (fator D) e *acréscimo de reequilíbrio* (fator A e fator E). Ainda, fez-se positivar regras que, nos modelos anteriores, não estavam tão claras. Por exemplo, esclareceu-se que desconto de reequilíbrio "não constituí espécie de penalidade imposta à Concessionária", mas "mecanismo preestabelecido e pactuado entre as Partes no Contrato, visando à manutenção do seu equilíbrio econômico-financeiro" (Anexo 5 dos contratos). Também se explicou que o acréscimo de reequilíbrio "não constitui espécie de bonificação em favor da Concessionária, mas mecanismo pré-fixado de ressarcimento da Concessionária pela conclusão antecipada das Obras de Ampliação de Capacidade e Melhorias previstas no PER (fator A) ou pela conclusão das obras do Estoque de Melhorias (fator E)" (*idem*).

Não obstante seja fato que, no tema dos fatores contratuais, as determinações do TCU foram de menor relevância (apenas ajustes no fator D para itens específicos do PER), o relatório da unidade técnica trouxe considerações potencialmente relevadoras do *mindset* que permeia os seus quadros no entendimento do mecanismo. Nesse sentido, chamou especial atenção a proposta de determinação no sentido de adequar-se a metodologia do fator D de modo "a possibilitar a existência de critérios de recomposição do equilíbrio econômico-financeiro para *todas as obrigações* constantes no Programa de Exploração da Rodovia" (grifos nossos). O argumento levantado era de que, como o mecanismo incidia sobre aproximadamente 72% do valor da tarifa básica de pedágio (TBP), deixando outros 28% não sujeitos a desconto, haveria, "invariavelmente, desequilíbrio econômico-financeiro em favor da concessionária", dada a suposta incompletude do mecanismo.

Observa-se, aqui, uma preocupante confusão conceitual, que dialoga com os desafios que indicamos no tópico anterior. Não só não é possível prever todos os serviços da concessionária no fator D, por efetiva impossibilidade de cálculo, como este expediente, se usado, atentaria contra a própria natureza da regulação *non cost-based*: afinal, a tarifa praticada durante a dinâmica contratual e os custos incorridos pela concessionária não são aqueles do EVTEA. Ainda assim, parece haver tendência, por parte da área técnica do TCU, de enxergar o fator D pela ótica da regulação por custo, o que, a nosso ver, quase levou à inviabilização deste tão importante mecanismo. Diz-se quase pois, quando do julgamento, prevaleceu o voto do Ministro Bruno Dantas em sentido contrário.[18]

Em linhas gerais, a sistemática de fatores contratuais da quarta etapa é a que está prevalecendo desde então. O amplo debate e consequente aprovação da modelagem no Tribunal de Contas, com a organização e recálculo dos fatores, foram conquistas importantes daquele momento, que seguem repercutindo até o momento de publicação desta obra. Entretanto, outros mecanismos de incentivo ao cumprimento contratual, afora fatores que implicam acréscimos ou descontos tarifários, têm sido considerados, muitos dos quais inspirados em mecanismos que foram implementados na última fase do Programa de Concessões do Estado de São Paulo. O novo sempre vem, reza a música. Está a caminho, pois, a quinta etapa do Procrofe.

## 6 Quinta etapa: novos mecanismos de incentivo à performance contratual

Havia diversos projetos rodoviários em processo de delegação pelo governo federal no momento de publicação desta obra, com leilões previstos até 2023, para constituir a quinta etapa do Procrofe. Eram eles: BR-116/101/SP/RJ (trecho da NovaDutra), BR-116/RJ/MG (trecho da CRT), BR-153/414/080/TO/GO (antiga Galvão), BR-040/RJ/MG (antiga Concer), BR-163/230/MT/PA, BR-381/262/ES/MG, 6 (seis) lotes no estado do Paraná (combinando malhas federal e estadual), aproximadamente 10 (dez) lotes de malha federal em estruturação pelo BNDES (5.300 km), BR-155/158/MT/PA, R-135/316/MA, BR-163/MS (relicitação MS Via), BR-060/153/262/DF/GO/MG (relicitação Concebra) e BR-040/DF/GO/MG (relicitação Via040).

Os mecanismos tarifários de incentivo ao cumprimento contratual, conforme adiantado acima, tendem a seguir o padrão da quarta etapa. Serve de exemplo o contrato da BR-153/414/080/TO/GO, cujo edital já foi publicado,[19] que mantém os fatores descritos no subtítulo anterior. O mesmo se observa no contrato da BR-381/262/MG/ES, em análise

---

[18] "Tenho que, neste momento, há que se considerar a informação do regulador de que a abrangência do mecanismo abarca os recorrentes quesitos de inadimplemento verificados nos contratos vigentes, assim como a alegação de impossibilidade de aumento da abrangência do mecanismo, ao menos a priori. Embora a metodologia possua limitações, não se pode perder de vista ainda o atributo da simplicidade, que também deve ser perseguido sempre que possível".

[19] Disponível em: https://portal.antt.gov.br/br-153-414-080. Acesso em: 20 jan. 2021.

pelo controle externo[20] no momento de elaboração deste artigo. Isso nos indica que, após todo o processo de evolução narrado acima, parece ter-se chegado à estabilidade de tratamento do tema na política regulatória da ANTT, fato que deve ser considerado um ganho a todos os envolvidos: Poder Concedente, agência, mercado e sociedade.

Sem embargo dessa constatação, a área técnica do TCU não deixou de propor algumas mudanças e adequações na sistemática de fatores nos processos de delegação que analisou.

Por exemplo, no relatório final de análise do lote BR-381/262/MG/ES (ainda pendente de julgamento quando este artigo foi elaborado), a Secretaria de Infraestrutura do Tribunal acusou o fato de que, dos 8 (oito) parâmetros de desempenho de pavimento para os quais estão associados descontos de fator D, 7 (sete) são exclusivamente avaliáveis em pavimentos flexíveis e 1 (um) pode ser avaliado em ambos os tipos de pavimento (flexível e rígido). Segundo os técnicos do TCU, caso a concessionária opte por implantar pavimento rígido, nesses trechos, a empresa seria "integralmente remunerada pelos parâmetros de desempenho associados à qualidade de pavimento flexível, independentemente do estado da pista".

Cogitou-se, também, a necessidade de se prever o fator D para obras incluídas por fluxo de caixa marginal (FCM), pois, "para a preservação do equilíbrio contratual, o eventual desempenho insuficiente ocorrido dentro das obrigações criadas pelos FCMs deve resultar na diminuição proporcional da tarifa". A solução seria:

> prever no contrato que, quando da inserção de um investimento em determinado FCM, caberia também a criação de uma lista dos parâmetros de desempenho a serem atendidos, especificamente associados ao investimento em pauta, com os respectivos percentuais de desconto no caso de inadimplemento.

Conquanto esses argumentos não pareçam objetivamente equivocados, percebe-se, uma vez mais, a tendência de o Tribunal de Contas da União compreender os mecanismos de deflação tarifária com o viés da regulação por custo do serviço. E esta, com todo o respeito, não parece ser a melhor vereda: quanto mais se *alargam* e *aprofundam* o fator D e seus congêneres, a pretexto de compreender *todos os serviços* prestados no âmbito do contrato de concessão – inclusive os que (i) dependem de eleição de solução pela concessionária (caso do pavimento rígido/

---

[20] Conforme TC-028.116/2020-8.

flexível) ou que (ii) sequer existem (caso das inclusões via FCM) –, maior será sua complexidade, sem que isso implique resultado prático relevante. É forçoso concluir que o fator D nunca conseguirá abranger todos os serviços da concessão nem ser efetivamente neutro, pois é baseado em estudos, não em custos. O esforço, nesse sentido, parece ineficaz.

Em razão disso, embora seja importante reconhecer e homenagear todo o trabalho que culminou na atual conformação dos fatores de reequilíbrio dos contratos de concessão da ANTT em seus vinte anos de existência, tanto ou mais importante é reconhecer e homenagear o fato de outros mecanismos e regras de incentivo ao cumprimento contratual estarem sendo contemplados nos novos contratos do Procrofe, muitos dos quais não tarifários, em complementação aos conhecidos fatores contratuais.

Sem a pretensão de exaurir as diversas inovações, destacam-se 4 (quatro) particularmente importantes: (i) modelo híbrido de leilão (combinação entre menor tarifa e maior outorga), (ii) racionalização de investimentos e cronograma (com critérios de engenharia e econômico-financeiros); (iii) estabilidade tarifária e regulatória (revisões bem definidas e emprego de recursos vinculados para reequilíbrios), e (iv) tarifas diferenciadas para pista simples e pista dupla (reclassificação tarifária).

O *modelo híbrido de leilão* consiste na combinação de critérios referidos no art. 15 da Lei nº 8.987/95 para julgamento da licitação, conforme o permissivo de seu inc. III: *menor tarifa* (inc. I) e *maior outorga* (inc. II). De início, a disputa se dá pelo maior desconto na TBP estabelecida no edital, com um limite de deságio fixado com base em critérios técnicos, de modo a preservar o fluxo de caixa do projeto; depois, caso atingido o limite do deságio, a disputa passa a se dar pelo maior valor de outorga. A finalidade do modelo é obter comprometimento do licitante com o projeto (com o pagamento adiantado de outorga), evitar a contaminação de seu fluxo de caixa (ao limitar-se o desconto na TBP) e, ainda, conferir algum grau de compartilhamento dos benefícios da concorrência com os usuários do serviço público.

Por sua vez, a *racionalização de investimentos e cronograma* consiste na previsão e distribuição de investimentos obrigatórios por critérios técnicos, aí compreendidas tanto as razões de engenharia quanto econômico-financeiras.[21] Sob o ponto de vista de engenharia, cuida-se que (i) as obras sejam dimensionadas de acordo com as projeções de tráfego e com o método de cálculo estabelecido no *Highway Capacity Manual* (HCM)[22] e que (ii) haja efetiva exequibilidade física do cronograma. Sob a ótica econômico-financeira, faz-se o exame de financiabilidade do projeto e, conforme o caso, afina-se o cronograma para que (i) o fluxo de caixa seja negativo pelo menor número de anos possível e que (ii) haja geração de caixa apta a suportar pagamento do serviço da dívida e demais obrigações da concessionária. Veja-se que um projeto financiável é, muito provavelmente, um projeto exequível; o contrário, porém, não se verifica.

Já a *estabilidade tarifária e regulatória*, obtida por meio de revisões bem definidas[23] e emprego de recursos vinculados à concessão para reequilíbrios,[24] importa resiliência do fluxo de caixa do projeto e respeito aos usuários, que experimentarão uma menor flutuação da TBP. Ainda, ao delimitar escopo e procedimentos das revisões, a própria ANTT pode gerir recursos com maior eficiência, com menor (ou nenhum) prejuízo à fiscalização dos contratos em si, tão importante para a verificação do efetivo cumprimento das obrigações do PER.

Por fim, a previsão de *tarifas diferenciadas para pista simples e pista dupla* (isso é, a política tarifária consistente em cobrar um valor pelo serviço de operação em pista simples e outro, maior, em serviço de operação em pista duplicada) tem o condão de alinhar os incentivos para a execução das obras de duplicação, que são os investimentos mais críticos da concessão. Ora, a perspectiva de aumento de receita *pari passu* à entrega das obras de duplicação (i) incentiva o concessionário a manter no prazo o cronograma de ampliações de capacidade e (ii) garante ao usuário o pagamento de uma tarifa mais adequada ao serviço prestado.

Não se pode deixar de observar que a maioria dos mecanismos e procedimentos descritos acima, em alguma medida, foi estudada e implementada nos contratos do Programa de Concessões Rodoviárias do

---

[21] Nota-se que a própria previsão de um cronograma de obras obrigatórias claro e bem definido pode ser tido como uma evolução dessas modelagens, pois dá-se segurança jurídica e evitam-se disputas quanto a atingimento, ou não, de gatilhos contratuais.

[22] Atualmente, limite de nível de serviço D por mais de 50 horas em um ano.

[23] Houve importante revisão da dinâmica das revisões ordinárias, extraordinárias e quinquenais, cada qual com a definição clara de sua hipótese e procedimento.

[24] Trata-se de percentual da receita da concessionária que, durante o prazo contratual, é reservado para cobertura do reequilíbrio de mecanismos previstos no próprio contrato (*v.g.*, proteção cambial, desconto de usuário frequente e/ou mecanismo de mitigação de risco de receita).

Estado de São Paulo, especialmente em sua última rodada, com bastante aceitação e sucesso.[25] Alguns nem são propriamente inéditos, como a *reclassificação tarifária*, presente desde os primeiros contratos.[26] Outros não citados, mas com mesma inspiração e finalidade, estão sendo trazidos ao Procrofe, como a certificação de projetos, que facilita a apresentação e aprovação de projetos e, portanto, o início de qualquer obra.

Nota-se, portanto, que, embora a sistemática de fatores de reequilíbrio da ANTT permaneça sendo o principal mecanismo de incentivo não sancionatório à realização dos investimentos contratuais, trazendo importante sensação de *accountability* aos usuários, há outros mecanismos e regras de incentivo que, se bem implementados – como parece ser o caso –, podem ser igualmente eficientes para inibir a inadimplência dos contratos de concessão.

Por isso, a nosso ver, não se deve insistir no que denominamos *alargamento* e *aprofundamento* do fator D e quejandos, a pretexto de compreender *todos os serviços* prestados no âmbito do contrato de concessão (com a inadequada lógica de regulação por custos) e realizar uma suposta justiça para com os usuários. Será pouco efetivo. Os fatores, tais como concebidos e aplicados hoje, encontram-se no seu limite de abrangência. Ao contrário do que possa parecer, há alternativas interessantes e provadas que podem ser exploradas. Felizmente, a agência parece caminhar nesse sentido.

## 7 Conclusão

Os 20 (vinte) anos da ANTT revelam um permanente amadurecimento da matéria, com constante evolução dos mecanismos de incentivo à boa performance contratual. Na primeira etapa, faltava um mecanismo com esse fim; na segunda etapa, surge o desconto de reequilíbrio para parâmetros de desempenho; na terceira etapa, conhecemos o fator

---

[25] Evidência anedótica: os autores do texto compuseram a equipe da Artesp responsável pela reestruturação da modelagem dos contratos de concessão da quarta etapa do programa paulista.

[26] Sem embargo do fato de que, nos contratos mais recentes do citado programa, esta regra foi incrementada: não apenas o concessionário usufrui do benefício tarifário diretamente relacionado à entrega das obras de duplicação (*v.g.*, possibilidade de cobrança de tarifa maior no trecho duplicado), como também pode sofrer um prejuízo diretamente relacionado ao atraso na entrega destas obras de duplicação, proporcional ao tempo de atraso (as regras tarifárias determinam que a reclassificação de tarifa de pista simples para tarifa de pista dupla será atrasada pelo dobro do tempo de atraso na entrega da obra pelo concessionário, até o limite de um ano).

D, aplicado para parâmetros de desempenho e atrasos, exclusões ou antecipações de obras; na quarta etapa, divide-se o fator D em outros fatores, conferindo-lhes organicidade; na quinta etapa, mantêm-se os fatores e se adiciona um plexo de outras regras e mecanismos não tarifários com a mesma finalidade.

Tomando por base a importante evolução tida nas primeiras duas décadas de vida – que, do ponto de vista das instituições, revela muita jovialidade –, a perspectiva para o futuro da regulação desempenhada pela ANTT é evidentemente positiva. A instituição, criada já em meio a contratos em execução, ultrapassou percalços em sua governança, saiu fortalecida, desenvolveu *expertise*, acumulou capital humano e parece pronta para, atenta às melhores práticas nacionais e internacionais, dotar os contratos de concessões rodoviárias federais de mecanismos cada vez mais sofisticados de incentivo ao cumprimento de obrigações pelas concessionárias. Que venham os próximos 20 anos!

## Referências

MONTEIRO, Antonio Joaquim de Matos Pinto. *Cláusula penal e indenização*. Coimbra: Almedina, 1999.

MONTEIRO, Vera. *Concessão*. São Paulo: Malheiros, 2012.

PINTO JUNIOR, Mario Engler. Parceria público-privada: antigas e novas modalidades contratuais. *Revista de Direito Público da Economia*, Belo Horizonte, v. 4, n. 13, jan. 2006.

---

Informação bibliográfica deste texto, conforme a NBR 6023:2018 da Associação Brasileira de Normas Técnicas (ABNT):

BARNABÉ, André Isper Rodrigues; CAMPOS, Rodrigo Pinto de; DANTAS, Renata Perez. Evolução dos mecanismos não sancionatórios de incentivo ao cumprimento de obrigações pelas concessionárias de rodovias federais. In: TOJAL, Sebastião Botto de Barros; SOUZA, Jorge Henrique de Oliveira (Coord.). *Direito e infraestrutura*: rodovias e ferrovias – 20 anos da Lei nº 10.233/2001. Belo Horizonte: Fórum, 2021. v. 2, p. 295-312. ISBN 978-65-5518-209-5.

# A SÚMULA Nº 7/2020 DA ANTT E A IMPORTÂNCIA DA PROMOÇÃO DA CULTURA DE RESPEITO AOS PRECEDENTES NA ADMINISTRAÇÃO PÚBLICA

RENATA ROCHA VILLELA

## 1 Introdução

Em dezembro de 2020, a Agência Nacional de Transportes Terrestres (ANTT) editou a Súmula nº 7, de 8 de dezembro, voltada a concretizar e uniformizar o entendimento de que a inadimplência das concessionárias prestadoras de serviço público de transporte ferroviário no cumprimento das obrigações contratuais não impede a análise de seus pleitos pelo regulador.

No que tange ao tema abordado pelo entendimento sumular, sua edição pode ser considerada um grande avanço por dois principais motivos. Primeiramente, a norma promoveu a releitura de uma cláusula típica dos contratos celebrados na década de 90 do século XX, época em que vigorava uma forma de atuação da Administração Pública pautada na imperatividade. Além disso, o entendimento nela cristalizado prestigia o interesse público, pois permite que a agência avalie pleitos essenciais à manutenção de um serviço público de qualidade, criando uma linha divisória entre a punição das concessionárias em virtude de seus inadimplementos e a apreciação de questões típicas do cotidiano das concessões.

Além da relevância do tema abordado pela súmula, sua própria edição deve ser celebrada, porque demonstra a disposição da agência reguladora em uniformizar o tratamento que deve ser conferido por suas unidades organizacionais, impedindo a prolação de decisões distintas em casos semelhantes. Nesse sentido, a norma mostra-se alinhada com os esforços entabulados pela Lei da Segurança para a Inovação Pública (Lei Federal nº 13.655/2018), que introduziu novos dispositivos à Lei de Introdução às Normas do Direito Brasileiro (LINDB), entre os quais destaca-se o art. 30,[1] que expressamente cita a utilidade das súmulas na garantia de maior segurança jurídica.

O presente artigo pretende elucidar os temas mencionados, jogando luz, em especial, à edição de súmulas por agências reguladoras, prática muito menos conhecida e comum do que a edição de tais normas por entidades do Poder Judiciário, e a sua importância para permitir maior uniformidade e segurança jurídica na Administração Pública, colaborando para a criação de uma cultura de respeito aos precedentes.

## 2 Antecedentes à edição da Sumula nº 7/2020

Grande parte dos contratos de concessão de transporte ferroviário de carga atualmente vigentes foram assinados no final da década de 90 do século XX, em decorrência do primeiro leilão para desestatização das 18 ferrovias operadas pela RFFSA – Rede Ferroviária Federal S.A., divididas em seis malhas, que sofriam com a queda de investimentos, em virtude do *déficit* do orçamento público, e com a má qualidade de sua infraestrutura, que as impediam de gerar recursos suficientes para seu autofinanciamento.

Como à época da assinatura dos contratos a ANTT ainda não havia sido criada, a elaboração dos instrumentos contratuais competiu ao Ministério dos Transportes, que cumulava as funções de elaboração, fiscalização e regulamentação da política setorial em conjunto com a Comissão Federal de Transportes Ferroviários – Cofer, órgão colegiado com jurisdição sobre todo o sistema ferroviário nacional, criado pelo Decreto nº 1.945/1996.

---

[1] "Art. 30. As autoridades públicas devem atuar para aumentar a segurança jurídica na aplicação das normas, inclusive por meio de regulamentos, súmulas administrativas e respostas a consultas. *Parágrafo único*. Os instrumentos previstos no *caput* deste artigo terão caráter vinculante em relação ao órgão ou entidade a que se destinam, até ulterior revisão".

Seja pelo ineditismo do modelo de concessões na década de 90, seja pela inexistência de um ente regulador especificamente voltado a pensar nos problemas e propor soluções para o setor de transportes terrestres, os contratos de concessão assinados na época se pautaram no princípio do mínimo regulatório, caracterizado por maior flexibilidade e dinamicidade, e contam com cláusulas gerais, que não abordam detalhes importantes, como a necessidade de realização de investimentos na malha concedida.

Esse contexto permite compreender mais adequadamente a presença de cláusulas, nos contratos de concessão assinados na época, que preveem que "a concessionária somente poderá apresentar qualquer pleito se estiver em dia com todas as suas obrigações contratuais".[2]

Inegavelmente, cláusulas como esta são típicas de contratos carentes de instrumentos adequados para incentivar o cumprimento das obrigações pelo concessionário e denotam uma postura punitivista do Poder Concedente, avesso às alternativas dialógicas e voltadas a incentivar solução de problemas.

Ocorre que, sob a perspectiva da adequada gestão contratual, cláusulas com tal conteúdo não se mostram pertinentes, já que as discussões entre regulador e regulado são indispensáveis para decidir problemas emergentes ao longo da prestação do serviço.

Como se sabe, o contrato de concessão, assim como todos os contratos de longa duração, sofre de natural incompletude, dada a impossibilidade de se antever todos os riscos e eventos que ocorrerão durante sua vigência.[3] Há, ainda, circunstâncias previsíveis e que igualmente dependem de decisão diuturna do regulador, como a revisão das tarifas de referência, a aprovação dos projetos de obras para a melhoria da malha ferroviária concedida ou a readequação de seu traçado, a autorização para a realização de atividades acessórias, entre outros temas que guardam clara relação com a boa prestação dos serviços e a modicidade tarifária.

Ademais, tais contratos envolvem a prestação de um serviço público, de modo que não compete ao particular delegatário decidir

---

[2] De acordo com o levantamento feito pela Sufer – Superintendência de Transportes Ferroviários da ANTT, a cláusula citada consta em 13 dos 16 contratos de concessão ferroviária atualmente vigentes.

[3] Sobre o tema, ver: FRYDLINGER, David; HART, Oliver. Overcoming contractual incompleteness. The Role of Guiding Principles (new version, September, 2020). *Harvard – Faculty of Arts and Sciences – Department of Economics*. Disponível em: https://scholar.harvard.edu/hart/publications/overcoming-contractual-incompleteness-role-guiding-principals. Acesso em: 14 mar. 2021.

isoladamente questões não abarcadas no instrumento, sendo indispensável a participação ativa dos entes estatais no processo decisório, sob pena de o concessionário se submeter a penalidades. Para exemplificar, pode-se mencionar as previsões da Resolução ANTT nº 2.695/2008, que estabelece procedimentos que devem ser seguidos pelas concessionárias para obter autorização para realização de obras na malha ferroviária e prevê que "[a] concessionária será apenada, nos termos do Contrato de Concessão, pelas obras não autorizadas pela ANTT, executadas ou em execução [...]".

Por isso, a cláusula que proíbe a apresentação de pleitos por concessionárias inadimplentes dificulta a prestação de serviço público e a manutenção do equilíbrio econômico-financeiro da concessão, ao impedir ou ao menos alongar os processos de aprovação de pleitos dirigidos à ANTT.

Com a criação da agência setorial pela Lei nº 10.233/2001 e a consequente atribuição a ela de responsabilidade para administrar os instrumentos de outorga celebrados antes da edição da norma, nos termos do seu art. 24, inc. VI, era de se esperar a revisão dos contratos, inclusive por meio da alteração ou remoção de cláusulas com conteúdo não condizente com a garantia da prestação de um serviço adequado, em consonância com a determinação do art. 20, inc. II do mesmo diploma.

Ainda assim, referida cláusula foi reproduzida em contratos de concessão assinados até 2014, que em diversos aspectos já se mostravam muito mais modernos do que aqueles celebrados na década de 90. Foi apenas em 2020, quase 20 anos após a criação da ANTT, que se autorizou o afastamento da aplicação de tal cláusula contratual, por meio da edição da Súmula nº 7, que dispõe:

> A inadimplência das concessionárias e subconcessionárias prestadoras de serviço público de transporte ferroviário de cargas associado à exploração da infraestrutura ferroviária, demonstrada no Relatório de Adimplência Contratual vigente, cujo contrato contenha cláusula que condiciona a apresentação de pleitos ao cumprimento de suas obrigações contratuais, não impede a análise formal da admissibilidade de pedidos que envolvam:
> I - obtenção de autorização para execução de obras na malha concedida, de interesse próprio ou de terceiros, disciplinados pela Resolução nº 2.695, de 13 de maio de 2008, ou outra que vier a substituí-la;
> II - reajuste e revisão de tarifas; e
> III - demais hipóteses em que ficar demonstrado o interesse do serviço público.

Não obstante, antes da edição da súmula o entendimento nela consolidado já contava com respaldo da Procuradoria Federal junto à ANTT pelo menos desde 2002, quando a entidade proferiu o Parecer ANTT/PRG/MRG n° 310/2002, destacado na Nota Técnica SEI n° 4219/2020/Conor/Geref/Sufer/DIR, que inaugurou o processo administrativo que antecedeu a edição da norma citada, cujo trecho se reproduz:

> 6. Em sua manifestação, consignada no PARECER/ANTT/PRG/MRG/N° 310/2002, a PFANTT destacou que "na interpretação dos contratos administrativos não se pode negar a aplicação das regras de hermenêutica comum. *Contudo, não se pode olvidar que o objeto da contratação é inegavelmente o atendimento do interesse público e nesse desiderato, que constitui o bem maior a ser tutelado, deve a Administração Pública socorrer-se do poder discricionário que lhe é inerente e sopesar a conveniência e oportunidade da invocação da exceção do contrato não cumprido (exceptio non adimplenti contractus) em face do contratado inadimplente,* quando do pleito de reajustamento de preços ou de tarifas ou outro que venha a ser postulado, porquanto, *essa conduta poderia comprometer a continuidade dos serviços, trazendo prejuízos ainda maiores aos administrados que ficariam impedidos de desfrutar dos serviços de transportes"*. [...]
> 20. Sobre esse tópico, cabe nova menção ao Parecer ANTT/PRG/MRG/N° 310/2002, o qual se transcreve: "Diante do exposto, a vista das ponderações esposadas, denota-se que, apesar do princípio da legalidade e dos preceitos de que os pactos obrigam os contratantes (pacta sunt servanda) e da vinculação ao instrumento convocatório do certame licitatório, em tese, assiste ao Poder Concedente, desde que avaliado detalhadamente o caso in concreto, a faculdade de deixar de aplicar a clausula contratual que obsta o exame de quaisquer pleitos das concessionárias inadimplentes (exceptio non adimpleti contractus) inclusive em relação ao pedido de reajuste das tarifas para restabelecer o equilíbrio econômico-financeiro da avença, desde que motivado e justificado de maneira inquestionável o ato praticado, fundamentando a decisão nos preceitos e diplomas legais acima citados. Concluindo assim este Parecer pela possibilidade jurídica da Administração em abrir mão da cláusula que prevê a vedação de exame de pleitos das concessionárias e ou permissionárias inadimplentes, ou seja, a invocação da exceção do contrato não cumprido, opinando este Parecer pela viabilidade no que toca a análise dos diversos pleitos das contratadas inadimplentes". (Grifos nossos)

Em referido processo administrativo, autuado sob o nº 50500.095105/2020-28,[4] encontra-se também colacionado o Parecer nº 777-3.3.5/2013/PF-ANTT/PGF/AGU, datado de junho de 2013, por meio do qual a Procuradoria asseverou ser juridicamente possível deferir pedido formulado por concessionária para a execução de obras voltadas a suprir a demanda de transporte ferroviário e aumentar a segurança do tráfego. Em especial, destacam-se os seguintes trechos do parecer:

> Com efeito, todas as atividades desenvolvidas no âmbito dos contratos de concessão, tais como obras e serviços, só podem ocorrer à luz do interesse público. *Assim, como seria possível, a pretexto de alguma inadimplência do concessionário, não admitir 'qualquer pleito' por ele formulado, quando 'qualquer pleito' deverá, sempre, atender o interesse público da concessão do serviço concedido?*
>
> É preciso não esquecer que, *ao contrário do que ocorre no* âmbito *das relações contratuais de direito privado e mesmo público, no contrato de concessão os interesses das partes – Poder Concedente e Concessionário – são convergentes, e não opostos.* Isto porque o concessionário não presta serviço ao Poder Concedente, mas sim aos usuários do serviço concedido. O seu cliente não é a Administração Pública, como ocorre nos contratos administrativos tradicionais, mas todos aqueles que se utilizam do serviço concedido. Esta característica singular dos contratos de concessão, torna a relação contratual impregnada de princípios e regras de direito público, marcadamente dirigidas ao atendimento do serviço público concedido. Neste contexto, não se pode confundir o interesse do concessionário, com o interesse dos seus acionistas. Estes, por certo, têm por escopo básico obter o maior retorno possível para o capital investido, enquanto que o concessionário obrigou-se a prestar um serviço adequado (art. 6º, da Lei n. 8.987/1995). Desse modo, *o interesse privado dos acionistas do concessionário terá que se harmonizar com o atendimento do interesse público de ser prestado com adequação e modicidade tarifária o serviço público concedido.*
>
> Daí porque considero de pouca valia a Cláusula XVIII, inciso III, do Contrato de Concessão, uma vez que *os pleitos do concessionário deverão sempre atender o interesse do serviço público concedido, não sendo possível, tão só por conta de eventuais inadimplên*cias, *serem recusados.* Noutras palavras, os pleitos do concessionário não deverão ser atendidos quando não forem de interesse do serviço público concedido, independente de estarem ou não em dia com as suas obrigações contratuais. (Grifos nossos)

---

[4] O processo pode ser consultado por meio do SEI – Serviço Eletrônico de Informações da ANTT (https://sei.antt.gov.br/).

Os pareceres citados sugerem que o entendimento cristalizado pela Súmula nº 7 não foi isolado, tampouco é recente, no âmbito do órgão de orientação jurídica da ANTT. Ademais, os pareceres fazem menção a duas noções essenciais aos contratos de concessão: (i) os interesses da concessionária e do Poder Concedente são convergentes, não opostos, já que ambos devem ter como objetivo o atendimento ao interesse público; e (ii) se os pleitos da concessionária forem voltados a atender a interesses dos seus acionistas ou terceiros, não devem ser atendidos em nenhuma circunstância, mas, quando voltados a atender ao interesse público, devem sempre sê-lo, independentemente da inadimplência.

Ainda assim, o tratamento conferido pelas unidades organizacionais da ANTT no bojo dos processos administrativos instaurados para analisar os pleitos formulados por concessionários nunca foi unívoco. Em diversos casos, as gerências vinculadas à Superintendência de Transporte Ferroviário (Sufer), assim como esta própria, deferiram pleitos outrora negados a outras concessionárias nas mesmas condições, sem prévia consulta à Procuradoria Jurídica, criando uma situação de insegurança jurídica, de afronta à isonomia e de prejuízos à prestação do serviço público.

Foi apenas durante o processo de homologação de reajuste tarifário de uma concessionária, instaurado em 2019, que o Diretor Davi Barreto questionou a Sufer sobre a aplicabilidade do dispositivo presente em grande parte dos contratos de concessão, dando origem ao processo administrativo que embasou a edição da Súmula nº 7.

A análise do processo de edição da Súmula nº 7 evidencia a importância da norma, eis que, mesmo havendo orientação da Procuradoria Jurídica (que aclarou não só a possibilidade jurídica, como também a relevância, em alguns casos, da não observância da cláusula contratual), as unidades da ANTT frequentemente deixavam se analisar pleitos dos concessionários em virtude de sua inadimplência. O novo entendimento sumulado colabora, portanto, com a uniformidade na condução dos processos administrativos, prestigiando a isonomia no tratamento conferido aos administrados e o interesse público na prestação de serviço de qualidade.

## 3 A edição de súmulas por agências reguladoras: normas e procedimentos

No âmbito do processo civil brasileiro, é conhecida e corriqueira a edição de súmula pelos tribunais, que, como bem conceitua Rodolfo de Camargo Mancuso, "representa o extrato de uma jurisprudência assentada".[5]

O processo de edição de tais verbetes é objeto do regimento interno dos tribunais, de modo que o Código de Processo Civil se limita a determinar a estes órgãos que uniformizem sua jurisprudência, mantendo-a estável, íntegra e coerente (art. 926, *caput*), o que inclusive pode se dar por meio de enunciados de súmula correspondentes à sua jurisprudência dominante (§1º), os quais devem se ater às circunstâncias fáticas dos precedentes que motivaram sua criação (§2º).

Embora o Código de Processo Civil seja sucinto com relação às súmulas, ao menos enuncia suas principais características, bem expostas por Humberto Theodoro Júnior:

> A súmula, nessa ordem de ideias, reproduz, abstrata e genericamente, *a tese de direito que se tornou constante ou repetitiva numa sequência de julgamentos*. O tribunal não legisla primariamente, mas ao aplicar, no processo, as normas do direito positivo, determina o sentido e alcance que lhes corresponde, segundo a experiência de sua atuação sobre os casos concretos.
> Não corresponde, a súmula, a uma reprodução global do precedente (*i.e.*, do caso ou casos anteriores julgados). *Nela se exprime o enunciado que uniforme e repetitivamente tem prevalecido na interpretação e aplicação pretoriana de determinada norma do ordenamento jurídico vigente*. Uma vez, porém, que os tribunais não se pronunciam abstratamente, seus julgados sempre correspondem a apreciação de casos concretos, cujos elementos são fatores importantes na elaboração da norma afinal aplicada à solução do objeto litigioso. Assim, embora o sistema de súmulas não exija a identidade dos casos sucessivos, não pode deixar de levar em conta a situação fático-jurídica que conduziu à uniformização da tese que veio a ser sumulada.[6] (Grifos nossos)

Pode-se dizer, portanto, que para a edição das súmulas é necessário que haja reiteradas decisões do Tribunal em um mesmo sentido, as quais dão origem ao verbete contendo a orientação sucinta que compete ser observada pelos juízos inferiores, a fim de evitar a prolação de decisões díspares para casos semelhantes.

---

[5] MANCUSO, Rodolfo de Camargo. *Teoria geral do processo*. Rio de Janeiro: Forense, 2018. p. 48.
[6] THEODORO JÚNIOR, Humberto. *Curso de direito processual civil*. Rio de Janeiro: Forense, 2020. v. III. p. 751.

Não há, porém, previsões com conteúdo semelhante na lei que rege o processo administrativo no âmbito federal (Lei nº 9.784/1999), tampouco na Lei das Agências Reguladoras (Lei nº 13.848/2019). Ainda que o Código de Processo Civil seja subsidiariamente aplicável ao processo administrativo, nos termos do seu art. 15,[7] as especificidades deste tipo de processo e o próprio modo de atuação das agências reguladoras exige que a aplicação do diploma processual civil na esfera administrativa ocorra com temperança.

Ainda no âmbito da Administração Pública, destaca-se a previsão do já mencionado art. 30 da LINDB, cujo *caput* determina às autoridades públicas que atuem "para aumentar a segurança jurídica na aplicação das normas, inclusive por meio de regulamentos, súmulas administrativas e respostas a consultas", os quais "terão caráter vinculante em relação ao órgão ou entidade a que se destinam", nos termos do parágrafo único. Ainda que o artigo seja sucinto, é importante por mencionar explicitamente a utilidade das súmulas para manter a segurança jurídica também na esfera administrativa.

Diante do silêncio legal ou da falta de detalhamento sobre o uso de súmulas administrativas, sua edição acaba sendo objeto do regimento interno das agências reguladoras federais.

Porém, nem todos os regimentos preveem a edição da norma e, mesmo entre os que a disciplinam, não há uniformidade acerca do procedimento a ser seguido e de suas funções, conforme se vê no quadro a seguir, que reúne os principais dispositivos presentes nas normas regimentais (com exceção do regimento interno da ANTT, melhor analisado na sequência).

---

[7] Como preconiza o art. 15 do Código de Processo Civil, "[n]a ausência de normas que regulem processos eleitorais, trabalhistas ou administrativos, as disposições deste Código lhes serão aplicadas supletiva e subsidiariamente".

(continua)

| Agência reguladora | Previsão regimental | Quantidade de súmulas editadas[8] |
|---|---|---|
| Antaq – Agência Nacional de Transportes Aquaviários | **Resolução nº 3.585/2014:** "Art. 5º São atos administrativos da ANTAQ: [...] IV - Súmula: ato que expressa a orientação sobre tema controvertido *ou* a síntese de decisões reiteradas acerca de uma matéria, com caráter vinculante às demais unidades organizacionais da ANTAQ, exceto para a Procuradoria Federal junto à ANTAQ" (grifos nossos) | 2 |
| Aneel – Agência Nacional de Energia Elétrica | **Anexo à Portaria MME nº 349/1997:** "Art. 25. Os atos da ANEEL serão expressos sob a forma de: [...] X - súmulas, de caráter orientativo, consubstanciadas em enunciados, contendo o entendimento pacífico, reiterado e uniforme proveniente das decisões da Diretoria da ANEEL". | 17 |
| ANM – Agência Nacional de Mineração | **Resolução nº 2/2018:** "Art. 97. Os atos da ANM serão expressos sob a forma de: [...] X - súmulas, consubstanciadas em enunciados, contendo o entendimento pacífico, reiterado e uniforme proveniente das decisões da Diretoria Colegiada. [...] §2º As súmulas de que trata o inciso X poderão ter efeito vinculante, conforme deliberação da Diretoria Colegiada". | 0 |
| Anvisa – Agência Nacional de Vigilância Sanitária | **Resolução de Diretoria Colegiada nº 255/2018:** "*Art. 53. A Diretoria Colegiada exerce as competências previstas em Lei e no presente Regimento Interno, e manifesta-se pelos seguintes instrumentos decisórios, assim qualificados:* [...] IX - *Súmula: ato que expressa a síntese da interpretação da legislação de vigilância sanitária pelo órgão colegiado, a partir de um conjunto de arestos, objeto de reiteradas decisões, revelando vinculação das unidades organizacionais da Agência sobre casos análogos*". | 0 |

---

[8] Vale esclarecer que o quantitativo faz referência às súmulas já editadas pelas agências reguladoras, e não ao número de súmulas atualmente em vigor, já que muitas delas foram canceladas.

(continua)

| Agência reguladora | Previsão regimental | Quantidade de súmulas editadas[8] |
|---|---|---|
| Anatel – Agência Nacional de Telecomunicações | Resolução nº 612/2013:<br>"*Art. 40. A Agência manifestar-se-á mediante os seguintes instrumentos:* [...]<br>*II - Súmula: expressa decisão quanto à interpretação da legislação de telecomunicações e fixa entendimento sobre matérias de competência da Agência, com efeito vinculativo.* [...]<br>*Art. 67. O procedimento de edição de Súmula deverá ser realizado em autos próprios, os quais ficarão disponíveis na Biblioteca e na página da Agência na Internet.*<br>*Art. 68. A iniciativa da proposta de edição, alteração e revogação de Súmula poderá ser do Presidente, de Conselheiros ou de órgãos da Anatel, devendo ser instaurado processo, nos termos do art. 67, para submissão ao Conselho Diretor.*<br>*Art. 69. Na organização gradativa da Súmula, a cargo da Secretaria do Conselho Diretor, será adotada numeração de referência para os enunciados, seguidos da menção dos dispositivos legais e das decisões em que se fundamentam. Parágrafo único. Ficarão vagos, com nota de cancelamento, os números dos enunciados que a Anatel revogar, conservando os mesmos números dos que forem apenas modificados, fazendo se a ressalva correspondente.*<br>*Art. 70. Os enunciados da Súmula, datados e numerados em séries separadas e contínuas, bem como suas alterações e revogações, serão publicados na página da Agência na Internet e no Diário Oficial da União*<br>*Art. 71. A Secretaria do Conselho Diretor deverá, periodicamente, analisar e indicar ao Presidente, as deliberações reiteradas, a fim de se avaliar a necessidade de fixar o entendimento para elaboração da Súmula".* | 12 |
| ANS – Agência Nacional de Saúde Suplementar | Resolução Regimental nº 1/2017:<br>"*Art. 30. A DICOL manifesta-se pelos seguintes instrumentos, assim qualificados:* [...]<br>*III - súmula normativa: expressa interpretação da legislação de saúde suplementar, com efeito vinculante a todos órgãos e agentes públicos da ANS".* | 31 |
| Ancine – Agência Nacional do Cinema | Resolução de Diretoria Colegiada nº 59/2014:<br>"*Art. 31. Os atos administrativos da ANCINE serão expressos sob a forma de:* [...]<br>*VI - Súmula: ato normativo expedido após reiteradas decisões sobre determinada matéria, que consigna a interpretação da Diretoria Colegiada sobre dispositivos da legislação cinematográfica e audiovisual;* [...]". | 19 |

(conclusão)

| Agência reguladora | Previsão regimental | Quantidade de súmulas editadas[8] |
|---|---|---|
| Anac – Agência Nacional de Aviação Civil | Anexo à Resolução nº 381/2016:<br>"*Art. 17. À Assessoria Técnica compete:* [...]<br>*IV - elaborar, para fins de publicação, as súmulas das deliberações da Diretoria, expedindo comunicação aos interessados*". | 3 |
| ANA – Agência Nacional de Águas e Saneamento Básico | Resolução nº 76/2019:<br>Não dispõe sobre a edição de súmulas. | - |
| ANP – Agência Nacional do Petróleo, Gás Natural e Biocombustíveis | Anexo à Portaria MME nº 265:<br>Não dispõe sobre a edição de súmulas. | - |

Como se vê, no geral as súmulas podem se voltar a pacificar interpretação e/ou a consolidar entendimento reiterado. No primeiro caso, não se exige a prolação de múltiplas decisões com o mesmo sentido, bastando que a diretoria colegiada entenda necessário assentar determinada interpretação, como admitido nos regimentos da ANS, Anatel, Antaq e Anac.

Constata-se, ainda, que apenas o regimento da Anatel prevê um procedimento para a edição destes enunciados, o qual ainda assim não requer a reiteração de decisões, como dito acima, bastando a sugestão do presidente, de conselheiros ou de órgãos da agência, seguida da aprovação do conselho diretor.

Nessa mesma linha, o regimento interno da ANTT (Anexo à Resolução nº 5.888/2020) não desce a minúcias no que tange à edição de súmulas, como demonstram os principais dispositivos relativos ao tema:

> Art. 15. À Diretoria Colegiada compete exercer as atribuições e cumprir os deveres estabelecidos na Lei nº 10.233, de 2001, analisar, discutir e decidir, em instância administrativa final, as matérias de competência da ANTT, bem como: [...]
> IX - aprovar enunciados de Súmulas e Manual de procedimentos; [...].
> Art. 17. Aos Diretores compete: [...]
> IV - propor a aprovação, a revogação ou a alteração de Súmulas e do Regimento Interno; [...].
> Art. 43. São atribuições comuns a todas as Superintendências de Processos Organizacionais, em sua respectiva esfera de competência: [...]

VII - garantir a uniformidade de entendimentos, interpretações e ações por suas unidades em respeito às Súmulas e diretrizes da Diretoria Colegiada;
Art. 44. Os Superintendentes têm as seguintes atribuições comuns: [...]
X - propor à Diretoria Colegiada a aprovação, a revogação ou a alteração de Súmulas que veiculem entendimento pacífico, reiterado e uniforme proveniente das decisões adotadas no âmbito da respectiva Superintendência. [...]
Art. 69. [...]
§2° A aprovação de enunciados de Súmulas, nos termos do art. 15, inciso IX, deste Regimento, deverá ser feita por unanimidade. [...]
Art. 120. As manifestações da ANTT ocorrerão mediante os seguintes instrumentos: [...]
III - Súmula - enunciado, com efeito vinculante em relação às demais unidades organizacionais da ANTT, exceto a Procuradoria Federal junto à ANTT, destinado a tornar público: a) interpretação da legislação de transportes terrestres; ou b) entendimento pacífico, reiterado e uniforme proveniente das decisões da Diretoria Colegiada ou das Superintendências.

Como demonstram os artigos acima, no âmbito da ANTT os enunciados sumulares não expressam, necessariamente, "o extrato de uma jurisprudência assentada". De fato, no caso da Súmula n° 7, não houve reiteradas decisões no mesmo sentido, mas sim a identificação de uma divergência entre as entidades internas responsáveis por apreciar os pleitos das concessionárias.

O fato de não haver múltiplas decisões que antecedem a criação da súmula dificulta o entendimento de seu contexto e, portanto, sua aplicação pelas autoridades e a uniformização das decisões. De acordo com Gilmar Mendes e Paulo Gonet Branco:

> Os limites objetivos da súmula vinculante são dados pelo enunciado que resulta de sua formulação. É evidente que *esse enunciado poderá ser mais bem compreendido à luz das referências da súmula, isto é, dos julgados que geraram a base para a decisão sumulada.*
> Assim, não raras vezes ter-se-á de recorrer às referências da súmula para dirimir eventual dúvida sobre o seu exato significado. Tais referências são importantes também no que diz respeito à eventual distinção ou *distinguishing* que se tenha de fazer na aplicação da súmula vinculante[9].
> (Grifos nossos)

---

[9] MENDES, Gilmar Ferreira; BRANCO, Paulo Gonet. *Curso de direito constitucional*. São Paulo: Saraiva, 2021. p. 532. Disponível em: https://integrada.minhabiblioteca.com.br/#/books/9786555593952/. Acesso em: 25 fev. 2021.

A falta de referências, isto é, de um conjunto de decisões aptas a embasar a determinação do alcance da súmula, pode impor dificuldades à aplicação da Súmula n° 7 da ANTT, especialmente de seu inc. III, que menciona que o inadimplemento não obstará a análise nas "demais hipóteses em que ficar demonstrado o interesse do serviço público".

Como bem exposto pela Procuradoria Federal junto à ANTT, em tese todos os pleitos formulados pelas concessionárias com vistas a permitir a prestação do serviço concedido deveriam ser entendidos como aderentes ao interesse público. Por essa razão, o inc. III sequer seria necessário e abre espaço para interpretações do conceito indeterminado nele contido que impeçam o atendimento de requerimentos legítimos das concessionárias, o que por certo limitará o avanço proporcionado pelo entendimento sumular.

Entende-se, também, que seria importante que o regimento da ANTT esclarecesse quais medidas podem ser adotadas caso determinada decisão seja proferida sem observar o entendimento sumular o que, no caso das súmulas vinculantes do STF, pode ser combatido por meio de reclamação.

Para o aperfeiçoamento do uso das súmulas administrativas, importa, ainda, estipular o processo a ser seguido para justificar sua não adoção a determinado caso concreto, semelhante ao *overruling* aplicável aos precedentes judiciais no *common law*.[10]

No âmbito do processo civil, o art. 927, §4°, do Código de Processo Civil, trata do tema, prevendo que "[a] modificação de enunciado de súmula [...] observará a necessidade de fundamentação adequada e específica, considerando os princípios da segurança jurídica, da proteção da confiança e da isonomia".[11]

---

[10] Como esclarece Guilherme Sarri Carreira, "[a] modificação de enunciado de súmula, de jurisprudência pacificada ou de tese adotada em julgamento de casos repetitivos observará a necessidade de fundamentação adequada e específica, considerando os princípios da segurança jurídica, da proteção da confiança e da isonomia. [...] A modificação de enunciado de súmula, de jurisprudência pacificada ou de tese adotada em julgamento de casos repetitivos observará a necessidade de fundamentação adequada e específica, considerando os princípios da segurança jurídica, da proteção da confiança e da isonomia" (CARREIRA, Guilherme Sarri. *Princípio da segurança jurídica e a superação do precedente judicial*. Dissertação (Mestrado) – Faculdade de Direito, Pontifícia Universidade Católica de São Paulo, São Paulo, 2013. p. 99. Disponível em: https://sapientia.pucsp.br/handle/handle/6246. Acesso em: 14 mar. 2021).

[11] Acerca da alteração das súmulas editadas pelo STF, Mendes e Branco asseveram: "A afirmação de que inexistiria uma autovinculação do Supremo Tribunal ao estabelecido nas súmulas há de ser entendida *cum grano salis*. Talvez seja mais preciso afirmar que o Tribunal estará vinculado ao entendimento fixado na súmula enquanto considerá-lo expressão adequada da Constituição e das leis interpretadas. *A desvinculação há de ser formal, explicitando-se que determinada orientação vinculante não mais deve subsistir. Aqui, como em toda mudança de*

O maior ônus argumentativo sugerido visa a evitar (ou ao menos dificultar) a superação do entendimento sumular, que deve exigir da autoridade competente a apresentação dos motivos pelos quais o precedente sumulado não se aplica ao caso concreto e em que medida a orientação proposta se mostra mais adequada.

Ainda que se alegue que o melhor detalhamento dos procedimentos para elaboração, aplicação e superação das súmulas pode desestimular seu uso por agentes públicos, fato é que sob a égide das normas atualmente em vigor sua edição não tem sido frequente. Entre as normas da ANTT, por exemplo, há apenas nove atos com tal natureza, tendo sido o primeiro editado recentemente, em 2018.

Logo, o escasso uso das súmulas não pode ser atrelado apenas à facilidade ou não de sua criação, mas sim (e talvez principalmente) à ausência de uma cultura de respeito aos precedentes no âmbito da Administração Pública, o que se aplica à ANTT, como será abordado no próximo tópico.

## 4 O respeito aos precedentes por órgãos e entidades da Administração Pública: previsão legal, importância e incentivos

Como abordado nos tópicos anteriores, o uso de súmulas pela ANTT é ainda muito tímido. Além disso, as unidades técnicas e a própria Diretoria Colegiada da autarquia não têm o hábito de seguir os próprios precedentes, proferindo decisões casuísticas que criam incertezas regulatórias aos concessionários. A própria ausência de um repositório de decisões oriundas da Diretoria Colegiada revela que não há compromisso em fornecer parâmetros para a atuação do administrado.

O caso dos pleitos dos concessionários não analisados em virtude da inadimplência, agora pacificado pela Súmula n° 7, é só um exemplo de tantos em que a agência proferiu decisões que variam ao sabor do caso concreto, muitas vezes conferindo interpretações diversas a conceitos indeterminados (como o "interesse público") para justificar tratamentos distintos a casos semelhantes.

---

orientação, o órgão julgador ficará duplamente onerado pelo dever de argumentar" (MENDES, Gilmar Ferreira; BRANCO, Paulo Gonet. *Curso de direito constitucional*. São Paulo: Saraiva, 2021. p. 532. Disponível em: https://integrada.minhabiblioteca.com.br/#/books/9786555593952/. Acesso em: 25 fev. 2021).

Ainda que se considere que no modelo de regulação por contratos,[12] seguido no setor de transportes, as decisões emanadas do regulador são menos relevantes, eis que os próprios contratos oferecem os parâmetros que devem orientar a atuação do concessionário, isso não significa que a função julgadora ou decisória[13] da ANTT seja menos necessária, tampouco afasta a importância da estabilidade e da previsibilidade.

O próprio cotidiano das concessões exige um diálogo constante entre regulador e regulado. Outrossim, o fato de o descumprimento das cláusulas contratuais ser fonte de apuração e sanções por parte das agências reguladoras no bojo de processos administrativos adversariais

---

[12] Acerca da regulação por contrato, vale citar o excerto a seguir: "A Regulação por Contrato, como o próprio nome indica, procura especificar *ex ante* em contrato as principais regras que regerão a parceria pública e privada. De partida, são estabelecidos para todo o período do contrato, por exemplo, o preço-teto inicial por serviço e a regra de reajuste anual, investimentos obrigatórios e gatilhos de investimento, o nível mínimo de qualidade a ser atendido, a alocação de riscos entre o público e o privado e as regras para reequilíbrio econômico-financeiro do contrato. [...] *A descrição da Regulação por Contrato indica que uma característica importante é a simplificação da forma de regulação, ao restringir o regramento regulatório apenas ao previsto no contrato entre o público e privado. Desse modo, a discricionariedade do regulador e o custo regulatório são minimizados.* Ao estabelecerem-se as condições contratuais da forma mais completa possível em contrato, o espaço para mudanças de regras é reduzido, o que mitiga o risco de comportamento oportunista das partes. Além disso, o custo regulatório é menor, já que não existe a necessidade de verificar de forma detalhada os custos da firma regulada para fins da RTP. Entretanto, como o contrato predefine as regras contratuais, esse tipo de regulação é menos flexível para lidar com incertezas, como mudanças nos custos dos insumos e avanços tecnológicos. Por fim, quando existe necessidade de renegociar o contrato, o regulador está menos preparado para lidar com revisões contratuais e a assimetria de informações" (CAMACHO, Fernando Rodrigues; RODRIGUES, Bruno da Costa Lucas. Regulação econômica de infraestruturas: como escolher o modelo mais adequado? *Revista do BNDES*, n. 41, p. 270-273, jun. 2014. Disponível em: https://www.bndes.gov.br/SiteBNDES/bndes/bndes_pt/Galerias/Convivencia/Publicacoes/Consulta_Expressa/Tipo/Revista_do_BNDES/201406_06.html. Acesso em: 10 mar. 2021).

[13] De acordo com Flávio de Araújo Willeman, "[c]onsiste a função julgadora das Agências Reguladora na possibilidade que estas autarquias possuem de analisar conflitos de interesse envolvendo as empresas que compõem o segmento regulado, quer quando se estiver a regular serviços públicos descentralizados para execução por particulares. Neste último caso, caberá à Agência Reguladora a possibilidade de julgar conflitos envolvendo o Poder Concedente e os concessionários, entre os próprios concessionários, bem como aqueles porventura suscitados entre usuários de serviços públicos e concessionários". Em nota de rodapé inserida no trecho reproduzido, o autor cita ainda que "[n]o específico caso de julgamento de demandas entre Poder Concedente e concessionárias, não se pode deixar de constatar a peculiar posição da Agência Reguladora quando esta for considerada o Poder Concedente. Nesta situação, além de julgadora do conflito, a Agência também seria parte, o que, em tese, comprometeria sua equidistância do conflito de interesses objeto do litígio" (WILLEMAN, Flávio de Araújo. *Responsabilidade civil das agências reguladoras*. Rio de Janeiro: Lumen Juris, 2005. p. 217-218). O ponto destacado pelo autor, acerca do interesse (na acepção jurídica do termo) das agências reguladoras em casos concretos por elas julgados corrobora a importância de uma cultura de precedentes, que transmita segurança jurídica aos administrados e lhes confira a certeza de que o caso que lhes envolve está sendo decidido com a necessária imparcialidade, seguindo precedentes já solidificados no órgão.

revela o grande volume de decisões que delas emanam, as que devem ser cumpridas pelos concessionários e futuramente observadas pelas autoridades prolatoras e pelos demais administrados.

A não observância dos precedentes, embora condenável, não é restrita ao âmbito da ANTT, já que os órgãos públicos em geral com competências decisórias –[14] como órgãos de controle, agências reguladoras, corregedorias, entre outros – frequentemente deixam de fazê-lo.

Não obstante, ao menos desde 1999, ano em que entrou em vigor a Lei de Processo Administrativo Federal, tenta-se, por meio de lei, exigir da Administração Pública uma atuação mais responsiva aos próprios precedentes. Com esse fim, o art. 50, inc. VII, da Lei nº 9.784/1999 prevê o dever de motivação dos atos administrativos nos casos em que a autoridade deixar de "aplicar jurisprudência firmada sobre a questão ou discrepem de pareceres, laudos, propostas e relatórios oficiais".

Na mesma toada, como já mencionado, adveio o Código de Processo Civil de 2015, que é muito mais claro acerca da necessidade de se seguir os precedentes. Finalmente, para combater qualquer dúvida sobre a necessidade de observância aos precedentes por órgãos e entidades da Administração Pública (direta e indireta), a LINDB foi alterada em 2018, ocasião em que foi acrescido o art. 30, que estipula às autoridades públicas o dever de aumentar a segurança jurídica.

Parece claro, portanto, que não se pode dizer que a não observância dos precedentes decorre do alcance do princípio da legalidade no âmbito da Administração Pública, que preconiza que esta só pode fazer o que a *lei* prevê. Com efeito, nota-se que as próprias leis citadas determinam o respeito às decisões pretéritas, havendo inegável assento legal para justificar a consolidação da "jurisprudência administrativa" e o seu respeito por todos os envolvidos.

---

[14] Como bem asseveram Egon Bockmann Moreira e Paula Pessoa Pereira acerca da abrangência do dever de respeitar as decisões passadas: "Essa regra é impositiva, a incidir tanto do lado de dentro do próprio tribunal administrativo (e das autoridades a ele subordinadas) como também de fora para dentro, a fazer com que o dever de coerência coabite com o de respeito às decisões das Cortes superiores (jurisdicionais e administrativas). Em termos práticos, está-se a falar de Tribunais de Contas; Conselho Administrativo de Defesa Econômica; Agências Reguladoras Independentes; Conselho de Contribuintes; Comissões de Licitações; Comissões em processos administrativos disciplinares etc. Basta haver a estruturação estatutária de órgãos colegiados, a proferir decisões análogas às dos processos judiciais [...]" (MOREIRA, Egon Bockmann; PEREIRA, Paula Pessoa. Art. 30 da LINDB. *Revista de Direito Administrativo*, Rio de Janeiro, nov. 2018. Edição Especial: Direito Público na Lei de Introdução às Normas de Direito Brasileiro – LINDB (Lei nº 13.655/2018). p. 263. Disponível em: http://bibliotecadigital.fgv.br/ojs/index.php/rda/article/view/77657. Acesso em: 14 mar. 2021).

Além disso, como muito bem vaticina Maria Sylvia Zanella Di Pietro, o direito administrativo brasileiro enfrentou uma série de transformações, podendo-se dizer que "hoje, o princípio da legalidade tem uma abrangência muito maior porque exige submissão ao *Direito*"[15] (grifos no original).

Dentro da acepção do termo "direito", devem-se compreender as normas constitucionais, a legislação infraconstitucional (leis complementares, leis ordinárias, leis delegadas, medidas provisórias, decretos legislativos e resoluções) e os regulamentos (presidenciais, setoriais, ministeriais e de outros órgãos da Administração direta e indireta), que compõem o que foi chamado por Gustavo Binenbojm como o "bloco de legalidade administrativa".[16]

Há, como se nota, nítido alargamento dos parâmetros que amparam a edição de atos administrativos, cujo conceito abrange não apenas atos normativos expedidos pelas autoridades públicas, mas também as decisões proferidas em caráter final em processos administrativos adversariais, já que igualmente produzem efeitos jurídicos imediatos.[17]

Vale destacar que Bockmann e Pereira, em comentários ao art. 30 da LINDB, asseveram que não apenas súmulas, regulamentos e respostas a consultas (mencionados no *caput* do dispositivo) vinculam as autoridades públicas, já que a efetiva segurança jurídica só será alcançada quando os "tribunais administrativos" compreenderem como vinculantes todas as "justificativas universalizáveis", nos termos do excerto a seguir:

> Desse modo, sob pena de frustração do alcance adequado e efetivo do art. 30, assim como sob pena de baixa legitimidade e autoridade dos processos públicos, no espaço procedimental e argumentativo do Estado de Direito, é *de se conferir ao parágrafo* único *caráter exemplificativo do que*

---

[15] DI PIETRO, Maria Sylvia Zanella. *Direito administrativo*. São Paulo: Grupo GEN, 2019. p. 32.

[16] BINENBOJM, Gustavo. *Uma teoria do direito administrativo*: direitos fundamentais, democracia e constitucionalização. Rio de Janeiro: Renovar, 2014. p. 149.

[17] Seguindo a classificação proposta por Maria Sylvia Zanella Di Pietro, "pode-se definir o ato administrativo como a *declaração do Estado* ou de quem o represente, que *produz efeitos jurídicos imediatos*, com *observância da lei*, sob *regime jurídico de direito público* e *sujeita a controle pelo Poder Judiciário*". Ainda de acordo com o entendimento da autora, não seriam classificados como atos administrativos aqueles que encerram mera opinião, juízo ou conhecimento, como pareceres e laudos, atos materiais de simples execução, despachos de encaminhamento, atos enunciativos ou de conhecimento, como atestados, certidões e declarações (DI PIETRO, Maria Sylvia Zanella. *Direito administrativo*. São Paulo: Grupo GEN, 2019. p. 233-234).

*se entende por precedente. Sendo igualmente vinculantes todas as justificativas universalizáveis dos tribunais, independente do fato da veiculação na roupagem de súmula, consulta ou regulamento.*

Isto é, os órgãos colegiados da Administração Pública têm o dever processual de proferir decisões com caráter de precedente e assim torna-las públicas. De igual modo, devem conhecer e obedecer aos julgados pretéritos (sejam oriundos da própria Administração, sejam do Poder Judiciário, sejam do Tribunal de Contas e/ou outras autoridades colegiadas). E os agentes administrativos singulares estão investidos do dever de aplicar, *ex officio* e de modo fundamentado, tais decisões uniformizadas.[18] (Grifos nossos)

É importante frisar que o respeito às decisões pretéritas não gera um engessamento à Administração Pública, tampouco impossibilita a adoção de entendimento diverso, uma vez alteradas as circunstâncias que embasaram a prolação de precedentes anteriores. Como muito bem retratado por Lenio Luiz Streck, a mudança de entendimento é parte do processo hermenêutico, da historicidade da compreensão, e justamente por isso deve ser bem fundamentada:

Portanto, *a historicidade da compreensão gera, para o intérprete-juiz, uma série de compromissos a serem cumpridos na fundamentação de sua decisão.* À medida que o julgador não está isolado dos demais participantes de uma comunidade política e tampouco é um observador privilegiado capaz de acessar os significados universais (por mais difícil que seja a admissão dessa limitação humana), é absolutamente necessário que sua decisão explicite os vínculos que necessariamente ela – a decisão – mantém com a tradição, enfim, com a história da qual ela se compreende como efeito. Ao explicitar tais vínculos – que deverão manifestar a compreensão de um contexto composto de textos doutrinários, de precedentes, de leis e da compatibilidade destes para com a Constituição – aparecerão também os choques ou rupturas que a nova interpretação estabelecerá com relação à história que a possibilitou.
Isso é próprio do processo hermenêutico, visto que o círculo da compreensão não se dá como um círculo vicioso, mas, sim, como um círculo virtuoso, que agrega mais possibilidades de sentido, cada vez que esta se compreende como efeito da história. *Essas rupturas e choques que a decisão atual opera com relação à história institucional deverão passar por um amplo e sólido processo de justificação que legitimará a decisão que foi*

---

[18] MOREIRA, Egon Bockmann; PEREIRA, Paula Pessoa. Art. 30 da LINDB. *Revista de Direito Administrativo*, Rio de Janeiro, nov. 2018. Edição Especial: Direito Público na Lei de Introdução às Normas de Direito Brasileiro – LINDB (Lei nº 13.655/2018). p. 266. Disponível em: http://bibliotecadigital.fgv.br/ojs/index.php/rda/article/view/77657. Acesso em: 14 mar. 2021.

*tomada.* Essa "nova" decisão, por sua vez, tornará possível – graças aos efeitos da história – que outra decisão (futura) utilize o seu contexto significativo para oferecer uma solução jurídica para outros casos concretos, justificando novamente qualquer ruptura ou choque com uma decisão anterior numa cadeia constante que, com Gadamer, poderíamos compará-la à forma de uma espiral e, com Dworkin, à descrição do direito como integridade, em especial as questões atinentes à integridade e história e à cadeia do direito.[19] (Grifos nossos)

Os elementos expostos até aqui demonstram que há incentivos e até mesmo comandos legais ao respeito aos precedentes, inclusive por órgãos da Administração Pública. Da mesma forma, esclarecem que a observância de decisões e atos pretéritos é uma decorrência do princípio da segurança jurídica, perfeitamente adequada ao princípio da legalidade aplicável à Administração. Finalmente, justificam que a prática não impõe amarras à função administrativa, mas sim maior ônus decisório às autoridades que pretendam superar os precedentes.

Nesse quadro, é de se questionar o que ainda obsta a criação de uma cultura de precedentes no Brasil. O art. 30 da LINDB não estipulou apenas uma faculdade, eis que, citando mais uma vez Bockmann e Pereira, é uma "norma com forte caráter mandamental", de acordo com a qual "[t]odas as autoridades públicas, sem exceção, *devem* atuar com o escopo de *aumentar a segurança jurídica*"[20] (grifos no original). Ainda assim, desde 2018, poucos avanços foram registrados nesse sentido.

A edição das súmulas, à semelhança da Súmula ANTT nº 7/2020, é certamente um passo importante, porque cristaliza entendimentos e facilita sua imposição aos agentes integrantes do órgão emissor. Ainda assim, sua elaboração depende da iniciativa dos dirigentes dos órgãos da Administração, que podem não desejar limitar sua própria liberdade decisória ou simplesmente não eleger a promoção da cultura dos precedentes como uma meta a ser alcançada.

É preciso, portanto, pensar em modos de incentivar a observância às decisões pretéritas pela Administração Pública.

---

[19] STRECK, Lenio Luiz. Hermenêutica e princípios da interpretação constitucional. *In:* CANOTILHO, J. J. Gomes *et al. Comentários à Constituição do Brasil.* São Paulo: Saraiva Educação, 2018. p. 84.

[20] MOREIRA, Egon Bockmann; PEREIRA, Paula Pessoa. Art. 30 da LINDB. *Revista de Direito Administrativo,* Rio de Janeiro, nov. 2018. Edição Especial: Direito Público na Lei de Introdução às Normas de Direito Brasileiro – LINDB (Lei nº 13.655/2018). p. 264. Disponível em: http://bibliotecadigital.fgv.br/ojs/index.php/rda/article/view/77657. Acesso em: 14 mar. 2021.

Ainda que tenha ficado claro que a simples previsão legal não é suficiente para o surgimento de uma cultura de respeito aos precedentes, entende-se que, no âmbito das agências reguladoras, seria elucidativa a introdução de novo artigo no Capítulo I (Do Processo Decisório das Agências Reguladoras) da Lei n° 13.848/2019 com conteúdo semelhante ao do art. 30 da LINDB. Isso porque a reunião dos temas (processo decisório e respeito aos precedentes) em um único diploma tornaria mais claro que o comando se dirige às agências, não sendo mera orientação contida em uma norma de sobredireito.

Ademais, pode-se tomar como inspiração o processo de juridicização da análise de impacto regulatório (AIR). Embora o Decreto n° 10.411/2020, que regulamenta a realização de AIR, preveja que sua inobservância não acarreta a invalidade da norma editada (art. 21) e não estipule penalidades aos órgãos e entidades da Administração Pública que editem, alterem ou revoguem atos normativos sem realizar o procedimento de avaliação prévia, a simples previsão de um procedimento claro incentiva sua adoção pelos destinatários. Em outras palavras, o decreto a um só tempo facilitou a compreensão sobre como e porque adotar a AIR e evidenciou sua importância como política de Estado, criando incentivos à observância da norma.

Por isso, pode ser igualmente útil regulamentar o uso dos precedentes por órgãos da Administração Pública. Não se ignora a existência do Decreto n° 9.830/2019, que regulamentou o disposto nos arts. 20 a 30 da LINDB. Porém, no que tange aos precedentes, a norma pouco esclareceu, já que se limitou a tratar do procedimento que deve ser seguido para que pareceres e súmulas da Advocacia-Geral da União e de outras autoridades que representam órgão central sejam vinculantes.

Finalmente, é possível se imaginar a adoção de uma postura mais ativa por parte dos próprios administrados, voltada a compelir a Administração Pública a seguir seus precedentes e não conferir tratamento desigual a casos semelhantes. Não se pode esquecer que as decisões oriundas do exercício da função julgadora pela Administração são atos administrativos e, por isso, devem ser motivados, especialmente quando deixarem de aplicar jurisprudência firmada sobre certos temas, como previsto no já mencionado art. 50, inc. VII, da Lei n° 9.784/1999.

Também comporta rememorar que, quando a motivação for ausente ou insuficiente, o ato administrativo é, desde seu nascedouro, ilegal e eivado com vício insanável. Nesse sentido, Weida Zancaner afirma que "a ausência do motivo de fato impossibilita a convalidação do ato, posto que não há como fazê-lo retroagir à data de sua emissão, já que o suporte fático continuaria a inexistir. Assim, os atos vinculados portadores de vício de motivo são inconvalidáveis".[21]

Assim, entende-se perfeitamente cabível que o administrado, valendo-se de seu direito de petição, inste a entidade prolatora da decisão que diverge dos precedentes a exercer seu poder de autotutela previsto nas súmulas n°s 346 e 473 do Supremo Tribunal Federal[22] e no art. 53, da Lei n° 9.784/1999, segundo o qual "[a] Administração deve anular seus próprios atos, quando eivados de vício de legalidade, e pode revogá-los por motivo de conveniência ou oportunidade, respeitados os direitos adquiridos".

No limite, caso o órgão prolator opte por não anular suas decisões, é possível que o administrado recorra ao Poder Judiciário, desde que demonstre a existência de vícios de legalidade e a ocorrência de lesão ao interesse público ou de prejuízo a terceiros (em atenção à previsão do art. 55 da Lei n° 9.784/1999).

A postura, ainda que não institucionalizada, poderá ter o condão de chamar a atenção dos órgãos administrativos à importância do respeito aos próprios precedentes, sob pena de seguidas anulações de suas decisões, o que imporá inegáveis atrasos diante da necessidade de reedição do ato administrativo.

Além disso, permitirá que o administrado persiga o "direito fundamental à boa Administração",[23] consagrado no art. 41 da Carta de Direitos Fundamentais da União Europeia,[24] segundo o qual compete

---

[21] ZANCANER, Weida. *Da convalidação e invalidação dos atos administrativos*. São Paulo: Malheiros, 2008. p. 92.

[22] "*Súmula 346*. A Administração Pública pode *declarar a nulidade dos seus próprios atos*"; "*Súmula 473*. A *Administração pode anular seus próprios atos*, quando eivados de *vícios que os tornam ilegais*, porque deles não se originam direitos; ou revogá-los, por motivo de conveniência e oportunidade, respeitados os direitos adquiridos, e ressalvada, em todos os casos, a apreciação judicial".

[23] Sobre o direito à boa Administração e sua evolução no direito comunitário europeu, ver: MORGADO, Cíntia. Direito à boa Administração: recíproca dependência entre direitos fundamentais, organização e procedimento. *Revista de Direito da Procuradoria Geral*, Rio de Janeiro, n. 65, 2010. Disponível em: https://pge.rj.gov.br/comum/code/MostrarArquivo.php?C=MTE0Ng%2C%2C. Acesso em: 14 mar. 2021.

[24] "Artigo 41. Direito a uma boa administração 1. Todas as pessoas têm direito a que os seus assuntos sejam tratados pelas instituições, órgãos e organismos da União de forma imparcial, equitativa e num prazo razoável. 2. Este direito compreende, nomeadamente: a) O direito de qualquer pessoa a ser ouvida antes de a seu respeito ser tomada qualquer medida individual que a afecte desfavoravelmente; b) O direito de qualquer pessoa a ter acesso aos processos que se lhe refiram, no respeito pelos legítimos interesses da confidencialidade e do segredo profissional e comercial; c) *A obrigação, por parte da administração, de fundamentar as suas decisões*". A Carta, também chamada de Tratado de Nice, encontra-se em CARTA de Direitos Fundamentais da União Europeia. *Jornal Oficial da União Europeia*, C 303, ano

à Administração fundamentar adequadamente suas decisões (o que, embora não mencionado, necessariamente perpassa pela motivação de ter adotado ou deixado de adotar certo precedente como razão de decidir).

Sabe-se que a criação de culturas institucionais não é simples, tampouco rápida. É preciso uma comunhão de esforços entre os próprios dirigentes dos órgãos e entidades da Administração Pública, os órgãos de controle, os legisladores e os administrados, assim como a colaboração da doutrina administrativista, à qual compete não apenas diagnosticar o problema, mas também colaborar para sua resolução.

Acima de tudo, é indubitável que a uniformidade das decisões e o aumento da segurança jurídica devem ser perseguidos por todas as agências reguladoras e, dessa forma, ingressar nas metas da ANTT, costumeiramente revistas em marcos como o presente, em que se comemora os 20 anos de sua criação.

## 5 Conclusões

Por meio do presente artigo, pretendeu-se demonstrar a relevância da Súmula ANTT n° 7/2020, seja em virtude do tema que pacificou – a possibilidade de superação da previsão de cláusula dos contratos de concessão que veda a análise dos pleitos formulados por concessionários inadimplentes –, seja por sua colaboração para aumentar a segurança jurídica e uniformizar o entendimento emanado de entidades integrantes da agência reguladora.

Partindo da experiência da ANTT, procurou-se explorar, no presente artigo, a possibilidade de edição de súmulas por agências reguladoras, já que a prática não é tão comum, como no âmbito dos tribunais integrantes do Poder Judiciário. Com esse fim, foi feita a análise dos regimentos internos das agências reguladoras federais para compreender se todas contemplam as súmulas entre seus atos normativos e qual o grau de detalhamento da regulação acerca da edição destes enunciados.

Foi possível constatar que, embora nove das 11 agências admitam a edição de súmulas, o total de atos dessa natureza (vigentes ou já cancelados) não chega a 100, o que demonstra que o uso de tais enunciados não é corriqueiro. Além disso, apurou-se que, em regra, os

---

50, 14 dez. 2007. Disponível em: https://eur-lex.europa.eu/legal-content/PT/TXT/PDF/?uri=OJ:C:2007:303:FULL&from=PT. Acesso em: 14 mar. 2021.

regimentos internos são muito sucintos quanto ao procedimento para criação da norma, deixando lacunas relevantes acerca do seu modo de cancelamento, da superação do entendimento nelas estipulado e das medidas que podem ser adotadas pelos administrados quando as súmulas não forem seguidas pelas entidades emissoras.

O escasso uso das súmulas, argumentou-se, deve-se não à dificuldade de sua edição (que em muitos casos não exige nem mesmo a reiteração de decisões no mesmo sentido), mas sim à falta de hábito das autoridades com poder decisório em fixar os precedentes e observá-los em casos futuros semelhantes.

Embora a legislação federal tenha evoluído muito no sentido de aclarar a necessidade de os órgãos da Administração Pública promoverem maior segurança jurídica, inclusive por meio do respeito aos precedentes, pouco se alcançou nesse sentido. Não se trata de insuficiência de normas sobre o tema, até porque a Lei nº 9.784/1999, o Código de Processo Civil de 2015 e a LINDB, com a redação dada pela Lei nº 13.655/2018, foram claros acerca do dever de observância dos precedentes e de motivação das decisões que optem por não os seguir.

Considerando que estão presentes as vigas mestras em prol da uniformização de entendimentos e da promoção da segurança jurídica na Administração Pública, importa agora fomentar uma cultura de respeito aos precedentes. Para tanto, podem e devem contribuir os administrados, os órgãos de controle, os órgãos de cúpula das entidades que integram a Administração direta e indireta, o Judiciário (no controle dos atos administrativos), assim como a doutrina, todos com o objetivo de evidenciar que a prolação de decisão baseada em precedentes não é mera faculdade, mas sim um dever imposto por lei, cujo descumprimento pode ensejar a anulação de atos administrativos editados sem o devido respeito às decisões pretéritas ou sem a devida justificação acerca de sua superação.

## Referências

BINENBOJM, Gustavo. *Uma teoria do direito administrativo*: direitos fundamentais, democracia e constitucionalização. Rio de Janeiro: Renovar, 2014.

CAMACHO, Fernando Rodrigues; RODRIGUES, Bruno da Costa Lucas. Regulação econômica de infraestruturas: como escolher o modelo mais adequado? *Revista do BNDES*, n. 41, p. 270-273, jun. 2014. Disponível em: https://www.bndes.gov.br/SiteBNDES/bndes/bndes_pt/Galerias/Convivencia/Publicacoes/Consulta_Expressa/Tipo/Revista_do_BNDES/201406_06.html. Acesso em: 10 mar. 2021.

CANOTILHO, J. J. Gomes *et al*. *Comentários à Constituição do Brasil*. São Paulo: Saraiva Educação, 2018.

CARREIRA, Guilherme Sarri. *Princípio da segurança jurídica e a superação do precedente judicial*. Dissertação (Mestrado) – Faculdade de Direito, Pontifícia Universidade Católica de São Paulo, São Paulo, 2013. Disponível em: https://sapientia.pucsp.br/handle/handle/6246. Acesso em: 14 mar. 2021.

CARTA de Direitos Fundamentais da União Europeia. *Jornal Oficial da União Europeia*, C 303, ano 50, 14 dez. 2007. Disponível em: https://eur-lex.europa.eu/legal-content/PT/TXT/PDF/?uri=OJ:C:2007:303:FULL&from=PT. Acesso em: 14 mar. 2021.

DI PIETRO, Maria Sylvia Zanella. *Direito administrativo*. São Paulo: Grupo GEN, 2019.

FRYDLINGER, David; HART, Oliver. Overcoming contractual incompleteness. The Role of Guiding Principles (new version, September, 2020). *Harvard – Faculty of Arts and Sciences – Department of Economics*. Disponível em: https://scholar.harvard.edu/hart/publications/overcoming-contractual-incompleteness-role-guiding-principals. Acesso em: 14 mar. 2021.

MANCUSO, Rodolfo de Camargo. *Teoria geral do processo*. Rio de Janeiro: Forense, 2018.

MENDES, Gilmar Ferreira; BRANCO, Paulo Gonet. *Curso de direito constitucional*. São Paulo: Saraiva, 2021. Disponível em: https://integrada.minhabiblioteca.com.br/#/books/9786555593952/. Acesso em: 25 fev. 2021.

MOREIRA, Egon Bockmann; PEREIRA, Paula Pessoa. Art. 30 da LINDB. *Revista de Direito Administrativo*, Rio de Janeiro, nov. 2018. Edição Especial: Direito Público na Lei de Introdução às Normas de Direito Brasileiro – LINDB (Lei nº 13.655/2018). Disponível em: http://bibliotecadigital.fgv.br/ojs/index.php/rda/article/view/77657. Acesso em: 14 mar. 2021.

MORGADO, Cíntia. Direito à boa Administração: recíproca dependência entre direitos fundamentais, organização e procedimento. *Revista de Direito da Procuradoria Geral*, Rio de Janeiro, n. 65, 2010. Disponível em: https://pge.rj.gov.br/comum/code/MostrarArquivo.php?C=MTE0Ng%2C%2C. Acesso em: 14 mar. 2021.

STRECK, Lenio Luiz. Hermenêutica e princípios da interpretação constitucional. *In*: CANOTILHO, J. J. Gomes *et al*. *Comentários à Constituição do Brasil*. São Paulo: Saraiva Educação, 2018.

THEODORO JÚNIOR, Humberto. *Curso de direito processual civil*. Rio de Janeiro: Forense, 2020. v. III.

WILLEMAN, Flávio de Araújo. *Responsabilidade civil das agências reguladoras*. Rio de Janeiro: Lumen Juris, 2005.

ZANCANER, Weida. *Da convalidação e invalidação dos atos administrativos*. São Paulo: Malheiros, 2008.

---

Informação bibliográfica deste texto, conforme a NBR 6023:2018 da Associação Brasileira de Normas Técnicas (ABNT):

VILLELA, Renata Rocha. A Súmula nº 7/2020 da ANTT e a importância da promoção da cultura de respeito aos precedentes na Administração Pública. *In*: TOJAL, Sebastião Botto de Barros; SOUZA, Jorge Henrique de Oliveira (Coord.). *Direito e infraestrutura*: rodovias e ferrovias – 20 anos da Lei nº 10.233/2001. Belo Horizonte: Fórum, 2021. v. 2, p. 313-337. ISBN 978-65-5518-209-5.

# O AVANÇO REGULATÓRIO NO SETOR RODOVIÁRIO E O RISCO DE DEMANDA

**RODRIGO BARATA**

## 1 Introdução

O art. 2º, incs. II, III e IV, da Lei nº 8.987/95, ao definir os conceitos de concessão de serviços públicos, concessão de serviços públicos precedida de obra pública e de permissão de serviços públicos, respectivamente, estabelece, para as três hipóteses, que em qualquer caso haverá a prestação de serviços públicos por conta e risco do concessionário ou permissionário. Este é um ponto julgado como basilar na doutrina – especialmente mais clássica – relacionada às hipóteses de delegação de atividades pelo Estado à iniciativa privada.[1] É comum encontrar explicações sobre o instituto da concessão como o contrato por meio do

---

[1] "Os riscos que o concessionário deve suportar sozinho abrangem, além dos prejuízos que lhe resultem por atual canhestramente, com ineficiência ou imperícia, aqueloutros derivados de eventual estimativa inexata quanto à captação ou manutenção da clientela de possíveis usuários, bem como, no caso de fontes alternativas de receitas, os que advenham de uma frustrada expectativa no que concerne aos proveitos extraíveis de tais negócios. É dizer: não lhe caberia alimentar a pretensão de eximir-se aos riscos que todo empresário corre ao arrojar-se em empreendimentos econômicos, pois seu amparo não pode ir além do resguardo, já de si peculiar, conferido pelas proteções anteriormente mencionadas e cuja existência só é justificável por estar em causa vínculo no qual se substancia um interesse público" (BANDEIRA DE MELLO, Celso Antônio. *Curso de direito administrativo*. 26. ed. São Paulo: Malheiros, 2009. p. 736-737).

qual o Estado delega à iniciativa privada a prestação de determinado serviço público, sendo que o desempenho deste serviço ocorrerá por conta e risco do concessionário.[2] A expressão "por conta e risco" costuma ser interpretada como se transferindo ao concessionário, ente privado, toda a responsabilidade pela prestação do serviço, dado que este ente privado poderá explorar as atividades essenciais (serviços públicos) e com isso se remunerar ao longo do prazo contratual.

Passados mais de 25 anos da edição da Lei de Concessões, já se evoluiu muito na compreensão do assunto, diversos outros diplomas foram editados e a complexidade dos projetos hoje realizados é reconhecidamente maior. Contudo, a discussão clara sobre o "por conta e risco" ainda não se consolidou.[3] Ainda se vê a teoria querendo se estabelecer ante os fatos, ou seja, ainda há diversas vozes a dizer que concessões sempre pressuporão a delegação de todos os riscos ao concessionário quando, na verdade, isso nunca foi certo, sequer adequado.[4]

A Lei de Parcerias Público-Privadas buscou ajudar a discussão jurídica, ao deixar expresso que riscos podem (e devem) ser alocados

---

[2] "Daí definirmos a concessão de serviços públicos como o contrato administrativo pelo qual a Administração Pública delega a outrem a execução de um serviço público, para que o execute em seu próprio nome, por sua conta e risco, mediante tarifa paga pelo usuário ou outra forma de remuneração decorrente da exploração do serviço" (DI PIETRO, Maria Sylvia Zanella. *Parcerias na Administração Pública*: concessão, permissão, franquia, terceirização, parceria público-privada e outras formas. 7. ed. São Paulo: Atlas, 2009. p. 75).

[3] Não é comum, na jurisprudência, encontrar entendimentos como o seguinte: "E não há falar aqui sobre o dever da Administração em garantir a realização de uma determinada demanda, vez que é da natureza da concessão que qualquer alteração para mais ou para menos da projeção inicial de demanda constituirá o risco do negócio. Para melhor ilustrar, podemos nos reportar a licitações para a concessão de serviços de transporte público urbano ou para a concessão de serviços de administração de rodovias, onde temos editais que descrevem as séries históricas das demandas atendidas no passado, a fim de melhor projetar as tendências do empreendimento a ser concedido, sem que necessariamente a Administração tenha o dever de garantir, no futuro, a realização daquelas demandas ocorridas no passado recente. Como dito, é o risco do negócio" (TCE/SP. Processo TC-n° 025365/26/11, Exame Prévio de Edital. Rel. Conselheiro Eduardo Bittencourt Carvalho, 14.9.2011). Embora já existam análises robustas sobre o tema há um período considerável, como PEREZ, Marcos Augusto. *O risco no contrato de concessão de serviço público*. Belo Horizonte: Fórum, 2006.

[4] Uma leitura mais adequada parece seguir esta linha: "A locução 'por sua conta e risco' relaciona-se muito mais à autonomia de gestão do concessionário, a qual pressupõe a reserva dos riscos atinentes às escolhas dos meios adequados para a produção dos resultados e metas esperadas para a concessão, do que propriamente à absorção de riscos específicos pelo concessionário" (GUIMARÃES, Fernando Vernalha. Repartição de riscos nas parcerias público-privadas. *In*: CAMPILONGO, Celso Fernandes; GONZAGA, Alvaro de Azevedo; FREIRE, André Luiz (Coord.). *Enciclopédia jurídica da PUC-SP*. São Paulo: Pontifícia Universidade Católica de São Paulo, 2017. Tomo Direito Administrativo e Constitucional. p. 06).

contratualmente,[5] de modo que possam ser precificados e, mais que isso, enfrentados pela parte contratual que melhor com eles souber lidar.[6] Na mesma linha, o estatuto jurídico das empresas estatais (Lei nº 13.303/16) também já prevê uma compreensão realista da alocação de riscos em contratos celebrados pelas empresas por ele disciplinadas[7] (veja-se que para um espectro bem mais amplo de contratações). E, seguindo a mesma toada, o texto final do projeto de lei aprovado no Congresso Nacional para substituir a Lei Geral de Licitações e Contratos Administrativos também dispõe de modo semelhante e indica uma compreensão do legislador sobre a ineficiência da concepção rígida e preestabelecida da alocação de riscos em contratos administrativos (por

---

[5] "Art. 4º Na contratação de parceria público-privada serão observadas as seguintes diretrizes: [...] VI - repartição objetiva de riscos entre as partes; [...] Art. 5º As cláusulas dos contratos de parceria público-privada atenderão ao disposto no art. 23 da Lei nº 8.987, de 13 de fevereiro de 1995, no que couber, devendo também prever: [...] III - a repartição de riscos entre as partes, inclusive os referentes a caso fortuito, força maior, fato do príncipe e álea econômica extraordinária; [...]".

[6] "Em relação à matriz de riscos, a maximização da eficiência econômica do contrato é obtida por meio da alocação de cada risco à parte que tem melhor condição de gerenciá-lo: isto é, à parte que poderá mitigá-lo, tomar as medidas para prevenir a ocorrência de eventos gravosos ou remedias as suas consequências e incentivar a realização dos eventos benéficos relacionados a tal risco, tudo isso com o menor custo possível. [...] Os dois primeiros critérios são dos principais para garantir a maximização da eficiência do contrato. O primeiro deles é que o risco deve ser sempre alocado à parte que a um custo mais baixo pode reduzir as chances do evento indesejável se materializar ou de aumentar as chances de o evento desejável ocorrer. [...] O segundo critério para alocação de riscos considera, ao invés da capacidade de prevenção dos eventos indesejados, a capacidade de gerenciar as consequências danosas, caso o evento indesejado se realize" (RIBEIRO, Maurício Portugal. *Concessões e PPPs*: melhores práticas em licitações e contratos. São Paulo: Atlas, 2011. p. 80-81).

[7] "Art. 42. Na licitação e na contratação de obras e serviços por empresas públicas e sociedades de economia mista, serão observadas as seguintes definições: [...] X - matriz de riscos: cláusula contratual definidora de riscos e responsabilidades entre as partes e caracterizadora do equilíbrio econômico-financeiro inicial do contrato, em termos de ônus financeiro decorrente de eventos supervenientes à contratação, contendo, no mínimo, as seguintes informações: a) listagem de possíveis eventos supervenientes à assinatura do contrato, impactantes no equilíbrio econômico-financeiro da avença, e previsão de eventual necessidade de prolação de termo aditivo quando de sua ocorrência; b) estabelecimento preciso das frações do objeto em que haverá liberdade das contratadas para inovar em soluções metodológicas ou tecnológicas, em obrigações de resultado, em termos de modificação das soluções previamente delineadas no anteprojeto ou no projeto básico da licitação; c) estabelecimento preciso das frações do objeto em que não haverá liberdade das contratadas para inovar em soluções metodológicas ou tecnológicas, em obrigações de meio, devendo haver obrigação de identidade entre a execução e a solução pré-definida no anteprojeto ou no projeto básico da licitação. [...] Art. 69. São cláusulas necessárias nos contratos disciplinados por esta Lei: [...] X - matriz de riscos".

exemplo, arts. 6º, XXVII e 22). Há, inclusive, a previsão de um capítulo específico sobre a alocação de riscos na nova Lei Geral de Licitações:[8]

## CAPÍTULO III
## DA ALOCAÇÃO DE RISCOS

Art. 102. O contrato poderá identificar os riscos contratuais previstos e presumíveis e prever matriz de alocação de riscos, alocando-os entre contratante e contratado, mediante indicação daqueles a serem assumidos pelo setor público ou pelo setor privado ou daqueles a serem compartilhados.

§1º A alocação de riscos de que trata o caput deste artigo considerará, em compatibilidade com as obrigações e os encargos atribuídos às partes no contrato, a natureza do risco, o beneficiário das prestações a que se vincula e a capacidade de cada setor para melhor gerenciá-lo.

§2º Os riscos que tenham cobertura oferecida por seguradoras serão preferencialmente transferidos ao contratado.

§3º A alocação dos riscos contratuais será quantificada para fins de projeção dos reflexos de seus custos no valor estimado da contratação.

§4º A matriz de alocação de riscos definirá o equilíbrio econômico-financeiro inicial do contrato em relação a eventos supervenientes e deverá ser observada na solução de eventuais pleitos das partes.

§5º Sempre que atendidas as condições do contrato e da matriz de alocação de riscos, será considerado mantido o equilíbrio econômico-financeiro, renunciando as partes aos pedidos de restabelecimento do equilíbrio relacionados aos riscos assumidos, exceto no que se refere:

I - às alterações unilaterais determinadas pela Administração, nas hipóteses do inciso I do caput do art. 123 desta Lei;

II - ao aumento ou à redução, por legislação superveniente, dos tributos diretamente pagos pelo contratado em decorrência do contrato.

§6º Na alocação de que trata o caput deste artigo, poderão ser adotados métodos e padrões usualmente utilizados por entidades públicas e privadas, e os ministérios e secretarias supervisores dos órgãos e das entidades da Administração Pública poderão 70 definir os parâmetros e o detalhamento dos procedimentos necessários a sua identificação, alocação e quantificação financeira.

Ainda assim, embora o ordenamento jurídico já aponte para um amadurecimento jurídico e institucional do assunto, não é incomum encontrar a defesa da transferência integral de riscos aos entes privados no âmbito das concessões regidas pela Lei nº 8.987/95.

---

[8] Texto concluído em 22.2.2021, quando o PL da Nova Lei Geral de Licitações já possuía redação final, mas ainda não havia sido encaminhado para sanção presidencial.

Esta breve reflexão inicial é o ponto de partida para a discussão proposta neste trabalho, focado em homenagear os 20 anos da Lei nº 10.233, que criou as agências reguladoras de transportes terrestres e aquaviários, criou o DNIT e ordenou tais modos de transportes no ordenamento jurídico brasileiro. A discussão será focada na regulação do risco de tráfego (ou de demanda) nas concessões rodoviárias e pretenderá abordar alguns rumos e os meios de tratamento do assunto em projetos mais recentes, notadamente em função de dois fatores principais: (i) a existência de trechos rodoviários cuja chamada concessão comum pode ser, *a priori*, inviável em função da ponderação sobre o risco de tráfego estimado; e (ii) a concessão de vias urbanas ou em trechos altamente adensados, cuja expansão do leito rodoviário se mostre demasiado complexa, podendo comprometer indicadores de desempenho e níveis de serviço que assegurem a prestação do serviço adequado.

O trabalho percorrerá três tópicos principais: (i) a desmistificação da concessão como instrumento jurídico-contratual que pressupõe a delegação integral de riscos; (ii) a discussão sobre o risco de tráfego em concessões rodoviárias como elemento de alocação não necessariamente óbvia; e (iii) a apresentação de mecanismos para a regulação contratual do risco de tráfego sem que se estabeleça, necessariamente, contratos de PPP (destacando-se que, de acordo com a legislação brasileira, a PPP demanda um pagamento público regular e a concessão comum não). Os objetivos da discussão aqui proposta são tornar mais naturais as discussões sobre a alocação do risco de tráfego (ou risco de demanda, como mais comumente tratado) e defender o instituto da concessão não como um formato contratual predeterminado, mas como uma caixa de ferramentas, um instrumento-quadro que permite o desenvolvimento da infraestrutura e a viabilização da adequada prestação dos serviços públicos.[9]

---

[9] "[*a concessão*] cumpre, ao longo do processo de formação do direito administrativo, a função de ser o veículo fundamental de engajamento dos privados na consecução de finalidades públicas. Exatamente por isso é que influencia vários conceitos e concepções que hoje formam o que poderíamos chamar de 'administrativismo', o que ilustra que o direito administrativo, antes de se constituir como um direito da autoridade, muito se desenvolveu como um ramo da cooperação e da articulação entre os particulares e o Estado. E nessa convergência cumpre à administração arbitrar adequadamente os antagonismos entre, de um lado, os direitos dos particulares a quem se delega (concede) uma atribuição de interesse geral e, de outro, o direito dos demais particulares beneficiários diretos ou indiretos dessa utilidade. Ou seja, o direito administrativo tem e sempre teve uma função de equilibrador de direitos dos administrados, o que é explicitado dentro das relações envolvidas nas diversas modalidades de concessão. Para tanto, a *concessão-delegação* joga um papel de fonte de normatividade, vinculando não apenas o poder concedente e o concessionário, mas também os demais particulares que se relacionem com o objeto concedido. Como veremos adiante, a

## 2 A concessão e o risco

Não é intenção aqui rememorar o histórico do surgimento dos contratos de concessão de serviços públicos, o papel do Conselho de Estado francês ou mesmo a construção realizada sobre a teoria das áleas. Ao invés de explorar esse desenvolvimento histórico já bastante tratado na doutrina e apontar para a complexidade das concessões, que por si só evidencia a incompatibilidade da simplificação das teorias clássicas ao contexto e prática atuais, propõe-se seguir outra abordagem, na tentativa de reforçar a argumentação e consolidar um movimento que já se mostra sólido na discussão administrativista atual.

Partindo do pressuposto que a concessão é um instrumento de delegação de atividades originalmente – constitucionalmente – reservadas ao Estado e que a atuação da iniciativa privada nessas atividades visa à viabilização do investimento e da prestação de serviços adequados, temos que a consideração simplista de que todos os riscos do objeto concedido deverão ser assumidos pelo concessionário não parece contribuir para o atingimento do objetivo inicial. Nesse momento, é importante recordar que as concessões envolvem, geralmente, serviços e investimentos de complexidade significativa, sem falar que geram algum tipo de comoção social.

Por essa razão é que a regulação também é atrelada ao cenário dos serviços públicos, na medida em que estas atividades, especialmente quando objeto de delegação à iniciativa privada, envolvem falhas de mercado.[10] Comumente, os serviços públicos estão inseridos em situações de monopólio natural,[11] assim como pressupõem a realização de

---

concessão se traduz num acordo contratual com características de contrato relacional e que cumpre o papel de normatizar as relações jurídicas em torno o objeto concedido. É, assim, a concessão uma fonte de normatividade que enseja a regulação contratual da utilidade pública concedida, regulação essa que arbitra e equilibra interesses diversos de particulares em torno do objeto concedido [...]" (MARQUES NETO, Floriano de Azevedo. *Concessões*. Belo Horizonte: Fórum, 2015. p. 171-172).

[10] "Many of the rationales for regulating can be described as instances of 'market failure'. Regulation in such cases is argued to be justified because the uncontrolled marketplace will, for some reason, fail to produce behavior or results in accordance with the public interest. 2 In some sectors or circumstances, there may also be 'market absence'– there may be no effective market – because, for example, households cannot buy clean air or peace and quiet in their localities. In this chapter, we discuss the traditional 'market failure' rationales for regulating, but we also consider the argument that there may be other reasons to regulate and that these have a basis in human rights or social solidarity, rather than market, considerations" (BALDWIN, Robert; CAVE, Martin; LODGE, Martin. *Understanding regulation*: theory, strategy and practice. 2. ed. Oxford: Oxford University Press, 2012. p. 15).

[11] "A natural monopoly exists because of a combination of Market size and industry cost characteristics. It exists When economies of scale available in the process of manufacturing

investimentos irrecuperáveis.[12] Isso, por si só, indica que a participação estatal na realização[13] dos serviços públicos é premissa a ser considerada, razão pela qual a assunção de todos os riscos da atividade pela iniciativa privada se mostra frágil por mais essa perspectiva.

Outro elemento a ser considerado é que a base jurídica para a realização dos serviços públicos – notadamente nossas legislações que tratam de concessões (*e.g.*, Lei nº 8.987/95, Lei nº 9.074/95, Lei nº 11.079/04, entre outras) – traz dois outros fatores centrais para a impossibilidade da teoria da assunção integral de riscos pela concessionária: o controle (ou regulação) tarifário pelo Estado[14] e a possibilidade de este alterar unilateralmente o contrato de concessão.[15] Assim, se ao Estado cabe regular os valores cobrados dos usuários e ainda lhe é facultado alterar o contrato de forma unilateral, resta difícil compreender como a concessionária poderia assumir riscos de maneira integral. Outro aspecto que também afasta o regime das concessões dos empreendimentos empresariais privados é o fato de a concessionária não poder desistir do projeto, uma vez que as hipóteses de extinção contratual são legalmente estabelecidas e não preveem essa margem de discricionariedade à concessionária. Por essas razões, é frágil a comparação que por vezes é feita na doutrina menos alinhada com o defendido neste trabalho, aproximando a execução do escopo da concessão em seu nome (da concessionária) e por sua conta e risco à atuação empresarial privada.

---

a product are so large that the relevant Market can be served at the least cost by a single firm" (GELLHORN, Ernest; PIERCE JR., Richard J. *Regulated industries in a nutshell*. 2. ed. Minnesota: West Publishing Co., 1987. p. 44).

[12] "The task of setting charges is also made much harder by the tendency of bottleneck infrastructure facilities to exhibit large sunk costs and economies of scale. Facilities with these characteristics have incremental costs that are lower than average costs, at least as long as the facility is operating with sufficient capacity. This creates two serious pricing problems. First, prices set at incremental costs–the prices that economists tend to recommend–will not generate enough revenue for the firm to be financially self-sufficient over the long run. Some additional source of revenue is needed. Second, incremental costs–and prices based on them–tend to be fairly volatile depending upon whether or not the facility is at capacity or not. When a facility is below capacity, incremental costs are low, because the facility is durable and immobile so that much of its costs appear to be sunk. But when a facility is at capacity, incremental costs are very high, because the facility has to be expanded if it is to accommodate more customers" (GÓMEZ-IBÁÑEZ, José A. *Regulating infrastructure*: monopoly, contracts and discretion. Cambridge: Harvard University Press, 2003. p. 258).

[13] Isso não quer dizer que o Estado deva prestar os serviços, mas tem papel fundamental na organização deles. No caso, a participação tende a ser através da regulação e do planejamento.

[14] O principal, mas não único, fundamento é o Capítulo IV da Lei nº 8.987/95.

[15] Especialmente o art. 9º, §4º, da Lei nº 8.987/95 e a própria Lei nº 8.666/93, art. 58, que se entende aplicável de forma subsidiária às concessões.

Postos esses elementos, ainda se deve considerar que o contrato de concessão, mesmo pela teoria clássica, é tratado como um contrato comutativo, ou seja, aquele que possui prestações e contraprestações conhecidas e equivalentes.[16] Ora, se tudo isso é verdade e deve ser embalado em uma relação contratual, não há como se cogitar de essa relação configurar uma transferência integral de riscos ao concessionário. Isso não quer dizer que, em determinada situação concreta, seja possível uma absorção maior de riscos pela concessionária, como já se vê em diversos contratos de concessão. Porém, a análise dos riscos contratuais, em função dos pontos acima apresentados, entre outros, deve ser realizada individualmente em cada situação específica, sendo conceitualmente equivocado pressupor que, de forma homogênea e abrangente, determinado risco – ainda mais o de demanda, aqui discutido – tenha de ser, obrigatoriamente, transferido ao concessionário em todas as hipóteses de concessão.

## 3 A evolução regulatória nas concessões rodoviárias

A despeito da discussão sobre a qual gira este trabalho, qual seja, a necessária reflexão sobre o risco de tráfego nas concessões rodoviárias, posto que ainda vivemos sob um consenso velado de que este risco seria naturalmente assumido pela iniciativa privada, o modelo de concessões rodoviárias no país teve relevante evolução nos últimos anos, notadamente nos últimos cinco anos, com o desenvolvimento de novos projetos pelo estado de São Paulo e pela União. Em que pesem algumas convicções distintas das agências federal e estadual de São Paulo quanto à regulação e modelagem de concessões rodoviárias – o fator de maior destaque é a dinâmica dos leilões –,[17] ambos os programas evoluíram significativamente nos últimos anos. Diversas iniciativas para aprimorar a regulação e atratividade dos projetos rodoviários foram tomadas e os resultados já podem começar a ser percebidos.

---

[16] "Observe-se, nesse sentido, que, ao mesmo tempo em que se define a concessão como contrato cuja execução se dá por conta e risco do concessionário, caracteriza-se geralmente a concessão (e esse posicionamento também é absolutamente majoritário e assente entre nós há muito tempo) como contrato comutativo, isto é, como contato em que há uma justa equivalência das prestações de cada uma das partes, o que, por si só, é um elemento atenuador do risco do concessionário" (PEREZ, Marcos Augusto. *O risco no contrato de concessão de serviço público*. Belo Horizonte: Fórum, 2006. p. 104).

[17] Isso porque a União buscou sempre privilegiar licitações pela menor tarifa de pedágio, enquanto o estado de São Paulo optou, prioritariamente, pelos leilões com maior pagamento de outorga.

Por outro lado, vale recordar que tanto a União como o referido estado tiveram seus percalços no desenvolvimento dos respectivos programas de concessão rodoviária, vale lembrar os problemas da 2ª etapa do Programa Federal de Concessões Rodoviárias, tomada pela ação oportunista de alguns agentes, assim como o fracasso da 3ª etapa federal, com a exigência de investimentos desnecessários em duplicações, somada à vinculação dos projetos a créditos subsidiados do BNDES, posteriormente não concedidos. Já no estado, há histórico de judicialização em relação aos aditamentos contratuais das concessões da 1ª rodada.

Outro ponto crítico das concessões rodoviárias é a gestão e regulação tarifárias, tendo em vista o histórico de não realização de reajustes contratuais periódicos, mudanças em seus parâmetros ou mesmo as discussões envolvendo tarifação por eixos, quando suspensos.

Ainda assim, muitas medidas positivas foram implementadas em diversas dimensões, as quais serão apresentadas, de maneira não exaustiva, no quadro a seguir:

QUADRO 1
Evolução regulatória das concessões rodoviárias

| Financiabilidade | Atratividade | Atração de estrangeiros | Regulação | Benefícios ao Sistema |
|---|---|---|---|---|
| – mecanismo de proteção de risco cambial; – mecanismo de liquidez para realização de reequilíbrios contratuais. | – redução da exigência de atestados de experiência prévia; – hipóteses de recomposição automática do equilíbrio contratual; – estudos de tráfego realizados por consultorias renomadas e independentes. | – disponibilização da documentação traduzida ao inglês; – aumento do prazo entre publicação do edital e a realização do leilão. | – certificação de projetos e regramento claro para sua apresentação, análise e aprovação; – regramento das revisões contratuais periódicas; – estrutura de contas vinculadas. | – utilização do IRap e mecanismo de aprimoramento da segurança viária; – implantação de descontos tarifários para usuários. |

Este caminho é muito positivo e consagra um passo de maturidade institucional no contexto das concessões – rodoviárias – brasileiras. Todos esses avanços atraíram interesse de diversos *players* aos projetos e permitiram um alinhamento das práticas nacionais às melhores práticas internacionais neste campo. Não é por menos que um fundo soberano internacional (de Singapura) resolveu participar deste mercado – um movimento inédito por aqui. E esse movimento, que deve ser contínuo e se espelhar também pelos demais setores e serviços públicos, deve avançar para a discussão mais detida do risco de tráfego nas concessões, conforme aqui proposto e em alguns casos já realizados.

## 4 A discussão do risco de demanda fica cada vez mais inadiável

Proponho uma hipótese circunstancial para que a compreensão da concessão de serviços públicos – especialmente de rodovias – como instrumento de repasse integral de riscos ao concessionário tenha se arraigado de forma tão densa na prática brasileira, com representação em legislações e nos manuais de direito administrativo. Considerando que o Brasil é um país de dimensões continentais e com matriz de transportes eminentemente rodoviária, é natural que o fluxo de automóveis (passageiros e cargas) seja intenso em diversas ligações entre cidades e regiões. Assim, quando do início dos programas de concessões rodoviárias, notadamente na década de 1990, foram selecionados corredores de fluxo intenso e bastante conhecido para a realização das primeiras concessões rodoviárias. Sintomático, neste contexto, notar que a primeira concessão rodoviária compreendida na 1ª etapa de concessões rodoviárias federais foi a Ponte Rio-Niterói, assim como o lote 1 do Programa de Concessões Rodoviárias do Estado de São Paulo é o da Rodovia dos Bandeirantes, que representa a ligação do eixo São Paulo-Campinas.

Essa configuração permite inferir que, quando das primeiras concessões realizadas, a percepção do risco de tráfego não era, no momento, o ponto mais grave. Basta recordar que o país era recém-democratizado e quando de tais primeiros projetos acabava de superar um primeiro *impeachment* presidencial, assim como dava seus primeiros passos após a implantação do Plano Real, na busca da estabilização monetária e da economia como um todo – por tal razão, o risco político e econômico de tais projetos era muito acentuado e os retornos exigidos pelo mercado à época foram bastante significativos, se comparados com parâmetros atuais. É dizer: podemos interpretar a estratégia da introdução do regime de concessões rodoviárias no Brasil como a seleção de nossos melhores ativos para buscar viabilizar projetos em um ambiente de grande incerteza e instabilidade vivenciadas naquele momento. A percepção do risco de demanda, portanto, fora reduzida pela magnitude das incertezas políticas e econômicas para a implantação de projetos de investimento de longa maturação, assim como a própria escolha dos projetos buscou minimizar as preocupações em relação ao volume de usuários das rodovias, na medida em que corredores de grande importância foram objeto de concessão.

A essas circunstâncias ainda pode ser adicionada mais uma: por conta de nossa condição de país em desenvolvimento e de nosso conhecido déficit de infraestrutura, as projeções de crescimento da economia eram bastante significativas (inclusive pela necessidade de solucionar a falta de infraestrutura adequada para viabilizar o transporte dentro do país, impactando diretamente no chamado "custo Brasil"), o que, em certa medida, pode ter impulsionado ainda mais a confiança de que o volume de tráfego não seria um elemento detrator para os projetos que se desenvolviam.[18] Ou seja, (i) a seleção dos melhores ativos, (ii) com histórico relativamente conhecido de tráfego e (iii) projeções animadoras para o crescimento do fluxo de usuários, somados à (iv) percepção de grandes riscos (na realidade, eram incertezas em um primeiro momento) políticos e econômicos levou à alocação do risco de tráfego às concessionárias. Isso, contudo, não pode representar uma regra pétrea de que toda concessão rodoviária pressupõe a assunção do risco de tráfego pelo concessionário.

O que se defende para a avaliação do risco de tráfego, como para praticamente todos os demais riscos da relação contratual, é uma análise técnica e objetiva, buscando compreender qual das partes terá melhores condições de lidar com a materialização positiva ou negativa do risco, bem como qual das partes da relação contratual terá maiores condições de trabalhar o risco para que sua materialização positiva ocorra. A alocação apriorística de riscos, sem a consideração da realidade posta, é temerária ao bom desenvolvimento de projetos de infraestrutura e, na realidade, tende a desvirtuar o próprio conceito e objetivos de tais projetos. Isso porque, de um modo geral, a participação privada

---

[18] Esse elemento pode ser questionado, tendo em vista que, em contrapartida, os dados disponíveis quando da estimação da demanda em cada concessão deveriam ser menos ricos que os dados de países já desenvolvidos e com fluxos mais estáveis e conhecidos de pessoas e cargas. Ainda assim, conhecendo o histórico de grande animação e viés positivo que os estudos de demanda tendem a apresentar, é possível também considerar a hipótese aqui tratada como potencialmente válida. De toda forma, como se demonstrará, embora essa hipótese possa ser discutida, isso não afasta em nada a necessidade de revermos e discutirmos tecnicamente a alocação do risco de demanda em concessões rodoviárias, de uma forma desprendida de preconcepções.

na gestão da infraestrutura e dos serviços públicos não consiste em simples transação comercial na qual o Estado pretende obter algum recurso financeiro (por exemplo, o pagamento de uma outorga) para delegação de um ativo estatal. Não se trata de um mero arrendamento, de uma locação ou transações semelhantes. A concessão de um serviço público ou de infraestruturas públicas tem como objetivo viabilizar a implantação da infraestrutura e a prestação dos serviços de modo adequado aos cidadãos – os quais têm direito constitucional à fruição de tais utilidades.

A delegação de um serviço público não é um mero ato de desprendimento estatal de ordem liberal ou uma ação de desoneração ou enxugamento da máquina pública. Ao criar um arcabouço jurídico e regulatório para o pleno desenvolvimento dos serviços públicos, o que os estados almejam é (i) viabilizar a infraestrutura necessária, (ii) assegurar a prestação dos serviços de forma universalizada e (iii) realizar as tarefas anteriores obedecendo a padrões de qualidade e eficiência condizentes com os melhores padrões e práticas disponíveis (e acessíveis). Por isso mesmo que a alocação estudada e personalizada de riscos em cada projeto se mostra mais adequada do que um estabelecimento anterior e generalizado. Ou seja, discutir o risco de demanda e, eventualmente, alocá-lo ao Estado ou compartilhá-lo entre as partes envolvidas na concessão não desvirtua o disposto na legislação ou a natureza e finalidade do contrato de concessão.

Assim, o que se pretende defender neste trabalho é que a avaliação detida dos riscos deve ser realizada quando da estruturação de projetos de concessão, porque a intenção de tal avaliação não é somente buscar o melhor resultado econômico ou financeiro possível aos interesses do agente estatal. O que se pretende com a alocação adequada dos riscos é viabilizar a plena realização do projeto de infraestrutura e/ou serviços públicos que se esteja avaliando, da maneira mais eficiente possível. Ao conceder, o Estado não está se desincumbindo de algo, mas, ao revés, está buscando uma estrutura contratual de otimização de recursos, viabilização de investimentos e disponibilidade de serviços aos cidadãos.

Confirmadas ou não as hipóteses levantadas acima para justificar a prática arraigada de delegação quase automática do risco de demanda à iniciativa privada, especialmente nas concessões rodoviárias, é certo que este ponto merece nova reflexão e debate, notadamente quando pensamos em novos contratos de concessão rodoviária e na limitação das grandes e consolidadas ligações viárias. Devemos considerar que outros modais de transporte tiveram crescimento no país, como as conexões aéreas. As ligações ferroviárias ainda estão muito aquém do que o país demanda, mas também avançam, sem falar dos impactos do desenvolvimento tecnológico na redução de alguns deslocamentos antes consolidados. Todos esses fatores, entre outros, impactam e justificam que deixemos ainda de considerar que o risco de tráfego é um elemento para a gestão privada única e exclusivamente. Não se pretende com isso dizer que o risco de tráfego deva sempre ser assumido pelo Estado nas concessões rodoviárias, mas, na realidade, reforçar que há fundamento jurídico (além de técnico e econômico) para que este risco seja estudado caso a caso e alocado da maneira mais eficiente em cada projeto, de acordo com as condições do sistema objeto de concessão. Nesse contexto que se inserem, por exemplo, projetos *greenfield*, como a implantação de anéis viários em regiões metropolitanas ou a criação de novas rotas rodoviárias, cujo histórico de tráfego inexiste. Para esses projetos, mecanismos de compartilhamento do risco de tráfego (ou mesmo sua assunção pelo poder concedente) podem se mostrar fundamentais para viabilizar a implementação da infraestrutura ou mesmo assegurar a chamada financiabilidade do projeto.

Tanto essa reflexão é legítima que, ao buscarmos compreender o desenvolvimento de concessões rodoviárias fora do Brasil,[19] notamos que diversos modelos foram concebidos nos mais variados países para viabilizar a adequada disponibilidade da infraestrutura rodoviária e os serviços públicos correspondentes, sempre com vistas à melhor forma de tratar os riscos contratuais percebidos – inclusive e especialmente os de demanda – para atrair o capital privado e permitir uma estrutura financeira viável ao empreendimento. Existem diversas variações desenvolvidas, mas o objetivo aqui é discutir apenas o que implica diretamente a assunção e tratamento do risco de tráfego, de modo que se destacam alguns modelos, como:[20]

---

[19] *Vide* BRAYER, Cynthia Ruas Vieira; ALI, Murshed Menezes (Coord.). *Estudo internacional de contratos de concessão rodoviária*. Brasília: ANTT, [s.d.]. Disponível em: https://portal.antt.gov.br/documents/363688/389038/Estudo+Internacional+de+Contratos+de+Concess%C3%A3o+de+Rodovias.pdf/7756481f-e494-1761-916d-48dc37428514?t=1592175951190. Acesso em: 22 fev. 2021.

[20] Existem outros mecanismos de compartilhamento e mitigação de riscos discutidos e estudados, como o controle da taxa de retorno percebida pela concessionária, a utilização de programas inovadores ou customizados de financiamento (geralmente estatal), pagamentos contingentes ou mesmo a utilização de *shadow toll*. Contudo, pela menor representatividade de tais mecanismos em relação ao tratamento do risco de tráfego, por sua menor utilização prática e, ainda, por uma opção do autor, que entende serem tais alternativas menos interessantes ao bom desenvolvimento das concessões, optou-se por não aprofundar a análise sobre tais possibilidades. Estudo relevante sobre o tema foi desenvolvido pelo Departamento de Transporte dos Estados Unidos (PAGE, Sasha; WIM, Verdouw; HAM,

a. *Assunção integral do risco de tráfego pela concessionária*: este é o modelo tradicionalmente mais visto no Brasil, no qual não há compartilhamento do risco e a concessionária assume integralmente o risco de tráfego ao longo do prazo predeterminado da concessão. Eventualmente, os contratos trazem regras que excepcionam esta disposição, como na hipótese de implantação de infraestruturas concorrentes ou novos modais de transporte na região da concessão.
b. *Compartilhamento do risco de tráfego pela implementação de mecanismo de receita mínima garantida*: neste modelo, o poder concedente assegura uma receita mínima à concessionária, periodicamente avaliada e, caso a arrecadação tarifária não atinja o montante mínimo, um pagamento público ou outra compensação (como aumento tarifário) se tornam devidos.[21]
c. *Compartilhamento do risco de tráfego com utilização de bandas*: no modelo de banda, ao invés de apenas um piso de arrecadação, é possível também adotar um teto (ou seja, o excedente se torna estatal), assim como bandas intermediárias de compartilhamento. Por exemplo, pode-se dizer que variações de até 10% para mais ou para menos das projeções de tráfego, ante o tráfego realizado, são de risco da concessionária. Variações maiores que 10% até 20%, para mais ou para menos, serão compartilhadas em determinada proporção pelas partes e variações superiores a 20% seriam assumidas pelo poder concedente. Os valores aqui propostos são hipotéticos e devem ser estudados caso a caso. Aqui, os riscos assumidos pelo concedente, quando materializados sob a ótica negativa, desencadeariam a necessidade de pagamento público ou outra compensação, na forma apontada acima, assim como o superávit de receitas demandaria a transferência de recursos ao Estado ou alguma forma de compensação a ele, como a redução do prazo do contrato ou ajuste tarifário.
d. *Mitigação do risco de tráfego mediante contratação pelo valor presente da arrecadação tarifária*: neste modelo, conhecido pela

---

Marcel; HELWIG, John. *Revenue risk sharing for highway public-private partnership concessions*: a discussion paper. Cambridge: US Department of Transportation, 2016).

[21] No Brasil, a concessão da BR-153/TO/GO, analisada no Acórdão nº 4.036/2020, do Plenário do TCU, considerou em sua modelagem um mecanismo contratual de receita mínima, cuja análise pelo TCU foi positiva, resultando na aprovação do projeto.

aplicação no Chile,[22] estabelece-se que o contrato permanecerá vigente até que a concessionária aufira determinado montante de receita acumulada (calculada em uma mesma base financeira – por isso fala-se em valor presente das receitas), de modo que seus custos e remuneração sejam atendidos. Assim, como há garantia de um montante de receita, o risco de tráfego é minimizado, sendo apenas ponderado o tempo necessário para que o valor presente das receitas seja atingido.

e. *Mitigação do risco de tráfego pela realização de pagamentos públicos regulares*: neste modelo o Estado realiza pagamentos periódicos à concessionária, que se somam à arrecadação tarifária direta dos usuários. No Brasil, seria necessário implementá-lo por meio de uma concessão patrocinada. A mitigação do risco de tráfego se percebe na medida em que o fluxo financeiro da concessionária não está integralmente fundado no número de usuários que pagam tarifa na rodovia, havendo um pagamento periódico para assegurar a viabilidade do projeto (comumente, este valor busca assegurar o pagamento dos investimentos realizados ou, ao menos, a expectativa de pagamento aos financiadores do projeto).

f. *Eliminação do risco de tráfego pelo pagamento estatal pela disponibilidade da infraestrutura*: nesta estrutura o Estado realiza pagamentos diretos à concessionária, em função da disponibilidade da infraestrutura pública, sem levar em consideração, a princípio, o volume de tráfego verificado. Estabelece-se um pagamento periódico, geralmente fixo e estável, para assegurar a disponibilidade e qualidade da infraestrutura e serviços prestados. Assim, o risco de tráfego é eliminado, dado que o pagamento pela infraestrutura e serviços é dimensionado por sua mera disponibilidade. É possível neste modelo que haja uma parcela variável nos pagamentos para atender aos custos variáveis da concessionária no atendimento dos usuários.

Esses mecanismos possuem vantagens e desvantagens, que devem ser ponderadas em cada circunstância, com vistas a, primeiro, identificar quais alternativas são possíveis para a viabilização do projeto, dado que, por exemplo, em um sistema rodoviário específico pode ser inviável a delegação do risco de tráfego à concessionária, notadamente em função

---

[22] VASSALO, José M. Traffic risk mitigation in highway concession projects: the experience of Chile. *Journal of Transport Economics and Policy*, v. 40, part 3, p. 359-381, set. 2006.

de incertezas nesse elemento, ou, em outra hipótese, o pagamento público pode se tornar inviável em razão de dificuldades fiscais do estado ou ainda da inexistência de ativos líquidos para oferecimento em garantia. Na tabela a seguir é proposta uma avaliação de benefícios das alternativas acima elencadas em função de quatro fatores fundamentais para um projeto de infraestrutura (financiabilidade, demanda de garantia pública, simplicidade regulatória e impacto fiscal).

TABELA 1
Benefícios dos mecanismos de compartilhamento do risco de tráfego

|   | Financiabilidade | Demanda de garantia pública | Simplicidade regulatória | Impacto fiscal |
|---|---|---|---|---|
| A | + + | + + + + | + + + + | + + + + |
| B | + + + | + + | + + + | + + + |
| C | + + + | + + + | + + | + + + |
| D | + + + + | + + + + | + + + | + + + + |
| E | + + | + | + | + + |
| F | + | + | + + | + |

Nota 1: letras da primeira coluna correspondem às alternativas de mitigação de risco acima apresentadas.

Nota 2: maior benefício = ++++ / menos benefício = +.

Espera-se, até aqui, ter contribuído para desmistificar a rigidez por vezes encontrada na doutrina e jurisprudência nacionais, segundo as quais o risco de demanda nas concessões rodoviárias seria de transferência essencial à iniciativa privada, por decorrência da legislação aplicável e teorias jurídicas que a fundamentam (como a já mencionada teoria das áleas). Na realidade, a legislação abre espaço para que cada projeto seja desenvolvido da melhor maneira ao atendimento de sua finalidade primordial: a disponibilidade da infraestrutura e dos serviços públicos adequados de maneira eficiente. Ponderar a alocação do risco de demanda é parte desta atividade. Nos tópicos seguintes, busca-se conferir mais concretude às razões e situações que podem levar à reavaliação da alocação tradicionalmente vista ao risco de tráfego das concessões rodoviárias, sendo que as situações tratadas não têm qualquer pretensão de exaurir o tema, apenas indicar possíveis caminhos a serem explorados na avaliação de novos projetos no setor.

## 5 A demanda incerta e o mecanismo de compartilhamento do risco

O risco de tráfego é um dos principais riscos a ser avaliado quando de uma concessão no setor rodoviário.[23] É importante notar que as concessões rodoviárias enfrentam dificuldades relevantes para estimação precisa do tráfego futuro e, em consequência, das receitas da concessionária na exploração rodoviária, as quais deverão remunerar os investimentos, a operação e manutenção do sistema, além da remuneração do próprio investidor. Isso porque, embora existam metodologias cada vez mais sofisticadas para projetar tráfego futuro nas rodovias, este ainda é um exercício de previsão, cujo acerto exato sequer é possível de exigir.[24] Assim, como esses exercícios se valem de diversas premissas que permeiam a evolução de tráfego rodoviário (projeções de crescimento da economia, dados trabalhados após coleta com pesquisa junto a usuários, comparação de rotas concorrentes, entre outros), é natural que este risco demande extrema preocupação, afinal, consiste em ponto central para a viabilidade do projeto (dado que dele se extrai o potencial de receita da concessionária), enquanto sua precisão é relativamente baixa.[25]

---

[23] "[...] as the failure of some high-profile toll-highway PPPs illustrates, implementing such projects is often not as straightforward as many governments envision. One of the most common factors contributing to these failures is traffic volume (and the resulting toll revenues) that turns out to be significantly different form what was originally forecast. This risk o factual traffic being lower (or higher) than forecast, and the inaccuracy of traffic forecast, is referred as traffic risk. Traffic risk has manifested in many projects, leading to numerous financially distressed toll-road assets, which in turn have led to high-profile bankruptcies, renegotiations and government bailouts. More profoundly, due to these failures, private financers are now significantly more cognitive of traffic (and revenue) risk and have become increasingly more risk averse towards Highway PPP projects. Many financiers will now Only support projects that provide them with significant shelter from the risk of lower traffic or that allocate these risks entirely to the government. In today's project-finance Market, financiers thar are overly exposed to the risk will either add significant risk pricing to their financing or choose not to invest in the project at all (i.e., capital flight)" (BULL, Matt; MAUCHAN, Anita; WILSON, Lauren. Toll-roads PPPs: identifying, mitigating and managing traffic risk. *PPIAF – Worl Bank Group*, [s.d.]. p. 5).

[24] LEMP, Jason D.; KOCKELMAN, Kara M. Understanding and accomodating risk and uncertainty in toll road projects: a review of the literature. *Transportation Research Record*, n. 2132, p. 106-112, 2009.

[25] "Demand uncertainty and toll levels uncertainty can lead to inaccuracies in the estimation of the revenues which are supposed to cover construction, operation and maintenance. The risks resulting from these uncertainties are fully assumed by the sponsor or shared by the government when the latter provides minimum traffic and revenues guarantees. In fact, these risks are substantial due to the lack of credible forecasting methodologies; Even though the forecasting methodologies are more and more sophisticated, the error in the output is still important because of the poor quality of input parameters. Moreover, traffic

Nesse contexto, quanto maior a previsibilidade do tráfego futuro da concessão, melhores as condições do projeto e maiores as possibilidades de transferência, no todo ou em parte, do risco de tráfego à concessionária. Por essa razão, por exemplo, que o estado de São Paulo, em sua 4ª rodada do Programa de Concessões Rodoviárias, optou por uma estratégia de conceder trechos rodoviários inerentes a concessões rodoviárias encerradas, junto com trechos adicionais ainda não concedidos (e não pedagiados, por consequência). Essa estratégia permitiu que fosse mantida uma alocação de risco de demanda para as concessionárias, dado que o histórico de longo prazo do tráfego verificado nas rodovias cujas concessões se encerraram serviu de suporte para projeções futuras mais confiáveis (especialmente aos olhos de financiadores), permitindo a expansão da malha concedida, suportada na previsibilidade mais robusta do fluxo de caixa já esperado dos trechos com maior volume de dados disponíveis.[26]

Contudo, existem ainda diversos trechos rodoviários passíveis de concessão, sendo que boa parcela deles não está atrelada ou próxima a trechos com concessões existentes ou ainda próximas do encerramento contratual. Ou seja, para avançar com um programa consistente de concessões rodoviárias, a União e estados brasileiros precisam desenvolver projetos em localidades sem qualquer histórico de pedagiamento ou mesmo de coleta robusta de dados sobre tráfego. Isso agrega risco relevante à viabilidade econômico-financeira desses projetos, tendo em vista que o comportamento do tráfego rodoviário pode ser significativamente afetado pela introdução de praças de pedágio, assim como pela melhoria das condições viárias (impactos positivos e negativos).

Para esses projetos, é fundamental que se considere uma avaliação detida quanto à viabilidade e robustez na aferição e projeção de tráfego

---

volumes are very sensitive to income and economic growth. In particular, in toll roads that serve export activities, traffic volumes are very sensitive to exchange rate changes, which shows the extensive number of parameters that shape traffic levels. To give an idea about the errors in traffic forecasts, out of fourteen toll roads considered in the states, according to an analysis conducted by Morgan20, two experienced traffic levels greater than predicted while the traffic on the remaining twelve roads was between 20 to 75 percent less than predicted. In Hungary, the Ml Motorway attracted only fifty percent of its expected volume in its first year of operation and in the Mexican toll road concessions, traffic volumes were only one fifth of the forecasted levels" (EL-AMN, Lara A. *Risk management in toll road concessions*. Thesis (Master of Science in Civil Engineering) – Department of Civil and Environmental Engineering, Massachusetts Institute of Technology, fev. 2003. p. 29).

[26] Vejam-se, especialmente, os lotes 28, 29 e 30 concedidos pelo Governo do Estado de São Paulo às concessionárias Entrevias, ViaPaulista e Eixo-SP.

para a concessão, de modo que se possa também avaliar caso a caso e conforme as características de cada projeto, se e em qual gradação seria prudente considerar um compartilhamento ou mesmo assunção pelo Estado do risco de tráfego. O contrário, em tese, abriria espaço para atuação oportunista de agentes, especialmente contando com futuras renegociações contratuais.[27] Os mecanismos acima retratados como asseguração de receita mínima ou a concessão pelo valor presente líquido das receitas se apresentam como as ferramentas já desenvolvidas para lidar com essa situação e é nesse caminho que a regulação brasileira deveria perseguir soluções para viabilizar ainda mais projetos rodoviários, permitindo uma maciça melhoria das condições de tráfego em todo o país, com evidentes benefícios econômicos decorrentes.

## 6  Regiões urbanas e a solução operacional

Até aqui, os exemplos e mecanismos utilizados para tratar da necessária reconsideração da alocação apriorística do risco de tráfego nas concessões rodoviárias permearam as situações nas quais a incerteza do volume de tráfego demande uma proteção ao concessionário, evitando a inviabilidade do projeto e assegurando sua financiabilidade. Portanto, trata-se de mecanismos para assegurar a implantação do projeto e, como mencionado acima, estão no intuito da própria lógica de uma concessão. Contudo, outra situação também afeta diretamente as concessões rodoviárias e representa, em certa medida, o oposto do problema até então discutido.

Seja nas concessões rodoviárias atuais ou mesmo na possibilidade de concessões dentro de grandes metrópoles, o adensamento urbano

---

[27] "Demand forecasts can be very imprecise even in industrialized countries, where the quantity and quality of information in far better. For example, the Dulles Greenway is a 14-mile (22.5 km) road joining Leesburg, Virginia, with Dulles airport in the Washington, DC area. When the concession was granted in the mid-1990s, two Consulting companies independently forecast a rideship of 35,000 vehicles a day if the toll was set at $1.75. Actual traffic turned out to be 8,500 vehicles a day, partly because consultants underestiated how Much users dislike paying tolls and partly because They did not take into acccount the State of Virginia's widening of the congested and toll-freee Route 7, which serves the same users. While in this case demand risk was partly policy related, it was beyond the firm's control and thus exonegous. Large demand risk implies that risk sharing is key in a PPP contract. Given that opportunistic renegotiations have been a major problem under PPPs, governments should make the firm bear little demand risk. This will provide fewer excuses to renegotiate the contract when demand is low. This also takes care of the fact thar agency problems make it difficult for firms to unload the demand risk they are forced to bear" (ENGEL, Eduardo; FISCHER, Ronald D.; GALETOVIC, Alexander. *The economics of public-private partnerships*: a basic guide. New York: Cambridge University Press, 2014. p. 4).

é um fator que (i) limita a possibilidade do crescimento inesgotável do leito rodoviário e (ii) gera situações de congestionamento intenso nas vias públicas. Nesse contexto, as chamadas *managed lanes* e os sistemas de tarifação dinâmica se mostram como uma nova fronteira ao segmento rodoviário e podem permitir uma revolução na ordenação de tráfego no país.[28]

Note-se que esta situação não é meramente a discussão sobre o pedagiamento urbano, mas também uma ocorrência comum nas rodovias brasileiras. São diversas as vias que cortam cidades – muitas vezes as cidades cresceram em torno da rodovia. Nesses casos, a operação rodoviária é complexa e muitas das condições e níveis de serviço medidos na operação rodoviária devem ser flexibilizados. Essas situações também impactam nos investimentos rodoviários, uma vez que não é raro que não haja espaço na faixa de domínio para ampliação da rodovia, sendo que a rodovia se torna uma via pública como qualquer outra rua ou avenida, por vezes tomada por congestionamentos, travessias de pedestres, entre outros elementos. Isso torna demasiado complexa a ampliação da rodovia (duplicações, novas faixas etc.), posto que qualquer intervenção demandaria a desapropriação linear de toda uma faixa da cidade, o que, além de provavelmente bastante oneroso, pode se mostrar politicamente inviável.

Para estes casos ou para grandes avenidas, especialmente em metrópoles, nas quais há congestionamento recorrente, soluções operacionais precisam ser implementadas a fim de viabilizar uma melhoria nos níveis de serviços prestados aos cidadãos, assim como para permitir a continuidade do desenvolvimento das regiões afetadas. Entre tais soluções operacionais está a prática de tarifação dinâmica em uma ou mais faixas de rolamento, permitindo que haja a cobrança pelo uso de vias menos congestionadas.[29]

Isso, a princípio, poderia gerar questionamentos quanto à isonomia, acessibilidade ou mesmo alegações de elitização do viário público. Contudo, a intenção não é esta. Ao adotar parâmetros de precificação para assegurar níveis de serviço adequados para as vias municipais ou para rodovias que cortam trechos de adensamento urbano, permite-se que todo e qualquer usuário que assim deseje possa

---

[28] MANAGED lanes: a primer. *US Department of Transportation Publication*, n. FHWA-HOP-05-031, 2008.

[29] Há evidências de que tarifação dinâmica é uma solução para transportes especialmente nas cidades, como o *e-book* THE four principles of dynamic pricing in transportation. *Xerox.com*. Disponível em: Dynamic_Pricing_ebook_AW-1.pdf.

trafegar, na medida do necessário, em uma via livre e com a certeza de que não terá sua vida prejudicada em função do congestionamento. Quando não tiver urgência, não precisará pagar pelo acesso à faixa livre e poderá usar a via pública gratuitamente. A intenção, portanto, é aumentar o acesso aos serviços adequados, assim como induzir sua utilização responsável. Modelos como estes ainda tendem e reforçar a participação dos transportes públicos e coletivos, sempre visando à otimização do uso do viário público e, deste modo, o aprimoramento da qualidade dos serviços prestados aos cidadãos. É dizer, o intuito sempre será o de melhorar os serviços e, por esta razão, não parece haver conflito na legislação à utilização de tarifação dinâmica, como inclusive se vê em outros serviços disponibilizados de maneira geral. Por outro lado, é certo que essa alternativa traz consigo uma maior complexidade na formulação e estruturação de projetos e políticas públicas, assim como a necessidade de uma regulação bastante técnica e ativa. Por esta razão também é que se vislumbra o tratamento do risco de demanda, especialmente nas formas tratadas neste trabalho, como a próxima fronteira da regulação das concessões rodoviárias a ser perseguida e implementada, tornando os projetos nacionais ainda mais interessantes ao mercado nacional e internacional, assim como permitindo um maior avanço significativo da infraestrutura viária nacional, ainda carente em diversas regiões do país.

## 7 Conclusão

Este artigo buscou provocar a discussão sobre a alocação do risco de demanda nas concessões rodoviárias, demonstrando que, após todo o avanço regulatório que o Brasil vivenciou nesses projetos, é necessário que não se deixe de lado a relevante avaliação do risco de demanda quando da estruturação de concessões rodoviárias. Em que pese se tenha um histórico de concessões com assunção do risco de tráfego pelas concessionárias privadas, esta não é uma opção, a princípio, lógica ou decorrência natural da avaliação de rodovias. A conformação do risco de demanda como dependente e vinculado a variáveis totalmente fora do controle da concessionária o coloca como um risco, *a priori*, de melhor gerenciamento pelo Estado. A isso ainda devem-se somar as dificuldades técnicas de se prever com certeza a projeção futura de tráfego – que é menos precisa, por exemplo, que a demanda futura de energia em uma cidade ou a necessidade de pontos de abastecimento de água e coleta de esgoto em determinada região já existente.

Assim, sob a ótica jurídica, é de se notar que não há na legislação qualquer restrição à assunção pelo Estado ou compartilhamento do risco de tráfego com a concessionária, razão pela qual foram enfrentadas leituras sobre o conceito e interpretação da expressão "por conta e risco" constante da legislação e estudos sobre o tema. Isto não pode, ao nosso ver, implicar uma escolha *a priori* e predeterminada de riscos, como a teoria das áleas buscava imprimir. A complexidade dos projetos atuais e a multiplicidade de *stakeholders* envolvidos demandam uma atuação mais detalhada e técnica na avaliação de cada risco de cada projeto, razão pela qual se tentou demonstrar neste trabalho que há mecanismos e alternativas para que o risco de tráfego seja trabalhado tecnicamente.

Essas circunstâncias ainda ficam mais latentes quando se nota que os grandes corredores logísticos já consolidados tendem a ficar mais escassos (ou não mais poderão ser ampliados), posto que já concedidos ou comprimidos entre grandes regiões urbanizadas, restando diversos outros trechos rodoviários passíveis de concessão, cuja viabilidade dos projetos dependerá de estruturações mais adequadas, notadamente em relação ao tratamento da demanda estimada de veículos nas rodovias. Outra frente já explorada em demais países, mas ainda pouco cogitada no Brasil é a das concessões em adensamentos urbanos, com a possibilidade de introdução de conceitos como *managed lanes* e de tarifação dinâmica para implantar no país serviços adequados ao atendimento das necessidades dos cidadãos, ante as limitações físicas de ampliação contínua das rodovias e grandes avenidas.

## Referências

BALDWIN, Robert; CAVE, Martin; LODGE, Martin. *Understanding regulation*: theory, strategy and practice. 2. ed. Oxford: Oxford University Press, 2012.

BANDEIRA DE MELLO, Celso Antônio. *Curso de direito administrativo*. 26. ed. São Paulo: Malheiros, 2009.

BRAYER, Cynthia Ruas Vieira; ALI, Murshed Menezes (Coord.). *Estudo internacional de contratos de concessão rodoviária*. Brasília: ANTT, [s.d.]. Disponível em: https://portal.antt.gov.br/documents/363688/389038/Estudo+Internacional+de+Contratos+de+Concess%C3%A3o+de+Rodovias.pdf/7756481f-e494-1761-916d-48dc37428514?t=1592175951190. Acesso em: 22 fev. 2021.

BULL, Matt; MAUCHAN, Anita; WILSON, Lauren. Toll-roads PPPs: identifying, mitigating and managing traffic risk. *PPIAF – Worl Bank Group*, [s.d.].

DI PIETRO, Maria Sylvia Zanella. *Parcerias na Administração Pública*: concessão, permissão, franquia, terceirização, parceria público-privada e outras formas. 7. ed. São Paulo: Atlas, 2009.

EL-AMN, Lara A. *Risk management in toll road concessions*. Thesis (Master of Science in Civil Engineering) – Department of Civil and Environmental Engineering, Massachusetts Institute of Technology, fev. 2003.

ENGEL, Eduardo; FISCHER, Ronald D.; GALETOVIC, Alexander. *The economics of public-private partnerships*: a basic guide. New York: Cambridge University Press, 2014.

GELLHORN, Ernest; PIERCE JR., Richard J. *Regulated industries in a nutshell*. 2. ed. Minnesota: West Publishing Co., 1987.

GÓMEZ-IBÁÑEZ, José A. *Regulating infrastructure*: monopoly, contracts and discretion. Cambridge: Harvard University Press, 2003.

GUIMARÃES, Fernando Vernalha. Repartição de riscos nas parcerias público-privadas. *In*: CAMPILONGO, Celso Fernandes; GONZAGA, Alvaro de Azevedo; FREIRE, André Luiz (Coord.). *Enciclopédia jurídica da PUC-SP*. São Paulo: Pontifícia Universidade Católica de São Paulo, 2017. Tomo Direito Administrativo e Constitucional.

LEMP, Jason D.; KOCKELMAN, Kara M. Understanding and accomodating risk and uncertainty in toll road projects: a review of the literature. *Transportation Research Record*, n. 2132, p. 106-112, 2009.

MARQUES NETO, Floriano de Azevedo. *Concessões*. Belo Horizonte: Fórum, 2015.

PAGE, Sasha; WIM, Verdouw; HAM, Marcel; HELWIG, John. *Revenue risk sharing for highway public-private partnership concessions*: a discussion paper. Cambridge: US Department of Transportation, 2016.

PEREZ, Marcos Augusto. *O risco no contrato de concessão de serviço público*. Belo Horizonte: Fórum, 2006.

RIBEIRO, Maurício Portugal. *Concessões e PPPs*: melhores práticas em licitações e contratos. São Paulo: Atlas, 2011.

VASSALO, José M. Traffic risk mitigation in highway concession projects: the experience of Chile. *Journal of Transport Economics and Policy*, v. 40, part 3, p. 359-381, set. 2006.

---

Informação bibliográfica deste texto, conforme a NBR 6023:2018 da Associação Brasileira de Normas Técnicas (ABNT):

BARATA, Rodrigo. O avanço regulatório no setor rodoviário e o risco de demanda. *In*: TOJAL, Sebastião Botto de Barros; SOUZA, Jorge Henrique de Oliveira (Coord.). *Direito e infraestrutura*: rodovias e ferrovias – 20 anos da Lei n° 10.233/2001. Belo Horizonte: Fórum, 2021. v. 2, p. 339-361. ISBN 978-65-5518-209-5.

# ASPECTOS REGULATÓRIOS E CONCORRENCIAIS DO OPERADOR FERROVIÁRIO INDEPENDENTE: ANÁLISE DA RESOLUÇÃO Nº 5.920/2020 – ANTT

SEBASTIÃO BOTTO DE BARROS TOJAL

BRUNA SOUZA DA ROCHA

## 1 Introdução

O setor ferroviário brasileiro vem passando por diversas mudanças institucionais e regulatórias nos últimos anos, buscando incrementar a concorrência e a atratividade aos investimentos privados.

Após a desestatização das malhas da Rede Ferroviária Federal – RFFSA e da Ferrovia Paulista do Estado de São Paulo – Fepasa na década de 90, que ocorreu devido à inaptidão do Estado em prover os necessários investimentos para conservação e desenvolvimento das malhas ferroviárias,[1] o setor passou a implementar o modelo de concessões verticais, em que é delegada ao concessionário não somente

---

[1] Sobre o histórico da desestatização do setor ferroviário, conferir: MARQUES, Sérgio de Azevedo. Privatização do setor ferroviário brasileiro. *Ipea – Texto para Discussão*, Brasília, n. 434, 1996 Disponível em: https://www.ipea.gov.br/portal/index.php?option=com_content&view=article&id=3623. Acesso em: 9 mar. 2021.

a construção e a manutenção das vias, mas também a exploração do serviço de transporte ferroviário de cargas.

A adoção do referido modelo baseado no quadro legal-regulatório e contratual estabelecida à época, embora tenha permitido a alocação de investimentos privados e o desenvolvimento do setor, deflagrou problemas de cunho concorrencial que resultaram em verdadeira barreira à entrada de novos *players* no mercado, gerando verdadeiro *encastelamento*[2] no setor, ante a concentração de todas as atividades em uma só empresa, inclusive na fruição dos serviços, já que, como se sabe, muitos dos próprios concessionários se tornaram os principais usuários dos serviços de transporte nas malhas ferroviárias.[3]

À vista disso, algumas medidas legais e regulatórias foram implementadas na última década visando estimular a competição no setor, principiando um novo modelo assinalado pela doutrina de *open access*, fundado no compartilhamento da infraestrutura ferroviária para que novos *players* possam acessar e explorar o serviço de transporte de cargas. Esse novo cenário culminou na regulamentação do usuário dependente, do direito de passagem, do tráfego mútuo e do operador ferroviário independente (OFI).

Como figura mais recente no contexto brasileiro, o OFI foi inserido no marco regulatório que rege o setor ferroviário mediante alteração promovida pela Medida Provisória nº 576/2012 na Lei nº 10.233/2000, que previu a possibilidade de o serviço de transporte ferroviário de cargas não associado à exploração da infraestrutura ser realizado por OFI mediante a outorga de autorização.

A Agência Nacional de Transportes Terrestres (ANTT) regulou a matéria por meio da Resolução nº 4.348/2014, em que se estabeleceram

---

[2] Expressão usada por Maurício Portugal Ribeiro para tratar da concentração de atividades na figura do concessionário (RIBEIRO, Maurício Portugal. Aspectos jurídicos e regulatórios do compartilhamento de infra-estrutura no setor ferroviário. *Revista Eletrônica de Direito Administrativo Econômico*, Salvador, n. 3, ago./out. 2005. Disponível em: http://www.direitodoestado.com.br/codrevista.asp?cod=59. Acesso em: 9 mar. 2021).

[3] "[...] neste modelo, que pode ser tido como vertical ou concentrado, acabaram por se acumular na figura do concessionário não só as atividades de construção e manutenção da malha ferroviária, como também o papel de prestador do serviço público de transporte ferroviário de cargas (operação), e do próprio usuário/proprietário da carga a ser transportada. Não à toa, portanto, terem sido empresas mineradoras aquelas que acorreram aos certames licitatórios, a fim de superar a rigidez locacional de seus empreendimentos por meio de uma logística capaz de viabilizar, muitas vezes a custo mais baixo que o rodoviário, em virtude da economia de escala, o transporte das 'commodities' minerais da mina ao porto" (RIBEIRO, Leonardo Coelho. A regulação do operador ferroviário independente. *Revista de Direito Público da Economia – RDPE*, Belo Horizonte, ano 12, n. 47, p. 175-201, jul./set. 2014. p. 178).

os requisitos para obtenção da autorização, os direitos e os deveres das concessionárias e dos OFI, a forma de aquisição e oferta da capacidade de tráfego pela Valec, as tarifas a serem cobradas pelos agentes, a tipificação das infrações e as respectivas penalidades.

Ocorre que, com a extinção do Decreto n° 8.129/2013, o qual previa as atribuições da Valec no fomento e desenvolvimento dos sistemas de transporte ferroviário de cargas, como a aquisição e a venda da capacidade de tráfego das malhas e a expansão da capacidade de transporte no Subsistema Ferroviário Federal, vários dispositivos da Resolução n° 4.348/2014 perderam efeito, levando a agência a revisitar o tema.

Assim, no final do ano de 2020, a ANTT publicou a Resolução n° 5.920/2020, a qual visa estipular novas regras para a exploração do serviço de transporte ferroviário pelos OFI e fomentar a competição no setor, viabilizando a entrada de novos *players* no mercado de transporte sobre trilhos.

O presente artigo buscará analisar os principais aspectos regulatórios e concorrenciais da recém-publicada norma, bem como verificar se as novas disposições permitem solver ou minimizar problemas relativos à concorrência no setor ferroviário e atrair novos investimentos privados.

Não se buscará, assim, tecer considerações sobre a conveniência ou não de se adotar o modelo *open access* no setor ferroviário, embora os autores entendam que a discussão do tema é imprescindível para se instaurar um ambiente de segurança jurídica e favorável a novos e necessários investimentos.[4]

## 2 Modelo *open access* e surgimento do OFI

O modelo de concessão ferroviária instituído após a privatização do setor na década de 90 é tido como verticalizado por concentrar na figura do concessionário as atividades de construção e manutenção da infraestrutura e a exploração do serviço de transporte ferroviário de cargas.

Por apresentar características inerentes aos *monopólios naturais*, em que se têm vultosos custos irrecuperáveis (*sunk costs*) para a fruição da infraestrutura e nos quais não é recomendada a concorrência, vez que

---

[4] Para conferir relevantes críticas ao modelo horizontal, conferir: PINHEIRO, Armando Castelar; RIBEIRO, Leonardo Coelho. *Regulação das ferrovias*. Rio de Janeiro: Editora FGV, 2017. p. 346-379.

ocorrem significativas perdas de escala, a concessão da infraestrutura do setor ferroviário à iniciativa privada foi desenhada pelo marco regulatório à época, de modo a favorecer o surgimento de barreiras de acesso ao mercado, notadamente concentrado no transporte ferroviário de cargas próprias do concessionário, em geral, da indústria mineradora.

A evidente *falha de mercado* existente no setor ferroviário hoje – monopólio natural –, que aumenta custos e dificulta o desenvolvimento socioeconômico do país, demandou a implementação de estratégias regulatórias para fomentar o acesso e o compartilhamento da infraestrutura a um maior número de *players* com a mais ampla interconexão entre as malhas, considerando o setor ferroviário como uma *essential facility*, cujos recursos são indispensáveis para o acesso ao mercado por outros agentes econômicos.[5]

Nesse sentido, importante distinguir as estratégias de *livre acesso* e de *compartilhamento compulsório de ativo*, pois os graus de interferência na infraestrutura e nas atividades exercidas pelo concessionário possuem impacto diverso em cada uma.

O livre acesso consiste na obrigação de o concessionário contratar com terceiros a conexão de equipamentos à infraestrutura por ele gerida (a exemplo do direito de passagem e do tráfego mútuo, adiante analisados) ou de fornecer serviços inerentes à existência do ativo (caso do usuário dependente, também melhor explicado mais a frente). O propósito principal dessa estratégia é, segundo Paulo L. Casagrande,[6] que o acesso ao ativo gerido pelo monopolista seja realizado sob condições razoáveis e preestabelecidas, fator essencial para que os agentes atuantes em segmentos competitivos da indústria possam concorrer entre si e alcançar o consumidor final.

Já o compartilhamento compulsório é modalidade mais invasiva de acesso aos ativos pois a regulação determina que, para além do acesso, uma parte da capacidade operacional provida pelo ativo seja compartilhada com um concorrente, o qual também irá operar o ativo

---

[5] De acordo com Armando Castelar Pinheiro e Leonardo Coelho Ribeiro: "A 'Essential Facilities Doctrine' surgiu justamente para endereçar uma questão ferroviária, quando um grupo de ferrovias, que controlava todas as pontes ferroviárias e pontos de mudança da malha para dentro e para fora de St. Louis, impediu que as empresas ferroviárias concorrentes oferecessem transporte para esse destino, ou por meio dele. A Suprema Corte considerou que a prática restringia, ilegalmente, o comércio, dando origem ao que viria a ser o compartilhamento de infraestrutura" (PINHEIRO, Armando Castelar; RIBEIRO, Leonardo Coelho. *Regulação das ferrovias*. Rio de Janeiro: Editora FGV, 2017. p. 279-280).

[6] CASAGRANDE, Paulo L. Regulação pró-concorrencial de acesso a ativos de infraestrutura: regime jurídico e aspectos econômicos. *In*: SCHAPIRO, Mario Gomes. *Direito econômico regulatório*. São Paulo: Saraiva, 2010. p. 120.

sob condições técnicas e financeiras previamente definidas. Aqui, de acordo com Paulo L. Casagrande, a justificativa é que uma vez inviável a expansão do ativo, a obrigatoriedade de compartilhá-lo para que outros *players* prestem serviços semelhantes ao do monopolista acaba por disciplinar o seu poder de mercado.[7]

É nesse contexto que foram publicadas resoluções importantes pela ANTT regulamentando os direitos do usuário dependente e a operacionalização do direito de passagem e do tráfego mútuo, cada qual com uma intensidade diferente de interferência na malha ferroviária concedida.

A Resolução nº 3.694/2011, ao tratar do *usuário dependente*, permite a qualquer usuário ou pessoa jurídica que considerar a prestação de serviço de transporte ferroviário indispensável à viabilidade do seu negócio que apresente à ANTT a declaração de dependência do transporte ferroviário de cargas, especificando o fluxo a ser transportado por um período mínimo de cinco anos. Após validado o ato declaratório pela ANTT, o usuário dependente é habilitado a negociar o fluxo de transporte desejado com a concessionária (art. 27).

Já a Resolução nº 3.695/2011 conceitua *direito de passagem* como a operação em que um requerente desloca carga ou passageiro de um ponto a outro na malha ferroviária federal, mediante pagamento, utilizando via permanente e sistema de licenciamento de trens de outra concessionária, tida como cedente (art. 2º, XI). Já o *tráfego mútuo* é definido como a operação em que um requerente desloca carga ou passageiro de um ponto a outro na malha ferroviária federal, mediante pagamento, utilizando via permanente, sistema de licenciamento de trens e os recursos operacionais da concessionária visitada, também definida como cedente (art. 2º, IX).

No ano seguinte à publicação das mencionadas normativas, a Medida Provisória nº 576/2012, convertida na Lei nº 12.743/2012, inseriu na Lei nº 10.233/2000 a possibilidade de outorga de autorização ao OFI para a prestação do serviço de transporte ferroviário de cargas não associado à exploração da infraestrutura ferroviária (art. 13, V, "d", parágrafo único).

Em 2014, a ANTT publicou então a Resolução nº 4.348 regulamentando os procedimentos de constituição e operação do OFI, estabelecendo, em síntese: (i) que a autorização seria outorgada mediante o atendimento

---

[7] CASAGRANDE, Paulo L. Regulação pró-concorrencial de acesso a ativos de infraestrutura: regime jurídico e aspectos econômicos. *In*: SCHAPIRO, Mario Gomes. *Direito econômico regulatório*. São Paulo: Saraiva, 2010. p. 120-121.

de determinados requisitos e vigoraria por prazo indeterminado, desde que mantidos os requisitos de outorga; (ii) que o OFI deveria realizar o recadastramento da outorga a cada quatro anos; (iii) que a extinção da autorização dar-se-ia por falência, anulação, cassação por perda das condições de outorga, renúncia, grave infração ou descumprimento reiterado de penalidades ou compromissos assumidos pelo operador; (iv) a compra de capacidade ociosa de transporte adquirida pela Valec Engenharia, Construções e Ferrovias S.A. e a celebração de contrato operacional entre o OFI e a concessionária da via; (v) que a venda da capacidade ociosa de transporte pela Valec ocorreria mediante pagamento de tarifa, precedida de oferta pública; e (vi) que o OFI deveria pagar à concessionária uma tarifa de fruição.[8]

Como dito anteriormente, após a revogação do Decreto nº 8.129/2013, o qual previa as atribuições da Valec dentro do contexto operacional dos OFI, a Resolução nº 4.348/2011 – ANTT perdeu parcialmente seus efeitos, deixando um vácuo regulatório específico na questão atinente à compra da capacidade de tráfego das concessionárias e repasse aos operadores independentes.

Apesar das alterações regulatórias promovidas na última década, com a implementação de medidas de livre acesso e compartilhamento compulsório de ativo, os dados mostram que não houve significativa melhora na competição no setor ferroviário. É o que aponta estudo realizado por Jean Mafra dos Reis:

> Muito do crescimento observado ao longo da gestão privada decorreu do forte aquecimento do mercado externo, essencialmente *commodities*, entretanto, esse crescimento não se refletiu em uma maior participação do modal ferroviário, que hoje representa 15% do total transportado, no total da matriz de transportes de cargas no Brasil.
> As razões desse aumento na produção de transporte ferroviário de cargas, porém, com baixo reflexo na matriz de transporte de cargas, espelham as características que marcaram a história do setor ferroviário brasileiro após a desestatização do setor:

---

[8] "Com a participação desses três agentes, o modelo de segregação vertical e de livre acesso operará da seguinte forma: (i) o gestor da infraestrutura – concessionário de serviço público – vende a VALEC a integralidade de sua capacidade operacional, sendo remunerado pela Tarifa de Disponibilidade da Capacidade Operacional (TDCO); (ii) a VALEC subcede, a título oneroso, o direito de uso de capacidade de tráfego ao OFI; (iii) o OFI paga ao gestor da infraestrutura a Tarifa Básica da Fruição (TBF) pelo uso da malha ferroviária" (SOUZA, Ana Paula Peresi. O novo modelo do setor ferroviário e as formas de mitigação do risco de demanda. *Revista Pública de Direito da Economia – RDPE*, Belo Horizonte, ano 14, n. 55, p. 43-72, jul./set. 2016. p. 46).

(i) a produção de transporte ferroviário é basicamente voltada para o mercado externo (exportação de *commodities*);

(ii) forte concentração de produção de transporte em poucos produtos: *commodities* minerais – metálicos (minério de ferro) e *commodities* agrícolas (grãos e açúcar);

(iii) baixa utilização da malha ferroviária, em decorrência da forte concentração dessa produção de transporte em apenas 1/3 da malha atual;

(iv) as empresas ferroviárias no Brasil são verticalmente integradas; e

(v) baixa interconexão entre as ferrovias, no qual o compartilhamento da infraestrutura ferroviária – o Direito de Passagem e o Tráfego Mútuo – representa cerca de 10% da produção total de transporte (figura 1). [...] Observando-se mais atentamente ao percentual de compartilhamento de infraestrutura ferroviária, constata-se que grande parte do Direito de Passagem e Tráfego Mútuo que ocorre no sistema ferroviário brasileiro se dá entre as ferrovias que pertencem ao mesmo Grupo Econômico (figura 2), ou seja, mais de 85% das operações de compartilhamento ocorrem entre as ferrovias pertencentes ao mesmo Grupo Econômico que controla essas ferrovias, indicando um comportamento de barreira à entrada de competidores.[9]

Especificamente sobre o OFI, recém-concluído estudo do Banco Mundial sobre políticas e regulações que dificultam dinâmicas de mercado e concorrência no Brasil, resultado de um assessoramento técnico do banco à Secretaria de Advocacia da Concorrência e Competitividade do Ministério da Economia, assim registrou:

> O modelo desenhado para os Operadores Ferroviários Independents [*sic*] (OFIs), que teriam o potencial de aumentar a concorrência no mercado ferroviário ao criar o agente não verticalizado, se mostrou inadequado para fomentar um efetivo compartilhamento de ativos e entrada de novos concorrentes. A regulação define a participação do OFI como elemento suplementar ('quando houver ociosidade') ao invés de garantir acesso a parte da capacidade instalada. Em um contexto em que as concessionárias são verticalizadas – o que implicaria concorrência com os OFIs por clientes finais ao longo da sua malha, não há incentivo para a oferta de capacidade a terceiros em regiões com potencial econômico. De fato, existe pouca capacidade ociosa nos trechos economicamente viáveis e supridos por infraestrutura de qualidade. Ao mesmo tempo, onde existe capacidade ociosa não há demanda suficiente, ou a infraestrutura está

---

[9] REIS, Jean Mafra dos. *Inovações regulatórias no compartilhamento de infraestrutura visando incentivar o aumento da competição intramodal no setor ferroviário brasileiro*. Brasília: Enap, 2019. p. 6-7.

defasada, o que potencialmente exigiria investimentos vultuosos por parte dos OFIs. Por fim, o modelo inicial ainda adicionava um custo de transação não desprezível ao exigir a intermediação da VALEC para aquisição da capacidade ociosa ao invés de permitir o contato direto entre as partes interessadas, o que foi posteriormente flexibilizado.

Neste sentido, a ineficácia das regras de compartilhamento de ativos mina a possibilidade de promover no Brasil a concorrência intramodal experimentada por outros países.[10]

É nesse cenário de baixa eficácia dos modelos até então adotados para o acesso e compartilhamento da infraestrutura ferroviária que a ANTT publicou a Resolução nº 5.920/2020 – ANTT, com vistas a simplificar a regulação e promover um avanço que incremente a concorrência intramodal e torne efetivamente mais atrativo o setor.

## 3 Aspectos regulatórios e concorrenciais da Resolução nº 5.920/2020 – ANTT

Como visto, a situação atual do serviço de transporte ferroviário de cargas é muito próxima de um *monopólio* em que os poucos novos *players* entrantes após as normas de acesso e compartilhamento de infraestrutura exercem um poder de mercado ínfimo ante as concessionárias verticais, historicamente monopolistas dos ativos.

A par disso, o presente estudo passará a uma análise jurídica dos principais aspectos regulatórios e concorrenciais da recém-publicada Resolução nº 5.920/2020 – ANTT, objetivando constatar se as novas disposições normativas têm o condão de incrementar a concorrência no setor ferroviário.

### 3.1 Saída da Valec da relação concessionária – OFI

A revisão da Resolução nº 4.348/2011 pela ANTT, norma que primeiro disciplinou a figura do OFI, ocorreu precipuamente por três razões: a necessidade de se aprimorar a regulação para incrementar a concorrência no setor ferroviário; a revogação do Decreto nº 8.129/2013,

---

[10] O estudo do Banco Mundial foi parcialmente publicado pelo portal da *Agência Infra* (AMORA, Dimmi. Regulação inadequada impede concorrência nas ferrovias do Brasil, diz estudo do Banco Mundial. *Agência Infra*, 13 maio 2020. Disponível em: https://www.agenciainfra.com/blog/regulacao-inadequada-impede-concorrencia-nas-ferrovias-do-brasil-diz-estudo-do-banco-mundial/. Acesso em: 9 mar. 2021).

que afastou da Valec a atribuição de adquirir a capacidade operacional de tráfego das concessionárias e ofertá-la aos OFI; e o intento da agência em tornar a regulação mais simplificada, clara e desburocratizada.

Esse cenário é noticiado na análise de impacto regulatório atinente à revisão da Resolução nº 4.348/2011, disponibilizada no sítio eletrônico da ANTT:

> Entende-se que a ação regulatória visa reduzir ou mitigar o poder de mercado das concessionárias que exploram a infraestrutura e o serviço de transporte ferroviário, por meio da introdução de concorrência na prestação do serviço do OFI. [...]
> Em virtude da revogação do Decreto nº 8.129/2013 (pelo Decreto nº 8.875, de 11 de outubro de 2016), determinados dispositivos da Resolução ANTT nº 4.348/2014 perderam validade e eficácia. Essa situação enseja insegurança jurídica e, no caso concreto, inviabiliza o acesso do OFI à malha ferroviária, uma vez que a Resolução determina que a capacidade de tráfego deve ser adquirida da estatal VALEC.
> Dessa forma, a ação regulatória proposta objetiva viabilizar o acesso dos OFI à infraestrutura ferroviária e aos recursos operacionais do SFF. Para tanto, entende-se necessário ajustar o texto da Resolução ANTT nº 4.348/2014, com vistas a excluir a VALEC do papel de gestora da capacidade operacional a ser adquirida pelos OFI, em face das alterações no arcabouço legal vigente, bem como disciplinar a forma de acesso dos OFI ao SFF.
> Ainda, tendo em vista as mudanças supracitadas, necessárias em decorrência da alteração da base legal, tem-se também como objetivo secundário promover ajustes nas normas relacionadas ao tema para trazer simplificação regulatória, desburocratização, esclarecer dispositivos e melhorar redação. Tais ajustes decorrem da experiência adquirida pela área técnica da ANTT na instrução processual das outorgas de autorização a OFI e da fiscalização de COEs.[11]

Pode-se afirmar que a retirada da Valec da intermediação de compra e venda da capacidade operacional de transporte permitirá uma maior atratividade aos investimentos privados no setor.

Cabe rememorar que a Valec foi inserida no contexto de desverticalização do setor com o intento de mitigar riscos de demanda das concessionárias. Todavia, sendo uma empresa pública dependente de

---

[11] ANTT. *Análise de Impacto Regulatório* – Fase Preliminar nº 01/2018/CORAN/GEROF/SUFER. Revisão das Resoluções ANTT nº 4.348/2014 e 3.695/2011. Disponível em: https://participantt.antt.gov.br/Site/AudienciaPublica/VisualizarAvisoAudienciaPublica.aspx?CodigoAudiencia=399. Acesso em: 9 mar. 2021.

recursos da União para prestação de seus serviços (como a construção de obras de infraestrutura e o desenvolvimento de projetos do setor ferroviário), e estando envolta em um contexto de restrição orçamentária e crise fiscal, despontou para a iniciativa privada outro risco tão relevante quanto o de demanda, então conhecido como "risco Valec".[12]

Assim, no contexto do antigo regramento, caso a Valec tivesse qualquer problema de aporte de recursos públicos provindos da União, a empresa poderia não ter condições de fazer frente à aquisição da capacidade operacional de transporte das concessionárias nos termos do Decreto nº 8.129/2013 e da Resolução nº 4.348/2014 – ANTT e, não havendo previsão legal ou regulamentar que permitisse ao OFI adquirir a capacidade de tráfego diretamente com a concessionária, o modelo de acesso e compartilhamento de infraestrutura restaria prejudicado.[13]

É interessante notar também que os riscos de demanda que estavam supostamente cobertos pela Valec eram os riscos das concessionárias, mitigados pela aquisição de parte ou da integralidade de capacidade operacional de tráfego; os riscos de demanda dos OFI não eram garantidos.

Além disso, o modelo no qual a Valec promovia ofertas públicas para o repasse dos direitos de uso da capacidade de tráfego aos OFI tendia a manter uma restrição de mercado consistente na seleção somente dos operadores que conseguiam elaborar propostas de maior vulto à Valec. Estes, atuando de forma recorrente na exploração do serviço de transporte ferroviário de cargas, alçavam uma vantagem competitiva sobre os demais autorizatários que não logravam êxito de forma constante no âmbito das ofertas públicas.

---

[12] Assim consta nas demonstrações financeiras do 3º trimestre de 2019 da Companhia: "A VALEC é uma empresa pública totalmente dependente das políticas públicas traçadas pelo Ministério da Infraestrutura, portanto, não possui plano financeiro próprio, sendo seu planejamento financeiro de longo prazo vinculado ao planejamento orçamentário, por meio do Plano Plurianual e das políticas governamentais" (VALEC. *Demonstrações financeiras 3º trimestre 2019*. Disponível em: https://www.valec.gov.br/a-valec/receitas-e-despesas/demonstracoes-financeiras. Acesso em: 9 mar. 2021).

[13] "Finalmente, um risco desse modelo que pode afastar os investidores em infraestrutura é a dependência de sua remuneração da disponibilidade de recursos líquidos da Valec. Em tese, como as receitas, líquidas de impostos e custos, com a venda dos *slots* para uso da ferrovia pelos operadores de transporte não devem cobrir inteiramente o pagamento das concessionárias, parte da remuneração das concessionárias deve vir de recursos aportados pela União via orçamento anual. Ocorre que em qualquer ano esses recursos podem não ser disponibilizados, seja por não constarem do orçamento, por não terem sua execução autorizada pela Fazenda ou porque podem ser interrompidos por decisão, por exemplo, do TCU" (PINHEIRO, Armando. A nova reforma regulatória do setor ferroviário. *In*: FRISCHTAK, Cláudio Roberto; PINHEIRO, Armando (Org.). *Gargalos e soluções na infraestrutura de transportes*. Rio de Janeiro: Editora FGV, 2014. p. 220).

Por fim, pareciam óbvias as perdas de eficiência do modelo anterior tanto do ponto de vista financeiro, em se mover significativos fluxos de recursos públicos na mesma direção em que já poderiam fluir recursos da iniciativa privada caso fosse ajustado um modelo de delegação e desagregação de atividades mais interessante a esses investimentos,[14] quanto operacional, na medida em que a inserção de um terceiro na relação de compra e venda da capacidade de tráfego poderia retardar a aquisição de capacidade operacional em um momento de alta demanda devido à inesperada mudança de comportamento do mercado, aumentando custos de transação e desencorajando a aderência ao modelo.

## 3.2 Prazo indeterminado da outorga, possibilidade de investimentos e risco regulatório

O art. 3º da Resolução nº 5.920/2020 – ANTT prediz uma situação que tende a ser problemática e que, por isso, deveria ter sido evitada.

A disposição normativa estabelece que a outorga da autorização será expedida por prazo indeterminado, devendo o autorizatário manter todas as condições de habilitação ao longo da sua vigência (§3º). Adiante, estabelece que o OFI não terá direito à permanência das condições vigentes quando da outorga da autorização, incidindo sobre o ato quaisquer novas condições impostas por lei ou regulamento (§5º).

A conjugação de ambas as disposições – *prazo indeterminado da outorga* e *ausência de qualquer vinculação do ato às condições inicialmente vigentes* – corrobora o risco regulatório ínsito no custo-Brasil.

Acerca do custo-Brasil, o *Boletim de Análise Político-Institucional* do Instituto de Pesquisa Econômica Aplicada (Ipea), após rememorar a edição da Medida Provisória nº 579/2012, que estabeleceu a devolução das concessões do setor elétrico caso as concessionárias não aceitassem a remuneração a ser calculada pela Aneel (a demonstrar o grau de irreverência do Estado em instigar a desconfiança de *stakeholders*), consignou os malefícios que mudanças abruptas nas normas regulatórias causam à prospecção de investimentos:

---

[14] Para um maior aprofundamento quanto às possibilidades de se mitigar o risco de demanda na relação de compra e venda de capacidade de tráfego das malhas ferroviárias, conferir: SOUZA, Ana Paula Peresi de. O novo modelo do setor ferroviário e as formas de mitigação do risco de demanda. *Revista Pública de Direito da Economia – RDPE*, Belo Horizonte, ano 14, n. 55, p. 43-72, jul./set. 2016.

Partindo das definições de risco regulatório apresentadas, os resultados discutidos nesta nota apontam para a existência tanto de risco institucional quanto de risco de intervenções regulatórias no Brasil. O primeiro materializa-se em um custo de endividamento mais alto de empresas brasileiras no exterior, quando comparadas a empresas semelhantes de países com índices melhores de governança ou desenvolvimento do mercado financeiro. O segundo redunda em riscos mais altos e retornos mais baixos para as empresas, que se traduz também em um maior custo de capital.

Tudo o mais constante, a consequência imediata desse incremento de custos é o desincentivo ao investimento. Em um momento em que estimular o investimento privado em infraestrutura é uma prioridade de política pública, cumpre ao Estado se esforçar para aprimorar as instituições brasileiras e, quando possível, reduzir o recurso a intervenções setoriais abruptas. *O gerenciamento das expectativas dos agentes é tão importante na política setorial quanto na política monetária*.[15] (Grifos nossos)

O risco regulatório no presente caso relaciona-se com o que a doutrina da economia dos custos de transação (*transaction costs economics*) denomina *incerteza* e *comportamento oportunista* de uma das partes envolvidas na relação econômica, sendo necessário criar mecanismos regulatórios e contratuais que mitiguem tais circunstâncias indesejadas pois, de outro modo, contratos não serão celebrados.

Em síntese, a economia dos custos de transação compreende que quando investimentos privados envolverem especificidade de ativos e longo tempo de amortização dos investimentos, duas variáveis distintas, porém inter-relacionadas, acabam por surgir: a incerteza e a possibilidade de comportamento oportunista da outra parte. Com relação à primeira, quanto maior for a incerteza do futuro (demanda, câmbio, política, regulação etc.), menor será a propensão para o investimento. Outrossim, quando uma das partes da relação econômica detiver condições de agir de forma oportunista após a realização dos investimentos, estes também serão afastados.

No caso da Resolução nº 5.920/2020 – ANTT, vê-se que ela aloca integralmente ao autorizatário o risco regulatório expresso na determinação de que "o OFI não terá direito adquirido à permanência das condições vigentes quando da outorga da autorização ou do início das atividades em caso de estabelecimento de novas condições impostas

---

[15] BRAGANÇA, Gabriel Godofredo Fiuza de. Risco regulatório no Brasil: conceito e contribuição para o debate. *Boletim de Análise Político-Institucional – Ipea*, jan./jun. 2015. Disponível em: http://repositorio.ipea.gov.br/handle/11058/6713. Acesso em: 9 mar. 2021.

por lei e por regulamentação". Com isso, a norma acaba por evidenciar, a um só tempo, uma incerteza e uma possibilidade de comportamento oportunista por parte da agência ou do Poder Concedente, o que desencoraja investimentos nas vias concedidas pelos OFI, notadamente porque a qualquer momento (*incerteza*) e de forma *oportunista*, as regras do jogo poderão ser alteradas (a exemplo da edição da MP nº 579/2012).

Assim, a disposição normativa que autoriza a realização de investimentos na concessão pelo OFI por meio da aquisição de material rodante ou realização de intervenções na faixa de domínio[16] (art. 18, VII) pode não se concretizar ante a insegurança derivada do risco regulatório alocado integralmente ao autorizatário. A qualquer momento, portanto, novas regras poderão surgir e atingir pontos vitais do plano de negócios, como os relacionados à operação e à geração de receitas, ou inviabilizar a continuidade das operações do OFI, encerrando-as antes de ter sido possível a amortização dos investimentos realizados.

A par disso, a questão atinente ao prazo ser determinado ou indeterminado menos importa. Ao revés: antes houvesse um prazo determinado de outorga com baixo risco regulatório, dentro do qual o operador tivesse maior segurança em investir e programar a amortização dos investimentos, inclusive firmando contratos com maior estabilidade temporal ou *off take*,[17] do que uma autorização com prazo indeterminado que pode ser alterada a qualquer momento e contra a qual o OFI, em tese, não tem qualquer direito de oposição, transição ou indenização por investimentos já realizados.

---

[16] A parte final do dispositivo estabelece que o OFI pode negociar com a concessionária mecanismo de compensação pelos investimentos, "aplicando-se as regras relativas ao usuário investidor e a investimento por requerente de compartilhamento 'previstas nas Resoluções da ANTT'", redação normativa inadequada, pois a regulação deve ser clara e objetiva, sem levar o intérprete/regulado a ter de buscar nas diversas normas da agência qual delas é a resolução aplicável.

[17] "Os contratos *off take* têm como escopo a compra de um produto em escala global durante o prazo necessário à amortização do investimento. Pela ótica do produtor, seu risco de demanda está mitigado, pois desde o início do negócio já está garantida a venda da sua produção e, portanto, a sua receita. Tem-se, assim, uma transferência de risco ao adquirente. Já sob o prisma do comprador, a vantagem decorre do estabelecimento de um preço fixo durante toda a vigência contratual. As modalidades de contrato *off take* merecem distinção: *take or pay* ou *take and pay*. Em linhas gerais, na modalidade *take or pay*, o preço será pago independentemente da disponibilidade do produto ou do serviço fornecido. Diversamente, no *take and pay*, o pagamento está condicionado a uma produção mínima" (SOUZA, Ana Paula Peresi de. O novo modelo do setor ferroviário e as formas de mitigação do risco de demanda. *Revista Pública de Direito da Economia – RDPE*, Belo Horizonte, ano 14, n. 55, p. 43-72, jul./set. 2016. p. 66). Na situação ora analisada, caso os OFI tivessem uma maior estabilidade com relação às normas regulatórias e à relação tida com a ANTT, a celebração de contratos *off take* com as concessionárias e usuários poderia lhes oferecer receitas e custos mais previsíveis, mitigando o fator *incerteza* e, por conseguinte, barateando o projeto.

## 3.3 Ausência de mecanismos que evitem discriminação e abuso de poder pelas concessionárias

Como dito anteriormente, o setor ferroviário brasileiro vem avançando para um modelo desverticalizado, em que a infraestrutura ferroviária se mantém sob a administração de um único concessionário, porém vários agentes podem atuar na exploração do serviço de transporte de cargas em regime de concorrência.

Nessa linha, as concessionárias verticais, cujos contratos de concessão provêm da década de 90 e nos quais foram concentradas as atividades de construção e manutenção das malhas e a exploração (e fruição) dos (próprios) serviços de transporte ferroviário de cargas, passam a operar o serviço de transporte em regime de concorrência com os OFI, os quais devem obter da ANTT autorização vinculada aos termos da norma ora analisada.

Em casos desse tipo, que envolvem o compartilhamento compulsório de ativo na presença de uma integração vertical do monopolista (no caso, o concessionário vertical), Paulo L. Casagrande ensina que alguns fatores devem necessariamente ser considerados na regulação, como a amplitude, o preço e a qualidade do acesso.[18]

### 3.3.1 Amplitude do acesso

A aferição do que vem a ser o real objeto de acesso e compartilhamento compulsório entre as empresas que administram a infraestrutura ferroviária em regime de monopólio (concessionárias verticais) e o novo entrante que visa explorar o serviço de transporte ferroviário de cargas em regime de concorrência com o monopolista (no caso, os OFI) pode ser fator determinante para o êxito da política de maior competição dentro do setor.

Observa Paulo L. Casagrande:

> Se amplitude desse acesso não for suficiente para a entrada de empresas eficientes, o objetivo de incremento de rivalidade no setor não será concretizado. Por outro lado, se a amplitude de tal acesso for exagerada, a intervenção no direito de propriedade – e, consequentemente, nas características financeiras de exploração desse ativo – impactará de

---

[18] CASAGRANDE, Paulo L. Regulação pró-concorrencial de acesso a ativos de infraestrutura: regime jurídico e aspectos econômicos. *In*: SCHAPIRO, Mario Gomes. *Direito econômico regulatório*. São Paulo: Saraiva, 2010. p. 113-162.

maneira negativa os incentivos para novos investimentos ou mesmo a recuperação dos investimentos já feitos.[19]

Como atrás afirmado, a desverticalização do setor ferroviário vem na esteira do que a doutrina norte-americana nomeou de *essential facility*, segundo a qual o acesso a determinados ativos não pode ser negado pelo monopolista quando se mostre indispensável para o desenvolvimento da atividade econômica de seus concorrentes.

À vista disso, a questão relacionada ao objeto do acesso e compartilhamento do ativo é de suma importância para permitir maior competição intramodal e menor interferência nos contratos de concessão outrora firmados – os quais, como sabido, nasceram para atuar em um modelo verticalizado, a partir do qual foram estruturados os planos de negócios –, regulamentando o que é realmente problemático do ponto de vista concorrencial e que pode ser *desencastelado*.[20]

Colige-se da Resolução nº 5.920/2020 que os OFI podem acessar e utilizar a infraestrutura ferroviária concedida para (i) a prestação dos serviços de transporte ferroviário de cargas e (ii) a prestação de serviços de apoio à utilização da infraestrutura ferroviária, como pátios de intercâmbio, pátios de manobra, ramais portuários, postos de abastecimento e oficinas de material rodante (art. 18, II e IX).

Embora inicialmente se possa cogitar que o escopo do compartilhamento compulsório restou exacerbado, pois atividades como *postos de abastecimento, oficinas de material rodante* e *faixa de* domínio não se caracterizariam como *essencial facilities*, estando fora da órbita de problemas concorrenciais no setor (porquanto passíveis de desagregação), não se pode olvidar que se os serviços acessórios ao transporte ferroviário de cargas permanecessem sob o monopólio do concessionário, este poderia

---

[19] CASAGRANDE, Paulo L. Regulação pró-concorrencial de acesso a ativos de infraestrutura: regime jurídico e aspectos econômicos. *In:* SCHAPIRO, Mario Gomes. *Direito econômico regulatório.* São Paulo: Saraiva, 2010. p. 144.

[20] "Enfim, o estabelecimento pela ANTT das condições mínimas de acesso pelos concessionários visitantes e dependentes à malha dos concessionários visitados dominantes, deve se verter especificamente sobre as *essencial facilities*. Mesmo porque, em relação aos demais recursos operacionais cujo compartilhamento não seja essencial à sobrevivência do concessionário dependente, o dever da ANTT, como agência reguladora do setor, é criar incentivo para que os concessionários operem em regime de máxima eficiência (conforme art. 11, inciso IV, e art. 20, inciso II, alínea 'a', ambos da Lei nº 10.233/01), o que, superado o problema da assimetria de poder entre o concessionário dominante e dependente (por meio da regulação das condições mínimas de acesso), poderia ser resolvido pela adoção do sistema de livre negociação" (RIBEIRO, Maurício Portugal. Aspectos jurídicos e regulatórios do compartilhamento de infra-estrutura no setor ferroviário. *Revista Eletrônica de Direito Administrativo Econômico,* Salvador, n. 3, ago./out. 2005. Disponível em: http://www.direitodoestado.com.br/codrevista.asp?cod=59. Acesso em: 9 mar. 2021).

impor preços abusivos e barreiras de acesso aos OFI usando do seu poder de mercado nesse segmento, inviabilizando uma adequada e eficiente prestação do serviço de transporte de cargas pelos novos entrantes.

Assim, tendo em vista a inter-relação e interdependência entre os serviços de transporte ferroviário e os serviços de apoio à utilização da infraestrutura ferroviária, bem como o fato de que a manutenção dos serviços de apoio sob monopólio do concessionário poderia incentivar o abuso de poder de mercado, a Resolução nº 5.920/2020 – ANTT parece ter definido bem a amplitude do acesso e compartilhamento do ativo.

Todavia, dois pontos relacionados ao tema deveriam ter sido considerados pela agência e mais bem trabalhados na norma.

O primeiro refere-se aos procedimentos de uso da faixa de domínio, já que o concessionário, na qualidade de monopolista obrigado a compartilhar sua infraestrutura com um concorrente, possui grandes incentivos para engendrar barreiras de acesso ao OFI que podem impedi-lo de exercer de forma adequada e eficiente as suas atividades, desequilibrar a concorrência no mercado acessório e reverberar na competição que ocorrerá no campo de exploração do serviço principal (de transporte ferroviário de cargas).

O segundo ponto relaciona-se à possibilidade de o concessionário fixar preços predatórios para a prestação dos serviços de apoio, situação em que se poderá baixar demasiadamente os preços cobrados para tais serviços, notadamente usando do seu poder de mercado, e dificultar economicamente a permanência dos novos entrantes nesse segmento, quando então eles saem do mercado e o concessionário restabelece os preços normalmente praticados em regime de monopólio natural.[21]

Nesses termos, embora se entenda que a amplitude do acesso e compartilhamento dos ativos tenha sido adequada, a ANTT deveria ter feito uma análise detida sobre como ocorrerá o uso da faixa de domínio pelos OFI e os eventuais preços que serão cobrados no âmbito dos serviços de apoio, pois a completa desregulamentação desses temas pode desestimular a realização de investimentos nas faixas de domínio concessionadas.

---

[21] Preço predatório pode ser definido como a deliberação, por parte de uma firma dominante no mercado, em incorrer em perdas no curto prazo para a eliminação de concorrentes e posterior fruição do poder de mercado angariado com a prática predatória.

### 3.3.2 Preço do acesso

O preço a ser cobrado pelo concessionário para o acesso e uso compartilhado dos ativos também pode ser determinante para a efetiva abertura do mercado a novos *players*.

Nesse sentido, Paulo L. Casagrande explica que, em certos contextos, a livre negociação do preço entre as partes pode ser apropriada, contudo, nos casos em que uma empresa verticalmente integrada é obrigada a compartilhar sua infraestrutura para que novos *players* concorram com ela no mercado – caso das concessionárias verticais –, o êxito da livre negociação raramente é concretizado, vez que os incentivos para que o monopolista prejudique os novos operadores são, em regra, muito fortes.

Partindo-se desse ponto, a livre negociação do preço entre as concessionárias verticais e os OFI prevista no art. 20, I da Resolução nº 5.920/2020 – ANTT pode levar ao abuso de poder de mercado pelos concessionários para dificultar a atuação dos OFI como seus concorrentes.[22]

Paulo L. Casagrande explica que há várias fórmulas econômicas para se definir preços de acesso e compartilhamento de ativos, como os métodos Ramsey, ECPR e preço-teto, e que uma boa avaliação de todos eles requer a análise dos custos incorridos pelo concessionário para a construção e manutenção da infraestrutura e exploração do serviço, como custos de instalação, manutenção, de oportunidade, variáveis, entre outros.

Mencionada análise permitiria ao regulador verificar dois pontos importantes para a fixação de um justo preço de remuneração pelo acesso e compartilhamento do ativo: (i) o lucro legitimamente esperado pelo concessionário após os dispêndios de instalação e manutenção dos ativos, permitindo-se valorar o direito do monopolista; e (ii) a alocação de tais custos entre as diversas atividades comerciais exercidas pelo concessionário verticalmente integrado, o qual poderia lançar mão de

---

[22] "[...] o preço do acesso deve ser definido. Trata-se do aspecto mais importante da regulação de acesso: se for muito alto, dificultará a entrada de novas empresas que podem competir com o monopolista verticalmente integrado; e для muito baixo, poderá não cobrir todas as despesas com a construção do ativo e incentivará a entrada de muitas empresas, provavelmente menos eficientes que a empresa já estabelecida" (CASAGRANDE, Paulo L. Regulação pró-concorrencial de acesso a ativos de infraestrutura: regime jurídico e aspectos econômicos. *In*: SCHAPIRO, Mario Gomes. *Direito econômico regulatório*. São Paulo: Saraiva, 2010. p. 147).

técnicas de exclusão de novos operadores mediante estrangulamento econômico e preços predatórios, notadamente por subsídios cruzados.[23]

A título de exemplo, se a regulação considerar que o preço de acesso e compartilhamento da infraestrutura será com base no método *cost plus*,[24] o monopolista pode alocar a maior parte dos seus custos no segmento do serviço regulado, inflando, assim, as tarifas de acesso e dificultando a entrada de novos operadores independentes no setor.

A estratégia de subsídio cruzado, por sua vez, consistiria no emprego das rendas mais seguras do negócio nas atividades do segmento competitivo (no caso, na exploração do serviço de transporte ferroviário de cargas), cobrando-se preços artificialmente mais baixos que os concorrentes, já que estes não têm acesso a essa outra fonte de recursos,[25] denotando, aí, uma desleal vantagem concorrencial.

Apesar de a análise de custos ser fundamental para a determinação do preço de acesso e compartilhamento do ativo, a ANTT sofre com a assimetria informacional decorrente da dificuldade em se aferir a exatidão de dados e informações repassados pelos agentes regulados,[26]

---

[23] O estrangulamento econômico relaciona-se com determinados fatores que obstam o pleno desenvolvimento econômico da organização. Subsídio cruzado, por sua vez, refere-se à circunstância em que um grupo de consumidores acaba pagando preços mais elevados por um produto ou serviço em benefício de um outro grupo específico.

[24] A metodologia *cost plus*, em termos singelos, baseia-se na determinação da remuneração do investidor por meio da análise dos custos operacionais e financeiros da empresa, dos investimentos planejados e da taxa de retorno em nível compatível com empreendimentos similares. Após isso, o regulador determina a tarifa dos produtos e serviços considerando o comportamento passado dos consumidores.

[25] CASAGRANDE, Paulo L. Regulação pró-concorrencial de acesso a ativos de infraestrutura: regime jurídico e aspectos econômicos. In: SCHAPIRO, Mario Gomes. *Direito econômico regulatório*. São Paulo: Saraiva, 2010. p. 147-148.

[26] "21. A assimetria de informação cria uma espécie de monopólio informacional, que restringe o controle público da atividade regulada. Detendo apenas fontes pouco confiáveis, a agência de regulação acaba por realizar um monitoramento imperfeito, caracterizado pela ineficiência na observação, medição e controle do comportamento dos regulados. Como a qualidade decisória está diretamente relacionada com a precisão dos dados colhidos e de seu tratamento, falhas nos sistemas formais de informação resultam em outras, relacionadas à seleção de propostas e à fiscalização dos contratos. 22. Diante dessa fragilidade, sobressai o risco de ocorrer o que a literatura técnica denomina de comportamentos oportunistas, ou seja, a ação propositual do regulado de fornecer informações falsas ou enviesadas com o objetivo de confundir o regulador em seu benefício, como, por exemplo, fornecer informações enganosas que possam justificar um maior aumento tarifário. 23. Por uma razão desconhecida, os estudos geralmente apresentados pela ANTT denotam um elevado grau de dependência, quando comparados, por exemplo, com os oriundos da ANEEL, em sua respectiva área de atuação. 24. Alerto, portanto, que a assimetria informacional será alimentada, caso a ANTT continue completamente dependente dos dados da Associação Brasileira de Concessionárias de Rodovias, representante das empresas detentoras das atuais concessões rodoviárias. 25. Tal dependência traz um elevado risco futuro, de somente os grupos econômicos interessados passarem a deter dados concretos sobre a

o que favorece, nesse sentido, eventual comportamento oportunista do concessionário na disponibilização dos custos insertos na sua contabilidade da forma que melhor lhe convier.

Não bastasse isso, o regulador ainda esbarra no problema atinente a quais custos levar em consideração na fixação do preço de acesso ao ativo, que podem ser os custos históricos incorridos na construção dos ativos devidamente corrigidos ou os custos futuros de uma infraestrutura semelhante à ofertada aos novos *players*.

Quanto à primeira opção, deve-se considerar que a decisão de investir pode ter sido tomada em um contexto em que os insumos eram significativamente mais caros e a garantia de retorno dos investimentos dependia da exploração exclusiva do bem, e não em regime de concorrência. No que tange à segunda, relacionada aos custos futuros, o monopolista seria forçado a investir somente em tecnologias avançadas de menor custo para expandir a rede, impedindo que os novos operadores arquem com decisões passadas que podem ter sido ineficientes ou extremamente custosas.[27][28]

Depreende-se que, se o preço é livre, há um campo largo para a prática de condutas anticoncorrenciais por parte do concessionário, especialmente por meio de preços predatórios e subsídios cruzados. Por outro lado, a estipulação de preço pela agência reguladora para

---

atividade de exploração das concessões rodoviárias, tornando meramente figurativo o papel desempenhado pela ANTT" (TCU. TC nº 033.019/2014-2. Min. Rev. Raimundo Carreiro, sessão 28.1.2015).

[27] Paulo L. Casagrande elucida, ainda, que tais decisões podem ter sido tomadas sob o efeito do que a teoria econômica denomina de Averch-Johnson, em que são realizados investimentos excessivos em ativos de infraestrutura visando tão somente à maximização dos lucros da empresa regulada, sem que a prestação do serviço requeira (CASAGRANDE, Paulo L. Regulação pró-concorrencial de acesso a ativos de infraestrutura: regime jurídico e aspectos econômicos. *In*: SCHAPIRO, Mario Gomes. *Direito econômico regulatório*. São Paulo: Saraiva, 2010).

[28] Citando Rennicke e Kaulbach, Armando Castelar Pinheiro e Leonardo Coelho Ribeiro observam: "Se as empresas ferroviárias forem obrigadas a oferecer acesso a transportadores independentes, elas presumivelmente demandarão e terão direito a receber uma compensação econômica total (FEC, *full economic compensation*) pelo uso das instalações e serviços prestados. A FEC não inclui apenas os custos variáveis associados com apoio operacional (agendamento de comutação, operações de pátio etc.), mas também uma parte equitativa dos custos fixos associados à aquisição, manutenção e reposição dos ativos associados ao direito de passagem (terra, dormentes, trilhos, lastro, sinalização etc.). A FEC também poderia incluir custos de oportunidade associados ao tráfego perdido, à contribuição para o lucro, e a outros custos desse gênero. Determinar a FEC é uma atividade não só extraordinariamente complexa, mas também sujeita à interpretação de muitas variáveis e premissas. Isso inevitavelmente produzirá disputas litigiosas entre as empresas ferroviárias e os operadores independentes, demandando uma grande burocracia voltada para a resolução de litígios" (PINHEIRO, Armando Castelar; RIBEIRO, Leonardo Coelho. *Regulação das ferrovias*. Rio de Janeiro: Editora FGV, 2017. p. 373).

acesso e compartilhamento do ativo demanda um estudo meticuloso de custos incorridos pelo monopolista que, como dito, o órgão regulador não pode aferir com exatidão.

À vista disso, entende-se que a ANTT deveria ter analisado a questão e fixado parâmetros mínimos para a definição do preço a ser cobrado pelas concessionárias para o acesso e uso da infraestrutura ferroviária pelos OFI, já que a possibilidade de comportamento oportunista das concessionárias na fixação do preço, sem qualquer interferência regulatória, pode desencorajar o investimento de novos *players* em um mercado no qual não se sabe ao certo a composição dos preços de entrada e que, em caso de litígios, a contenda passará por um longo processo administrativo de arbitragem regulatória que, como dito, insere-se em um contexto de forte assimetria informacional.

### 3.3.3 Qualidade do acesso

Paulo L. Casagrande cita ainda a importância do fator qualidade para se garantir que o acesso e o compartilhamento do ativo serão efetivados de modo isonômico e viável, já que o concessionário pode cumprir com os preços de mercado, mas praticar condutas anticompetitivas de piora na qualidade do acesso visando prejudicar a atuação dos OFI (embora tal situação seja menos provável no caso de concessões verticalizadas, já que concessionário e OFI usufruem da mesma infraestrutura).

Exemplo disso é que, na ausência de qualquer regulamentação, a concessionária pode adotar regras de operação que privilegiem o licenciamento e o despacho dos seus trens em detrimento do maquinário conduzido pelos OFI.

Em outro cenário, acaso fossem impostas regras mais isonômicas como a *first in first out*, que estabelece que a sequência do despacho deve observar a ordem de chegada dos trens para os fins de acesso aos trilhos, ainda assim haveria um risco moral[29] em desfavor dos operadores independentes, pois os concessionários possuem mais informações relacionadas aos horários de trens que operarão na via concedida do que os OFI, podendo levar à condução do seu maquinário em horários e condições privilegiadas.

---

[29] O risco moral relaciona-se à ideia de informação assimétrica, situação na qual uma parte na transação possui mais informações ou informações mais seguras que a outra.

Outro exemplo de como a qualidade do acesso pode ser uma estratégia de abuso de poder pelas concessionárias seria a manutenção das vias em níveis de saturação de capacidade de tráfego muito próximos ao limite, à revelia do OFI. Novamente aqui haveria risco moral, pois quem detém as informações a respeito da capacidade de transporte ociosa da ferrovia é o monopolista que, de tempos em tempos, pode prestar tais informações à ANTT que, por sua vez, padece de assimetria informacional.

Depreende-se que até a possibilidade de o OFI realizar investimentos nos ativos pode ser desacertada, pois tal decisão será avaliada, em regra, com base nas informações prestadas pela concessionária sobre a capacidade de tráfego das vias, a qual não possui qualquer incentivo em repassar informações corretas e colaborar com a abertura do mercado.

Assim, ao determinar que também as questões operacionais deverão ser negociadas entre as partes no âmbito do Contrato Operacional Específico (COE), a Resolução nº 5.920/2020 – ANTT deixou em aberto pontos importantes que, devido aos enormes incentivos à prática de condutas anticoncorrenciais por parte da concessionária, deveriam ter sido minimamente regulamentados pelos ANTT, conferindo maior segurança e previsibilidade ao modelo proposto.

## 4 Inadequação da via eleita para a regulamentação do OFI: necessidade de uma política pública de Estado para o setor ferroviário

Cabe tecer, por fim, breves considerações a respeito da insuficiência das vias eleitas nos últimos anos para se instaurar um novo modelo desverticalizado de exploração do serviço de transporte ferroviário de cargas.

Armando Castelar Pinheiro e Leonardo Coelho Ribeiro já trataram o tema ao rememorar que a desverticalização do setor ferroviário por meio da figura do OFI encontra hoje uma única base legal disposta no art. 13, parágrafo único da Lei nº 10.233/2000, a qual estabelece que o serviço de transporte ferroviário de cargas não associado à exploração de infraestrutura será realizado por OFI mediante outorga de autorização.

Assinalam os autores que o único normativo que em alguma medida interagia de modo global com o modelo *open access* era o Decreto nº 8.129/2013, que disciplinava a política de livre acesso ao Subsistema Ferroviário Federal, estabelecia diretrizes para a desverticalização do setor e elencava as atribuições da Valec, inclusive a aquisição da capacidade de tráfego das concessionárias e sua posterior oferta aos operadores independentes.

A adequação do mencionado decreto foi controversa e se tornou alvo de críticas pelo fato de que aquele normativo tinha sido publicado com vistas a regulamentar a Lei nº 11.772/2008, a qual, por sua vez, tratou de alterar a norma que reestruturava a Valec com base na competência do presidente da República de organizar e gerir a Administração Pública federal. Como recordam Armando Castelar Pinheiro e Leonardo Coelho Ribeiro, as críticas aventadas quanto à inadequação de se implementar o modelo *open access* por via de decreto eram tão críveis que, passados três anos da sua edição, o presidente em exercício, Michel Temer, revogou o Decreto nº 8.129/2013.[30]

A partir desse breve histórico, resta evidenciada a necessidade de se criar uma efetiva *política pública de Estado para o setor ferroviário*, o que parece estar sendo encaminhado pelo Senado por meio do Projeto de Lei nº 261/2018, conhecido como Marco Legal das Ferrovias.

De acordo com Fernando Aith, as políticas de Estado são exclusivamente realizadas pelo governo e impassíveis de delegação ou terceirização, havendo um poder de discricionariedade dos governantes muito reduzido sobre elas; já as políticas de governo são realizadas pela administração ou por particulares, aptos à delegação e/ou terceirização, e admitem maior flexibilização ou discricionariedade governamental, embora se mantenham voltadas ao desenvolvimento do Estado.

Todavia, a característica que mais vale ressaltar e que foi abordada por Fernando Aith é que nas políticas de Estado não se admite quebra de continuidade, enquanto nas políticas de governo eventual descontinuidade é tolerada.[31]

No caso do setor ferroviário brasileiro, a implementação de um novo modelo de exploração das atividades de transporte ferroviário de cargas intentando o desenvolvimento e a modernização das malhas por meio de investimentos privados requer, quase que como uma condição de eficácia, e entre outros fatores,[32] que seja instituída uma base

---

[30] PINHEIRO, Armando Castelar; RIBEIRO, Leonardo Coelho. *Regulação das ferrovias*. Rio de Janeiro: Editora FGV, 2017. p. 37

[31] AITH, Fernando. Políticas públicas de Estado e de governo: instrumentos de consolidação do estado democrático de direito e de promoção e proteção dos direitos humanos. *In*: BUCCI, Maria Paula Dallari (Org.). *Políticas públicas* – Reflexões sobre o conceito jurídico. São Paulo: Saraiva, 2006. p. 244.

[32] Entende-se que a melhora no ambiente de negócios público-privados no Brasil deve acompanhar a efetiva adoção das melhores práticas internacionais, em especial as revisões

legal-regulatória estável, que atraia a confiança da iniciativa privada para a alocação de capital.

Daí porque recomendar-se-ia que o novo modelo de exploração dos ativos e serviços no setor ferroviário proviesse de uma política pública de Estado prevista em lei,[33] que passasse pelo consenso mínimo do Congresso Nacional e conferisse a segurança jurídica necessária à constituição de relações público-privadas minimamente estáveis.

## 5 Conclusão

A desestatização do setor ferroviário na década de 90 deu-se por meio de concessões verticalizadas em que se delegou ao concessionário a construção e a manutenção da infraestrutura e a exploração dos serviços de transporte ferroviário de cargas.

Referido modelo, embora tenha possibilitado investimentos privados e desenvolvimento do setor, acabou por culminar em verdadeiro monopólio natural em que as concessionárias não só passaram a administrar as vias como também a usufruir e monopolizar o serviço de transporte ferroviário de cargas (que elas mesmas prestavam), concentrando diversas atividades em um só *player* e barrando o acesso de novos operadores ao mercado.

Consubstanciado na doutrina norte-americana das *essential facilities*, o setor ferroviário passou por um movimento de desverticalização a partir da última década, sendo regulamentadas figuras como as do usuário dependente, do direito de passagem, do tráfego mútuo e do operador ferroviário independente como estratégias de se implementar o livre acesso e o compartilhamento compulsório de infraestrutura no setor.

O operador ferroviário independente, pessoa jurídica detentora de autorização para a exploração do serviço de transporte ferroviário de cargas em regime de concorrência com as concessionárias, foi inicialmente regulamentado pela Resolução n° 4.348/2011 – ANTT. Todavia, após a revogação do Decreto n° 8.129/2013, alguns dos seus dispositivos perderam efeito, culminando na expedição de um novo ato normativo, a Resolução n° 5.920/2020 – ANTT.

---

periódicas consequentes da incompletude dos contratos e do fator incerteza, a previsão de regras bem definidas de *accountability* e o aculturamento de elementos relacionais.

[33] A exemplo do Programa de Parceria de Investimentos (PPI), instituído pela Lei n° 13.334/2016, que fixou objetivos, princípios e meios para o atingimento de determinadas finalidades públicas.

Ponto positivo da nova regulamentação é a saída da Valec do papel de intermediadora da compra de capacidade de tráfego das vias pelas concessionárias e posterior repasse aos operadores independentes, o que ocorreu por conta da revogação do Decreto n° 8.129/2013.

A presença da Valec na operação, a pretexto de mitigar os riscos de demanda, acabou por despontar o famigerado "risco Valec", que era a possibilidade de a estatal, como pessoa dependente de recursos públicos, não conseguir fazer frente às aquisições de capacidade de tráfego e repasse aos operadores independentes. Além disso, havia notórias perdas de eficiência no modelo que incluía a estatal, como o dispêndio de vultosos recursos públicos na mesma direção em que já poderiam fluir recursos privados acaso o modelo fosse mais bem estruturado para atrair tais investimentos, assim como perdas de oportunidade devido aos trâmites burocráticos criados com a intermediação da Valec, a exemplo das necessárias ofertas públicas para aquisição de capacidade operacional.

Ponto que deve ser revisto na nova resolução é a alocação integral do risco regulatório ao OFI, vez que tal medida pode desencorajar investimentos ante a incerteza e a possibilidade de comportamento oportunista do Poder Público na imposição de novas regras e até mesmo sanções.

Questões relacionadas à amplitude, ao preço e à qualidade do acesso também não foram suficientemente reguladas pela ANTT, deixando em aberto diversos pontos nodais que poderão dar azo a condutas anticoncorrenciais pelas concessionárias, as quais não possuem incentivos para colaborar na abertura do mercado e promover uma maior competição intramodal.

Por fim, a regulamentação do OFI, por ser parte de um movimento de desverticalização do setor, deveria ser encaminhada via processo legislativo que efetivamente inaugurasse um novo marco legal para o setor ferroviário e, com isso, novas diretrizes de desverticalização do setor, constituindo uma política pública de Estado caracterizada pelo dever de continuidade e maior previsibilidade quanto aos rumos das decisões governamentais.

Destaca-se, ainda, que diversos pontos fulcrais da regulação de acesso e compartilhamento de ativo perpassam pela dependência de dados e informações a serem prestados pelas concessionárias aos OFI e à agência reguladora, o que, ante a assimetria informacional de que padece o setor, pode impactar negativamente o êxito da nova regulação.

## Referências

AITH, Fernando. Políticas públicas de Estado e de governo: instrumentos de consolidação do estado democrático de direito e de promoção e proteção dos direitos humanos. *In*: BUCCI, Maria Paula Dallari (Org.). *Políticas públicas* – Reflexões sobre o conceito jurídico. São Paulo: Saraiva, 2006.

AMORA, Dimmi. Regulação inadequada impede concorrência nas ferrovias do Brasil, diz estudo do Banco Mundial. *Agência Infra*, 13 maio 2020. Disponível em: https://www.agenciainfra.com/blog/regulacao-inadequada-impede-concorrencia-nas-ferrovias-do-brasil-diz-estudo-do-banco-mundial/. Acesso em: 9 mar. 2021.

ANTT. *Análise de Impacto Regulatório* – Fase Preliminar nº 01/2018/CORAN/GEROF/SUFER. Revisão das Resoluções ANTT nº 4.348/2014 e 3.695/2011. Disponível em: https://participantt.antt.gov.br/Site/AudienciaPublica/VisualizarAvisoAudienciaPublica.aspx?CodigoAudiencia=399. Acesso em: 9 mar. 2021.

ANTT. *Resolução nº 3.694, de 14 de julho de 2011*.

ANTT. *Resolução nº 3.695, de 14 de julho de 2011*.

ANTT. *Resolução nº 4.348, de 5 de junho de 2014*.

ANTT. *Resolução nº 5.920, de 15 de dezembro de 2020*.

BRAGANÇA, Gabriel Godofredo Fiuza de. Risco regulatório no Brasil: conceito e contribuição para o debate. *Boletim de Análise Político-Institucional – Ipea*, jan./jun. 2015. Disponível em: http://repositorio.ipea.gov.br/handle/11058/6713. Acesso em: 9 mar. 2021.

BRASIL. *Constituição Federal*.

BRASIL. *Decreto nº 8.129, de 23 de outubro de 2013*.

BRASIL. *Decreto nº 8.875, de 11 de outubro de 2016*.

BRASIL. *Lei nº 10.233, de 5 de junho de 2001*.

BRASIL. *Lei nº 11.772, de 17 de setembro de 2008*.

BUCCI, Maria Paula Dallari (Org.). *Políticas públicas* – Reflexões sobre o conceito jurídico. São Paulo: Saraiva, 2006.

CASAGRANDE, Paulo L. Regulação pró-concorrencial de acesso a ativos de infraestrutura: regime jurídico e aspectos econômicos. *In*: SCHAPIRO, Mario Gomes. *Direito econômico regulatório*. São Paulo: Saraiva, 2010.

FRISCHTAK, Cláudio Roberto; PINHEIRO, Armando (Org.). *Gargalos e soluções na infraestrutura de transportes*. Rio de Janeiro: Editora FGV, 2014.

MARQUES, Sérgio de Azevedo. Privatização do setor ferroviário brasileiro. *Ipea – Texto para Discussão*, Brasília, n. 434, 1996. Disponível em: https://www.ipea.gov.br/portal/index.php?option=com_content&view=article&id=3523. Acesso em: 9 mar. 2021.

PINHEIRO, Armando Castelar; RIBEIRO, Leonardo Coelho. *Regulação das ferrovias*. Rio de Janeiro: Editora FGV, 2017.

PINHEIRO, Armando. A nova reforma regulatória do setor ferroviário. *In*: FRISCHTAK, Cláudio Roberto; PINHEIRO, Armando (Org.). *Gargalos e soluções na infraestrutura de transportes*. Rio de Janeiro: Editora FGV, 2014.

REIS, Jean Mafra dos. *Inovações regulatórias no compartilhamento de infraestrutura visando incentivar o aumento da competição intramodal no setor ferroviário brasileiro*. Brasília: Enap, 2019.

RIBEIRO, Leonardo Coelho. A regulação do operador ferroviário independente. *Revista de Direito Público da Economia – RDPE*, Belo Horizonte, ano 12, n. 47, p. 175-201, jul./set. 2014.

RIBEIRO, Maurício Portugal. Aspectos jurídicos e regulatórios do compartilhamento de infra-estrutura no setor ferroviário. *Revista Eletrônica de Direito Administrativo Econômico*, Salvador, n. 3, ago./out. 2005. Disponível em: http://www.direitodoestado.com.br/codrevista.asp?cod=59. Acesso em: 9 mar. 2021.

SAMPAIO, Patrícia Regina Pinheiro; DAYCHOUM, Mariam Tchepurnaya. Regulação e concorrência no transporte ferroviário brasileiro: o novo modelo proposto para o setor. *In*: JORNADA DE ESTUDOS DE REGULAÇÃO – IPEA, 8ª. *Working paper*... Rio de Janeiro: Ipea, 2014.

SOUZA, Ana Paula Peresi de. O novo modelo do setor ferroviário e as formas de mitigação do risco de demanda. *Revista Pública de Direito da Economia – RDPE*, Belo Horizonte, ano 14, n. 55, p. 43-72, jul./set. 2016.

VALEC. *Demonstrações financeiras 3º trimestre 2019*. Disponível em: https://www.valec.gov.br/a-valec/receitas-e-despesas/demonstracoes-financeiras. Acesso em: 9 mar. 2021.

---

Informação bibliográfica deste texto, conforme a NBR 6023:2018 da Associação Brasileira de Normas Técnicas (ABNT):

TOJAL, Sebastião Botto de Barros; ROCHA, Bruna Souza da. Aspectos regulatórios e concorrenciais do operador ferroviário independente: análise da Resolução nº 5.920/2020 – ANTT. *In*: TOJAL, Sebastião Botto de Barros; SOUZA, Jorge Henrique de Oliveira (Coord.). *Direito e infraestrutura*: rodovias e ferrovias – 20 anos da Lei nº 10.233/2001. Belo Horizonte: Fórum, 2021. v. 2, p. 363-388. ISBN 978-65-5518-209-5.

# OS PRINCÍPIOS JURÍDICOS DA LEI Nº 10.233/2001

**SERGIO FERRAZ**

## 1 Princípios jurídicos; um acerto semântico

Imprescindível, para adequada apresentação do texto que segue, delimitar, ao menos por convenção semântica, o âmbito de nossa abordagem. Realmente tornou-se tão difundida a inclinação doutrinária de abordar, para tudo, a temática dos princípios jurídicos (e não estamos isentos desse pecado), que convém explicitar a nossa visão de conteúdo. Princípios jurídicos são formulações de ideias de considerável generalidade, abstração e abrangência, consagradoras do pensamento jurídico e da cultura jurídica de certo momento e lugar. Tais formulações são dotadas de tríplice função: elas informam a criação da norma jurídica; conformam sua interpretação; e, quando integram positivamente (implícita ou explicitamente) o sistema jurídico, constituem elas verdadeiras regras de direito. Nesse último sentido, os princípios são regras, e, por isso, dispõem de caráter coercitivo, seja para aplicação positiva direta (por exemplo, para obstar nomeações de agentes viciadas de violação a um princípio), seja para bloquear a aplicação de uma regra que os contrarie. Conquanto a temática dos princípios date já de muitas décadas, ganhou o tema relevo excelso entre nós com a Constituição de 1988, que contém uma expressiva coleção de princípios (muitos dos quais explícitos). A partir desse marco, houve uma verdadeira hipervalorização dos princípios, a ponto de, com frequência, decisões judiciais serem tomadas com sua invocação, fazendo *tábula rasa* do direito positivo, mesmo quando a antinomia fosse sobretudo aparente, passível de superação com o emprego do múltiplo instrumental hermenêutico disponível. Tal hipertrofia foi ainda mais acentuada com as hábeis construções teóricas de Dworkin e sua engenhosa dicotomia: as regras pertenceriam ao universo do tudo/nada; os princípios seriam medidos pela escala da ponderação. A formulação em questão, por mais arguta que pareça, é falaciosa: a ponderação dos princípios por vezes leva ao afastamento completo de um deles, em clara similaridade com o esquema do tudo/nada; por outra parte, com a amplitude normativa positiva incessante, muitas vezes a dirimência de uma questão se faz com a ponderação e decantação de várias normas, aplicando-se ao caso concreto um pouco de cada uma.

Feitas as ressalvas, afirmamos nossa convicção de que, sem acromegalias, a técnica dos princípios jurídicos é muito rica e inspiradora, atuando como valioso instrumento na busca da mais completa intelecção do ordenamento jurídico.

À vista de tais observações, uma derradeira ponderação. A Lei nº 10.233, tal como aliás a própria Constituição, usa indiferentemente, embora em dispositivos autônomos e tipologicamente distintos, as palavras *fundamentos*, *princípios* e *diretrizes*. Pois bem, semanticamente, bem como para maior rendimento lógico, tanto *princípio* como *fundamento* carregam a mesma carga significativa: bases ou alicerces de uma construção (física ou mental). Assim é que a Constituição elenca *fundamentos* e *princípios fundamentais* no seu art. 1º. E, por exemplo, no art. 37, *caput*, faz novo rol de *princípios*. Já a Lei nº 10.233 engloba, sem distinguir, o que denomina *princípios e diretrizes* num mesmo capítulo. E embora os elenque em artigos apartados (arts. 11 e 12, respectivamente), os conceitos que lhes atribui revelam superposições elementares que bem enfatizam a confusão gnoseológica que deve ter perturbado o trabalho do legislador. Transcrevemos os referidos artigos:

> Art. 11. O gerenciamento da infra-estrutura e a operação dos transportes aquaviário e terrestre serão regidos pelos seguintes princípios gerais:
> I - preservar o interesse nacional e promover o desenvolvimento econômico e social;
> II - assegurar a unidade nacional e a integração regional;

III - proteger os interesses dos usuários quanto à qualidade e oferta de serviços de transporte e dos consumidores finais quanto à incidência dos fretes nos preços dos produtos transportados;
IV - assegurar, sempre que possível, que os usuários paguem pelos custos dos serviços prestados em regime de eficiência;
V - compatibilizar os transportes com a preservação do meio ambiente, reduzindo os níveis de poluição sonora e de contaminação atmosférica, do solo e dos recursos hídricos;
VI - promover a conservação de energia, por meio da redução do consumo de combustíveis automotivos;
VII - reduzir os danos sociais e econômicos decorrentes dos congestionamentos de tráfego;
VIII - assegurar aos usuários liberdade de escolha da forma de locomoção e dos meios de transporte mais adequados às suas necessidades;
IX - estabelecer prioridade para o deslocamento de pedestres e o transporte coletivo de passageiros, em sua superposição com o transporte individual, particularmente nos centros urbanos;
X - promover a integração física e operacional do Sistema Nacional de Viação com os sistemas viários dos países limítrofes;
XI - ampliar a competitividade do País no mercado internacional;
XII - estimular a pesquisa e o desenvolvimento de tecnologias aplicáveis ao setor de transportes.
Art. 12. Constituem diretrizes gerais do gerenciamento da infra-estrutura e da operação dos transportes aquaviário e terrestre:
I - descentralizar as ações, sempre que possível, promovendo sua transferência a outras entidades públicas, mediante convênios de delegação, ou a empresas públicas ou privadas, mediante outorgas de autorização, concessão ou permissão, conforme dispõe o inciso XII do art. 21 da Constituição Federal;
II - aproveitar as vantagens comparativas dos diferentes meios de transporte, promovendo sua integração física e a conjugação de suas operações, para a movimentação intermodal mais econômica e segura de pessoas e bens;
III - dar prioridade aos programas de ação e de investimentos relacionados com os eixos estratégicos de integração nacional, de abastecimento do mercado interno e de exportação;
IV - promover a pesquisa e a adoção das melhores tecnologias aplicáveis aos meios de transporte e à integração destes;
V - promover a adoção de práticas adequadas de conservação e uso racional dos combustíveis e de preservação do meio ambiente;
VI - estabelecer que os subsídios incidentes sobre fretes e tarifas constituam ônus ao nível de governo que os imponha ou conceda;
VII - reprimir fatos e ações que configurem ou possam configurar competição imperfeita ou infrações da ordem econômica.

Ademais, uma outra consideração se impõe fazer.
Incidem sobre a temática da Lei n° 10.233 princípios expressamente previstos em diferentes partes do texto constitucional, como é o caso dos princípios fundamentais da República que emergem dos arts. 1° e 3°, dos princípios contidos no art. 5° e, mais diretamente, dos princípios postos no art. 37, especificamente direcionados à Administração Pública em todas as suas formas e em todas as suas ações. Acrescente-se a isso que diversas constituições estaduais alargaram o rol de princípios da Administração Pública, como é o caso do art. 111 da Constituição do Estado de São Paulo, que menciona expressamente, além dos princípios da Administração Pública já constantes do texto federal, também, os que nela se *integram implicitamente* (assim já reiteradamente reconhecido pelo Supremo Tribunal Federal), como os princípios da razoabilidade, da finalidade, da motivação e do interesse público.

Acrescente-se que, além dos princípios expressos e dos implícitos, existem também no contexto constitucional princípios decorrentes daqueles, sem falar dos princípios consagrados pela teoria geral do direito, como é o caso do superprincípio da segurança jurídica.

Em resumo, aplicam-se aqui tanto princípios que são expressos da Lei n° 10.233, quanto princípios também dirigidos a outros institutos ou situações jurídicas. De maneira que, para um tratamento abrangente do tema, é forçoso cuidar de uns e de outros, indistintamente, sendo bastante difícil, ou até mesmo impossível, identificar quais princípios seriam aqui aplicáveis exclusivamente, dado que não é nítida a fronteira de sua específica modalidade com o campo mais vasto da teoria geral do direito.

Fincadas essas pilastras, iniciemos a jornada analítica que o enfrentamento aos citados (e transcritos) arts. 11 e 12 propicia.

## 2 Os princípios do art. 11 da Lei n° 10.233; incs. I, II, V e XI

Faça-se remissão à transcrição anteriormente apresentada, do art. 11 da Lei n° 10.233.

Ali se destaque, em primeiro lugar, o que se contém nos *incs. I, II, V e XI*: preservar o interesse nacional, promover o desenvolvimento econômico e social, assegurar a unidade nacional e a integração regional. Em todas essas formulações se identifica a presença do *interesse público*.

Verdadeiro norte teórico, como querem muitos administrativistas, *interesse público* não é uma expressão mágica, capaz de justificar todo e qualquer comportamento administrativo. Tampouco é uma expressão oca, destituída de conteúdo, comportando seja lá o que for que se lhe queira inserir.

Tendo em vista que a finalidade última da lei é sempre a satisfação do interesse de todos, convém esclarecer que é de interesse público aquilo que a lei e os princípios jurídicos qualificam como tal. Pode-se dizer, para não encorparmos ainda mais as controvérsias aqui registráveis, que, para os propósitos deste trabalho, interesse público é o interesse comum da coletividade, do *conjunto dos cidadãos* (com observância do princípio da maioria), procurando sempre garantir ou reparar o interesse de cada indivíduo eventualmente sacrificado. Este é o interesse público primário, que não se confunde com o mero interesse do aparelhamento administrativo (interesse público secundário), ou com o interesse pessoal o agente público. Não iremos deter-nos aqui, porque impertinente às finalidades desta obra, na celeuma, aliás muito rica e importante, concernente à primazia (ou não) do interesse público sobre o interesse privado. Até porque isso tudo está dito, de maneira admiravelmente precisa e sintética, em um único artigo da lei de processo administrativo da Costa Rica, de 1978, cujo projeto foi fruto do labor do inesquecível jurista Eduardo Ortiz Y Ortiz:

> Artículo 113.
> 1. El servidor público deberá desempeñar sus funciones de modo que satisfagan primordialmente el interés público, el cual será considerado como *la expresión de los intereses individuales coincidentes* de los administrados.
> 2. El interés público prevalecerá sobre el interés de la Administración Pública cuando pueda estar en conflicto.
> 3. En la apreciación del interés público se tendrá en cuenta, en primer lugar, *los valores de seguridad jurídica y justicia para la comunidad y el individuo*, a los que no puede en ningún caso anteponerse la mera conveniencia. (Grifos nossos)

O que foi exposto é suficiente para evitar qualquer confusão entre *interesse público* e *razões de Estado* (algo sempre etéreo, insondável e insuscetível de controle ou contraposição). O interesse público, como um todo, na verdade se realiza por meio de atuações concretas que a ordem jurídica qualifica como de relevância para a coletividade, mas de maneira a sempre comportar verificação, exame, controle e contestação. Fica também perfeitamente claro que algo não se torna de interesse público apenas por ser fruto da atuação de um agente público; ao contrário, este é que tem, em sua atuação, a obrigação de perseguir algo previamente qualificado como de interesse público. É sempre possível, diante do caso concreto, verificar se houve ou não real satisfação do interesse público, tanto por meio de processo administrativo quanto pelo Poder Judiciário. A invocação de interesse público não espanta a jurisdição.

## 3 Os incs. III, IV, VI, X e XII

Continuando na caminhada pelos princípios do citado *art. 11*, insta focalizar agora nossa atenção no que posto nos seus *incs. III, IV, VI, X e XII*. Da leitura de tais regras deduz-se com nitidez que o grande princípio, aí afirmado e reafirmado, é o da *eficiência*.

A Emenda Constitucional nº 19, de 4.6.1998, conhecida à época como "Emenda da Reforma Administrativa", ocasionou profundas modificações na Administração Pública brasileira. O propósito fundamental dessa reforma era a substituição do antigo modelo burocrático, caracterizado pelo controle rigoroso dos procedimentos, pelo novo modelo gerencial, no qual são abrandados tais controles e incrementados os controles de resultados, com especial ênfase na liberdade das *formas* de agir. Essa linha de pensamento, esse novo valor afirmado pela Constituição, não pode ser ignorado pelo intérprete e aplicador da lei.

Não por acaso, aos princípios já previstos na redação original do art. 37 foi acrescentado o *princípio da eficiência*. É obvio que esse princípio já estava implícito. Ao torná-lo explícito, ao afirmá-lo expressamente, o que se pretendeu foi demonstrar a redobrada importância que ele passou a ter. Em termos práticos, deve-se considerar que, quando mera formalidade burocrática for um empecilho à realização do interesse público, o formalismo deve ceder diante da eficiência.

Isso significa que é preciso superar concepções puramente burocráticas ou formalísticas, dando-se maior ênfase ao exame da *legitimidade*, da *economicidade* e da *razoabilidade*, em benefício da eficiência. Não basta ao administrador demonstrar que agiu bem, em estrita conformidade com a lei; sem se divorciar da legalidade (que não se confunde com a *estrita legalidade*), cabe a ele evidenciar que caminhou no sentido da obtenção dos melhores resultados. Daí dizermos que, com a concepção do *princípio da eficiência*, o legislador constitucional enfatizou o que sempre se quis, mas desconsiderou: que o administrador brasileiro sempre esteve jungido não só ao comando da "boa administração", mas ao império da "melhor administração", inclusive com a possibilidade de verificação jurisdicional da realização desta última, levando até mesmo à desconstituição de uma opção que seja simplesmente "boa".

Pontue-se, para que se ordene adequadamente o pensamento exposto, que:
- de *razoabilidade* trataremos mais à frente;
- de *legitimidade*, há que se compreender que é um princípio que, positivado ou não, exige que o Estado só atue quando fundado em inequívoco e aferível interesse da coletividade. Não se confunda, pois, *legitimidade* com *legalidade*;
- de *economicidade* se há de falar como comando, aos poderes públicos, para realizarem seus fins com o *adequado dispêndio* e portanto sem a fatalidade da observância do *menor* preço que assegure a concretização plena do bem da coletividade.

## 4 Os incs. VII, VIII e IX

Por fim, no exame dos incisos faltantes – *VII, VIII e IX* –, deduz-se facilmente sua implicação com os princípios constitucionais da *razoabilidade* e da *proporcionalidade*.

Não há autonomia semântica que justificasse um conceito *jurídico* de "razoabilidade". Aqui a ideia corresponde ao sentido usual desse vocábulo. A novidade está na crescente utilização que se vem fazendo desse princípio.

A já antes mencionada lei de procedimento administrativo da Costa Rica, de 1978, avança no campo da razoabilidade, dando significação jurídica a imperativos de simples bom senso, ao dizer, em seu art. 16, que em nenhum caso poderão ser praticados atos contrários a regras unívocas da ciência e da técnica, ou a princípios elementares de justiça, lógica e conveniência. Vulnerar a razoabilidade, nesses casos, não configura "vício de mérito", mas, sim, vício jurídico, violação do direito positivo.

Objetam alguns, porém, que não é fácil encontrar-se unanimidade quanto à apreciação de determinada conduta sob o prisma da razoabilidade, pois aquilo que parece razoável para alguns pode não o ser para outros.

Talvez haja maior convergência no tocante à qualificação negativa, ou seja, no tocante à identificação de condutas não razoáveis, diante de determinado quadro fático.

Essa identificação pode apoiar-se em alguns parâmetros muito bem apontados por Weida Zancaner, que são resumidos na seguinte conclusão:

> Em suma: um ato não é razoável quando não existiram os fatos em que se embasou; quando os fatos, embora existentes, não guardam relação lógica com a medida tomada; quando, mesmo existente alguma relação lógica, não há adequada proporção entre uns e outros; quando se assentou em argumentos ou em premissas, explícitas ou implícitas, que não autorizam, do ponto de vista lógico, a conclusão deles extraída.

A legislação vem, pouco a pouco, acolhendo o princípio da razoabilidade, sendo bastante significativo o fato de que ele figura expressamente no art. 111 da Constituição do Estado de São Paulo, entre os princípios que devem nortear a atuação da Administração Pública. A Lei Federal nº 9.784 também o menciona expressamente entre os princípios enumerados em seu art. 2º.

A jurisprudência – inclusive e especialmente nos tribunais superiores – também já assimilou e aplica o princípio da razoabilidade no controle judicial de atos administrativos.

Intimamente relacionado ao princípio da razoabilidade, a ponto até de se confundir às vezes com ele, está o *princípio da proporcionalidade*. Seu objetivo é proibir excessos desarrazoados, por meio da aferição da compatibilidade entre os meios e os fins da atuação administrativa, para evitar restrições desnecessárias ou abusivas.

Enfim, é fácil até intuir o significado desse princípio. É certo que ele veda a desproporção entre os meios utilizados para a obtenção de determinados fins e a "dosagem" efetivamente requerida para tanto. Pode-se dizer, com segurança, que, por força do princípio da proporcionalidade, não é lícito à Administração Pública valer-se de medidas restritivas ou formular exigências aos particulares além daquilo que for estritamente necessário para a realização da finalidade pública almejada.

O princípio da proporcionalidade foi muito bem captado pelo legislador federal. A Lei nº 9.784/99, no parágrafo único do art. 2º, ao apontar os critérios que devem ser seguidos nos processos administrativos, contém este inciso: "VI - adequação entre meios e fins, vedada a imposição de obrigações, restrições e sanções em medida superior àquelas estritamente necessárias ao atendimento do interesse público".

Tem-se, por óbvio, que o princípio da proporcionalidade, especialmente por causa de sua íntima relação com o princípio da razoabilidade, não impede apenas as exigências exageradas; impede, também, exigências inúteis, que lamentavelmente continuam sendo feitas pela Administração Pública. Infelizmente, são muito frequentes as determinações de renovação de documentos expedidos com prazos de validade exíguos, sem que a autoridade agregue ao novo documento algo além da nova data de validade, sem que haja uma efetiva verificação do conteúdo ideológico do documento, mas ditadas simplesmente pelo propósito de arrecadar os emolumentos correspondentes ou, pior que isso, como uma demonstração de poder e para exigir uma submissão do interessado. Vale aqui lembrar que na Espanha, o art. 35 da Lei do Regime Jurídico da Administração Pública e do Procedimento Administrativo Comum (Ley 30/1992, de 26 de novembro) confere aos cidadãos o direito público subjetivo de não apresentar documentos inúteis, desnecessários, inexigíveis ou reiterativos. Oxalá, algum dia, também no Brasil se tenha consciência de que a Administração Pública não tem o direito de simplesmente aborrecer, perturbar ou molestar o cidadão. Não cabe à Administração Pública, nem mesmo com base na lei, criar dificuldades para vender facilidades, pois isso atinge o cerne da cidadania, o âmago da liberdade, a própria dignidade da pessoa, configurando patente inconstitucionalidade.

## 5 Conclusões

Nosso método, no exame dos princípios elencados na Lei nº 10.233, consistiu numa *recondução* de tais balizas axiológicas aos pilares inafastáveis do *caput* do art. 37 da Constituição. Com essa sistemática, o que almejávamos era fortalecer a noção de relevância do art. 11 da citada lei, fundando-a diretamente, pelo processo de redução eidética, na própria Lei Magna. Como consequência da metodologia adotada, releva destacar duas conclusões sistemáticas e também sistêmicas (para aplicação da Lei nº 10.233):

- *a uma*, nos 12 (doze) incisos principiológicos foram destacadas as *ideias nucleares* de cada um; mas, em sua amplitude semântica, conforme se disse na abertura do presente texto, *amplitude* e *profundidade* são dados conceituais presentes na própria ideia de *princípio*. Por isso, além da ideia nuclear de cada um dos princípios do art. 11, carregam todos eles a *totalidade* das metas estimativas do art. 37 (*caput*) constitucional;
- *a duas*, as *diretrizes* do art. 12 haverão de ser entendidas como as "instruções de agir", como o "manual do usuário", imposto

à Administração e aos agentes, sobre como empiricamente atuarem, *com obrigatória observância e manejo do artigo precedente,* sempre que lhes caiba interferir no sentido da integral tarefa desenhada no art. 178 da Constituição da República.

---

Informação bibliográfica deste texto, conforme a NBR 6023:2018 da Associação Brasileira de Normas Técnicas (ABNT):

FERRAZ, Sergio. Os princípios jurídicos da Lei nº 10.233/2001. *In*: TOJAL, Sebastião Botto de Barros; SOUZA, Jorge Henrique de Oliveira (Coord.). *Direito e infraestrutura*: rodovias e ferrovias – 20 anos da Lei nº 10.233/2001. Belo Horizonte: Fórum, 2021. v. 2, p. 389-398. ISBN 978-65-5518-209-5.

# CONCESSÃO DE RODOVIA: ANÁLISE CRÍTICA DA PRÁTICA CONTRATUAL BRASILEIRA

GUSTAVO GIL GASIOLA

THIAGO MARRARA

## 1 Introdução

Na sociedade de fluxos, a oferta de infraestruturas logísticas pelo Estado ao mercado e à sociedade tornou-se condição fundamental do processo de desenvolvimento econômico, aqui entendido como avanço qualitativo das condições de fruição de direitos e liberdades fundamentais pela população. A despeito das discussões quanto ao modal de transporte mais eficiente, econômico ou ecologicamente adequado, fato é que a viabilização das trocas exige acentuada mobilidade, a qual, a seu turno, requer que se disponibilizem vias terrestres, aéreas ou marítimas aptas a sustentarem o deslocamento de indivíduos, grupos e cargas.

É nesse contexto que se inserem as rodovias e o respectivo debate acerca das políticas de desestatização que as atingem e que somente podem ser bem implementadas com reguladores que as implementam, como a ANTT. Como a malha rodoviária brasileira responde pela maior parte do deslocamento de cargas e pessoas, além de configurar uma das maiores redes logísticas dessa natureza no mundo, indispensável se mostra verificar de que maneira referidas infraestruturas têm sido geridas.

Antes de se adentrar o assunto, um esclarecimento terminológico preliminar e referências às modalidades de gestão das infraestruturas logísticas em tela revelam-se fundamentais para que se aponte com exatidão não apenas o objeto das presentes reflexões, mas igualmente sua problemática jurídica.

Rodovias nada mais são que vias terrestres de circulação, assim como os caminhos, as passagens, as avenidas e as estradas (art. 2º, *caput* da Lei nº 9.503/1997). No entanto, diferentemente das ruas e avenidas (típicas vias urbanas), as rodovias configuram vias rurais e, em contraste com as estradas (marcadas pelo caráter igualmente rural), elas são obrigatoriamente pavimentadas.

De acordo com o Código Brasileiro de Trânsito, seu uso é "regulamentado pelo órgão ou entidade com circunscrição sobre elas, de acordo com as peculiaridades locais e as circunstâncias especiais" (art. 2º, *caput* da Lei nº 9.503/1997), inclusive no tocante ao "uso de faixas laterais de domínio e das áreas adjacentes" (art. 50). Por conseguinte, na medida em que União, estados e municípios possuem rodovias, a regulamentação se dá obrigatoriamente pelas três esferas políticas brasileiras, cada qual sobre seu patrimônio rodoviário, respeitando-se, porém, as diretrizes expedidas pelo Congresso para o sistema nacional de viação (art. 21, XXI, da CF), para a política nacional de transportes (art. 22, IX, da CF) e para contratação pública (art. 22, XXVII, da CF).

Nessa tarefa regulamentar específica, papel relevante é desempenhado pelos municípios, cuja competência se espraia por cerca de 78,11% das rodovias, muito distante dos estados e da União, que possuem respectivamente 14,8% e 7% da quilometragem total de rodovias no Brasil. Apesar disso, a União assume relativo protagonismo na matéria por força de suas amplas atribuições para editar diretrizes sobre o setor de transportes, viação, contratação pública e, igualmente, pelo fato de que lhe cabe legislar com exclusividade sobre direito civil – fato de extremo relevo, pois o direito privado brasileiro traz normas fundamentais sobre o regime jurídico dos bens estatais públicos, embora se possa questionar em que medida tais normas efetivamente se compatibilizem com a divisão federativa de competências.[1]

---

[1] MARRARA, Thiago; FERRAZ, Luciano. Direito administrativo dos bens e restrições estatais à propriedade. *In*: MARRARA, Thiago; FERRAZ, Luciano. *Tratado de direito administrativo*. São Paulo: Revista dos Tribunais, 2014. v. III. p. 75.

Saindo do campo competencial legislativo para ingressar na gestão pública propriamente dita, a edificação e a administração do conjunto gigantesco de infraestruturas logísticas essenciais à mobilidade se desenvolvem ora de modo direto pelo Estado, nos mais diversos níveis políticos, ora de modo indireto (ou seja, pela ação de particulares ou entes estatais na qualidade de delegatários).

A estratégia de edificação e gestão indireta ou por terceiros, não proprietários da infraestrutura rodoviária, resulta de inúmeros fatores: a) a necessidade de buscar fontes privadas de financiamento; b) o interesse em se aplicar modelos de gestão mais flexíveis que os oferecidos pelo direito administrativo; c) o interesse em se aproximar o gestor da rodovia de seus usuários; bem como d) a necessidade de se facilitar a manutenção dessas grandes e custosas infraestruturas.

Por essas e outras razões, sob o prisma jurídico, a implementação de parcerias e mecanismos de descentralização foi afirmada pela Lei nº 10.233/2001. Seu art. 12, inc. I, prevê, como diretriz geral relativa ao "gerenciamento da infraestrutura e operação dos transportes", a descentralização das ações, "sempre que possível, promovendo sua transferência a outras entidades públicas, mediante convênios de delegação, ou a empresas públicas ou privadas, mediante outorgas de autorização, concessão ou permissão".

Com base nessa premissa, objetiva esta exposição: 1) apontar os mecanismos jurídicos de parcerias em sentido amplo ou de transferência das tarefas estatais de construção e gestão de rodovias; 2) identificar os desafios das concessões rodoviárias; 3) verificar como os contratos de concessão têm sido desenhados e, sobretudo, 4) investigar se e em que medida há uma evolução na elaboração desses ajustes pelas entidades reguladoras, tomando-se como base a realidade de um conjunto determinado de rodovias federais e as ações da ANTT.

## 2 Mecanismos jurídicos de delegação de rodovias no Brasil

Embora as reflexões que guiam este artigo se direcionem ao instituto da concessão de rodovias, na prática, referido instrumento contratual não esgota os mecanismos de parceria, delegação ou outorga utilizados no setor. As alternativas jurídicas que se abrem à Administração Pública são várias. Ademais, mesmo quando se limita a análise às concessões, há que se recordar a inexistência de um regime jurídico padrão, já que o ordenamento brasileiro atual oferece ao Poder

Público uma pluralidade de módulos concessórios, bem sistematizados em tese de Fernando Dias Menezes de Almeida sobre a complexidade que marca o direito contratual administrativo nos dias de hoje.[2] Entre tantos mecanismos concessórios previstos no direito positivo brasileiro, para o sistema rodoviário são de especial utilidade:

1) A *concessão de obra pública* baseada na Lei n° 8.987/1995, remunerada a partir da exploração da obra pelo concessionário, da qual derivam tarifas pagas pelos usuários e, eventualmente, receitas adicionais e acessórias e/ou subsídios estatais.

2) A *parceria público-privada patrocinada*, baseada na Lei n° 11.079/2004, e na qual as tarifas se somam de modo permanente às contraprestações estatais para a amortização dos investimentos na infraestrutura, sem prejuízo da obtenção de receitas acessórias, subsídios e aportes públicos pelo concessionário ou parceiro privado.

3) A *parceria público-privada administrativa*, igualmente prevista na Lei n° 11.079/2004, custeada integralmente pelo parceiro estatal – com recursos financeiros, outorga de direitos, cessão de créditos tributários ou outro meio –, sem prejuízo de eventuais receitas alternativas, subsídios e aportes obtidos pelo concessionário, vedada, porém, a cobrança de tarifas dos usuários.

4) A gestão por *consórcio público* entre entes públicos dos mais diversos níveis políticos, com suporte na Lei n° 11.107/2005, sustentada por meio do recolhimento de tarifas pagas pelos usuários diretos da infraestrutura ou por transferências financeiras dos entes consorciados conforme estipulações dos respectivos contratos de rateio.

5) A gestão por outro ente público mediante celebração de termo de *convênio*, mecanismo sustentado diretamente no art. 243 da Constituição da República. Seu uso, todavia, encontra-se restrito às relações de ordem interadministrativa, não se podendo empregá-lo para parcerias com entes privados em

---

[2] Dentro da categoria dos módulos concessórios, o autor insere a concessão de serviços públicos, precedida ou não da execução de obras públicas, a permissão de serviços públicos, a concessão patrocinada, a concessão administrativa, a concessão urbanística e a concessão de uso ou de exploração de bem público (ALMEIDA, Fernando Dias Menezes de. *Contrato administrativo*. São Paulo: Quartier Latin, 2012. p. 261).

matéria rodoviária – não por decorrência do texto constitucional, mas sim por limitação legal.

No que tange particularmente às rodovias federais (que hoje se estendem por cerca de 75 mil quilômetros, conforme dados oferecidos pelo Ministério da Infraestrutura),[3] há dois diplomas legais específicos a merecer consideração destacada.

A Lei nº 9.277/1996 disciplina a delegação de tarefas de administração de rodovias federais a estados e municípios, bem como ao Distrito Federal. Mediante celebração de convênio interadministrativo, o diploma prevê a possibilidade de o Ministério dos Transportes (atual Ministério da Infraestrutura) delegar a gestão das rodovias por até 25 anos, prorrogáveis até 50 anos, a entes estaduais ou municipais isolados ou também a consórcios estatais formados entre eles. A delegação pode ser parcial ou integral ou referir-se a certas obras rodoviárias específicas. Os delegatários estatais, por sua vez, poderão gerir diretamente a infraestrutura ou concedê-la a particulares. Em termos financeiros, o custeio da exploração da rodovia advirá de tarifas geradas na gestão delegada da infraestrutura e obrigatoriamente deverão ser revertidas ao melhoramento, à ampliação de capacidade, à conservação e à sinalização da infraestrutura. Para tais fins, a lei permite a destinação adicional de subsídios da União aos delegatários.

Já a Lei Federal nº 10.233/2001, criadora da Agência Nacional de Transportes Terrestres (ANTT), aborda a gestão das rodovias como infraestruturas ao lado do transporte rodoviário como serviço. Como apontado previamente, seu art. 12, inc. I, incentiva a descentralização da infraestrutura rodoviária mediante emprego de mecanismos de delegação interadministrativa e concessões a empresas estatais ou privadas. Seu art. 14, inc. I, prescreve o uso da concessão, apontado de maneira genérica, para fins de descentralização das rodovias componentes do Sistema Nacional de Viação, cabendo à ANTT publicar os editais, julgar as licitações e celebrar o contrato (art. 26, VI). No tocante à concessão integrada de rodovias federais e estaduais, caberá à agência reguladora federal se articular com as autoridades estaduais na viabilização da descentralização (art. 26, §§3º e 4º).

---

[3] Dados oficiais do Ministério da Infraestrutura, atualizados em outubro de 2020. Cf. RODOVIAS Federais – Informações Gerais – Sistema Federal de Viação. *Ministério da Infraestrutura*, 2 set. 2020. Disponível em: https://www.gov.br/infraestrutura/pt-br/assuntos/transporte-terrestre/rodovias-federais/rodovias-federais-informacoes-gerais-sistema-federal-de-viacao. Acesso em: 29 jan. 2021.

Observe-se que a lei não se refere às parcerias público-privadas de maneira explícita, já que foi editada em 2001, e as parcerias surgiram especificamente em 2004. Mesmo após alterações legislativas posteriores, a referência legal manteve-se genérica, mas isso não obsta que se ampliem seus mandamentos por interpretação extensiva, de sorte a abarcar as PPP, as quais, por definição legal, nada mais são que modalidades concessórias em regime especial de ordem contratual e financeira.

## 3 Problemática das concessões de rodovias

O modelo de concessão aplicado às rodovias brasileiras enfrenta diversas dificuldades práticas. Os mais de vinte anos de experiência na outorga dessas infraestruturas logísticas à iniciativa privada oferecem exemplos concretos dos desafios colocados ao Poder Público na elaboração de editais de licitação e das respectivas minutas de contrato. Para se compreender os aspectos dessa problemática e dos desafios que ela enseja, recorre-se inicialmente aos principais pontos críticos apresentados pela doutrina nacional sobre o tema. Em um momento seguinte, alguns editais licitatórios serão examinados e comparados de modo crítico.

Marçal Justen Filho, ao estudar o histórico brasileiro, aponta dificuldades relacionadas ao que denomina "consciência regulatória".[4] Para o autor, ao se elaborarem as estratégias regulatórias nacionais, não se levam em conta os grandes impactos econômicos que a outorga dessas infraestruturas é capaz de gerar. A seu ver, no modelo brasileiro, destacam-se: (i) fragilidades relativas ao planejamento estatal – sem identificação clara dos empreendimentos; (ii) uso da delegação de rodovias com foco predominante para a arrecadação de recursos financeiros em favor do Erário – o que se observa pela utilização do critério da maior oferta pela concessão em várias licitações do setor; (iii) a transferência ao concessionário de muitos riscos pelo insucesso da concessão; e (iv) pouca ou nenhuma participação social.

Para que um programa de concessão de rodovias seja bem-sucedido – aliás, para que qualquer concessão o seja – mostra-se imprescindível que o ente regulador se dedique ao planejamento de modo sério e aprofundado, que leve em conta o impacto da outorga, que se garanta e se valorize a participação social e, igualmente, que

---

[4] JUSTEN FILHO, Marçal. Concessão de rodovias: a experiência brasileira. In: SUNDFELD, Carlos Ari (Org.). Parcerias público-privadas. São Paulo: Malheiros, 2007. p. 236-246.

se construa um modelo capaz de promover a segurança jurídica do concessionário no intuito de imprimir maior atratividade ao modelo de parceria com o mercado.

O procedimento de escolha do concessionário configura outro fator a merecer especial destaque nesse contexto. Segundo Eduardo Augusto Guimarães, uma licitação exitosa "depende da existência e do vigor da concorrência pelo mercado do uso da rodovia", daí a necessidade de defesa da concorrência.[5]

De um lado, é preciso que se desenhe o procedimento licitatório de maneira a se seduzir o maior número de interessados ao certame, favorecendo a competição pelo contrato. A atratividade do certame depende do desenho de seu objeto e se mostra inversamente proporcional à dimensão das barreiras técnicas e financeiras a ele relacionadas. Dizendo de outro modo: o número de empresas capazes ou interessadas em competir pelo contrato tenderá a se reduzir quando o projeto for de complexidade muito elevada ou quando a execução do contrato exigir investimentos extremamente vultosos, ou, também, quando se previr inadequada taxa de retorno ao concessionário.

Além de reduzir barreiras de entrada e elaborar contratos minimamente atrativos, a Administração Pública ainda precisa estar atenta aos movimentos de divisão de mercado ou de formação de preço concertado, conferindo especial atenção às parcerias entre as empresas atuantes nesse mercado relevante. Como as concessões abarcam grandes empreendimentos de infraestrutura, é natural a formação de consórcios de empresas (de engenharia, instituições financeiras etc.), o que exige uma "avaliação de cada situação concreta para determinar se sua constituição visa aumentar a eficiência dos serviços a serem prestados [...] ou se corresponde apenas a um movimento no sentido da cartelização".[6]

Sem prejuízo da observação de Guimarães, é preciso considerar que nem sempre a cartelização se dá mediante união dos interessados em consórcios formais e artificiais (ou seja, prescindíveis para a execução do objeto contratual). É possível que a colusão ocorra em ambiente externo à licitação propriamente dita, levando à divisão do mercado de concessões, de sorte a gerar um sistema de "rodízio" ou de distribuição de contratos entre os membros do cartel. Nesse cenário, o cartel induz

---

[5] GUIMARÃES, Eduardo Augusto. Concorrência e regulação no setor de transporte rodoviário. *Revista do Ibrac*, v. 11, 2004.

[6] GUIMARÃES, Eduardo Augusto. Concorrência e regulação no setor de transporte rodoviário. *Revista do Ibrac*, v. 11, 2004.

desistência de participações nos certames em desfavor da concorrência e da celebração do contrato mais vantajoso à coletividade.

Outro aspecto digno de nota em matéria de concessões no Brasil diz respeito ao ambiente de relativa insegurança jurídica suportado pelos agentes de mercado contratados. Nesse particular, André Castro Carvalho e Carlos Silva V. levantam uma interessante tese sobre os contratos de concessão de rodovias. Assinalam que, entre outros fatores, o modelo de operação preexistente às concessões e a estrutura federativa de repartição de competências prejudicam a segurança contratual.[7]

Sobretudo antes da década de 1990, a operação das infraestruturas rodoviárias se fazia diretamente por algum dos entes da federação. Com a intensificação da delegação de rodovias à iniciativa privada por meio de contratos de concessão, diversas assimetrias despontaram. Afinal, como se esclareceu introdutoriamente, as rodovias configuram bens sob titularidade da União, de um estado, de um município ou do Distrito Federal, podendo ser geridas de modo direto (pelo titular) ou indireto (por um ente estatal de outro nível federativo ou particular). Justamente em virtude da divisão federativa desses bens pelo patrimônio dos entes políticos, a malha rodoviária brasileira ganhou alta diferenciação em termos técnicos e de gestão financeira. Sob a perspectiva técnica e estrutural, as rodovias apresentam variações referentes às pistas de rodagem (simples x múltiplas, conservadas x danificadas). Já sob a ótica financeira, ora a manutenção dessas infraestruturas é custeada por recolhimento de tarifa paga pelo usuário (com ou sem subsídios estatais), ora a cobrança tarifária convive com a gratuidade, ora o uso é a todos de modo gratuito (sobretudo nas rodovias geridas de forma direta pelo Poder Público).

Um exemplo do efeito negativo gerado pela diversidade brasileira de modelos concessórios é citado por Arnoldo Wald e Maria Gaensly.[8] Em 2007, quando o Governo federal concedeu sete rodovias, o resultado das licitações foi automático e inevitavelmente confrontado ao das concessões licitadas na década de 1990.

Comparando-se os instrumentos de concessão pela relação do valor do pedágio com o quilômetro rodado, as diferenças eram

---

[7] CARVALHO, André Castro; SILVA V., Carlos. Concessiones de carreteras en Brasil y Chile: aspectos jurídicos comparados. *In*: ZANCHIM, Kleber Luiz (Coord.). *Concessão de rodovias*: aspectos jurídicos, econômicos e institucionais. São Paulo: Quartier Latin, 2013. p. 203-204.

[8] WALD, Arnoldo; GAENSLY, Maria. Concessão de rodovias e o princípio da supremacia do interesse público da modicidade tarifária e do equilíbrio econômico financeiro do contrato. *In*: CARVALHO, André Castro (Org.). *Contratos de concessão de rodovias*: artigos, decisões e pareceres jurídicos. São Paulo: MP, 2009. p. 71 e ss.

discrepantes. Na Rodovia Bandeirantes (concedida em 1998), cobrava-se um pedágio de R$0,127 por quilômetro. Em contraste, na Rodovia Fernão Dias (concedida em 2007), a tarifa perfez R$0,01 por quilômetro. Por conta disso, logo a insatisfação emergiu: muitos acusaram o claro excesso tarifário das antigas concessões. Wald e Gaensly, entretanto, argumentam que referida comparação é equivocada, pois as particularidades de cada rodovia, a política adotada pelo poder concedente e a demanda específica por investimentos em cada período histórico impedem igualar o valor pedágio/quilometragem nos dois momentos citados.[9]

Para os cidadãos e para a imprensa, contudo, nem sempre esses fatores técnicos e as circunstâncias históricas e econômicas se mostram evidentes e de fácil percepção. A insatisfação dos usuários das rodovias tornou-se, portanto, inevitável, de sorte a deflagrar tensões e forças desfavoráveis à estabilidade dos contratos celebrados na década de 1990, em especial mediante o aumento da pressão popular exercida sobre os agentes políticos, que, naturalmente, viram-se forçados a buscar modificações dos contratos para adequá-los aos anseios dos eleitores.

Daniel Wang e Juliana de Palma demonstraram empiricamente esse movimento por meio da análise dos questionamentos emergentes nos períodos eleitorais acerca das concessões de rodovias, principalmente no tocante à cobrança de pedágio.[10] Ao examinarem os discursos eleitorais dos candidatos mais bem colocados para os governos dos estados do Paraná, São Paulo e Rio Grande do Sul, nas eleições de 2012, identificaram os autores que "a promessa de redução da tarifa negociadas no momento da licitação é bandeira erguida tanto por candidatos de oposição quanto de situação e independente de posições ideológicas".[11]

Essas bandeiras deram origem a disputas e ações judiciais diversas. Veja-se o caso do Paraná. No ano de 1998, em nome dos "superiores interesses públicos vinculados à adaptação da economia

---

[9] WALD, Arnoldo; GAENSLY, Maria. Concessão de rodovias e o princípio da supremacia do interesse público da modicidade tarifária e do equilíbrio econômico financeiro do contrato. *In*: CARVALHO, André Castro (Org.). *Contratos de concessão de rodovias*: artigos, decisões e pareceres jurídicos. São Paulo: MP, 2009. p. 93.

[10] WANG, Daniel Wei Liang; PALMA, Juliana Bonacorsi de. Política, pedágio e segurança dos contratos: o caso das concessões rodoviárias. *Revista de Direito Público da Economia – RDPE*, ano 10, n. 37, jan./mar. 2012.

[11] WANG, Daniel Wei Liang; PALMA, Juliana Bonacorsi de. Política, pedágio e segurança dos contratos: o caso das concessões rodoviárias. *Revista de Direito Público da Economia – RDPE*, ano 10, n. 37, jan./mar. 2012.

paranaense ao novo sistema",[12] um contrato de concessão do Anel de Integração do Paraná foi unilateralmente alterado em menos de um ano de vigência e pelo mesmíssimo governo que assinou a concessão. Entre as alterações, "o Estado reprogramou a infraestrutura e baixou o preço do pedágio em aproximadamente 50%".[13] Em contrapartida, buscou-se manter o equilíbrio econômico-financeiro pela redução dos investimentos a cargo dos concessionários.

Observe-se o momento em que ocorreu a mencionada alteração contratual: meses antes das eleições de 1998, pelas quais, inclusive, foi reeleito o então governador com 52% dos votos válidos. Todavia, dois anos e meio depois, firmou-se um acordo que restabeleceu o valor da tarifa e diminuiu as obrigações da concessionária. Destarte, "o benefício que o usuário teve durante a redução unilateral está sendo compensado por outros usuários que tiveram que pagar um pedágio muito caro por uma rodovia sem as melhoras planejadas".[14]

Além da insatisfação popular derivada de comparações entre diferentes modelagens contratuais, as concessões ainda estão sujeitas a renegociações e modificações unilaterais por outros variados motivos.[15] Em extenso estudo sobre concessões na América Latina e no Caribe, Luiz Guash concluiu que cerca de 55% dos contratos de concessão do setor de transporte são renegociados em um tempo médio de 3,1 anos.[16] Além disso, 57% dessas renegociações são requeridas pelo poder concedente; 27%, pelos concessionários e 16% por ambos.[17] Entre as causas determinantes das frequentes renegociações, aponta-se a (in) existência de órgãos reguladores neutros, independentes e técnicos, a

---

[12] Parte da motivação do ato. Para detalhes e uma análise aprofundada sobre o caso do Anel de Integração do Paraná, v. ZANCHIM, Kleber Luiz. Agir estratégico e desconfiança nos contratos com a Administração Pública. O caso do Anel de Integração do Paraná. In: ZANCHIM, Kleber Luiz (Coord.). Concessão de rodovias. Aspectos jurídicos, econômicos e institucionais. São Paulo: Quartier Latin, 2013. p. 20 e ss.

[13] ZANCHIM, Kleber Luiz. Agir estratégico e desconfiança nos contratos com a Administração Pública. O caso do Anel de Integração do Paraná. In: ZANCHIM, Kleber Luiz (Coord.). Concessão de rodovias. Aspectos jurídicos, econômicos e institucionais. São Paulo: Quartier Latin, 2013. p. 24.

[14] WANG, Daniel Wei Liang; PALMA, Juliana Bonacorsi de. Política, pedágio e segurança dos contratos: o caso das concessões rodoviárias. Revista de Direito Público da Economia – RDPE, ano 10, n. 37, jan./mar. 2012.

[15] Um panorama das normas sobre modificação de contratos de concessão pode ser obtido no detalhado estudo de MOREIRA, Egon Bockmann. Direito das concessões de serviços públicos. São Paulo: Malheiros, 2010. p. 374 e ss.

[16] GUASH, Luiz J. Granting and renegotiating infrastructure concessions: doing it right. Washington: The World Bank, 2004. p. 81.

[17] GUASH, Luiz J. Granting and renegotiating infrastructure concessions: doing it right. Washington: The World Bank, 2004. p. 85.

estrutura da licitação (permitindo ou não empresas estrangeiras, critério de escolha etc.), corrupção, mudança do governo etc.[18] Uma vez que o contrato de concessão rodoviária se sujeita a intensas pressões modificadoras, adquire relevância o desafio levantado por André Castro Carvalho e Carlos Silva de se estabelecerem mecanismos eficazes para a resolução de controvérsias contratuais.[19] Isso porque o poder concedente e o concessionário nem sempre encontram soluções satisfatórias nas disputas relativas à renegociação, à interpretação contratual, a reequilíbrio econômico-financeiro etc. É nesse contexto que se revela a importância do uso de arbitragem para a solução de conflitos concessórios sobre direitos disponíveis, como se previa já desde a Lei n° 10.233/2001 (art. 35, XVI),[20] anterior inclusive à modificação operada em 2005 na Lei Geral de Concessões (Lei n° 8.987/1995) para se instituir a possibilidade do referido meio alternativo de solução de controvérsias nas concessões em geral (art. 23-A).[21]

## 4 Análise de editais e minutas: delimitação e método

A complexidade das concessões, seus extensos prazos de vigências, sua relevância para o exercício de direitos fundamentais e para o desenvolvimento, além de seus altos custos econômicos, sobretudo para o empreendedor, requerem intenso esforço da Administração Pública no planejamento e na modelagem da outorga. Como oportunamente afirmam Felipe Salto e Germano Guimarães, "o sucesso dos projetos também está diretamente ligado à qualidade dos editais, licitações e projetos apresentados pelas agências ao mercado".[22]

---

[18] GUASH, Luiz J. *Granting and renegotiating infrastructure concessions*: doing it right. Washington: The World Bank, 2004. p. 91-94.

[19] CARVALHO, André Castro; SILVA V., Carlos. Concessiones de carreteras en Brasil y Chile: aspectos jurídicos comparados. *In*: ZANCHIM, Kleber Luiz (Coord.). *Concessão de rodovias*: aspectos jurídicos, econômicos e institucionais. São Paulo: Quartier Latin, 2013. p. 206-207.

[20] Criticamente, sobre o uso da arbitragem nos contratos de concessão rodoviária, cf. CARVALHO, André Castro. TCU limita a arbitragem e dá um passo e meio para trás. *Consultor Jurídico*, 23 out. 2012. Disponível em: http://www.conjur.com.br/2012-out-23/andre-carvalho-tcu-limita-usoarbitragem-passo-meio. Acesso em: 29 jan. 2021.

[21] A respeito da arbitrabilidade em conflitos administrativos, cf., entre outros, MARRARA, Thiago; PINTO, João Otávio Torelli. Arbitragem e Administração Pública: considerações sobre propostas de alteração da legislação. *Revista de Direito Público da Economia – RDPE*, v. 46, 2014.

[22] SALTO, Felipe Scudeler; GUIMARÃES, Germano Souza. Desenvolvimento econômico e confiança no Brasil. *In*: ZANCHIM, Kleber Luiz (Coord.). *Concessão de rodovias*. Aspectos jurídicos, econômicos e institucionais. São Paulo: Quartier Latin, 2013. p. 179.

A partir dessa premissa, o estudo da experiência brasileira suscita várias indagações: quais são as preocupações governamentais refletidas nos contratos de concessão rodoviária? De que forma o contexto fático de cada concessão influencia a modelagem do contrato? E, tratando-se de concessões federais, em que medida a ANTT aprimora os editais ao longo do tempo? A partir da análise comparativa de editais de concessão de rodovias da União, buscar-se-á demonstrar, ou pelo menos entender, de que forma os editais se diferenciam e evoluem.

Dada a multiplicidade de contratos do gênero, para se atingir o escopo proposto, a análise ora empreendida ficará delimitada à 3ª Etapa de Concessões Rodoviárias Federais, iniciada com o Edital nº 1/2011, publicado em 7.11.2011,[23] e que contava com onze editais publicados até abril de 2014. Se todas as rodovias objeto dos editais examinados fossem outorgadas, 8.252,4 km de rodovias federais teriam sido concedidos em sete estados da federação e no Distrito Federal.

Apresentam-se a seguir as características principais dos editais e das minutas[24] analisados.

| Aspectos gerais | | | |
|---|---|---|---|
| Edital | Publicação | Rodovia | Extensão |
| 1/2011 | 17.11.2011 | BR-101/ES/BA | 475,9 km |
| 1/2012 | 21.12.2012 | BR-040/DF/MG | 936,8 km |
| 1/2012 | 21.12.2012 | BR-116/MG | 816,7 km |
| 1/2013 | 1.8.2013 | BR-050/GO/MG | 436,6 km |
| 1/2013 | 1.8.2013 | BR-262/ES/MG | 375,6 km |
| 2/2013 | 29.8.2013 | BR-101/BA | 772,3 km |
| 3/2013 | 18.10.2013 | BR-163/MT | 850,2 km |
| 4/2013 | 18.10.2013 | BR-060/153/262/DF/GO/MG | 1.176,50 km |
| 5/2013 | 14.11.2013 | BR-163/MS | 847,2 km |
| 6/2013 | 28.11.2013 | BR-040/DF/GO/MG | 936,8 km |
| 1/2014 | 3.4.2014 | BR-153/TO/GO | 624,8 km |

---

[23] Data da republicação do edital, modificado depois de pedidos de esclarecimento.
[24] Todos os editais e minutas de contrato estão disponíveis no *site* da ANTT (ANTT. *Novas concessões rodoviárias federais*. Disponível em: http://3etapaconcessoes.antt.gov.br. Acesso em: 29 jan. 2021).

Como os editais e as minutas de contrato são documentos relativamente extensos (entre 67 e 71 páginas, os editais, e entre 48 e 73 páginas, as minutas de contrato), a comparação dos documentos somente seria possível mediante a sistematização do procedimento de análise e a fixação dos parâmetros centrais mais relevantes à pesquisa das normas contidas nesses documentos. Por essa razão, em termos metodológicos, a partir de uma observação inicial dos textos, elaborou-se uma lista composta de 12 itens, abordando-se variados aspectos da concessão.

Como há um padrão em todos os editais e contratos, a ordem dos itens reflete o momento em que são tratados no contrato. São eles: 1) a extensão concedida; 2) o prazo do contrato; 3) a previsão de prorrogação; 4) o valor estimado do contrato; 5) o modelo de tarifação; 6) a previsão de receitas alternativas; 7) os riscos previstos ao concessionário; 8) os riscos previstos ao poder concedente; 9) os requisitos de habilitação técnica; 10) as garantias do concessionário; 11) os meios de recomposição do equilíbrio econômico-financeiro; 12) a previsão de mecanismos de solução alternativa de controvérsias.

Os itens selecionados indicam características gerais das concessões, desde a fase licitatória (requisitos de habilitação técnica), as características do objeto concedido (prazo, valor estimado, previsão de obras), a remuneração (modelo de tarifação, previsão de receitas alternativas), até formas de resolução das vicissitudes contratuais (recomposição do equilíbrio contratual e formas alternativas de solução de controvérsias). Reduziram-se os documentos aos 12 itens, mantendo-se a redação originária de cada cláusula. Assim sintetizados, tornou-se possível compará-los.

Logo na observação inicial se constatou a grande semelhança dos diferentes documentos, sendo o maior desafio da comparação desvendar o que haveria de diferença entre eles. Dessa forma, cada item foi classificado como ponto de convergência, quando a previsão normativa se mostrava idêntica (em conteúdo e redação) em todos os editais; ou ponto de divergência, dividindo-se em ponto de evolução, para indicar uma alteração (de conteúdo ou de redação) identificada em determinado edital que se manteve em outros, e mudança pontual, nas situações em que a alteração em determinado edital não se repetiu nos posteriores.

A relevância da primeira diferenciação (pontos de convergência) está no fato de que ela permite extrair uma base comum de todas as concessões analisadas, ou seja, características da regulação editalícia e contratual que se mantêm independentemente do decurso de tempo e das especificidades do caso. Ainda, as divergências entre os editais (pontos de divergência) permitem revelar aprimoramentos ou adaptações do modelo a cada novo caso concreto.

Tem-se plena consciência da limitação científica desse procedimento de análise. Afinal, os itens escolhidos não refletem o contrato em sua integralidade, nem foi essa a intenção. Outros pontos importantes poderiam ter sido considerados na pesquisa, como a previsão de obras sob a responsabilidade do concessionário ou as penalidades a que ele está sujeito no caso de descumprimento contratual. Ademais, é também certo que o número de editais e contratos analisados não permite conclusões incontestáveis sobre o modelo das concessões rodoviárias no Brasil. Não obstante, a partir deles revela-se possível esclarecer algumas questões cruciais sobre a estrutura editalícia e contratual.

## 5 Pontos de convergência na modelagem concessória

Da análise contratual empreendida, os pontos de convergência encontrados referem-se aos itens: prorrogação do contrato; modelo de tarifação; receitas alternativas; meios de recomposição do equilíbrio econômico-financeiro e mecanismos de solução alternativa de controvérsias.

### 5.1 Prorrogação contratual

Os requisitos para a prorrogação do contrato compõem uma cláusula essencial da concessão (art. 23, inc. XIII, da Lei n° 8.987/1995). Em todos os editais e minutas analisados, a prorrogação, como se prevê na legislação, é deixada a critério do poder concedente e com a motivação vinculada a uma das três hipóteses previstas no contrato. São elas: i) o interesse público; ii) a força maior; e iii) a recomposição do equilíbrio econômico-financeiro do contrato.

A abertura semântica da primeira hipótese retira grande parte da limitação ao poder concedente de prorrogar o contrato. Interesse público é expressão vaga, que indica interesses aferidos caso a caso e que, na realidade, deve estar presente em toda a atuação da Administração Pública como prerrequisito de legitimação e de legalidade. Dessa forma, a cláusula de prorrogação identificada apenas reforça a necessidade de se motivar os atos administrativos.[25] Embora se note que essa imposição

---

[25] O motivo seria "o pressuposto de fato e de direito que serve de fundamento ao ato administrativo" (NOHARA, Irene Patrícia. *O motivo no ato administrativo*. São Paulo: Atlas, 2004).

não consta de maneira explícita dos contratos administrativos, a prorrogação afeta interesses de mercado e necessita ser amplamente fundamentada para fins de controle em linha com o que se extrai do art. 50, inc. I, da LPA federal.

De outra parte, como a concessão deve ter prazo certo (art. 2º, II, e art. 23, I, da Lei nº 8.987/1995) e sua prorrogação indefinida e reiterada violaria o direito de outros agentes econômicos de entrar no mercado, a previsão de alteração do prazo contratual para o reequilíbrio contratual – o que está previsto em dois momentos: quando se prevê a prorrogação e quando são elencadas as formas de recomposição do equilíbrio econômico-financeiro – evita discussões a respeito da legalidade da prorrogação para esse fim.[26] Já quanto ao teto da prorrogação, todos os editais seguem a mesma regra: preveem extensão por, no máximo, prazo igual ao inicialmente estabelecido para o contrato (de 25 ou 30 anos).

## 5.2 Modelo de tarifação

Em todos os editais e minutas de contrato examinados, o modelo de tarifação se repete. Adota-se o pedágio como principal fonte de receita em todas as concessões. As receitas alternativas (chamadas pelos contratos de receitas extraordinárias) são sempre colocadas em segundo plano.[27] Ademais, prevê-se a cobrança de pedágio a partir da execução de 10% das obras de duplicação previstas.[28] Essa restrição

---

[26] Conforme Barroso, "[...] havendo cláusula contratual prevendo a extensão ou prorrogação de prazo, não há óbice a que esse mecanismo seja utilizado para reequilibrar o contrato" (BARROSO, Luís Roberto. Alteração dos contratos de concessão rodoviária. *Revista de Direito Público da Economia – RDPE*, ano 4, n. 15, jun. 2006).

[27] No primeiro contrato analisado (do Edital nº 1/2011), as receitas alternativas nem aparecem na redação da cláusula sobre a remuneração. Sua regulamentação aparece em outro local (como acontece também nos demais contratos), mas a omissão é relevante para perceber a falta de interesse do concedente em integrar as receitas alternativas na remuneração da concessão. A partir do Edital nº 1/2012 (segundo analisado), a redação da cláusula passou a ser: "a principal fonte de receita da Concessionária advirá do recebimento da Tarifa de Pedágio, das Receitas Extraordinárias e das respectivas receitas financeiras delas decorrentes". Apesar do maior enfoque, os contratos ainda não incentivam as receitas alternativas, como se verá no próximo ponto.

[28] Interessante notar que a ANTT pretendia outro modelo para o início da cobrança de pedágio. Comentando a estrutura da remuneração nos contratos da 3ª Etapa, Barbo *et al*. apontam que anteriormente (na 1ª e na 2ª etapa) o modelo utilizado consistia em estabelecer um prazo de 6 meses para o concessionário realizar as obras dos trabalhos iniciais e ficava, após esse período, condicionado à aprovação da ANTT o início da cobrança de pedágio. Para os contratos da 3ª etapa, o modelo pensado previa, ainda, o estabelecimento do prazo de 6 meses, com a diferença de se permitir a antecipação da autorização (BARBO, André Roriz de Castro *et al*. A evolução na regulação das rodovias federais concedidas. *Revista ANTT*, v. 2, n. 2, nov. 2010. Disponível em: http://appweb2.antt.gov.br/revistaantt/ed3/_asp/ed3artigosEvolucao.asp. Acesso em: 29 jan. 2021). Como observado nos contratos da 3ª etapa, a estrutura adotada foi outra.

busca evitar que os custos das obras sejam financiados, unicamente, pela renda obtida a partir dos valores pagos pelos usuários. Não se sabe se a faz com eficiência, mas a previsão é igual em todos os documentos.

## 5.3 Receitas alternativas

As receitas alternativas sempre aparecem em segundo plano nos contratos analisados e apresentam idêntica previsão clausular. Nas minutas elaboradas pelo Governo federal, observa-se uma cláusula padrão acerca das "receitas extraordinárias" (nome utilizado pelo contrato que ressalta o seu caráter excepcional) da seguinte maneira: para obter qualquer receita alternativa, o concessionário deverá enviar uma proposta à ANTT e só poderá explorá-la com a prévia autorização desse ente regulador. Fala-se aqui de um "contrato de receitas extraordinárias", que terá natureza precária e se limitará ao prazo da concessão. Deverá ser mantida contabilidade específica de cada um desses contratos. Anualmente, no momento de revisão tarifária, referida contabilidade específica será examinada e parte da receita obtida com tais fontes financeiras se reverterá à modicidade tarifária.

Note-se que, em dois aspectos fulcrais, a previsão contratual afasta-se de uma interpretação literal dos dispositivos da legislação geral de concessões. Em relação às fontes, a lei dá a entender que o poder concedente, já no planejamento da concessão, deve fazer uma previsão das possibilidades existentes, ou seja, das fontes de receitas alternativas que poderão ser exploradas ao longo da execução do contrato (art. 18, VI, da Lei nº 8.987/1995). Isso não significa que outras receitas alternativas não possam surgir nesse período, mas que o Estado deve se esforçar para prevê-las antecipadamente. E isso ocorre por duas razões claras e evidentes. A uma, a Lei de Concessões prescreve que tais fontes "serão obrigatoriamente consideradas para a aferição do inicial equilíbrio econômico-financeiro do contrato" (art. 11, parágrafo único). A duas, e aqui entra o segundo aspecto central, a lei vincula a destinação final dos valores financeiros obtidos por essas fontes. Com efeito, determina-se que as receitas alternativas se reverterão em favor da modicidade tarifária. Daí ser questionável seu emprego para outros fins ou sua destinação apenas parcial para redução da tarifa (art. 11, *caput*), embora haja resolução da ANTT nesse sentido.[29]

---

[29] A Resolução ANTT nº 2.552/2008 dispõe que a reversão para a modicidade tarifária será de 15% da receita bruta de cada contrato. Prevê, ainda, que a receita poderá decorrer da

Não é, porém, difícil compreender a razão da divergência da cláusula contratual em relação à letra da lei. O incentivo para o concessionário explorar as receitas alternativas reside exatamente no excedente financeiro derivado da diferença entre o total de remuneração obtida e o que se reverterá à modicidade. Nem sempre esse incentivo será suficiente, já que o custo de viabilização das receitas alternativas recai sobre o concessionário, pois é ele que, de acordo com os documentos analisados, elaborará o "projeto de viabilidade jurídica, técnica e econômico-financeira" e comprovará na prática "a compatibilidade da exploração comercial pretendida com as normas legais e regulamentares aplicáveis ao contrato".

Além disso, não são de se ignorar dois outros aspectos problemáticos relativos à viabilização dessas fontes financeiras: o risco de a agência reguladora não autorizar sua exploração pelo concessionário (sobretudo no tocante às fontes não previstas nas normas editalícias) e o custo dos procedimentos que o concessionário deverá enfrentar para obter as autorizações necessárias. Sem uma previsão clara no contrato, o concessionário ficará potencialmente sujeito a discussões administrativas e judiciais para determinar, entre outras coisas, a abrangência do objeto das receitas alternativas, a forma de exploração e a taxa de reversão dessas receitas.

## 5.4 Reequilíbrio econômico-financeiro

A previsão clausular dos meios de recomposição do equilíbrio econômico-financeiro também se iguala em todos os editais e contratos analisados na pesquisa. O reequilíbrio se dará pela variação da tarifa básica de pedágio (revisão tarifária); por pagamento pelo poder concedente; por alterações das obrigações contratuais; pelo estabelecimento ou remoção de cabines de bloqueio; pela alteração do local da praça de pedágio e pela prorrogação do contrato. Nota-se, com isso, que os contratos são abertos para permitir o reequilíbrio que mais favoreça a prestação de um serviço adequado em benefício de uma ponderação equânime dos interesses do concessionário, do poder concedente e dos usuários. Todavia, isso não garante que o regulador chegará à decisão ótima em todos os casos.

---

exploração da faixa de domínio, de publicidade e propaganda e de projetos associados. Mas a resolução carece de critérios objetivos para a ANTT autorizar a exploração.

Por não delimitar a forma em que se dará a recomposição, o concessionário terá de lidar com o risco da negociação dos termos toda vez que a alteração for necessária. Se o poder concedente modificar unilateralmente o contrato, poderá impor qualquer forma de recomposição – sem exigência de consenso ou, pelo menos, de ouvir o concessionário. Diante da vagueza legislativa (art. 9°, §4°), a Administração poderá negar a revisão dos pedágios, determinando, como alternativa, a mitigação das metas de ampliação da rodovia, a prorrogação antecipada do contrato ou a previsão de subsídios.

A redação da lei não nega a possibilidade de revisão concertada ou negociada. E, aparentemente, a eficiência da decisão de reequilíbrio será bastante favorecida nas hipóteses de cooperação entre concedente e concessionário. Isso porque a negociação permite ganhos de legitimidade decisória, estabilidade na relação contratual, celeridade e, ainda, menores riscos de questionamento judicial.

## 5.5 Meios alternativos de solução de conflitos

Em todos os contratos examinados se prevê a arbitragem para a resolução de controvérsias. Trata-se de cláusula compromissória: havendo o conflito, a parte poderá diretamente acionar o tribunal arbitral. De acordo com o modelo adotado, os conflitos serão arbitrados pela CCI – Câmara de Comércio Internacional –, conduzida em Brasília e com a aplicação do direito brasileiro. Impõe-se ainda que o tribunal seja composto por três juízes, um indicado pelo poder concedente, um pelo concessionário e um de comum acordo. Interessante notar que o contrato prevê a arbitragem não apenas para o contrato de concessão, mas igualmente a todos os contratos acessórios a ele.

Nem todos os assuntos poderão ser objeto de arbitragem. O contrato afasta, além dos limites já impostos pela Lei de Arbitragem,[30] controvérsias a respeito da natureza e da titularidade pública do serviço, do poder de fiscalização e as discussões "sobre o reequilíbrio econômico-financeiro do contrato, bem como acerca das questões econômico-financeiras entre as partes".

---

[30] Conforme a Lei n° 9.307/1996, art. 1°, "as pessoas capazes de contratar poderão valer-se da arbitragem para dirimir litígios relativos a direitos patrimoniais disponíveis".

# 6 Pontos de divergência na modelagem concessória

## 6.1 Pontos de evolução

Conquanto se tenha notado um volume elevado de cláusulas repetidas nos editais e contratos examinados, também se identificaram pontos de divergência que, de certo modo, expressam tentativas de aprimoramento da modelagem concessória em matéria rodoviária. Nesse particular, chamam atenção as cláusulas relativas: ao prazo do contrato; aos riscos de responsabilidade do concessionário; aos riscos de responsabilidade do poder concedente; aos requisitos de habilitação técnica e às garantias do concessionário.

### 6.1.1 Prazo contratual

As regras atinentes ao prazo inicial dos contratos de concessão rodoviária apresentam certa estabilidade. Nos editais nºs 1/2011, 1/2012 e 2/2012, o prazo inicial previsto era de 25 anos. A partir do Edital nº 1/2013, todos os contratos passaram a apontar 30 anos. Embora o aumento seja pequeno, na prática, ele se reflete de modo mais significativo na duração total do contrato, incluindo sua eventual prorrogação. Como analisado acima, a prorrogação do contrato está limitada ao seu prazo inicial, ou seja, enquanto um contrato com vigência originária de 25 anos poderá ser prorrogado por mais 25 anos, uma concessão com prazo inicial de 30 anos poderá ser prorrogada por mais 30 anos. Uma hipótese explicativa para referida modificação pode estar associada ao interesse de se buscarem contratos com tarifas mais módicas e que, portanto, exigem duração alargada no intuito de se viabilizar a cobrança mais duradoura de tarifa para compensar os investimentos.

### 6.1.2 Riscos do concessionário

A descrição contratual dos riscos assumidos pelo concessionário sofreu algumas modificações no decorrer das concessões estudadas. Cada alteração produzida em um edital aparece naqueles que o sucedem. Isso revela que, ao longo do tempo, o regulador aprofundou suas reflexões sobre o assunto e buscou aprimorar o modelo diante de suas políticas públicas. De modo geral, as variações referem-se a modificações obrigacionais no intuito de tornar o contrato mais eficiente, ou textuais, no intuito de se reduzir a vagueza ou incompletude do ajuste.

A tabela a seguir indica as modificações ocorridas em cada contrato no tocante aos riscos contratuais, tomando-se como base de análise[31] o Edital nº 1/2011.[32]

(continua)

| Edital – Rodovia concedida (em ordem cronológica) | Riscos do concessionário |
|---|---|
| Edital nº 1/2011 – BR 101 – ES/BA | Base de análise. |
| Edital nº 1/2012 – BR 040 – DF/MG | Adição: i) receitas alternativas percebidas em desacordo com o contrato; ii) custos das desapropriações até o limite acordado. |
| Edital nº 1/2012 – BR 116 – MG | Sem alterações. |
| Edital nº 1/2013 – BR 050 – GO/MG | Adição: i) custos com as condicionantes das licenças; ii) maior especificação do risco com os custos de serviços previstos. |
| Edital nº 1/2013 – BR 262 – ES/MG | Sem alterações. |
| Edital nº 2/2013 – BR 101 – BA | Sem alterações. |
| Edital nº 3/2013 – BR 163 – MT | Adição: i) maior detalhamento da exceção do risco de demanda por atuação do DNIT e pela aplicação do Fator C. |

---

[31] A base de análise é o documento de referência que é comparado aos outros, seu conteúdo integral encontra-se nas respectivas notas de rodapé.

[32] A concessionária assume o risco: i) do volume de tráfego; ii) da recusa do usuário em pagar a tarifa; iii) de obter as licenças, permissões e autorizações relativas à concessão; iv) do custo das desapropriações, servidões, limitações administrativas ou ocupação provisória; v) dos custos excedentes das obras e serviços; vi) do atraso no cumprimento do cronograma; vii) da tecnologia; viii) pelos bens da concessão (perecimento, destruição, roubo, perda etc.); ix) das manifestações sociais até 15 dias (para eventos que não podem ser objeto de seguro) e até 90 dias (para eventos que podem ser objeto de seguro); x) do custo do capital; xi) da taxa de câmbio; xii) das modificações do imposto sobre a renda; xiii) de caso fortuito e força maior que possam ser objeto de seguro; xiv) da manutenção do passivo ambiental dentro do sistema rodoviário; xv) dos riscos que possam ser objeto de seguros mas deixem de sê-los por ação ou omissão do concessionário; xvi) das responsabilidades por danos ambientais; xvii) dos prejuízos causados a terceiros; xviii) dos vícios ocultos dos bens ao longo da concessão; e xix) dos defeitos nas obras realizadas pelo Poder Público após o recebimento definitivo.

(conclusão)

| Edital – Rodovia concedida (em ordem cronológica) | Riscos do concessionário |
|---|---|
| Edital n° 4/2013 – BR 060, BR 153, BR 262 – DF/GO/MG | Subtração: i) exclusão do reforço na exceção por risco do DNIT. |
| Edital n° 5/2013 – BR 163 – MS | Sem alterações. |
| Edital n° 6/2013 – BR 040 – DF/GO/MG | Sem alterações. |
| Edital n° 1/2014 – BR 153 – TO/GO | Sem alterações. |

Como se observa, com apenas uma exceção, todas as alterações configuram adições (de hipóteses ou de redação) ao rol de riscos suportados pelo concessionário. Entretanto, as situações que passaram a ser previstas[33] não corresponderam a uma subtração proporcional dos riscos suportados pelo poder concedente. Explica-se. Os riscos adicionados na verdade já recaiam sobre o concessionário, mas não eram tão evidentes no ajuste, razão pela qual foi necessário explicitá-los com clareza. Nos dois casos de alteração da redação, buscou-se combater a vagueza das cláusulas, explicando e limitando os seus sentidos.

## 6.1.3 Riscos do poder concedente

As alterações na descrição dos riscos suportados pelo poder concedente revelam igualmente um processo de amadurecimento da política regulatória. Na tabela a seguir, as modificações ocorridas nos documentos examinados são sistematizadas.

---

[33] São elas: a recusa de pagar pelo usuário, as custas de desapropriação até o limite acordado, os custos excedentes de obras e serviços, custos com as condicionantes das licenças e os defeitos em obras após a transferência.

| Edital – Rodovia concedida (em ordem cronológica) | Alteração nos riscos do poder concedente |
|---|---|
| Edital nº 1/2011 – BR 101 – ES/BA | Base de análise.[34] |
| Edital nº 1/2012 – BR 040 – DF/MG | Adição:<br>i) atraso na obtenção de licença quando ultrapassar a previsão legal (exceto quando imputável ao concessionário). |
| Edital nº 1/2012 – BR 116 – MG | Sem alterações. |
| Edital nº 1/2013 – BR 050 – GO/MG | Adição:<br>i) não disponibilização do acesso ao Sistema Rodoviário;<br>ii) demora na obtenção de licenças à cargo do concedente;<br>iii) alguns custos quando excederem o montante previsto no contrato (estudos ambientais; desapropriação)<br>iv) responsabilidade por fato do príncipe. |
| Edital nº 1/2013 – BR 262 – ES/MG | Sem alterações. |
| Edital nº 2/2013 – BR 101 – BA | Adição:<br>i) responsabilidade por fato da Administração. |
| Edital nº 3/2013 – BR 163 – MT | Adição:<br>i) detalhamento no risco por atraso do DNIT. |
| Edital nº 4/2013 – BR 060, BR 153, BR 262 – DF/GO/MG | Sem alterações. |
| Edital nº 5/2013 – BR 163 – MS | Sem alterações. |
| Edital nº 6/2013 – BR 040 – DF/GO/MG | Sem alterações. |
| Edital nº 1/2014 – BR 153 – TO/GO | Sem alterações. |

---

[34] O concedente assume o risco: i) de manifestações sociais após 15 dias (para eventos que não podem ser objeto de seguro) ou após 90 dias (para eventos que podem ser objeto de seguro); ii) de decisões que impeçam a cobrança ou o reajuste das tarifas (exceto quando a concessionária der causa); iii) do descumprimento das obrigações contratuais e regulatórias; iv) de caso fortuito e força maior que não possam ser objeto de seguro; v) de alterações na legislação e regulamentação que alterem a composição econômico-financeira; vi) da criação de caminhos alternativos livres do pagamento da tarifa; vii) do gerenciamento do passivo ambiental fora do sistema viário; viii) dos atrasos das obrigações do DNIT; ix) dos vícios ocultos até a data a assunção; x) dos defeitos nas obras até o recebimento definitivo pelo concessionário; xi) das alterações no projeto.

Apesar das referidas mudanças redacionais, é possível afirmar que não houve uma redistribuição efetiva de riscos suportados pelas partes contratantes. Todas as adições ao rol de riscos suportados pelo poder concedente tiveram a intenção de diminuir a incompletude do contrato (explicitando riscos que, em tese, já eram suportados pelo concedente) ou de diminuir a vagueza de certa cláusula (aumentando seu detalhamento). Em grande parte, todos os riscos apontados nas alterações referem-se a hipóteses de fato do príncipe[35] ou de fato da Administração.[36]

## 6.1.4 Habilitação

Os requisitos de habilitação técnica exigem dos licitantes uma estrutura social mínima, que varia de contrato a contrato a depender do valor, da extensão concedida, das obras necessárias etc. Além dessa mudança natural em cada contrato, observa-se uma alteração na base de análise dos requisitos a partir do Edital nº 1/2012.

Nesse documento, a base para se auferir o requisito de habilitação técnica era o "patrimônio líquido mínimo". Em contraste, nos editais subsequentes, altera-se essa base para "capital social mínimo". A alteração não foi apenas de redação. De acordo com a Lei das Sociedades Anônimas, Lei nº 6.404/1976, em seu art. 178, §2º, inc. III, o patrimônio líquido de uma sociedade é composto pelo capital social, pelas reservas de capital, pelos ajustes de avaliação patrimonial, pelas reservas de lucros, pelas ações em tesouraria e pelos prejuízos acumulados. A partir dessa divisão, conclui-se que a mudança na redação teve impactos na habilitação técnica, tornando-a mais específica. Diferentemente do patrimônio (como conjunto amplo de bens e direitos), o capital social mínimo indica apenas o valor fixado no estatuto (art. 5º da Lei nº 6.404/1976).

---

[35] Fato do príncipe é "o exercício de poderes extracontratuais, pela entidade contratante, que incide no contrato administrativo de forma direta, especial e significativa, modificando-o ou resolvendo-o, e cuja incidência cria um dever de indenizar ou modificar o contrato em favor do particular" (GASIOLA, Gustavo Gil. O instituto do fato do príncipe no sistema de tutela dos contratos administrativos. *Revista Digital de Direito Administrativo*, v. 1, n. 1, 2014).

[36] Já o fato da Administração seria "qualquer conduta ou comportamento da Administração que, como parte contratual, pode tornar impossível a execução do contrato ou provocar seu desequilíbrio" que pode levar à suspensão transitória ou à extinção do contrato" (DI PIETRO, Maria Sylvia Zanella. *Direito administrativo*. 24. ed. São Paulo: Atlas, 2011. p. 284).

## 6.1.5 Garantias

As regras relativas às garantias oferecidas pelo concessionário ao poder concedente – garantia de cumprimento do contrato –, da mesma forma que os requisitos de habilitação técnica, sofreram alterações em sua estrutura. A garantia do concessionário no Edital nº 1/2011 se dividia em três períodos. Durante os cinco primeiros anos, o valor da garantia perfazia 200 milhões de reais; do sexto ano ao vigésimo, 60 milhões; do vigésimo primeiro ao vigésimo quinto, 80 milhões. Isso significa que a garantia se reduz ao longo da vigência do contrato e do desembolso dos investimentos.

Já nos editais nº 1/2012 e nº 2/2012, dividiu-se a garantia em dois períodos, do primeiro ao quinto ano (400 milhões, no caso do Edital nº 1/2012) e do sexto ao vigésimo quinto ano (100 milhões, no caso do Edital nº 1/2012). A partir do Edital nº 1/2013, a feição da garantia do concessionário alterou-se. A mudança do valor da garantia passou a ocorrer não pelo tempo transcorrido, mas de acordo com a conclusão das obras de duplicação previstas no contrato. Dessa forma, o valor foi vinculado ao cumprimento de metas pelo concessionário em relação às obras de duplicação de pista. Essa estrutura de garantia foi observada em todos os demais editais analisados.

## 6.1.6 Mudanças pontuais

Entre os itens analisados nos editais e minutas de contrato, em dois deles observaram-se somente mudanças pontuais, ou seja, alterações conforme as características do caso concreto. Tais itens dizem respeito à extensão da rodovia concedida e ao valor estimado do contrato. Com efeito, a 3ª Etapa de Concessões das Rodovias Federais não seguiu um padrão na extensão de rodovia objeto de seus editais. A variação é natural, mas digna de destaque, pois se notam concessões relativamente pequenas (*e.g.*, a concessão da BR 262 – ES/MG, de 375,6 km) até grandes concessões (*e.g.*, a concessão das rodovias BR 060/153/262 – DF/GO/MG, de 1.176,5 km).

Nem é preciso justificar detalhadamente a razão para tanto: como as rodovias objeto dos editais já estavam em plena utilização, não faria sentido impor a mesma extensão e, por conseguinte, seria praticamente impossível padronizar os valores de contrato. É curioso notar que, apesar dessas mudanças naturais do objeto concedido, não se identifica qualquer alteração na estrutura das relações jurídico-obrigacionais previstas no contrato. Diante dessa constatação regulatória, a questão que se coloca é a seguinte: consideradas as variações do objeto, é realmente adequado utilizar a mesma minuta-padrão no tocante às obrigações derivadas da concessão e, basicamente, estruturas semelhantes de divisão de riscos?

## 7 Política regulatória da ANTT após a 3ª Etapa de Concessões das Rodovias Federais

Dos 11 editais e minutas de contratos analisados, foram assinados e estão em vigor 7 contratos de concessão.[37] Apesar de as causas do sucesso ou insucesso da execução contratual fugirem do escopo do presente trabalho, chama a atenção a declaração de caducidade da concessão da BR-153/TO/GO, pelo descumprimento de disposições legais e contratuais pela concessionária.[38]

Em 2018, o Governo federal deu início à 4ª Etapa de Concessões das Rodovias Federais, com a licitação de 3 novas concessões: BR-101/290/386/448/RS, BR-101/290/386/448/RS e BR-364/365/GO/MG. A respeito da estrutura dos contratos de concessão, a ANTT realizou diversas alterações para aprimorar o modelo regulatório, todas elas apontadas e analisadas pela Nota Informativa nº 01/2018/COOUT/SUINF, da Superintendência de Exploração da Infraestrutura Rodoviária da ANTT, de 18.4.2018, aprovada pela Diretoria Colegiada na Deliberação nº 183/2018.

O motivo principal para essa mudança, como esclarece a própria nota informativa, são as sugestões do Tribunal de Contas da União, ao fiscalizar a concessão da BR-101/290/386/448/RS.[39] A nota informativa apresenta propostas para o aprimoramento dos aspectos regulatórios das concessões de rodovias, conforme listadas a seguir:
- vedação à inclusão de investimentos em ampliação de capacidade e melhorias nos primeiros e últimos 5 anos do contrato;
- inclusão de novos investimentos restrita às revisões quinquenais;
- inclusão de contornos condicionada à demonstração da vantajosidade e ao comparativo de projetos executivos, audiência pública e reequilíbrio apenas da diferença de custo;

---

[37] São eles: BR-101/ES/BA; BR-050/GO/MG; BR-163/MT; BR-060/153/262/DF/GO/MG; BR-163/MS; BR-040/DF/GO/MG; BR-153/TO/GO.
[38] Conforme decreto de 15.8.2017, que "Declara a caducidade da concessão de titularidade da Concessionária de Rodovias Galvão BR-153 SPE S.A.- BR-153/GO/TO".
[39] TCU. Processo de Fiscalização TC nº 028.343/2017-4. Rel. Min. Bruno Dantas.

- previsão de estoque de obras, com vedação à inclusão de obras de melhorias por fluxo de caixa marginal (FCM) antes de seu término;
- compartilhamento de riscos nas obras de manutenção de nível de serviço (por gatilho) com previsão de mecanismo que compartilhe o risco de demanda em função dos custos das obras condicionadas ao volume de tráfego, considerando análises de capacidade e de receita;
- estabelecimento de limitações e condições para prorrogação do prazo contratual;
- exclusão de previsão de termos de ajustamento de conduta (TAC) da minuta de contrato; e
- supressão da exceção relativa à "criação, alteração ou extinção de tributos e encargos" na alocação de risco relativa a custos de capital.

Como se percebe, algumas dessas propostas alterariam aspectos analisados nos editais da 3ª etapa. Em especial, pode-se esperar, na modelagem das concessões da 4ª etapa, alterações relativas à previsão de prorrogação (como a inclusão de limites e condições) e aos riscos previstos ao concessionário e poder concedente (como o compartilhamento de risco de obras de manutenção de nível de serviço).

Mesmo ultrapassando o objeto do presente estudo, é possível concluir que a ANTT tem aprimorado o modelo concessório aplicado na 3ª Etapa de Concessões de Rodovias Federais. Aos pesquisadores de direito regulatório fica, porém, a tarefa de acompanhar os ajustes na política de privatização de rodovias para então revelar como esses aprimoramentos se refletirão nos instrumentos licitatórios e contratuais e em que medida eles viabilizarão serviços e infraestruturas melhores aos usuários e, ao mesmo tempo, contratos autossustentáveis financeiramente e atrativos economicamente.

## 8 Conclusões da comparação empreendida

Objetivo central deste estudo foi apresentar os mecanismos de delegação de rodovias no Brasil, abordar seus desafios atuais, incluindo a problemática federativa e da garantia de segurança jurídica, e, mais importante, proceder a uma análise comparativa de mais de 10 editais e contratos de concessões rodoviárias federais. Da pesquisa empreendida, cumpre sumarizar alguns apontamentos finais de maior relevância e que apontam características relativas à qualidade e às estratégias da regulação do setor.

Em primeiro lugar, há um padrão de edital e contrato utilizado pela ANTT nas concessões de rodovias federais. Percebe-se que a agência reproduz os documentos dos editais anteriores para a elaboração dos próximos. Comprova-se isso por dois fatores principais. De um lado, verifica-se uma extensa lista de cláusulas copiadas de um edital a outro. Essas repetições foram indicadas neste estudo como pontos de convergência. Nesses itens, não apenas o conteúdo obrigacional é transcrito, mas a própria redação das cláusulas, palavra por palavra. De outro lado, a reprodução se comprova pela existência de pontos de evolução nos documentos examinados. Certos elementos da minuta--padrão das concessões são modificados ao longo do tempo no intuito de se aprimorar a modelagem. Caso se tratasse apenas de um cuidado em se ater às especificidades do objeto concedido, referidas alterações não perdurariam nos editais subsequentes. Cabe ressaltar que se consideraram como ponto de evolução todas as alterações – sejam elas de conteúdo ou apenas de redação.

Outro fato curioso justifica essa conclusão. No Edital nº 1/2013, adicionou-se uma cláusula nos riscos suportados pelo poder concedente com um erro de digitação – em vez de "elaboração", lia-se "elabração". Em todos os editais que o sucedem, como ocorre na maioria das vezes, aparece a mesma cláusula, com idêntico erro de grafia. Somente após cinco editais, o erro foi corrigido (no Edital nº 6/2013 encontra-se a mesma cláusula, mas com a palavra em sua grafia correta). Esse pequeno problema, que em nada compromete os editais e contratos, constitui a evidência cabal de que os documentos dos editais anteriores são reutilizados, algumas vezes sem o devido cuidado com revisões elementares e sem grandes variações a despeito das características distintas das rodovias concedidas.

Na 3ª Etapa de Concessões Rodoviárias Federais, há um edital e contrato-padrão utilizados em todos os casos. As alterações pontuais a esse modelo, que deveriam indicar as adaptações dos contratos a cada objeto, aparecem somente quando inevitáveis (nome da rodovia, extensão da rodovia concedida e os valores do contrato, dos pedágios, dos requisitos de habilitação técnica etc.). Examinando-se os documentos em sua integralidade, percebe-se a repetição das mesmas cláusulas nos diferentes contratos. A semelhança é inegável.

O problema dessa baixa aderência dos documentos jurídicos em tela ao caso concreto reside no risco de inadequação de certas prescrições editalícias e contratuais às características específicas da rodovia. No exame realizado, não se identificou nenhuma alteração que contemplasse algum aspecto peculiar da infraestrutura rodoviária objeto da licitação. Assuntos como receitas alternativas, desapropriações, obras, repartição dos riscos do contrato etc., foram tratados em todos os documentos da mesma forma. Talvez, por conta disso, houve edital finalizado sem interessados (Edital n° 1/2013 para a concessão da Rodovia BR 292 – ES/MG).[40]

Da constatação obtida resulta ademais o risco de celebração de concessões indevidamente vantajosas ao concessionário e desvantajosas à população, concessões essas que, pela intangibilidade da equação de equilíbrio econômico-financeiro, dificilmente poderão ser corrigidas por medidas administrativas.

Enfim, da pesquisa se extrai a conclusão de que, pelo menos no curto prazo de 4 anos em que todos os 11 editais examinados se inseriram, as autoridades regulatórias construíram pouquíssimos aprimoramentos contratuais. Além de as concessões não terem sido adaptadas do ponto de vista econômico e financeiro aos variados objetos licitados, tampouco se identificou um grande esforço de aprimoramento das obrigações pactuadas – por exemplo, no intuito de se eliminar a vagueza e a incompletude contratual ou alterar disposições em prol da eficiência da relação jurídica. Os pontos de evolução identificados na pesquisa realizada, como demonstrado, não são numerosos e não surtem impactos significativos em termos de execução contratual, já que tratam apenas de explicitar o que já se supunha implícito nos ajustes.

Embora sejam relativamente simples, essas constatações certamente explicam grande parte das insatisfações tanto dos usuários quanto dos próprios agentes de mercado (concessionários ou não) com o modelo de outorga de rodovias no Brasil e esclarecem parcialmente o grau significativo de insegurança jurídica que marca esse tipo de relação contratual de longo prazo. Não basta mera especialização regulatória. Mais que isso: é preciso que o Estado dedique mais tempo e zelo às atividades de planejamento concessório e, por conseguinte, à adaptação séria e aprofundada, em cada caso, das parcerias desejadas com o mercado à luz dos diferentes contextos que circundam cada infraestrutura concedida.

Não se quer dizer com isso, simplesmente, que editais e contratos devam se tornar cada vez mais detalhados, explícitos e complexos. Na medida em que as concessões envolvem relações temporalmente

---

[40] Nesse caso específico, muito se discutiu sobre os motivos da licitação deserta. Um dos grandes motivos seria o risco institucional existente no contrato, pois a duplicação da rodovia seria feita pelo DNIT, v. GUIMARÃES, Fernanda; D'ANDRADE, Wladimir. Borges: decisão sobre BR-262 sai até próxima semana. *Exame.com*, 19 set. 2013. Disponível em: https://exame.com/economia/borges-decisao-sobre-br-262-sai-ate-proxima-semana/.

alongadas entre dois polos contratantes, é fundamental que ela seja relativamente flexível para se ajustar a variações sociais, econômicas e técnicas. Por efeito, é igualmente natural que o pacto concessório absorva um razoável grau de incompletude.[41] Afinal, como preleciona Egon Bockmann Moreira, "a segurança contratual advém da certeza de mudança".[42]

Sem prejuízo, afigura-se possível incrementar a eficiência e a qualidade das concessões por algumas medidas. De acordo com Luiz Guash,[43] entre outras coisas, é preciso: i) evitar ambiguidades clausulares (definindo-se com clareza questões fundamentais relativas a investimentos, indicadores de resultado, procedimento para revisão das tarifas etc.); ii) prever cláusulas que incentivem a renegociação oportunista e em qualquer caso; iii) garantir uma significante compensação aos concessionários em caso de modificações unilaterais, incluindo penalidades ao concedente; iv) aprimorar, na licitação, as técnicas de desclassificação de propostas financeiramente inviáveis ou predatórias; e v) prever mecanismos transparentes de renegociação, com auxílio de terceiros profissionais para a análise e tomada de decisão.

Os editais e minutas de contrato da 3ª Etapa de Concessões Rodoviárias Federais não acompanham todas essas diretrizes. Diversos pontos da concessão são tratados com termos abertos, como "interesse público" ou "fato do príncipe",[44] ou mesmo de forma vaga, como as receitas alternativas[45] e os meios de recomposição do equilíbrio econômico-financeiro.[46] A estrutura de incentivos à manutenção do

---

[41] A incompletude dos contratos de concessão, segundo Guash, decorre i) da impossibilidade de se prever todas as contingências do contrato, ou mesmo do elevado custo em se prevê-las; ii) da atuação não racional dos agentes em um ambiente de alta complexidade; e iii) dos múltiplos objetivos a se atingir pela concessão e pela possível alteração desses objetivos (GUASH, Luiz J. *Granting and renegotiating infrastructure concessions*: doing it right. Washington: The World Bank, 2004. p. 71-72).

[42] MOREIRA, Egon Bockmann. O contrato administrativo como instrumento de governo. *In*: MARRARA, Thiago (Org.). *Direito administrativo*: transformações e tendências. São Paulo: Almedina, 2014. p. 513.

[43] GUASH, Luiz J. *Granting and renegotiating infrastructure concessions*: doing it right. Washington: The World Bank, 2004. p. 19-20.

[44] Um dos riscos suportados pelo poder concedente. Não obstante existam conceitos elaborados pela doutrina, trata-se de uma categoria aberta à discussão sobre sua abrangência. A esse respeito, cf. GASIOLA, Gustavo Gil. O instituto do fato do príncipe no sistema de tutela dos contratos administrativos. *Revista Digital de Direito Administrativo*, v. 1, n. 1, 2014.

[45] Em todos os contratos elas são tratadas de forma genérica. Questões importantes, como a reversão da receita alternativa para a modicidade tarifária, são tratadas apenas em resolução da ANTT, criando uma situação de insegurança e desincentivo ao concessionário.

[46] O rol de meios de recomposição previstos nos contratos, por ser extenso e aberto, não permite qualquer previsão da forma como um desequilíbrio será remediado no caso concreto.

ajuste inicialmente estipulado e de desincentivos à renegociação não aparece nos contratos analisados. Não existem hipóteses bem definidas que ensejam a renegociação,[47] nem o procedimento aplicado nos casos em que uma das partes a solicita.[48] Há, portanto, suficiente evidência para se sustentar que a regulação de concessões de rodovias no Brasil ainda necessita percorrer um longo caminho para atingir aquilo que se espera do projeto de desestatização nesse setor.

## Referências

ALMEIDA, Fernando Dias Menezes de. *Contrato administrativo*. São Paulo: Quartier Latin, 2012.

ANTT. *Novas concessões rodoviárias federais*. Disponível em: http://3etapaconcessoes.antt.gov.br. Acesso em: 29 jan. 2021.

BARBO, André Roriz de Castro et al. A evolução na regulação das rodovias federais concedidas. *Revista ANTT*, v. 2, n. 2, nov. 2010. Disponível em: http://appweb2.antt.gov.br/revistaantt/ed3/_asp/ed3artigosEvolucao.asp. Acesso em: 29 jan. 2021.

BARROSO, Luís Roberto. Alteração dos contratos de concessão rodoviária. *Revista de Direito Público da Economia – RDPE*, ano 4, n. 15, jun. 2006.

CARVALHO, André Castro. TCU limita a arbitragem e dá um passo e meio para trás. *Consultor Jurídico*, 23 out. 2012. Disponível em: http://www.conjur.com.br/2012-out-23/andre-carvalho-tcu-limita-usoarbitragem-passo-meio. Acesso em: 29 jan. 2021.

CARVALHO, André Castro; SILVA V., Carlos. Concessiones de carreteras en Brasil y Chile: aspectos jurídicos comparados. *In*: ZANCHIM, Kleber Luiz (Coord.). *Concessão de rodovias*: aspectos jurídicos, econômicos e institucionais. São Paulo: Quartier Latin, 2013.

DI PIETRO, Maria Sylvia Zanella. *Direito administrativo*. 24. ed. São Paulo: Atlas, 2011.

GASIOLA, Gustavo Gil. O instituto do fato do príncipe no sistema de tutela dos contratos administrativos. *Revista Digital de Direito Administrativo*, v. 1, n. 1, 2014.

GÓMEZ-IBÁÑEZ, José A. *Regulating infrastructure*: monopoly, contracts, and discretion. Cambridge: Harvard University Press, 2006.

GUASH, Luiz J. *Granting and renegotiating infrastructure concessions*: doing it right. Washington: The World Bank, 2004.

GUIMARÃES, Eduardo Augusto. Concorrência e regulação no setor de transporte rodoviário. *Revista do Ibrac*, v. 11, 2004.

---

[47] Na verdade, a renegociação poderá ser pleiteada pelo concessionário quando ocorrer um dos riscos suportados pelo poder concedente. Como um desses riscos é a "alteração unilateral do contrato", conclui-se que o poder concedente ativa a renegociação toda vez que modifica o contrato unilateralmente.

[48] Os contratos, expressamente, indicam que o procedimento será definido pela ANTT em resolução, sem indicar a resolução aplicável.

GUIMARÃES, Fernanda; D'ANDRADE, Wladimir. Borges: decisão sobre BR-262 sai até próxima semana. *Exame.com*, 19 set. 2013. Disponível em: https://exame.com/economia/borges-decisao-sobre-br-262-sai-ate-proxima-semana/.

JUSTEN FILHO, Marçal. Concessão de rodovias: a experiência brasileira. *In*: SUNDFELD, Carlos Ari (Org.). *Parcerias público-privadas*. São Paulo: Malheiros, 2007.

MARRARA, Thiago; FERRAZ, Luciano. Direito administrativo dos bens e restrições estatais à propriedade. *In*: MARRARA, Thiago; FERRAZ, Luciano. *Tratado de direito administrativo*. São Paulo: Revista dos Tribunais, 2014. v. III.

MARRARA, Thiago; PINTO, João Otávio Torelli. Arbitragem e Administração Pública: considerações sobre propostas de alteração da legislação. *Revista de Direito Público da Economia – RDPE*, v. 46, 2014.

MOREIRA, Egon Bockmann. *Direito das concessões de serviços públicos*. São Paulo: Malheiros, 2010.

MOREIRA, Egon Bockmann. O contrato administrativo como instrumento de governo. *In*: MARRARA, Thiago (Org.). *Direito administrativo*: transformações e tendências. São Paulo: Almedina, 2014.

NOHARA, Irene Patrícia. *O motivo no ato administrativo*. São Paulo: Atlas, 2004.

RODOVIAS Federais – Informações Gerais – Sistema Federal de Viação. *Ministério da Infraestrutura*, 2 set. 2020. Disponível em: https://www.gov.br/infraestrutura/pt-br/assuntos/transporte-terrestre/rodovias-federais/rodovias-federais-informacoes-gerais-sistema-federal-de-viacao. Acesso em: 29 jan. 2021.

SALTO, Felipe Scudeler; GUIMARÃES, Germano Souza. Desenvolvimento econômico e confiança no Brasil. *In*: ZANCHIM, Kleber Luiz (Coord.). *Concessão de rodovias*. Aspectos jurídicos, econômicos e institucionais. São Paulo: Quartier Latin, 2013.

WALD, Arnoldo; GAENSLY, Maria. Concessão de rodovias e o princípio da supremacia do interesse público da modicidade tarifária e do equilíbrio econômico financeiro do contrato. *In*: CARVALHO, André Castro (Org.). *Contratos de concessão de rodovias*: artigos, decisões e pareceres jurídicos. São Paulo: MP, 2009.

WANG, Daniel Wei Liang; PALMA, Juliana Bonacorsi de. Política, pedágio e segurança dos contratos: o caso das concessões rodoviárias. *Revista de Direito Público da Economia – RDPE*, ano 10, n. 37, jan./mar. 2012.

ZANCHIM, Kleber Luiz. Agir estratégico e desconfiança nos contratos com a Administração Pública. O caso do Anel de Integração do Paraná. *In*: ZANCHIM, Kleber Luiz (Coord.). *Concessão de rodovias*. Aspectos jurídicos, econômicos e institucionais. São Paulo: Quartier Latin, 2013.

---

Informação bibliográfica deste texto, conforme a NBR 6023:2018 da Associação Brasileira de Normas Técnicas (ABNT):

GASIOLA, Gustavo Gil; MARRARA, Thiago. Concessão de rodovia: análise crítica da prática contratual brasileira. *In*: TOJAL, Sebastião Botto de Barros; SOUZA, Jorge Henrique de Oliveira (Coord.). *Direito e infraestrutura*: rodovias e ferrovias – 20 anos da Lei nº 10.233/2001. Belo Horizonte: Fórum, 2021. v. 2, p. 399-429. ISBN 978-65-5518-209-5.

## SOBRE OS AUTORES

**André Isper Rodrigues Barnabé**
Mestrando em Direito do Estado pela USP. Especialista em Direito Econômico pela FGV-SP. Assessor da Diretoria de Planejamento da EPL. Ex-Superintendente da Diretoria de Assuntos Institucionais da Artesp (2017-2019).

**Bruna Souza da Rocha**
Especialista em Direito Econômico pela Escola de Direito da Fundação Getúlio Vargas. Advogada.

**Carlos Ari Sundfeld**
Professor Titular da FGV Direito SP. Doutor e Mestre pela Faculdade de Direito da PUC-SP. Presidente da Sociedade Brasileira de Direito Público – sbdp.

**Dinorá Adelaide Musetti Grotti**
Mestre e Doutora em Direito do Estado pela PUC-SP. Professora de Direito Administrativo da PUC-SP, dos cursos de Graduação e Pós-Graduação em Direito. Membro do Grupo de Pesquisa Direito e Corrupção (PUC-SP-CNPq). Ex-Procuradora do Município de São Paulo.

**Egon Bockmann Moreira**
Professor de Direito Econômico da UFPR. Mestre e Doutor em Direito pela UFPR. Advogado. Árbitro.

**Felipe Razzini**
Graduado em Direito pela PUC-SP.

**Fernando Menezes de Almeida**
Professor titular da Faculdade de Direito da USP.

**Fernando S. Marcato**
Secretário de Infraestrutura e Mobilidade do Estado de Minas Gerais. Mestre em Direito Público Comparado pela Universidade de Paris.

### Gabriel Ribeiro Fajardo
Subsecretário de Transportes e Mobilidade na Secretaria de Infraestrutura e Mobilidade do Estado de Minas Gerais. Mestrando em Direito da Administração Pública pela Universidade Federal de Minas Gerais (UFMG).

### Gustavo Gil Gasiola
Pesquisador do Graduiertenkolleg Privatheit und Digitalisierung da Deutsche Forschungsgemeinschaft. Doutorando em Direito Público pela Universidade de Passau, Alemanha. Mestre em Engenharia Elétrica pela Escola Politécnica da Universidade de São Paulo (EP/USP). Bacharel em Direito pela Universidade de São Paulo (FDRP/USP).

### Gustavo Justino de Oliveira
Professor de Direito Administrativo na USP (Largo São Francisco) e IDP (Brasília-DF). Árbitro. Advogado.

### Heloisa Conrado Caggiano
Mestre e Doutoranda em Direito Regulatório pela FGV/RJ. Advogada.

### José Roberto Pimenta Oliveira
Mestre e Doutor em Direito do Estado pela PUC-SP. Professor de Direito Administrativo da PUC-SP, dos cursos de Graduação e Pós-Graduação em Direito. Líder do Grupo de Pesquisa Direito e Corrupção (PUC-SP-CNPq). Presidente do Instituto de Direito Administrativo Sancionador Brasileiro (Idasan). Procurador Regional da República na 3ª Região. Coordenador do Núcleo de Combate à Corrupção da PRR da 3ª Região (MPF).

### José Vicente Santos de Mendonça
Professor adjunto de Direito Administrativo da Faculdade de Direito da UERJ. Doutor e Mestre em Direito Público pela UERJ. *Master of Laws* pela Harvard Law School. Coordenador do Laboratório de Regulação Econômica da UERJ. Advogado.

### Juliana Bonacorsi de Palma
Professora da FGV Direito SP. Coordenadora do Grupo Público da FGV. Mestre e Doutora pela Faculdade de Direito da USP. *Master of Laws* pela Yale Law School. Pesquisadora e consultora.

## Laís Ribeiro de Senna
Doutoranda em Direito do Estado na Universidade de São Paulo. Mestre em Direito Administrativo pela PUC-SP em 2018. Advogada.

## Mauro Luiz Campbell Marques
Ministro do Superior Tribunal de Justiça e do Tribunal Superior Eleitoral. Foi Procurador-Geral de Justiça do Ministério Público do Estado do Amazonas e Secretário de Segurança Pública do mesmo ente federativo. Foi Corregedor-Geral da Justiça Federal entre 2016-2017.

## Michelle Moretzsohn Holperin
Mestre e Doutora em Administração Pública pela Ebape-FGV. Pesquisadora sênior do Laboratório de Regulação Econômica da UERJ. Economista.

## Patricia Pessoa Valente
Doutora e Mestre em Direito do Estado pela Faculdade de Direito da Universidade de São Paulo. Master of Laws pela London School of Economics and Political Science. Pesquisadora do Centro de Regulação e Democracia do Insper. Advogada.

## Pedro da Cunha Ferraz
Graduado em Direito pela PUC-SP.

## Rafael Valim
Doutor e Mestre em Direito Administrativo pela PUC-SP, onde lecionou de 2015 a 2018. Atualmente é professor visitante na University of Manchester (Inglaterra), na Université Le Havre Normandie (França), na Universidad Panamericana (México) e na Universidad de Comahue (Argentina). Advogado.

## Renata Perez Dantas
Advogada. Mestre em Direito pela PUC-SP. Especialista em Direito Econômico e Regulatório pela FGV-SP. Diretora de Assuntos Institucionais da Artesp (2016-2020).

## Renata Rocha Villela
Doutora e Mestra em Direito do Estado pela USP. Advogada.

## Rodrigo Barata
Advogado. Mestre em Direito do Estado pela USP. Diretor de Assuntos Institucionais – Artesp (2021).

## Rodrigo Pinto de Campos
Advogado especializado em Direito Administrativo e Regulatório pela PUC-SP. Engenheiro Civil pela Escola Politécnica da USP. Diretor de Assuntos Institucionais da Artesp (2015-2016).

## Sebastião Botto de Barros Tojal
Doutor em Direito do Estado pela Universidade de São Paulo. Professor da Faculdade de Direito da Universidade de São Paulo. Advogado.

## Sergio Ferraz
Professor Titular de Direito Administrativo da PUC-Rio. Procurador aposentado do Estado do Rio de Janeiro. Membro da Academia Brasileira de Letras Jurídicas. Consultor jurídico do Ministério da Justiça. Advogado.

## Thiago Marrara
Professor de Direito Administrativo da USP na Faculdade de Direito de Ribeirão Preto (FDRP). Livre-Docente pela USP. Doutor pela Universidade de Munique (LMU). Editor da *Revista Digital de Direito Administrativo* da USP. Consultor jurídico.

## Walfrido Warde
Bacharel em Direito e em Filosofia pela Universidade de São Paulo – USP. *Master of Laws* pela New York University School of Law. Doutor em Direito Comercial pela Faculdade de Direito da USP. Presidente do Instituto para a Reforma das Relações entre Estado e Empresa – IREE. Advogado.

Esta obra foi composta em fonte Palatino Linotype, corpo 10
e impressa em papel Pólen Bold 70g (miolo) e Supremo 250g (capa)
pela Gráfica Laser Plus.